U0666234

2019年度河南省高等学校重点科研项目：

《高校优秀传统文化教育与传统学科（以古代文学、大学语文为例）教学改革的联动效应研究》

项目号：19B880026

吕书宝 ◆ 主 编

杨春艳
赵严俊 ◆ 副主编

DAXUE YUWEN YU XIEZUO

大学语文与写作

中国书籍出版社
China Book Press

图书在版编目（CIP）数据

大学语文与写作/吕书宝主编 . —北京：中国书籍
出版社，2020.1
ISBN 978－7－5068－7600－1

Ⅰ.①大…　Ⅱ.①吕…　Ⅲ.①大学语文课—高等学校
—教材②汉语—写作—高等学校—教材　Ⅳ.①H193.9
②H15

中国版本图书馆 CIP 数据核字（2019）第 278608 号

大学语文与写作

吕书宝　主编

责任编辑	刘文利　刘　娜
责任印制	孙马飞　马　芝
封面设计	中联华文
出版发行	中国书籍出版社
地　　址	北京市丰台区三路居路 97 号（邮编：100073）
电　　话	（010）52257143（总编室）　　（010）52257140（发行部）
电子邮箱	eo@ chinabp. com. cn
经　　销	全国新华书店
印　　刷	三河市华东印刷有限公司
开　　本	710 毫米×1000 毫米　1/16
字　　数	386 千字
印　　张	21.5
版　　次	2020 年 1 月第 1 版　2020 年 1 月第 1 次印刷
书　　号	ISBN 978－7－5068－7600－1
定　　价	78.00 元

版权所有　翻印必究

前　言

　　这是一部为了满足应用型高校培养实践性创新型人才需要,结合教学实践提升学生阅读、写作能力的,填充实用性教学内容、聚焦教学效果优良度的教材。本教材将"大学语文与写作"的内容分为文化素质提升、专业素质提升、业务素质提升三个部分,每个部分的课堂讲授时间10个学时,共30个学时,侧重于学生理论水平的提升;阅读实践和写作实践放在第二课堂进行,重在培养学生的阅读写作兴趣、提高学生的写作实践能力。

　　在文化素质提升部分,在提高学生思维能力、引领思维方式的前提下,帮助学生通过散文阅读,了解文章谋划与构建,提升表述表达能力;通过古今诗歌解析,了解民俗风情的内核,掌握抒情达意方法。然后对学生进行创意写作实训指导。内容涉及诗歌体裁演变、散文体裁发展、小说戏剧曲词等理论讲解,全书每一单元的最后一章,都设计了老师指导下的写作实训即"读研写演"第二课堂教学内容。

　　在专业素质提升和业务素质提升两个部分,针对经贸金融工商管理类专业学生的专业、业务实际,将课堂讲授和阅读实践锁定在商业文化、金钱观念、经邦济世与人生选择、发明创造与物质生活、中国制造与幸福生活等方面。写作理论和实训,则集中讲授基础写作、应用写作基本理论,并伴以专业写作实训指导。基础写作部分,将基础写作理论和毕业论文写作实践相结合;应用写作部分,除了课堂讲授应用文概说之外,还结合应用文写作的"读研写演"实训指导,让学生熟悉最新的《党政机关公文处理工作条例》,并涉及计划、总结、调查报告、活动方案等具体应用文体的写作指导以及文章修改方面的内容。

　　大学语文一般要兼顾"古今中外",因此本教材摘编了一些古今名人名篇,还有针对性地开列了一些名篇、名著的存目。在全书最后附录了"外国文学名著(包括诺贝尔文学奖获奖作品)精选简介"。

　　本教材的编写,要感谢郑州升达经贸管理学院文法学院领导和学校领导、教务处领导的大力支持。苏州科技大学天平学院李学辰博士百忙中撰写了本教材的附录,增光添彩作用不可低估。出版界张金良先生、范晓虹女士、文稿编辑人员、审稿专家,都对本教材出版有鼎力相助之功。前人各种教改成果理论文章的浸润承托,是本教材攀登展演平台的金玉云梯。请允许编者在这里一并表示衷心谢忱!

己亥仲春　编者于轩辕故里

目 录
CONTENTS

第一单元 **01**

文化素质提升篇

　　在校大学生人文素质的提升,起码要求在三个方面超越基础教育引领的界域:理性思维方式、情感交流方式和表述表达能力。本单元的内容设计原则:通过课堂讲授和课后阅读,使受教育者提升思维层次、把握情感流运行轨迹,并通过教师指导的创意写作实践,把口头、文字表述能力提高到高等教育的层次。

第一章

神话思维与历史思维

在上古神话中,除了有很多情节让后人匪夷所思感到惊异之外,流传"版本"的芜杂更是使得后人无所适从。比如女娲"造人"与盘古"造人"孰先孰后的问题,后羿射日故事中人和太阳的关系问题,鲧复(腹)生禹的生育性别误区问题等,都有很多值得讨论的、与现实链接方面的龃龉现象。而这种现象的存在,根源在于我们本章要讨论的"神话思维与历史思维"的错综复杂关系。

第一节　对神话误读的指摘

(课堂讲解,2 学时)

对神话的误读,是思维方式不当造成的,需要通过对原典的重新解读,来指摘其谬误。

一、《女娲补天》

往古之时,四极[1]废,九州[2]裂,天不兼覆,地不周载,火爁(làn)炎而不灭,水浩洋而不息,猛兽食颛民[3],鸷鸟[4]攫老弱。于是,女娲炼五色石以补苍天,断鳌足以立四极,杀黑龙以济冀州[5],积芦灰以止淫水。苍天补,四极正;淫水涸,冀州平;狡虫[6]死,颛民生。

——《淮南子·览冥训》

注释:

[1]四极:本义是四方的擎天柱,这个观念出自上古神话,是说天之所以不会塌陷,是因为天穹像房子一样,四个角落靠柱子支撑。因为柱子在四方的极点,所以历代典籍中都叫作"四极"。

[2]九州:《尚书·夏书·禹贡》记载,大禹的时候,天下分为九州,分别为冀州、兖州、青

3

州、徐州、扬州、荆州、梁州、雍州、豫州。其中豫州是中心，其他州环绕豫州。

[3]颛民：段玉裁《说文解字注》："颛，头。颛颛，谨皃（按：此引《说文》原文）。此本义也。"《玉篇》："颛者，专也。顼者，正也。言能专正天之道也。"现在的通说："指善良的人民，即善良的老百姓。"乃是从颛颛，即"谨慎""专一"来的，指善良谨慎，从不招灾惹祸的老实人。

[4]鸷鸟：指凶猛的鸟。如鹰、鹯、雕、鹗之类。乃食肉大鸟，头秃无毛，喜食尸体。全身羽毛黄色，高约四尺，爪尖嘴锐可畏，筑巢于山谷中。此鸟现代较少为人知，反而为巴勒斯坦最著名之鸟。属于生物学上一种禽类。作为神话思维的代表，比较著名的是五代马缟《中华古今注·燕》："燕，一名神女，一名天女，一名鸷鸟。"它比鹰、鹯、雕、鹗之类还要凶猛。

[5]冀州：最早是九州岛之一，据《尔雅·释地》《尚书·禹贡》《周礼·职方》，大致指今陕西和山西间黄河以东，河南和山西间黄河以北，山东西北和河北东南部、辽宁省辽河以西的地区。宋代罗泌《路史·后纪二·女皇氏》也有"四极正，冀州宁"的记载罗苹解说为"中国摠谓之冀州"是没有分清历史思维和神话思维的界域，所以把神话历史化，把茫茫洪荒的冀州坐实为"中国"（中原地区）。

[6]狡虫：《吕氏春秋·恃君·高诱注》："狡虫，虫之狡害者。"据《集韵》《韵会》《正韵》等韵书，这虫也是兽的一种，并且是狡诈害人的兽。直到《水浒传》还把老虎这种食人猛兽叫作"大虫"，应当是这种称呼的遗存。

扩展阅读：

天地开辟，未有人民，女娲抟黄土做人。剧务，力不暇供，乃引绳于泥中，举以为人。故富贵者，黄土人；贫贱者，引絙人也。

——《太平御览》引东汉应劭《风俗通》

天地混沌如鸡子。盘古生其中，万八千岁，天地开辟。阳清为天，阴浊为地。盘古在其中，一日九变。神于天，圣于地。天日高一丈，地日厚一丈，盘古日长一丈，如此万八千岁。天数极高，地数极深，盘古极长。故天去地九万里，后乃有三皇。

——《艺文类聚》引徐整《三五历纪》

天气蒙鸿，萌芽兹始，遂分天地，肇立乾坤，启阴感阳，分布元气，乃孕中和，是为人也。首生盘古，垂死化身，气成风云，声为雷霆；左眼为日，右眼为月；四肢五体为四极五岳；血液为江河；筋脉为地里；肌肉为田土；发为星辰；皮肤为草木；齿骨为金石；精髓为珠玉；汗流为雨泽；身之诸虫，因风所感，化为黎亩。

——《绎史》引徐整《五运历年纪》

述评：

最后两则记载,被后人叫作"盘古开天辟地"和"盘古垂死化身"。

综合以上内容,我们可以有这样的认知:西汉典籍《淮南子·览冥训》、东汉典籍《风俗演义》中的"女娲补天""女娲造人"等神话或者叫作传说,虽然在记入典籍的时间上比记载盘古开天辟地化生人类故事的、三国吴徐整的《三五历记》《五运历年纪》和南朝梁任昉《述异记》等要早,却应当是盘古开天辟地之后的神话。因为女娲所处的母系氏族社会时代,虽然也是"往古之时",但是:第一,"四极废,九州裂,天不兼覆,地不周载"是说本来有天,只不过因为水灾野火破坏了天地的平衡状态;第二,"猛兽食颛民,鸷鸟攫老弱",是说本来经过盘古垂死化身之后,已经有了人类,且在年龄结构和健康状况方面有"老弱"之分、在品行区分方面有绝不招灾惹祸的"颛民"存在,只不过由于人类生存环境恶化,人类遭到毁灭性戕害而已。所以典籍中所谓的女娲造人,那所造的人也是第二代人类。

据此,我们可以得出这样的结论:①盘古是开天辟地、化生人类的始祖;②女娲修正了被水灾野火破坏了的天地平衡状态。那所造的人是第二代人类。所以女娲比盘古"造人"晚,盘古是开天辟地、化生人类的始祖。

二、《后羿射日》

逮至尧[1]之时,十日并出。焦禾稼,杀草木,而民无所食。猰貐[2]、凿齿[3]、九婴[4]、大风[5]、封豨[6]、修蛇皆为民害。尧乃使羿诛凿齿于畴华[7]之野,杀九婴于凶水[8]之上,缴大风于青邱[9]之泽,上射十日,而下杀猰貐,断修蛇于洞庭,擒封豨于桑林[10]。万民皆喜,置尧以为天子。

——《淮南子·本经训》

注释：

[1]尧:据《史记·五帝本纪》:尧为帝喾次子,其号曰尧;史称唐尧,又称放勋,继其兄挚为天子,有德政,后传位于舜,在位98年卒。

[2]猰貐(音yà yǔ):《山海经·海内西经》:"又北二百里,曰少咸之山,无草木,多青碧。有兽焉,其状如牛,而赤身、人面、马足,名曰窫窳,其音如婴儿,是食人。"

[3]凿齿:《淮南子·本经训·高诱注》:"兽名,齿长三尺,其状如凿。"《山海经·海外南经·郭璞注》:"凿齿亦人也,齿如凿,长五六尺,因以名云。"

[4]九婴:东汉高诱注:"九婴,水火之怪,为人害。"

[5]大风:《山海经·北山经》:"有兽焉,其状如犬而人面,善投,见人则笑,……其行如风,见则天下大风。"

[6]封豨:《楚辞·天问》:"封豨是射。"《淮南子·本经训·高诱注》:"封豨,大豕;楚人谓豕为豨也。"《汉书·天文志》:"奎曰封豨,为沟渎。奎宿星宿名。二十八宿之一。"《孝经援神契》:"奎主文章",后世附会为神,建奎星阁并塑神像以崇祀之,视为主文章兴衰之神,科举考试则奉为主中式之神,并改"奎星"为"魁星"。

[7]畴华:《山海经·海外南经》:"羿与凿齿战于寿华之野,羿射杀之。在昆仑墟东。"昆仑墟即昆仑山。

[8]凶水:高诱注:"北狄之地有凶水。"

[9]青邱(青丘):《吕氏春秋·求人》:"青丘之乡。"《山海经·海外东经·郝懿行疏引服虔》:"青丘国在海东三百里。"旧题东方朔《十洲记》"长洲一名青邱,在南海辰巳之地……一洲之上,专是林木,故一名青邱"或曰山东、江苏地名、星座名。

[10]桑林:《左传·襄公十年·杜预注》"殷天子之乐名";《淮南子·说林训·高诱注》"上骈、桑林皆神名";《墨子·明鬼下》"当……宋之有桑林,楚之有云梦也";《尸子·卷下》"汤之救旱也,……祷于桑林之野"。

述评:

最牛部落酋长。通说:又称"羿""夷羿"。传说中夏代东夷族首领。原为穷氏(今山东德州北)部落首领。善于射箭,神话中传说尧时十日并出,植物枯死,河水干涸,猛兽长蛇为害,他射去九日,射杀猛兽长蛇,为民除害。典籍记载:《尚书·五子之歌》《左传·襄公四年》《楚辞·离骚》《史记·吴世家》均记载:夏太康沉湎于游乐,羿推翻其统治,自立为君,号有穷氏。不久因喜狩猎,不理民事,为其臣寒浞所杀。

关于后羿结局的三种记载:《左传·襄公四年》魏庄子引述夏书《夏训》"将归自田,家众杀而亨之……浞因羿室,生浇及豷……";《孟子·离娄下》"逢蒙学射于羿,尽羿之道,思天下惟羿为愈己,于是杀羿";《淮南子·诠言训》"羿死于桃棓"。

嫦娥的美丽传说(演化)。东晋王嘉《拾遗记》:"皇娥处璇宫而夜织,或乘桴木而昼游,经历穷桑沧茫之浦。"《淮南子·外八篇》:"昔者,羿狩猎山中,遇姮娥于月桂树下。遂以月桂为证,成天作之合。"《淮南子》高诱注:"姮娥,羿妻。羿请不死之药于西王母,未及服之,姮娥盗食之,得仙,奔入月中,为月精也。"

九个太阳去哪儿了?《易林·履之履》:"十乌俱飞,羿射九雌;雄得独全,虽惊不危。"古说"十个太阳射掉九个"之类,其实是冬烘先生的曲为之说。因为原文中并没有射掉九个太阳的说法。只不过后人抬头看到天上还有一个太阳明晃晃挂在那里,那"上射十日"让人无法理解罢了。其实直到后羿之后的夏朝末年和整个商朝,还有十个太阳的痕迹,很多朝国君就是用十个天干命名,自命太阳之子的,如太甲、小乙、武丁、盘庚之类,那十天干就是十个太阳。一直到今天,十天还叫作"旬",就是十个太阳轮流值班,轮流"巡"回一周(遍)的意思。还是十日:其实这谜团的答案,就在屈原《楚辞·天问》中的"乌焉解羽",太阳的驾驶员是三足乌,后羿只不过射伤(解羽)这驾驶员,警告它们不要驾着太阳车到处乱跑,继续轮流值班不要"十日并出"就可以了。

扩充:《淮南子·览冥训》虽有"羿请不死之药于西王母,姮娥窃以奔月,怅然有丧,无以续之"的记载,但并未说嫦娥是"月精",高诱注:"姮娥……奔入月中,为月精也"。《淮南子》说月精是蟾蜍,是和性有关的意象,所以后代关于月亮的天文信仰,都是向女人、阴柔、爱情等有关的意象定向扩衍。

三、《大禹治水》

洪水滔天。鲧窃帝之息壤[1]以堙洪水,不待帝命。帝令祝融杀鲧于羽郊[2]。鲧复[3]生禹。帝乃命禹卒布土以定九州。

——(《山海经·海内经》)

注释:

[1]息壤:息是生息生长的意思,息壤原指能自己生长、永不减耗的土壤。把息壤解说为沃土,是一种歪批。

[2]羽郊:即羽山山麓。与"杀鲧于羽郊"有关的记载多见于古籍,比如《尚书·舜典》:"殛鲧于羽山。"晋王嘉《拾遗记·夏禹》:"海民于羽山之中,修立鲧庙。四时以致祭祀,常见玄鱼与蛟龙跳跃而出,观者惊而畏矣。"

[3]鲧复生禹:"复"或为"腹"。《楚辞·天问》:"伯禹愎(腹)鲧,夫何以变化?"《全上古三代文·卷十五》引《归藏·启筮》:"鲧殛死,三岁不腐,副之以吴刀,是用出禹。"可见上古就有以"腹"生禹的版本。

扩展阅读:

帝曰:"咨!四岳!汤汤洪水方割,荡荡怀山襄陵,浩浩滔天。下民其咨,有能俾乂?"佥曰:"于,鲧哉!"帝曰:"吁!咈[古同"拂",违逆、乖戾]哉!方命圮族。"岳曰:"异哉,试可,乃已。"帝曰:"往,钦哉!"九载,绩用弗成。

——《尚书·尧典》

昔尧殛鲧于羽山,其神化为黄熊。

——《左传·昭公七年》

伯禹腹鲧,夫何以变化?

——《楚辞·天问》

尧使鲧治洪水,不胜其任,遂诛鲧于羽山,化为黄熊,入于羽泉。

——《述异记》

尧命夏鲧治水,九载无绩,鲧自沉于羽渊,化为玄鱼。时扬须振鳞,横修波之上,见者谓之河精。

——《拾遗记》

鲧死三岁不腐,剖之以吴刀,化作黄龙(玄鱼、黄熊)。

——郭璞注《山海经》引《归藏开筮》

鲧殛死,三岁不腐,副之以吴刀,是用出禹。

——《初学记》引《路史·后记》注引《开筮》

述评:

按照以上引文,大禹是从鲧的肚子里取出来的。男人生孩子而用剖腹产的方式,虽煞费苦心还是违背常识。但是《山海经》"鲧复(腹)生禹"的神话相当原始,之所以从屈原《天问》就开始对这男人生孩子并且剖腹产的现象一头雾水,究其主要原因还是古人没有明白:这种混乱是先人无意中把神话形象的鲧和历史人物的鲧混同所致。

要科学认识这一问题,还要从神话(文学)思维和史官思维的滚动扭结过程来梳理思路。

在神话思维中,这鲧本来是一条鱼。上引文献也说鲧"化为玄鱼。……谓之河精。"另外"鲧"字的字形也是明证:鲧是"系"(是)"鱼"的合写;鲧还有一种写法就是"鮌",这不就是东晋王嘉《拾遗记》(《拾遗录》《王子年拾遗记》)所谓"化为玄鱼"的"河精"吗?古人经常看到枯死的鱼在沙滩上慢慢腐烂,肚子里爬出虫子来(这又与性别无关了),就在幻化鲧这个人物时受到启发,伟人要在各方面超出常人,这种现象也是一种超常。那爬出的虫子,就是禹!

这种观点今人不是没有提出过。1923年,顾颉刚据《说文》提出禹本来是一条虫的观点,结果这种观点被鲁迅(1935年,小说《理水》)等社会贤达骂杀了,大概是迫于贤达效应和几亿"龙的传人"思维定式压力,顾颉刚先生很快就部分放弃了这个观点。1937年,童书业先生提出的"禹为句龙"是朝顾氏假说的正确发展。从金文字形来看,"禹"就是蛇的象形,确属"虫"。禹父"鲧",又作"鮌",实为"玄鱼"二字的合写,"玄鱼"等于"天鱼",意谓神圣的鱼族。甲骨文中存在没有释读出的"天鱼""大鱼"合文,意思等于"玄鱼"。① 我们再从字形分析"禹",引文说禹是蛇形,其实就是昆虫并且是带翅膀的虫,正是枯鱼生出的一种啮噬其肉体的白蚁、红蚁或者什么其他带翅的食肉昆虫之类。后人解说《易经·蛊》卦,用蛊虫(皿中生虫)解说父子关系也是这个思维方式的延伸。

至此,我们可以得出如下结论:

(1)鲧生禹生发于神话思维。

(2)历史思维渗入神话思维的原因:有意无意地提升集团偶像的心理驱动。

(3)鲧、禹神话形象和历史形象均脉络清晰,用不着把水搅浑。大禹的形象演变轨迹是:禹→句龙→蛇→虫;鲧形象的演变轨迹是:鲧→鮌→玄鱼→天鱼[相当于甲骨文中"天鱼""大鱼"合文的"现代"(夏代)版,意即神圣的鱼族]。另外,古语"系"有"是"的意思,"鲧"字也可以认为是"鱼系(是)"的合文。

(4)幻化,是神话思维对史官文化有益侵夺的常用方式之一。比如虫鸟互化引发风和凤的关联;木虫相克引发大禹和相柳的争斗等,都是幻化思维的结果。

(5)要防止民间流传过程中的无意歪曲或者有意误导。

第二节　神话学概说与作品存目

(课下阅读资料)

一、神话学概说

马克思在完成历史现象学批判和精神现象批判的叠合、实现精神现象学批判的过程中撰写的《〈政治经济学批判〉导言》(*Introduction to Critique of Political Economy*)中,用一段最精辟的话语引领了对"神话"的多种阐释"神话是远古时代的人们对其所接触的自然现象和社会现象所不自觉地幻想出来的具有艺术意味的集体的口头描述和解释",奠定了"神话学"的基础。

因为神话一般是远古时代人民的集体口头创作,这当中既包括神鬼的故事,也包括神、鬼幻化的英雄传说,婉转表现了古代人民面对自然力压迫的抗争,因而

---

① 参看吴锐."禹是一条虫"再研究[J]. 文史哲,2007(6).

间接表达了他们对理想的追求,并且具有口口相传的传播方式,因此被学术圈认为是民间文学的一种,承认其对后世的文学艺术有深远的影响。

但是因为有些内容的匪夷所思,叙述事件的过程与结果往往不能拷贝或者再现,因此掌控话语权的统治阶层一面将之污蔑为荒诞的无稽之谈,一面利用它神化自己愚弄草根,结果在草根中这些"关于幻想的奇异故事"反而传承了关于它的荒诞认知。

在神话学领域,依据马克思的定义引领,神话(myth;mythology)作为一个特定概念,起码应当具备如下条件:首先必须是对人类原始时代(演化初期)事件或故事的叙述;其次是传承者和接收者都对这些事件、故事信以为真;最重要的必须是远古族群的人们集体创造,作为信仰形式流传下来。如果是个人(或授意某些人)创造,没有族群成员对其创造的参与,就属于愚弄草根乃至整个社会的"后神话",如刘邦、朱蒙等人的出生"神话"之类。

对于神话的定义,除了马克思之外还有一些影响比较大的观点,如"自然神话学派"就认为,神话是天体尤其是太阳及相对气象神话;"文化进化学派"认为,神话是原始人类面对死亡、疾病、梦境等现象,按照纯理性和逻辑的原则创造出来以解答迷惑的产物,这种泛灵的遗迹观点被后世称作"万物有灵论"[1];而马林诺夫斯基为首的"英国功能学派"则认为,神话是巫术的信仰的一种,是原始人类的精神信仰,是巫觋用来证明巫术科学性的一种欺骗手段。[2] 这些观点的视野狭窄、定义偏颇是显而易见的,因此,马克思的观点大行于世。

一般认为,神话学的发端是 18 世纪哲学家维科(意大利)提出历史主义神话观,但是真正神话学派的创始人是格林兄弟(德国)。19 世纪中叶开始,继格林兄弟之后,欧洲出现了许多神话学派,除了前面提到的之外,还有以麦克斯缪勒(英国)为首的"语言学派"和以斯宾塞、兰格·安德鲁兰(当然包括泰勒)为首的"人类学派"。中国神话学研究的开山人物有黄石、林惠祥、茅盾、袁珂等。我国神话学研究的特点是除了注重典籍记载资料的整理辑佚之外,还在民间神话资料、特别是少数民族神话资料的搜集、整理,翻译与研究方面卓有成效。

神话学界目前把神话大致分为五类:创世神话(中国也有叫作"开辟神话"的,如盘古神话)、始祖神话(如中国的"女娲补天"、希伯来族的"世界最初的七天"、古希腊的"普罗米修斯"神话等)、洪水神话(如大禹治水)、战争神话(如黄帝战蚩尤)、发明创造神话(如燧人氏、有巢氏、神农氏、仓颉、后稷等神话)。也有分三类

---

① 爱德华·泰勒. 原始文化[M]. 连树声. 桂林:广西师范大学出版社,2005.
② 马林诺夫斯基. 巫术科学宗教与神话[M]. 李安宅译. 上海:上海文艺出版社. 1987:12.

的:开辟神话、自然神话和英雄神话,中国的"夸父追日""精卫填海""刑天舞干戚"等,就属于英雄神话。

　　神话学研究主要依托学科有语言文学、民俗学、人类学、历史学、考古学、博物学、哲学、神学。中国的神话学研究虽然起步较晚,但是在成果方面仅次于美国,超过日本、德国、法国、英国、希腊等国家。

二、神话学名家谈神话

蒋观云

清末举人(1866—1929),名智由,字观云、星侪、心斋,号因明子。浙江诸暨东浦山人。

　　一国之神话与一国之历史,皆于人心上有莫大之影响。……神话、历史者,能造成一国之人才。然神话、历史之所由成,即其一国人天才所发显之处。其神话、历史不足以增长人之兴味,鼓动人之志气,则其国人天才之短可知也。神话之事,世界文明多以为荒诞而不足道。然近世欧洲文学之思潮,多受影响于北欧神话与歌谣之复活,而风靡于保尔亨利马来氏。……盖人心者,不能无一物以鼓荡之。鼓荡之有力者,恃乎文学,而历史与神话(以近世而言,可易为小说),其重要之首端矣。中国神话,如"盘古开辟天地,头为山岳,肉为原野,血为江河,毛发为草木,目为日月,声为雷霆,呼吸为风云"等类,最简枯而乏崇大高秀、庄严灵异。至历史,又呆举事实,为泥塑木雕之历史,非龙跳虎踯之历史。故人才之生,其规模志趣,代降而愈趋于狭小。

　　　　　　　　——《神话·历史养成之人物》《新民丛报·谈丛》(日本横滨)第36号

周作人

文化名家(1885年1月—1967年5月),字星杓,号知堂。鲁迅之弟,浙江绍兴人。

　　十九世纪中叶,缪勒博士(Max Müller)以言语之病解释神话,一时言语学派的势力甚大,但是里边不无谬误,后经人类学派的指摘随即坍台。人类学派代之而兴,而当初在英国发难者即是朗氏。据路易斯宾思(Lewis Spence)的《神话概论》引朗氏自己的话说,读了缪勒的书发生好些疑惑:"重要的理由是,缪勒用了亚利安族的言语,大抵是希腊拉丁斯拉夫与梵文的语源说,来解释希腊神话,可是我却在红印第安人,卡非耳人,爱思吉摩人,萨摩耶特人,卡米拉罗人,玛阿里和卡洛克人中间,都找到与希腊非常近似的神话。现在假如亚利安神话起源由于亚利安族言语之病,那么这是很奇怪的,为甚在非亚利安族言语通行的地方会有这些如此相像的神话呢。难道是有一种言语上的疹子，同样地传染了一切言语自梵文以至却克多语，到处在宗教与神话上留下同样的难看的疤痕的么？"在语言系统不同的民族里都有类似的神话传说，说这神话的起源都由于言语的传讹，这在事实上是不会有的。不过如言语学派的方法不能解释神话里的那荒唐不合理的事件，那么怎样才能解释过来呢？朗氏在《习俗与神话》的第一篇《论民俗学的方法》中说："对于这些奇异的风俗，民俗学的方法是怎样的呢？这方法是，如在一国见有显是荒唐怪异的习俗，要去找到别一国，在那里也有类似的习俗，但是在那里并不荒唐怪异，却与那里人民的礼仪思想相合。希腊人在密宗仪式里两手拿了不毒的蛇跳舞，看去完全不可解。但红印第安人做同样的事，用了真的响尾蛇试验勇气，我们懂得红印第安人的动机，而且可以猜想在希腊人的祖先或者也有相类的动机存在。所以我们的方法是以开化民族的似乎无意义的习俗或礼仪去与未开化民族中间所有类似的而仍留存着原来意义的习俗或礼仪相比较。这种比较上那未开化的与开化的民族并不限于同系统的，也不必要证明他们曾经有过接触。类似的心理状态发生类似的行为，在种族的同一或思想礼仪的借用以外。"

《神话仪式与宗教》第一章中："我们主要的事是在寻找历史上的表示人智某一种状态的事实，神话中我们视为荒唐的分子在那时看来很是合理。假如我们能够证明如此心理状态在人间确是广泛的存在，而且曾经存在，那么这种心理状态可以暂被认为是那些神话的源泉，凡是现代的心地明白的人所觉得难懂的神话便都从此而出。又如能证明这心理状态为一切文明种族所曾经过，则此神话创作的心理状态之普遍存在一事将可以说明此类故事的普遍分布的一部分理由。"关于分布说诸家尚有意见，似乎朗氏所说有太泛处，惟神话创作的心理状态作为许多难懂的荒唐故事解释的枢机大致妥当，至今学者多承其说，所见英人讲童话的书亦均如此。同书第三章论野蛮人的心理状态，列举其特色有五，即一万物同等，均有生命与知识，二信法术，三信鬼魂，四好奇，五轻信。

——《习俗与神话·夜读抄》

顾颉刚

国学大师（1893 年 5 月—1980 年 12 月），字铭坚，号颉刚。江苏苏州人。

很想做一篇《层累地造成的中国古史》，把传说中的古史的经历详细一说。这有三个意思。第一，可以说明"时代愈后，传说的古史期愈长"。……周代人心目中最古的人是禹，到孔子时有尧舜，到战国时有皇帝、神农，到秦有三皇，到汉以后有盘古等。第二，可以说明"时代愈后，传说中的中心人物愈放愈大"。如舜，在孔子时只是一个"无为而治"的圣君，到《尧典》就成了一个"家齐而后国治"的圣人，到孟子时就成了一个孝子的模范了。第三,我们在这上,即使不能知道某一事件的真确的状况,但可以知道某一事件在传说中的最早的状况。

我以为自西周至以春秋初年,那时人对于古代原没有悠久的推测。《商颂》说:"天命玄鸟,降而生商。"《大雅》说:"民之初生,自土沮漆"。又说:"阙初生民,时维姜嫄。"可见他们只是把本民族形成时的人作为始祖,并没有很远的始祖存在他们的意想之中。他们只是认定一个民族有一个民族的始祖,并没有许多民族公认的始祖。但他们在民族之外,还有一个"禹"。《商颂·长发》说:"洪水芒芒,禹敷下土方……帝立子生商。"禹的见于载籍以此为最古。……看这诗的意义,似乎在洪水茫茫之中,上帝叫禹下来布土,而后建国。然则禹是上帝派下来的神,不是人。

就现存的最早的材料看,禹确是一个富于神性的人物,他的故事也因各地的崇奉而传布得很远。至于我们现在所以知道他是一个历史上的人物,乃是由于他的神话性的故事经过了一番历史的安排以后的种种记载。我们只要把《诗经》和彝器铭辞的话放在一边,把战国诸子和史书的话放在另一边,比较看着,自可明白这些历史性质的故事乃是后起的。所以我说禹由神变人是顺着传说的次序说的;刘(棪藜)、冯(友兰)先生说禹由人变神,乃是先承认了后起的传说而更把它解释为以前的传说的。更有一层,在实际上无论禹是人是神,但在那时人的心目中则他确是一个神性的人物。

——《古史辨·自序》

杨堃

著名民族学家、民俗学家、人类学家、社会学家(1901—1998 年),河北大名人。

神话学是一门极为古老的学问,它的发展经历了极其漫长的道路,至今已有两千五百多年的历史了。在这一漫长的历史进程里,各种有关神话的学说异彩纷呈。从公元前六百年时德亚更(Theagenes)的拟人说、公元前五百年时芝诺芬(Xenophanes)的寓意说、公元前四百年时友赫麦洛(Euh-emerus)及其弟子勒克娄(Lc Clerc)所主张的史实说等古代希腊神话学说开始,到中世纪以沃秀斯(G. J. Vossius 1577—1649)为代表的天启宗教变造说、以佛来勒(N. Freret 1673—1741)为代表的神话解释学说和以维柯(G. B. Vico 1688—1744)为代表的新科学的神话学说,学者们都不约而同地把注意力集中在对神话定义的阐释上。

十九世纪以来,神话学有了长足的进步。其前半叶有历史哲学派、象征学派、象征的艺术神话学派、反象征派和以雅各布·格里姆(Jakob Grimmn 1786—1883)和卡·奥·缪勒(Karl Otfried Muller 1797—1840)为代表的民族发生说;其后半叶有叶麦克斯·缪勒(Friedrich Max Muller 1820—1900)的语言学的比较神话学说、广义比较神话学、宗教学的神话学说、爱·泰勒(E. B. Tylor 1832—1917)和安德鲁·兰克(Andrew Lang 1844—1912)等人的人类学的比较神话学说等。这些也都是从不同的角度,例如历史的、语言的、民族的、宗教的或艺术的角度,对什么是神话作出了不同的解释,建立了各自的不同神话学说,使神话学的研究呈现出空前活跃的状态,从而反映出学术界对神话这一人类精神财富的重视。

到了二十世纪,以佛来则(J. G. Frazer 1854—1941)为代表,开始对神话进行人类学、民俗学的综合研究。随之,又出现新自然神话学说、星辰神话学派、泛巴比伦主义、对神话与历史关系的新解释、民族心理学的神话学说、精神分析学派的神话学说,以斯密士(E. G. Smith 1871—1937)为代表的曼彻斯达学派的神话学说,以卡西尔(E. Cassier)为代表的对于神话与语言关系的新解释,史学派的神话学说(包括传播论和文化圈论),还有法国社会学派及其他神话学说,以及功能主义派的神话学说等。这些都反映出,对神话定义的研究更前进了一步,综合的趋势和对方法论的探讨加强了。

历史上这些有关神话定义的理论是神话学的宝贵财富,值得我们认真研究,并从中汲取有益的营养。但这些理论,也各自在不同程度上和在不同的方面,表现出不同的、历史的或认识论、方法论的局限,也是我们应该注意加以鉴别的。

——《神话及神话学的几个理论与方法问题》

茅盾

文学家、中国神话学创立人(1896年7月—1981年3月),原名沈德鸿,字雁冰。浙江嘉兴人。

为要从头研究欧洲文学的发展,故而研究希腊的两大史诗,又因为两大史诗实即希腊神话之艺术化,故而又研究希腊神话。

彼时我以为希腊地处南欧,则地处北欧的斯堪的纳维亚各民族亦必有其神话。……我又思五千年文明古国之中华民族不可能没有神话。《山海经》殆即中国之神话。因而我又研究中国神话。

历史家可以从中找出历史来,信徒们找出宗教来,哲学家就找出哲理……

秦以前的一些守正之士大概改动了古籍中的神话材料,而他们的所以然的原因大概是认定了那些不雅驯的记载是文字错误之故。

中国以农业立国,换句话说,是立脚在农业生活的基础上而进于文明的,似乎不应该竟没有关于农作的神话……很可以叫我们疑惑伏羲氏是神话中的春神,而神农氏乃是稼穑之神。

我们现在从人类学解释法的立场而观,"十日并出"之说大概也是从原始时代的生活经验出发的。

中国古史家是最喜欢改动旧说的,以此我们的古史常使人怀疑,而我们的神话亦只存片段,毫无系统可言了。

我们现在据已有的片段看来,中国神话之丰富美丽,不下于希腊,可惜丧失其半,这真是件可惜的事。

——《神话研究·序言》

钟敬文

民俗学家、民间文学大师、现代散文作家(1903—2002),原名钟漂宗。广东海丰人。

马王堆汉墓帛画的神话史意义(节选)①

(关于蟾蜍、兔子和嫦娥)[1]马王堆汉墓帛画天国部分在太阳和扶桑树的另一方,便是一弯镰刀形的白色月亮,上部有一只大蟾蜍和一只体积较小的兔子,两旁缭绕着云气。镰月下面是一个飞腾而上的女人,她就是嫦娥,虽然不能说完全没有遗漏,但是我国古代月亮神话里的一些主要事物已经被表现在一起了。

月亮里存在蟾蜍的说法是比较古老的。《天问》里"夜光何德,死则又育? 厥利惟何,而顾菟在腹?"这四句问话,初期的注释家王逸,把"菟"释为"兔",把"顾"释为"顾望",因此把后二句演作"言月中有菟(兔)何所贪利居月之腹而顾望乎?"但是这种生硬的解法,宋代的楚辞研究者朱熹已经表示不同意了。他认为"顾菟"应该是兔的一种名称(专名)[2]。到了近人闻一多,才把这个动物的正身确定了。他用了十一个语言学上的佐证,判定"顾菟"就是"蟾蜍",而不是"兔子"[3]。这样一来,《天问》的话,可算是月中蟾蜍在文献上最早的记录了。其次,就是《淮南子·精神训》那句"月中有蟾蜍"的话。但是,这些时期(战国至汉初)月亮里有玉兔的记载,在现在保存下来的文献里却还没有见到。有些外国研究者把王逸的注文当作真凭实据,因此断定月亮里兔子的神话在周代已经广泛流传了[4]。至少从文献的角度看,这是不确切的。

我们虽然不能准确知道月亮里有兔子的神话产生或广泛传播于那个时期,但是,从文献上看,蟾蜍和兔子并存于月亮里的传说,在西汉末年已经相当流行了。因为这时期的学者刘向(纪元前七七——前六)曾经用"阴阳论"的观点去解释这种蟾、兔并存的现象[5]。此后关于这方面的文献记录和被发现的实物材料就数见不鲜了(关于实物方面的石刻,像孝堂山石室、少室石阙里的这类图像,是大家知道的)。但是这次马王堆汉画中月亮神话图景的发现,却补充了文献上的记录,提

---

① 钟敬文.谣俗蠡测——钟敬文民俗随笔[M].莫曲布嫫等编.上海:上海文艺出版社,2001.

前了蟾、兔神话出现在实物上的记载时期。这在神话史和考古学研究上同样是值得注意的事。

在这里,顺便谈谈月亮神话里这两种生物的起源或来源问题。关于月里蟾蜍的来源,以前似乎很少人注意到。闻一多在论证"顾菟"问题时,曾经附带涉及它。他的结论:"月中虾蟆(蟾蜍)之说,乃起于以蛤配月之说,其时当在战国……"这个论断虽似新奇,但是从论证过程看,却颇为坚实可信。关于"蛤"字兼有"蛤蚌"和"虾蟆"两种意义的说法,除了他举出的两个例证外,我在这里再提供一些证明的资料。宋苏轼《宿余杭法喜寺后绿野亭望吴兴诸山怀孙莘老学士》诗:"稻凉初吠蛤,柳老半书虫。"注:"岭南谓虾蟆为蛤"(据清人金檀《青邱高季迪先生诗集》注所引)。又明高启《闻蛙》诗:"何处多啼蛤,荒园暑潦天",注家也认为蛤即虾蟆。我们乡下(广东海丰)的口头说话里,虽然也有蟾蜍一词(它是比较文雅的),但是一般都称虾蟆为蛤或蛤牯。我问过一些生长在南方别的省份的朋友,据说他那里也有这种叫法。此外还有性质相关的某些记载,为免烦絮,就不多引了。上述一些文学的和民俗志的资料,或可以为确证闻说之一助吧。

关于月亮里有兔子的起源问题,过去似乎比较受注意些。但是所说不免怪诞或迂阔。例如有些谶纬家,认为月亮里存在着蟾蜍和兔子是由于阴阳要相制相倚。("两设以蟾蜍与兔者,阴阳双居,明阳之制阴,阴之倚阳也。")[6]这是半神话式的解释。近代外国有些所谓东方学者,认为中国古代的民族和文化是西来的,甚至以为连某些神话、传说的东西,也是从外国输入的。有人看到中国古代有月亮住着兔子的神话,同样,古代印度也正有相似的故事,因此,不管三七二十一,就断定中国的月兔是一种舶来品(主张这种说法的,如W. F. 梅那斯)。不错,古代印度,有一个关于月兔的故事,大概说,一只有善行的兔子,因为不能取得肉以供天帝的需求,便毅然投身火里,成了焦兔,天帝把它放到月亮里,以昭示它的高行。这个传说,在唐代曾被收录在一部佛教经典的类书里[7]。但是,像有些学者所指出,月亮里有兔子的传说,不但中国、印度有;就是和我们远隔重洋、很少交往的古代墨西哥也有;南非洲的祖鲁兰德那里,一样流行着这种传说[8]。产生在中国纪元前的月兔神话,为什么一定是从印度输入的呢?

自然,我们知道,比邻民族间文化(特别是传说、故事之类的口头创作)的交流是常有的现象,古代中、印间学术、文化的互相影响,也是不可否认的事实。但是根据现在考古学的新材料,在我国西汉初年就已经流行的月兔神话,却未必是从次大陆传来的进口货。除了这种传说从东半球到西半球各民族间都存在着和它在中国流传时代比较早的理由之外,从传说的内容看,尤其不能承认印度输入说。因为印度传说带有深厚的佛家说教色彩。中国早期关于月兔的说法,却不见有这种痕迹。中国这方面，原来没有比较具体的故事，后来虽有"月中捣药"的文献和实物的图像，但时代较迟，而且也跟"修菩萨行"的印度兔子不相类(它倒是近于本土道教思想的产儿)。这是判定月兔是否为输入品问题的关键。

关于月兔来源的解释，我们暂时只能以比较常识性的"阴影说"为满足。月亮里有阴影，这是原始的人民也会感觉到的，所以世界上许多文化早熟或晚熟的民族差不多都有关于这种现象的传说，中国较早期的蟾蜍和兔子，后期的兔子捣药、吴刚伐桂树等故事，大都直接或间接和解释阴影的现象有关，虽然其中有的还别有思想背景(如前面所已经说过的，蟾蜍和蛙蛤的关系之类)。东汉天文学者张衡，在他所著《灵宪》里说："月者，阴精，积而成兽，像蛤兔焉。"[9]抛开他的阴阳之说不管，后两语正暗示出蛤(蟾蜍)、兔的形象和月面斑点的联系。又纬书《诗推度灾》说："月，三日成魄，八日成光，蟾蜍体就，穴鼻始萌。"(宋均注："穴，决也。决鼻，兔也。")[10]后两句说明两种生物的像(阴影的像)随着月形由缺趋圆的逐渐形成。晋人虞喜也曾在他的著作里说，从月亮的自缺向圆的过程可以看见传说里的人物和桂树逐渐形成的情况[11]。这也暗示传说中的人物、桂树是指的阴影。古代印度，除了修行的兔子的传说之外，还有一些其他解释月中阴影的故事，如认为它是高大的阎浮树的影子，或认为它是大海里鱼鳖等影子在月轮里的显现[12]。这和我们古代解释月里阴影的蟾蜍、兔子等说法，在思考方式上是相似的。

最后，谈谈嫦娥的神话。这是我国民间流传相当久远和比较普遍的一个天体神话。他在我国各种艺术的创作里也成为习见题材或典故。近代我国最伟大的文豪和思想家鲁迅，为了批判当时某种恶劣的社会现象，也取材于这个古神话，而写成了光辉的讽刺小说《奔月》。现在我们有机会在帛画上看到跟最早记载它的文献差不多同时的、非常生动的艺术表现(这是后来石刻和壁画里所见的飞仙艺术的先驱)，实在是学术界的极大喜悦。

像大家所知道，记录嫦娥故事的最初文献是《淮南子》[13]，《览冥训》里说："羿请不死之药于西王母，姮(嫦)娥窃以奔月。"因为作者是作为说理的譬喻而使用的，所以语词相当简略。在许慎、高诱及其他东汉一些学者的注释和记述里就说得比较详细些。我们试举张衡的记述："……其后有凭焉者。羿请无死之药于西王母，姮娥窃以奔月。将往，枚筮之于有黄，有黄占之曰：'吉。翩翩归妹，独将西行，逢天晦芒，毋惊毋恐，后其大昌！'姮娥遂托身于月，是为蟾蜍。"[14]这在内容上比较丰富一些了(尽管它也还是有缺略的地方，例如没有提及她和后羿的关系)，而且把它和已经存在的蟾蜍捏合起来。这个故事，后来还有一些发展的说法，这里就不更引述了。

这个传说的情节，是融合了别的一些神话的人物和动物的成分的。羿是上古东方部落的英雄神,他的故事很多(《天问》就再三地说到它),最著名的当然是射日。他本来是独立存在的神话人物。西王母是大家知道的古代西方神话里的重要人物(虽然原来是一个地名)。《穆天子传》的记载即使有问题,但是汉人在文献和实物里已经常表现她。蟾蜍和不死药是传说,故事里的东西,就更不用说了。这些表明这个传说的产生的时期多少要迟些。另一个证据,是它有着方士求不死药的道家思想,而这种思想是从战国到西汉初才流行的。

我国古代实在有比嫦娥传说更古老的月亮神话,那就是《山海经·大荒西经》所记的常仪浴月的故事。它说:"有女子方浴月(按指所画图景)。帝俊妻常仪,生月十有二,此始浴之。"郭璞注说:"义与羲和浴日同。"关于《大荒南经》所记羲和生日和浴日的故事,我们在上面已经提到过。这种神话,情节自然很简略,但是相当真实地反映了原始人民朴素的想象。跟这种原始的神话比较起来,嫦娥故事就显得有些复杂和藻饰了。尽管如此,它们也不是截然无关,后者的名字(嫦娥)就是从前者的名字(常羲或常仪)来的,因为在古代,两者在音读上是接近的。但是大概由于故事较富于情节和主题思想较合于后来某些人的心理,嫦娥传说在口头上和艺术上取得了较长久的生命。

嫦娥神话是什么性质的神话呢?它无疑也是一种解释性的神话。有些研究者认为它所解释的是月亮的每月缺而复圆的现象。这大约是可信的。原因有二:其一,我国古代人民似有把月亮的圆缺看作人的生死的想法。汉代的学者刘熙,在他所著的字书《释名》里,有这样一段话:"晦,月尽之名也。晦,灰也,火死为灰,月光尽似之也。朔,月初之名也。朔,苏也,月死复苏生也。"[15]朔、晦两字的原来意思是否如此,姑且不论,以圆缺为生死,却是初民容易产生的一种素朴的思想。这位古训诂家的话很可能是有所本的。其二,世界上别的民族也有这类想法。如南洋菲吉岛的神话说,月神与鼠神讨论人类的死的方式问题,月神主张应当像她自己那样暂时死亡而又再生,但是那鼠神却不听这一套,主张人类应当像鼠类那样死不再生。他的话得胜,此后人类就不能像月神所说那样幸运了。这种想法正和刘熙所说的相同。嫦娥所以能够成为"死则又育"的月亮的神,是由于她吃了不死的药,这种解释正是从认为"月是不死的"原始的想法化生出来的。

注释:

[1] 此文载于《钟敬文学术论著自选集》,首都师范大学出版社,1994年9月。

[2] 见朱熹所著《楚辞辩证》卷下。闻一多在《天问释天》里说:"《章句》又释顾为顾望,朱熹以下诸家皆无异说……惟毛奇龄以顾菟为月中兔名,庶几无闳于文义……"这是他一时失察的地方。

［3］见上注《天问释天》(《闻一多全集》乙集)。

［4］见 A. 福尔克《中国人的世界观》第七章。

［5］见《五经通论》，原书佚，此据《艺文类聚》卷一、《太平御览》卷四等所引。

［6］见《春秋元命苞》。原书佚，此据《初学记》卷一等所引。

［7］指唐代李俨撰《法苑珠林》。月兔传说，见该书卷七《日月篇》。

［8］见石诚彦:《上代中国的神话及故事》第二节。

［9］原书佚，此据《太平御览》卷四所引。唐章怀太子注《后汉书·天文志》，也引此文，字句略有出入。

［10］原书佚，此据《法苑珠林》卷七及《太平御览》卷四所引，又《易乾凿度》也有此文。

［11］原书佚，此据《初学记》卷一，《太平御览》卷四所引。

［12］参阅《法苑珠林》卷七《日月篇》。

［13］清代学者丁晏曾解《天问》"白蜺婴茀，胡为此堂"二语为关于嫦娥神话。这里没有采用其说。

［14］原书佚，此据《后汉书·天文志》唐章怀太子注，《太平御览》卷四所引较略。

［15］见该书卷一《释天》。

三、著名神话作品存目

(一)重点作品

《精卫填海》《夸父追日》《刑天舞干戚》(《山海经》)

《盘古开天辟地》(《述异记》)

《伊利亚特》《奥德赛》(《荷马史诗》)

《神谱》([古希腊]赫西俄德Ησίοδος)

《变形记》([古罗马]奥维德 Publius Ovidius Naso)

《世界最初的七天》《亚当与夏娃》《诺亚方舟》《巴别塔》

(古希伯来《圣经·旧约·创世记》)

(二)一般作品(搜索引擎自查为主)

《牛郎织女》《孟姜女》《白蛇传》《梁祝》《天仙配》《神农尝百草》《十二生肖》《嫦娥奔月》《宝莲灯》《火神祝融》《共工怒触不周山》《龙生九子》《天狗吃太阳》《神农传五谷》《黄帝战蚩尤》《后羿射日》《沉香救母》《八仙过海》《西王母和她的蟠桃仙子》《吴刚伐桂》《鲤鱼跳龙门》《灶王》《百鸟衣》

(三)当代神话学名家(考研参考)

中国

李子贤(云南大学)、王孝廉(日本西南大学)、马昌仪(中国社会科学院，中国民间文艺家协会)、乌丙安(辽宁大学)、杨利慧(北京师范大学)、孟慧英(中国社会科学院)、叶舒宪(上海交通大学)、陈建宪(华中师范大学)、萧兵(淮北师范大学)、鹿忆鹿(台湾东吴大学)、田兆元(华东师范大学)、吕微(中国社会科学院)、王宪昭(中国社会科学院)、刘宗迪(山东大学)、陈连山(北京大学)、黄泽(云南大学)、钟宗宪(台湾师范大学)、高莉芬(台湾政治大学)。

美国

博厄斯、阿兰·邓迪斯、伊利亚德、威廉·巴斯科姆、坎贝尔、西格尔。

英国

马林诺夫斯基、露西·芬妮根、弗雷泽、弗斯、柯克、罗杰森。

日本

伊藤清司、大林太良、御手洗胜、百鸟芳郎、吉田敦彦。

加拿大

弗莱。

法国

列维－施特劳斯、卡西尔;达代尔。

芬兰

劳里·杭柯。

瑞士

荣格。

德国

格林兄弟。

瑞典

安娜·露丝

(四)20 世纪初神话学著名学者(限中国)

蒋观云、周作人、闻一多、顾颉刚、杨堃、黄石、茅盾、钟敬文、袁珂、谢六逸、芮逸夫、吴泽霖、林惠祥、徐嘉瑞、凌纯声、杨成志。

★课后练习与思考

1.按照神话学的规范,神话分为几类? 国内外在每一类的代表神话是什么?

2.谈谈神话思维和历史思维的异同。

3.根据讲课内容和《课下阅读资料》,写一篇 1500 字的"文献综述";或者在《课下阅读资料》中任选一两位作家的作品,写一篇 1500 字的阅读心得。

第二章

三代文明与现代表述

　　典籍误读往往造成现代表述误区,同时也是文化史上普遍存在的现象,文化史其实是误读—匡正—误读交错与重合的历史。正如鲁迅所指出:"一部《红楼梦》,经学家看见《易》,道学家看见淫,才子看见缠绵,革命家看见排满,流言家看见宫闱秘事……"

第一节　上古典籍密码

(课堂讲解,2 学时)

　　审美主体的阶级出身、知识水平、种族或民族背景、个性气质等差异,使审美个性、价值取向产生差异,从而产生"误读"。误读典籍来自时代需要。在特定的时代背景下,某种政治的、意识形态的、宗教的权力掌握了话语权,往往由上层人为制定审美标准并使之绝对化。所以权力话语运作下的误读是在知识的建构与解构中以极端的破坏性与创造性推动着人类思想的发展。但是,所谓"《诗》无达诂"(董仲舒《春秋繁露·精华》)只是面对误读的一种无可奈何,任何典籍都是有它的"真面目"的,这就需要通过对典籍密码的解码还原,发现其本真的"能指"。

一、《甲骨文 6057 片》与现代写作

　　癸巳卜,壳贞:旬亡祸? 王占曰:有祟,其有来艰。乞至五日丁酉,允有来艰自西。戛(沚)告曰:土方正于我东鄙,灾二邑;鬼方亦侵我西鄙田。①

　　这个甲骨片的传统解读是这样的:

---

　　① 郭沫若,胡厚宣. 甲骨文合集[C]. 6057. 北京:中华书局,1982.

前辞

癸巳,是占卜的时间。

壳,是巫觋名号。

占辞(这次占卜向神明请教的问题)

旬亡祸?

卜辞(占卜结果)

有祟,其有来艰。

验辞(应验情况)

允有来艰;土方正于我东鄙;鬼方亦侵我西鄙田。

其实这个甲骨片还可以这样解读:

时间(癸巳;丁酉)、**地点**(东鄙;西鄙)、**人物**[壳;王;戛(沚)]、**事件**(有祟,其有来艰。允有来艰;土方正于我东鄙;鬼方亦侵我西鄙田)、**原因**(占;旬亡祸)、**结果**(灾二邑;侵我西鄙田)。

文章学、文学体裁研究领域有一个共识:叙事文体以新闻学术语中的"新闻五要素",即何时(when)、何地(where)、何人(who)、何事(what)、何故(why)五要素的完整为标的。因为这五个要素的英文开头字母都是 W,所以也被称为"五个 W"。后来有人在这个基础上又加入了一个"H"(how the results 简称 how),共称为"六要素"。

为什么要用英文表达作为解说这些"要素"的依据呢? 20 世纪以来("要素说"20 年代初引进),学术界讨论"五个要素"的成果,不计专著,仅文章发表将近 900 篇(像样刊物发表的大约 873 篇),近 3 年就有 200 多篇。后来有人提出新闻写作基础即叙事文体要具备"五 W + H",尔后讨论"六要素"的文章也超过 300 篇(像样刊物发表的大约 350 篇)。其中提到"要素",都是言必称希腊,众口一词说成这样(经辑录整理):

此说在西方最早出现于 19 世纪 60 年代。1913 年,广学会翻译出版《实用新闻学》([美]休曼原著),把此说介绍到我国。随着调查性报道的兴起,西方有些学者(引者按:似指 1932 年,美国新闻学者麦格杜戈尔)提出了"六要素"说,认为除五个"W"之外,还有一个新闻要素"H",即如何(how)。

其实对照一下《甲骨文 6057 片》不难发现:起码在公元 16 世纪之前(详后),华夏先祖就发现了现代写作的"六要素"! 算起来要比休曼、麦格杜戈尔早 4000 年。谈现代写作,不必言必称希腊,当然前提是不要跟着殷商巫觋和后代神汉巫婆误读甲骨文。

二、《易经·丰卦》与现代叙述元素（见图1）

图 1 　丰卦

顺叙：

《丰》：亨，王假之。勿忧，宜日中。

初九，遇其配主，虽旬无咎，往有尚。

六二，丰其蔀，日中见斗。往得疑疾，有孚发若，吉。

九三，丰其沛，日中见沫，折其右肱，无咎。

九四，丰其蔀，日中见斗，遇其夷主，吉。

六五，来章有庆誉，吉。

上六，丰其屋，蔀其家，窥其户，阒其无人，三岁不觌，凶。

倒叙：

上六，丰其屋，蔀其家，窥其户，阒其无人，三岁不觌，凶。

六五，来章有庆誉，吉。

九四，丰其蔀，日中见斗，遇其夷主，吉。

九三，丰其沛，日中见沫，折其右肱，无咎。

六二，丰其蔀，日中见斗。往得疑疾，有孚发若，吉。

初九，遇其配主，虽旬无咎，往有尚。

《丰》：亨，王假之。勿忧，宜日中。

插叙：

六二……往得疑疾，有孚发若，吉。

九三……折其右肱，无咎。

补叙：

初九，遇其配主，虽旬无咎，往有尚。

九四……遇其夷主，吉。

六五,来章有庆誉,吉。

上六,丰其屋,蔀其家,窥其户,阒其无人,三岁不觌,凶。

从以上分析看,《易经·丰卦》中的现代基本叙述方式顺叙、倒叙、插叙、补叙已经齐全,现代叙事的基本方式,则属于完善有加的古老叙述方式的传承。剩下的介乎文章学与文学之间的叙述方式"平叙",和人间对话功能的发挥"直叙"与"间叙",更是古老叙述方式的定向扩衍或单向度发挥了。

对《易经》这样档次的上古典籍的解码还原,挖掘到这一步才不辜负其"三昧真火"的社会功用。

三、"殷人有册有典"的现代解读

《尚书·多士》:"(周公曰)惟殷先人,有册有典"。

2016年高考历史上海卷,有一道题问考生周公说的"册、典"是指什么。考卷的标准答案是"甲骨文"。其实,无论是把殷商先人日常使用的"册"还是"典",说成是甲骨文都是不妥的。

首先,虽然甲骨文是"目前所知"最早的文字,但不能肯定比其早的未知的文字不存在,比如《易经》研究领域的"六""九"和"坤"(𝕮𝕮)"艸"等,以及考古学领域的彩陶文(如卍、𝕏 等)起码也是殷商时代的文字,或者更早。

其次,语法太成熟,也让人怀疑其不是最早的文字。如著名的卜雨375甲骨片:"今日雨?其自西来雨?其自东来雨?其自北来雨?其自南来雨?"[①]就在语法上成熟得如同唐宋、明清古文,主谓宾定状补一应俱全。在人类的童年时代,对语言的掌控能力不应该是这样水平的。

再次,从册、典字形看,册字就是竹册,也就是竹简的局部象形(见图2),且在甲骨文中就有"册"字(见图3)。说明甲骨文只不过是册、典时代占卜专用工具而已。据此完全可以猜想:典应该是法典石与竹册的组合(见图4)。今天我们看不到甲骨文时代的简册,应当是竹简易腐蚀、甲骨耐风化的物理结构不同造成的传世状态不同罢了。

---

① 郭沫若.卜辞通纂·第375片[M].东京:文求堂书店,1933.

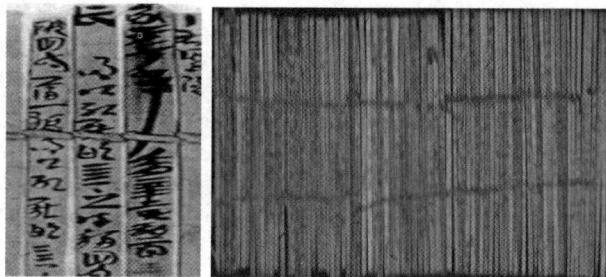

图2 册是竹简象形

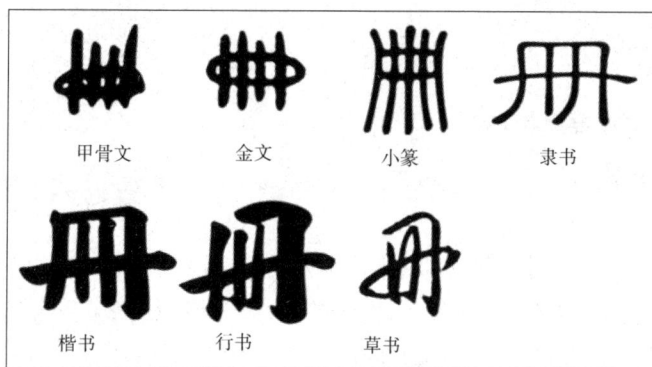

图3 "册字"字形变化

图4 法典石与竹册的组合

最后,有两个属于常识档次的知识:伏羲造字,在三皇时代;仓颉造字,在五帝中期。他们创造的近于"鸟兽之文""鸟兽蹄迒之迹"的文字,都早于殷商时代的甲骨文。

拙于解密还原典籍密码以至于造成误读文献,这种现象是文化浮躁的社会风气导致的。但是这种现象弥漫到基础教育误导孩子,甚至堂而皇之跻身高考考场,是不能等闲视之的。

第二节　课下阅读材料

一、叙事文体要素论丛

(一)五要素说

正论

新闻,需要具备五个重要的要素,分别是时间、地点、人物、事件以及结果。一篇高质量的英语新闻必须简单明了地将这五大要素展现出来。英语新闻由标题、导语、主体、背景以及结尾5个部分组成,每一个部分都具备其不可替代的价值。[①]

拿来说事

新闻图片的拍摄,必须把握图片新闻主题的五个关键要素,即坚持党性与人民性相统一的一致性、报道选题的前瞻性、采访和刊发的适宜性、画面的可读性、阅读的大众性等,才能拍出好的新闻图片。[②]

1980年2月9日,刊发于《吉林日报》的社会新闻《钱被风刮跑以后》因其内容充满正能量,写作自然紧凑而获得了众多荣誉。而事实上,这篇文章的新闻五要素不全,是一篇假新闻。[③]

基于传播学五要素,通过查阅文献以及将《人民日报》中关于新德里亚运会报道的文本分为开幕前、比赛期间、闭幕后,结合定量与定性两个角度进行了内容分析。结果显示,从量性角度出发,整体报道总量可观,形式多以比赛消息稿为主。值得注意的是,从"传者"的角度上看,《人民日报》自主意识的觉醒令人欣慰,稿件来源不再单纯依靠新华社,而是增加了本报专电,同时出现了"记者署名"的现

① 祝元娜.英语新闻写作的特点与技巧研究[J].新闻与写作,2017(1).
② 袁鹏.如何拍摄新闻图片[J].数字化用户,2018(21).
③ 刊评.媒体道德与伦理经典案例评析[J].青年记者,2015(13).

象,这是一大突破。①

　　新闻学界围绕新闻价值的讨论400年来从未停歇。当下,国内新闻学界对新闻价值的理论讨论集中在新闻价值的定义和内涵,大家通常将新闻价值分解为时新性、重要性、接近性、显著性、趣味性五要素。②

核刊文献:

徐天博.影响新闻发现的五要素[J].青年记者,2007(2).

张晓良等.新闻导语中五要素的研判和巧用活用[J].新闻知识,2009(9).

樊友民.论新闻五要素在写作中的应用[J].时代文学,2008(24).

刘飞锋.都市新闻价值"五要素"[J].青年记者,2012(12).

沙岩.党报新闻策划题材选择五要素[J].中国记者,2015(3).

孙宁等.让新闻图片粘住读者视线——论新闻摄影需要把握的五个要素[J].新闻知识,2018(7).

（二）六要素说

正论

　　1932年,美国新闻学者麦格杜戈尔提出新闻要具备五W＋H,但实际上这些要素只是新闻的一个平面,并没有展示全新闻事件的深度和广度。而立体组合式报道是指采用多条新闻连续集中报道的手法,不同侧面、不同角度对某一重大新闻事件进行全方位报道。③

核刊文献:

彭朝丞.新闻六要素的准确表达[J].新闻与写作,2009(12).

吕卫锋.浅谈新闻图片的六要素[J].新闻研究导刊,2018(9).

（三）七要素说

　　新闻应有第七要素,即"有人证实"新闻的发生(who confirmed),构成新闻的第六个W。新闻大量报道的是当事人对事件的描述,让受众确信新闻"能被证实"。新闻不是发生了什么,而是某人说发生了什么或某人看见发生了什么。同新闻其他要素相比,这个第七要素唯新闻所独有,其他叙事作品(如文学)都有人物、时间、地点和怎么样的"五个W和一个H",无须"有人证实"。新闻第七要素同新闻源尽管有相似之处,但二者的性质与作用截然不同。新闻第七要素指明新闻事件的亲历者和旁观者——其中也包括记者——对事实的见证,凡是他们听来

---

① 石书麒.《人民日报》新德里亚运会报道传播要素分析[J].新闻研究导刊,2017(7).

② 胡翼青等.重塑新闻价值:基于技术哲学的思考[J].青年记者,2017(4).

③ 苏斌.跨洋直播呈现新闻全景报道[J].传媒,2017(4).

的消息不包括在新闻第七要素之内。事实见证者在新闻中出现,不仅是新闻的重要形式,也是事件新闻固有的标志。①

二、《易经》民俗现象

民俗是一个历史阶段中社会群体形象的重要显现方式,反映为具备某种特点的社会表象。它对文学的滋养浸润主要表现在干预人文情怀的形成、影响社会文化的体系构建、提供该时代文学现象的解码方式等。而作为滋生文学的土壤,又表现为关乎民间文学艺术品位的确立、与通过社会精英层对俗文化的取舍改造最后影响该时代的雅文学特质。而民俗与雅文学的关系,是经过社会精英层对俗文学的关注、改造以及定向演进来建立的。因为俗文学的不肖于正统所以更能代表当时的时代(因为不肖古人,所以能代表当世。——胡适语);而作为直接产生在民间的精神之花,"许多民间的习惯与传统的观念,往往是极顽强的黏附于其中,任怎样也洗刮不掉"②。这矛盾的属性成就了俗文学的生动活泼、不拘家法,反而成为当时社会生活的录像式而不是照片式宝贵资料。

由于史料取材范围的限制,无法从记载上古历史的史书中获取更多的民俗资料,上古流传下来的、民俗作为影响因素之一形成的文学作品反而成了我们拮取当时民俗史料的宝库,这是倒过来的哲学。《易经》是具有文学价值的巫书,其中所反映出来的民俗风情,也是其文学价值的一个不容忽视的重要方面;另外经过对该书文本中民俗风情的探微寻幽,也可以从群体形象的视角、社会表象的层面,更深刻地理解《易经》中的人物形象。

根据民俗学理论,一个时代的民俗既是共时的,又是历时的,前者表现为该时代大环境对社会群体的心理感应,后者表现为文化发展的不均衡所造成的民间与精英、都市与边鄙等文化秉持的巨大落差。同时,由于习惯势力的影响和古籍文本形成过程的拖延,反映在古籍文本中的民俗风情往往显现为三个层次的交融:遗留的、当时的、后代掺入的。在这方面作为上古最高智慧结晶的巫书,《易经》也未能"免俗"。

(一)抢婚风俗

从《易经》文本看,很多民俗应当属于前代遗留下来的,比如抢婚的婚俗就不应当是那个时代的社会秩序所允许的,然而这些在文本中却经常表现出来。

在《屯》卦中,详细描写了一个抢婚的场面:"屯如邅如,乘马班如,匪寇,婚媾。

---

① 刘建明.新闻的第七要素及新闻见证者[J].新闻爱好者,2016(11).
② 郑振铎.中国俗文学史·上册[M].北京:作家出版社,1954:5、20.

女子贞不字,十年乃字"(六二爻辞)、"乘马班如,求婚媾。往吉,无不利"(六四爻辞)、"乘马班如,泣血涟如"(上六爻辞)。从引文看,来求婚的这一群人女方肯定不认识,否则不会将他们误认为寇盗,说不定是周边部族来劫掠人口的。所以女子被劫掠的过程中"泣血涟如"伤心至极,以至于多年不肯和强盗般的所谓新郎过夫妻生活,因而没有生育子女。但是这被劫掠的女子最后还是屈服于抢婚者,十年之后终于为他生了孩子。

由于"屯蹇"这一固定词组的语言暗示影响,人们历来认为《屯》卦是一个坎坷艰难的卦象。从卦象看,此卦震下坎上,有"动乎险中"(该卦象辞)即身临险境或者"云雷屯"(该卦大象)即暴风雨即将来临的样子。但是从《卦辞》看,《屯》卦又基本上是一个好卦:"元亨,利贞。勿用有所往。利建侯"。《左传》记载占卜中两次遇到《屯》卦,都是犹疑冰释皆大欢喜的结果(闵元、昭七)。该卦《象辞》对卦象的解说自相矛盾摇摆不定:既说"刚柔始交而难生",又说"动乎险中,大亨贞",不知道是难还是亨;而大《象》在摆出卦象之后干脆交了白卷。倒是《杂卦》说出了该卦的真蕴:"《屯》,见(现也)而不失其居",不管是"盈也"也好还是"物之始生也"(序卦)也好,都是物象显现(见),那《象辞》的"雷雨之动满盈,天造草昧"也是物象显现,在显现的时候不要离开从而失去居住的根据地,便是《卦辞》的"勿用有所往"。女子也是如此,在这个卦象出现的时候是不能离开生于斯长于斯的娘家的,故而不宜出嫁。这样,抢婚的场景被摄入《易经》的原因就清楚了:女子都不肯出嫁的屯遭环境就像后代所谓的"白马年"那样,因此文化心理结构不同因而不相信这一套的周边部族要想"子克家",就只有一个法子可想,那便是抢婚。因此,在遇到阻力比如"女子贞不字"或者哭哭啼啼破坏婚嫁气氛的时候,"乘马班如"即盘桓犹疑且不说,就是在"往吉,无不利"的情况下,照样"乘马班如"犹疑徘徊没有信心,也是可以理解的了。如此看来,这抢婚的闹剧还有一个包含巫卜意绪的大环境在起作用。这样,《贲·六四》的"贲如皤如,白马翰如,匪寇婚媾"便是另一种心情了——因为在《贲》卦中没有不宜婚嫁的巫卜氛围对男方构成心理压力。

但是无论如何,在"大君有命,开国承家"的卦爻辞文明时代,是不应当有抢婚的现象出现的。这里有一个对该文本摄取物象动因的理解问题。巫师们在这里不是要写故事或者记历史,而是在用物象说明卦象进而显现巫理。我们上举的该卦六二爻,在下卦震的中央,《说卦》"其(震)于马也,为馵足,为作足"和马蹄有很大关系,所以有乘马的卦象。而六四、上六正好是上卦坎的两个阴爻,《说卦》说:"其(坎)于人也,为加忧,为心病,为耳痛,为血卦,为赤;其于马也,……为下首,为薄蹄,为曳;其于舆也,为多眚……;(坎)为盗。"女子泣血涟如,便是加忧与心病、耳痛、血卦的结合;那马的盘桓屯邅,是因为卦象里有低头不进即下首、马蹄磨损劳顿伤痛即薄蹄、拖拖拉拉劳累不堪即曳(拖蹄为曳)等情形蕴含;怀疑抢婚的是强盗,是因为坎有盗贼之象即为盗。仔细比照看看,这抢婚的物象都在这《说卦》的列举中。巫师的智慧就表现在这里,将这些物象编排在一起莫若这抢婚的场景最合适。至于这抢婚的习俗是当今盛行的还是遥远的玫瑰色回忆,当时的人们自然会明白,不似我们后人还需要考订。

巫师是最早的史家,他们对历史上的习俗变迁应当是了如指掌的,在巫书中引用这抢婚的掌故,属于信手拈来的机智,而非斤斤于事件本身真实性的考究。况且从《睽》卦上九《爻辞》的说法看,当时很可能还有以抢婚为游戏的结婚仪式存在:"睽,孤。见豕负涂,载鬼一车。先张之弧,后说(脱)之弧。匪寇婚媾。遇雨则吉。"这是一个孤独的旅行者,他为了旅途的安全随身带着一张弓。他先是看到一个糊里糊涂的动物,以为是什么豺狼虎豹之类,慌忙张弓准备射箭,结果看到的是一头在泥巴里滚得一塌糊涂的家畜之猪而已;他第二次张弓也是一场误会,在路上白日见鬼,看到满满一车鬼怪,当然这化妆成鬼魅的车上人被旅行者认定为强盗,结果发现不过是抢婚的礼车罢了。这两场虚惊损耗此旅行者精神不少,因而慨叹:如果在行进(往)中遇到雨就好(吉)了。正如该爻小《象》所说的,"遇雨之吉,群疑亡也"。因为,如果在遇到这泥豕和活鬼的时候正好大雨滂沱,不但这旅行者的注意力不会如此集中因而格外紧张,就是那泥豕和满脸涂抹的抢婚者都会被雨水冲刷出真面目,哪里还会惊吓旅行者造成误会!这里出现的化妆抢婚,应当是一种游戏性质或者巫卜性质的婚礼仪式。巫师摄像明理,看来也考虑了当时的民俗基础。因为如果使用的是当时一点影子都没有的物象,也不符合此巫书适于"百姓日用"的本旨。

(二)抢劫为荣

人类进入父系氏族社会,便加强了对私有制的保护,到《易经》文本产生的时代,应当是私有观念深入人心的秩序社会了。但是在卦爻辞中却经常看到不以抢劫为耻、反以为荣的记载,这也有一个前代民俗遗留的问题。

在《蒙·上九》中,看到这样的爻辞:"击蒙,不利为寇,利御寇。"《说文》:"寇,暴也,从攴从完。"徐锴曰:"当其完聚,而欲寇之。"综合许慎、徐锴两人的说法,这寇便是聚集人众充分准备之后去施行暴力抢劫的意思。在先秦古籍中,这"寇"作为动词是劫掠侵犯,作为名词是盗贼的别称。总之此"寇"字不但现在是贬义词,就是先秦时代也从来没有充当过荣耀的词汇。这占筮者及巫师在圣人书中公然惋惜"不利为寇",虽然有卦象的因素在那里摆着(《蒙》卦坎下艮上,如前述坎为盗贼),也让人啼笑皆非:如果卦象合适利于为寇,这些震惊百里不丧匕鬯的大人君子肯定会去"为寇"。

有了这一段爻辞作铺垫,我们在解读"有孚挛如,富以其邻"(小畜九五爻辞)、"翩翩,不富以其邻,不戒以孚"(泰六四爻辞)时,便总觉得不对劲:你是否富足为什么总是拿眼睛盯着邻居? 这个疑问可以在《谦·六五》中得到圆满答案:"不富以其邻,利用侵伐,无不利!"这谦谦君子在自认为不富足的时候,竟然要侵伐邻居,并且无不利。看来我们并没有冤枉上述《蒙·上九》所记载的诸位君子。

中国北方的辽、金、元三个政权,都是蒙古族建立的。该族属于正宗龙的传人之一支,却因为生存环境的限制一直处于奴隶社会向封建社会的过渡期,直至元代主持中央政权,才完成向封建社会的过渡。宋人文惟简写有《虏廷事实》,其中说到该族民俗时有这样一段话:"虏(宋人对蒙古族的蔑称)中每至正月十六日夜,谓之放偷。俗以为常,官亦不能禁";清代厉鹗在《辽史拾遗·鹘里㞼》中引《燕北录》,说辽人"正月十三日放国人作贼三日",据说鹘里㞼是当时的蒙语,"鹘里"是偷的意思,那"㞼"便是"时",也是记载的这件事。从中可以看出:作为游牧民族,其民俗有不以偷盗抢劫为耻、反以为荣的奇怪荣耀观念遗留,故而在进入文明社会之后,还要在年关结束时(元宵节)让人们重温充溢英雄情结的旧梦——因为在以抢劫为荣的时代里,善于抢劫的人肯定是该民族的英雄。

上述《易经》中关于抢劫观念的残存,不知称边民为虏的文惟简注意没有,如果他注意了,也不至于称华夏族的中原主体民族为"虏"吧? 人的孩提时代总有不通情理的观念伴随,一个民族的发展也要经过自己的孩提时代,只不过有迟早之分罢了。

(三)正午星光

祭祀典礼虽然是社会精英层所设计并参与乃至主持的,但这典礼的各种规矩程序以及贯穿其中的价值观念,却都是从前代或当时的民间摄取来的。因此,在祭祀典礼中可以寻到当时民俗的影子,当然这民俗一旦被摄入典礼,百姓便没有机会参与其中了——因为礼不下庶人。在《易经》中描写祭祀典礼的卦爻辞中,处处可以看到民俗的影子,比如《大有·九三至上九》《益·六二》《升·六四》等卦的王族祭祀,其中就明白写着"小人弗克",这是大型祭祀顶级宴享的谢绝参观;《大过·初六》《损·卦辞》《升·九二》等卦中的只要有诚心(孚)薄祭也可受福的观念,不会是酒肉臭的朱门奇想;从《随·上六》爻辞中我们可以看到,当时还有以活人为祭品(人牲)的现象(拘系之,乃从维之,王用亨于西山);从《萃·卦辞、初六》中,我们可以看到祭祀典礼还有联络感情、消除隔阂、增强贵族之间团结的作用。

因此，那些在祭祀典礼中"盥而不荐，有孚颙若"（观卦辞）的装模作样，在大人君子看来，是他们"知崇礼卑，崇效天卑法地""所以崇德广业"（系辞上）的庄严肃穆之举；而在今天看来，乃是侵夺百姓唯一拥有的民俗享受（老子曰"乐其俗"）来为自己求福佑的不义行径。所以，我们前面提到过的《豫·大象》说的"先王以作乐崇德，殷荐上帝，以配祖考"，不过是"刑罚清（不是轻！）而民服（不是福！）"的"豫之时义大矣哉"（豫象辞），祭祀典礼给予百姓的，只是侵夺。

从《丰》卦所显示的场景看，也是一种典礼仪式。该卦《卦辞》说："亨，王假之。勿忧，宜日中。"虞翻说"阴阳交，故通"（李鼎祚《周易集解》引，下引虞翻同），是把亨解说为亨通。这种句式在《易经》中经常见到，如《萃·卦辞》说"亨，王假有庙"，虞翻虽然承认"艮为庙（萃卦坤下兑上，六二、六三、九四互卦为艮），体观（关也）享祀"，但还是画蛇添足加上一个"故通"；《涣·卦辞》说"亨，王假有庙"，虞翻说"否四之二成坎巽，天地交，故'亨'也"，虽没有明说亨即通，但天地交便是通，还是解亨为亨通。这里有一个天地交的问题：涣卦坎下巽上，即虞翻所谓"成坎巽"，大块噫气是谓风，空穴来风，在古人的观念中风是地面生成的，这说法也符合现代科学的空气流动形成风的原理，因为大气层是地面和天空的分界线，是地面的外套。坎和风都是地面上的东西，如果像《庄子》中说的那样："（子綦曰：）'……冷风则小和，飘风则大和，厉风济则众窍为虚。而独不见之调调、之刀刀乎？'子游曰：'地籁则众窍是已……'"（《齐物论》），把风坎（窍即穴）相交形成地籁说成是亨通，倒是便捷，可虞翻却把《否》卦抬了出来："否四之二成坎巽"，即《否》卦（坤下乾上）的九四"之"二爻即二、四爻阴阳互变就成为坎下巽上的《涣》卦，于是那《否》卦的"则是天地不交而万物不通也"的卦象就化解了，变成"天地交"。这迂曲牵强甚至歪曲的解说实在令人不敢苟同。

其实从上下文乃至该卦全卦的氛围看，这里的"亨"不应当理解为亨通的亨，像"元亨利贞"当中的亨一样，而是相当于"王用亨于西山"（随上六爻辞）、"王用亨于帝"（益六二爻辞）、"王用亨于岐山"（升六四）等处的亨，即"享"字，是举行享祀仪式的意思。在举行享祀的时候君王驾到（这次虞翻说对了："假，至也"），是一件很荣耀的事，所以应当喜气洋洋。所以尽管爻辞中反映出来的爻象稀奇古怪，但尽可以"勿忧"（丰卦辞）。

在这个典礼中最大的特点是丰大各种障蔽以制造怪异气氛。凡爻辞中所涉及的被丰大对象，有蔀、沛（旆）、屋、家等。丰其蔀、沛（旆）无非扩大席棚帐幔的规模，开拓日即晴天中午的黑暗面，营造白日见星斗的怪异氛围；而那丰大其房子的举动，便是改造住宅大兴土木了。其实问题正是出在这里：丰大席棚帐幔还可以,而在一个享祀活动中拆除狭小的房子翻盖成大房子,恐怕不是日中前后能够完成的,于情理不通。

　　问题出在解"丰"为"大"上面。按"丰"即"豐",本来是一种礼器,在礼书如《仪礼》中经常见到,但是在"大"这个意义上经常和"封"字通用,《庄子·山木》有"夫豐狐文豹,栖于山林……",同时代的屈原在《离骚》中有"羿淫遊以佚畋兮,又好射夫封狐"。这豐狐与封狐都是栖息于山林的狩猎对象,是同一种动物。可见豐与封可以通用。在先秦古籍中,豐字的本义已如前所说,其常用义是丰收、茂盛的意思,以《诗经》为例:《周颂·丰年》意义不言自明,《小雅·湛露》"湛湛露斯,在彼丰草"便是茂盛的意思。茂盛又被引申为包裹严密、遮盖彻底,《战国策·秦策·一》"毛羽不豐满者不可以高飞",即是羽毛包裹严密、遮盖彻底、不暴露肉体。而那"封"字也有包裹遮盖的意思,看来在遮盖包裹这个意义上同"大"一样,两字也是通用的。这样,便可以把爻辞中所谓的"丰(豐)其某"统统理解为遮盖某某,解读爻辞就顺畅许多。另外,在《丰》卦的上六中有"丰(豐)其屋,蔀其家"的爻辞,"蔀"在这里是名词动用,是遮盖的意思,从行文定势(且不说对仗)看,把丰(豐)理解成遮盖不是更顺吗?

　　其实解"丰"为"大"是《易经》文本在易传中最推崇的《彖辞》始作俑:"丰,大也。明以动(丰卦离下震上),故丰。王假之,尚大也。"态度明确没商量并且将王拉来吓人:那王之所以肯光临,是因为提倡这丰卦的"大"。因为这彖传的言之凿凿,姚信便将"假"也变成了"大":"王假,大也"(李鼎祚《周易集解》引)。其实从孔颖达开始已经注意到彖辞和爻辞的矛盾并力图调和:"德大则无所不容,财多则无所不齐(阮元《校勘记》:毛本齐作济)"①。容是包容的意思,和包裹遮盖意思相通融;济是周济的意思,也有(用好处)包裹周济对象的意思。只不过孔氏没有直说,只能算是一种对先圣心意的揣摩。但无论如何,通过前面的论证,将丰解释为遮盖也可以备一说了吧?

　　据此,我们可以将这次有君王参加的享祀描述成以搭盖席棚或幔帐为主要特点的典礼。而上六《爻辞》中的"丰(豐)其屋,蔀其家",便是席棚或者幔帐将房子都遮盖住了。这是一次我们目前尚无法解码的特殊祭祀活动,其神秘程度可以从爻辞中看出来;其重要程度可以从"王假之"的隆重看出来。现在要说的是,这在房子外面搭席棚或者幔帐,不正是民间举行红白喜事的、流传到今天的民俗吗?据说百姓所取的,是席棚或者幔帐上通三光(日月星)、下接四气(天地人神),即典礼活动融于大自然的意思。当然,这里面也有平民百姓房屋狭小难以宽绰接待

---

　　①　阮元.十三经注疏[M].北京:中华书局,1980:67.

集中来访亲友的深层原因。再看爻辞中那"日中见斗""日中见沫",不是已经通了三光中的两光了吗？

在这个神秘隆重的典礼中,虽然有君王驾到,却没有上举"小人弗克"的规定出现,况且那"得疑疾"(六二)、"折其右肱"(九三),尤其是"遇其配主"(初九)、"遇其夷主"(九四)的,也似乎不是大人君子。因为,具有养尊处优的生活和"用巫史纷若"(巽九二爻辞)的条件,得疑疾的可能性不大;而自己就是主子的大人君子,还上哪里遇什么某主! 看来,这享祀活动是一种参与面很广的祭祀典礼,"王假之"就像宋朝皇帝元宵观灯,是与民同乐的场面一样。是否可以假设:这享祀活动本身就是当时的一种民俗活动或者民俗意味很浓的祭祀活动,就像后来孔子参加的腊祭一样? 现在回头读《杂卦》"《丰》,多故也;亲寡,《旅》也",不是比《序卦》的人云亦云"《丰》者,大也"有韵味多了? 多故不是故事多也不是事故多,而是对应于"亲寡"(亲人稀少)的"故旧""故人"即熟人多。在这个典礼上能遇到很多熟人,不是足以证明这享祀的参与面之广吗？

另外在《复》卦大《象》中描述的:"雷在地中,复。先王以至日闭关,商旅不行,后不省方",这意思前不接卦辞象辞,后不见于爻辞小象,突兀出来这么一幅上古冬至之日的风景画,让人纳罕惊喜之余,禁不住遥想当年平民百姓的生活画面。可惜没头没脑是《象》辞的一贯作风,我们无法追究其详。

(四)梅开二度

有些反映在《易经》文本中的民俗状况也许没有普遍意义,不能作为具有时代特点的风情予以分析,但是在《易传》乃至后代解易著述中往往被误读从而掺入其他观念,反而引起人们关注。对这些现象进行分析有助于深入理解被摄入《易经》的人物形象。

如《大过·九五》爻辞:"枯杨生华,老妇得其士夫",那占断辞是"无咎无誉",即在巫师看来不是什么大不了的事情。大胆一些推论,这在当时也许是一种具有普遍意义的民俗。但是此事在该爻大《象》中却被评论为"枯杨生华,何可久也? 老妇士夫,亦可丑也",这完全是夫权膨胀时期的观念不言自明。

再如《咸·卦辞》"亨,利贞。取女吉",这本来和《蒙·九二》中"纳妇吉,子克家"、《渐·卦辞》中"女归吉,利贞"一样,是看到卦体中的艮想到"艮三索而得男,故谓之少男"(说卦),风流少年正好成家,如果等到年龄老大成为"长男",那取女就不是这般滋味了。因此,《易经》中凡是"妇人吉,夫子凶"(恒六五爻辞)、"归妹,征凶,无攸利"(归妹卦辞)、"丧羊于易(为女人丧命)"(大壮六五爻辞)、"婚媾有言"(震上六爻辞)、"阒其户,阒其无人,三岁不觌(家中老婆孩子都失踪了,估计会很长时间找不到),凶"(丰上六爻辞)等婚姻不吉利或发生变故的,卦体中都有一个震卦,说他是长男已经错过婚期找不到门当户对的适龄女子。其实说是长男也好,说它是艮卦颠倒过来因而吉凶发生错位也好,总之巫师在编织卦爻辞时就遵循了这么一个规律,这肯定有当时的民俗作为社会价值判断的依据。但就是这《咸·卦辞》的"亨,利贞。取女吉",到了《咸·彖辞》那里,就变成"男下女,是以亨,利贞,取女吉也"。诚然,在《咸》卦的卦体中有艮下兑上的卦象,但是在殷末周初是否就像后代礼书上记载的那样,男子在结婚时要"知崇礼卑"到猪八戒背媳妇的程度,一定要俯身在女子下面,还是个值得探讨的问题。如上举的"纳妇吉,子克家"的《蒙》卦,就是艮在上面的卦象。这又是用后代观念歪曲巫师的创意,好像当时的民俗就是婚礼上"男下女"。另外从卦辞字面上来看,是讲取女吉利,那取女的主语是男子,也就是男子吉利,跟男下女没有必然联系,总不能把卦辞解释为婚礼上男下女才吉利(其实彖辞字面就能作如是理解)吧?

还有一句爻辞易学名家都搅得糊里糊涂,那就是《鼎·初六》爻辞中的"得妾以其子",高亨先生在作出妾带前夫之子来嫁的解说后,可能也觉得不妥,因为娶妾是老夫得女妻的以老娶少,那纳妾的已经是成家立业的事业有成、身价高贵之人,少女有的是,为什么要娶一个拖油瓶女子来家?因此,高先生又谨慎地说:"此殆古代故事,盖……",在揣测之后开始使用推量词语下结论。其他说法中,比较典型的是把这句爻辞解说成那妾因为生了儿子于是身价倍增,母因子贵等,更是在语法上都不通:如此解说,那爻辞应当是"妾得(还要补充一个"宠"字)以(因也)其子"才是。

其实这句爻辞的真谛还是在卦象里。虞翻说:"《大壮》震为足。"(再往下的说法就要不得了,故不引。据李鼎祚《周易集解》引)。《大壮》卦乾下震上,把此卦颠倒过来以震为足,便成为艮下乾上的《遯》卦,这是该爻辞中"鼎颠趾"的结果。如前述,艮为少男,是爻辞中所说的"子";《遯》卦的六二上应九五,两爻变卦后就成为我们讨论的《鼎》卦,叫作《遯》之《鼎》。而《鼎》卦的九三、九四、六五互卦为兑,这兑便是少女,是爻辞中所说的"妾"。《遯》卦艮的二爻变化出《鼎》卦因而有了互卦兑,所以说"得妾以其子"。

但是,为什么不说"得少女以少男",而偏要说成"得妾以其子"呢?这里不见得就像高亨老所说的那样有什么失传了的故事,而是有民俗的因素在其中。该爻《爻辞》的全文是这样的:"鼎颠趾,利出否。得妾以其子,无咎。"这里有两个物象,一是把鼎颠倒过来,利于清除其中的残羹剩饭;二是因为儿子的缘故得到了一个小妾。而在巫师看来,这都是无咎的事情。这第二个物象作何解释呢?试为之说:某阔佬为没有成人的儿子找了一个童养媳(之所以用这个后代才出现的名词,是说明这女子肯定比阔佬的儿子年龄大），结果这女子袅袅婷婷被阔佬自己看上了。便据为己有。儿子的事情以后再说罢，反正他也没有也不懂得要媳妇。于是因为给儿子预定媳妇反而阔佬自己得了个妾，即"得妾以其子"。而这种现象在当时的风俗习惯中，和前述的"老妇得其士夫"一样，是不会受到什么指责（无咎）的。这种在后人看来是病态的民俗，只能显现为"疯情"，于《诗经》时代还流风尚存呢！

《诗·邶风·新台》据《毛诗·小序》说："刺卫宣公也。纳伋之妻，作新台于河上而要之。国人恶之，而作是诗也。"那"伋"便是卫宣公的儿子。从诗中可以看出，那本来应是世子（太子）之妻的女子是多么失望，对卫宣公是多么憎恶：把太子伋唱作无端失去的"燕婉之求"，而把卫宣公比作鸿（与人类抢食罔罟中鱼虾的恶鸟）、蘧篨（体态似粮囤）、戚施（罗锅）。而这种深恶痛绝的情感在《易经》中是没有的。该爻小《象》的原文是这样的："鼎颠趾，未悖也；利出否，以从贵也。"对得妾之类的事情未置一词。以大《象》作者的道学思维，这算是最客气的做法了。这种用沉默表示的对抗应当是一种故意的误读——那意思是说，这等恶劣的行为，其是非曲直还是让后人去评说罢！

此外，《恒·六五》的"恒其德，贞。妇人吉，夫子凶"，是从艮卦倒转过来变成震引发来的男女吉凶错位，是事关民俗风情的卦象。但却被该爻小《象》解说成这个样子："妇人贞吉，从一而终也；夫子制义，从妇凶也"，意思变成女人因为从一而终才吉利；男子因为听老婆枕边风耳朵软才凶，这和爻辞简直风马牛不相及的解说真是让人啼笑皆非。另外，像《姤》卦的彖、象基本上和卦、爻辞没有什么关系，故而因为"女壮"而不能将此女娶到家中来的世俗观念自然得不到合理诠释；《渐》卦如上述是因为艮象而反映出来的"女归吉"的世俗心理，也在彖、象中没有得到正确反映。尽管大《象》中有"君子以居贤德善俗"的话，但这移风易俗、改善风情的根据是"山上有木"，没头没脑的还不如说山上有个庙让人神往；《归妹》卦在整个卦爻辞中都围绕卦象的倒转之艮即震在作嫁娶别扭的文章（这也是事关民俗的心理效应）：或者在嫁女儿时陪送了过多的媵妾而造成女儿有失宠之忧；或者因了某种原因（大概是老公和媵妾过分亲热）眼不见为净，但是他们的作为放肆到连盲人都看得清清楚楚（眇能视）；或者为了等待什么事情而延误了婚期造成双方尴尬；或者承筐无实杀羊无血婚姻有名无实等，真是千回百转让人牵挂不已。但是在各爻小《象》中如"归妹以娣，以恒也""愆期之志，有待而行也"之类，彖辞"归妹，天地之大义也，天地不交而万物不兴。归妹，人之终始也"，以及大象"泽上有雷，归妹，君子以永终知敝"都不能正确解读。

由此看来，彖、象在接触到反映民俗风情的卦爻辞时，由于巫卜庄严和道学理念的双重禁锢，总是处处被动，会存在歪曲误读或者顾左右而言其他的情况，对此我们还是不苛求古人的好。

三、新闻的第七要素（节选）①

新闻要素已经由五要素发展到六要素，再发展到现在的七要素。

传统新闻学只讲五要素。五要素又称五个"W"，即指新闻报道必须有五个缺一不可的要素，实为新闻报道的基本要求。就是说一则新闻报道，必须交代清楚人物（何人）、时间（何时）、地点（何地）、事件（何事）和原因（何故）五个方面的问题。此说在西方最早出现于19世纪60年代。在中国，较早输入的是1913年由广学会出版的《实用新闻学》（美休曼原著）。

新闻界对此说也予以重视。党的报纸《上海报》，在1929年曾以"新闻五要素"的知识教育自己的通讯员。延安《解放日报》在1945年12月13日《从五W谈起》的社论中认为，写好新闻，"五个'W'是把事实弄清楚的起码条件"。此后，此说为所有从业人员所遵从。

后来，新闻界又出现一种新观念，认为五个"W"之外，还应该增加一个新闻要素"H"（如何），提出新闻六要素的说法。此说逐渐为广大新闻从业人员所接受，并在新闻实践中得到充分运用。

近几年，不断有人提出一个新的概念，即"新闻七要素"。

原中央人民广播电台高级编辑李向明说："过去，新闻学讲五要素或六要素，近几年有人提出七要素（意义），这反映了新闻实践和新闻理论的进步。"并且明确提出，"意义是新闻要素中的第七要素，按照现代新闻学的理论，新闻要素由五个W＋H＋M组成。"还有许多人都以不同的方式提出，新闻要讲明其意义。

原中央电视台副台长王健儒著文论及戈尔巴乔夫辞去总统职务时说过，可以写成"戈尔巴乔夫今天在莫斯科发表电视讲话，宣布辞去苏联总统职务。"但如果站在受众的角度审视这种纯客观的报道，总觉得还没有尽晓其义。对于了解苏联历史的人来说，接受这个报道会自然联系历史，认识现实，展望未来，意识到戈氏下台意味着列宁开创的苏联革命事业被葬送。对于不了解苏联历史的那些受众，则只能从报道中知道戈氏下台，却难以明白这意味着什么，因此，要再加一句"这表明，列宁开创的苏维埃社会主义联盟，历经70多年后将不复存在了。"

第七要素的明确提出在近些年。其实，这个意思的提出应该更早。比如毛泽东在《普遍地举办〈时事简报〉》（1931.3）一文中说："也不是完全不发议论，要在

---

① 廖永亮.新闻的第七要素[J].中国广播电视学刊,1998(8).

消息中插句把两句议论进去,使看的人明白这件事的意义。许多新闻意义已明显,一看就明白,如插议论,就像画蛇添足。只有那些意义不明显的新闻,要插句把两句议论进去。"由于政治领袖的言行对新闻有着深刻的影响,毛泽东的新闻意义观点,对我国的新闻工作起着明显的作用。从毛泽东的这段话中,至少可以得出两点启示:采写发布新闻要使受众明白所报道的事实的意义;可以用议论的方法揭明其意义。延安《解放日报》的《从五个 W 谈起》也说,"问题实际不只是五个 W"。

第七要素的提出是新闻实践和新闻理论发展的必然结果。也是其外在表现形式(文体的演进)与内在内容(实质上受众需求的增长)的统一,这是新闻表现形式逐渐丰富和受众欲知需求不断增加、互相促进的结果。

上面的几段引文基本上道明了新闻形式的演变。引文中的一些论述也提及了新闻内容上的进展。下面进一步论述第七要素在新闻内容方面的表现。

艾丰曾论及:"为什么必须加入'M'这个因素?因为前 6 个要素,5 个'W'和一个'H',主要指的是事物的现象,即事物的外部表象和外部联系,而完整的事实,必须是现象和本质的统一体。它是指在发展过程中表现出来的事物的本质,这件事实的实际意义。"应当说,这个分析是恰当的。事物的本质有时是和现象一起显示的。一般情况下,人们看到现象即能认清本质;有时,本质是深藏不露的,如果不揭明一般人们会不知所云;有时,本质和表象相差甚远,甚至相反。这就要求新闻报道必须透过表象抓其本质。新闻工作者对所报道的事实,首先必须弄明白它的本质、它的意义。至于如何揭明该本质意义则是从属的。不能让表象的新奇迷住了新闻眼,而认识不到其本质意义。新闻的新,理应指事新,更指理新,即报道的事实要有新的内容和新的意义。"96 中国广播奖"评委在评介获奖作品《奥林匹克公园今晨发生爆炸》时说,记者"(通过自评的评论)提示了事件的本质,从而大大增加了新闻的深度和力度"。这里,再举一个西方记者的报道为例。1979 年 7 月,我国一家知识性双月刊上刊登了一幅教皇保罗二世接见波兰群众的照片。法新社的驻北京记者看到后,发回一条电讯,导语的第一句"保罗二世的形象首次在中国报刊上出现"。这有什么意义?紧接着的是该记者援引观察家的话"这表明中国对于宗教采取了更自由化的政治态度"。试想,这个报道中如果没有"这表明…态度",还有必要报道"保罗出现"吗?即使报道了,又有多少受众能在尽可能短的时间内明白它的意义呢?因为新闻不是法规,只讲可读性,不讲必读性。大多数人在接受新闻时无暇认真玩味,这是大众传媒的特性。

再者,像这类报道现在出现挺多,如果不明示其意义,人们按自己的认识去理解,其结果肯定是千差万别。在通常情况下,一则报道的多义性肯定不是新闻发布者所期望的。这不能很好地发挥新闻的引导作用,有违报道者的报道初衷。发布新闻的目的并不仅仅是告诉受众发生了什么,更重要的是根据实际情况,显性或隐性地从思想、意识、心理等方面引导他们怎么办。这就是现阶段尤其重视的新闻的引导作用。

因此,现在提出第七要素,也是新闻思维的必然要求。

★ 课后练习与思考

1.用简单的语言,论说三代文明、现代表述与现代写作的关系。

2.你是否赞成"七要素"说?

3.《易经》民俗现象对现代写作有怎样的影响?

第三章

风情诗歌与智慧化石

情感是文学的核心,文学是人学的外化;文化学中的民俗风情因子也是人学,是人学的显影银屏。因此,诗歌中的情感蕴含与风情传递,是智慧的结晶;要理解上古诗歌中的风情传递智慧,就需要对华夏先民这些化石级别的民俗风情进行解码还原。

第一节　上古诗歌与民俗风情

（课堂讲解,2 学时）

不懂民俗风情而去解读《诗经》为原点的华语诗歌,就叫作"不解风情",就难以理解华夏诗歌的真谛。

一、《诗经·秦风·无衣》与现代军旅风情

岂曰无衣？与子同袍[1]。

王于兴师,修我戈矛。与子同仇[2]！

岂曰无衣？与子同泽[3]。

王于兴师,修我矛戟。与子偕作！

岂曰无衣？与子同裳[4]。

王于兴师,修我甲兵。与子偕行！

注释：

[1]袍:长衣。披风或斗篷。

[2]仇:《吴越春秋》引作"雠"。和"偕作""偕行"意思一样:(非常匹配的)搭档、(好)伙伴。[详所附阅读材料]

[3]泽:同"襗"内衣,古代称亵衣。

[4]裳：下衣，裙子。

民俗风情解析

(一)袍泽之谊与服饰风俗

川渝的地方志大都有类似这样的记载：

蜀中尚有啯噜(哥老)会，军兴以来，其党多亡命归行伍，十余年勾煽成风，流毒遍湘楚，而变其名曰江湖会。哥老会成员被称为袍哥，两种解释：第一，取《诗经·无衣》："与子同袍"之义，表示是同一袍色之哥弟；第二，袍与胞谐音，表示有如同胞之哥弟。

袍哥会是清末民国时期四川(包括现在的重庆)盛行的一种民间帮会组织名称，在其他地区被称为哥老会。袍哥会发源于晚清，盛行于民国时期，与青帮、洪门为当时的三大民间帮会组织。这种文化现象流风所及，遍于旧军队之中，止于中国台湾地区军旅伙伴之间的情感交流，互称"袍泽"。大陆则早已被"战友"的称呼代替。

实际上袍泽的意蕴不止于军旅文化，在华夏族服饰史嬗变过程中有过多次华丽转身，勾勒出一道道美轮美奂的风景线。

在《论语·子罕》中记载有孔子的话："衣敝缊袍，与衣狐貉者立而不耻者，其由也与？"古注解说"敝缊袍"是"今之绵衣，或曰箸以乱麻曰袍"。《礼记·玉藻》则解说为"纩为襽(丝绵衣服、丝绵)，缊(乱麻旧絮)为袍"那意思是说袍是低等棉服，里面填充的是相当于今天"黑心棉"之类的旧絮。

到了汉代，袍就和春秋时代的"深衣"混为一谈了。比如刘熙《释名》中就说："袍，丈夫着下至跗者也。袍，苞也。苞，内衣也。妇人以绛做衣裳，上下连，四起施缘，亦曰袍，义亦然也。"以至于《后汉书·舆服志》将其升格为贵族服装："袍者，或曰周公抱成王宴居，故施袍。"周公是大贵族，抱着更大的贵族国王还穿袍子。虽然属于对传说(或曰)的追记，但是影响深远。

到了唐代就出现了拉风的"战袍"风景，像孟棨《本事诗·情感》马戴《出塞词》那样的煽情歌咏屡见。"金带连环束战袍，马头冲雪度临洮"，这出塞是何等的壮美！

唐高祖行伍出身，作为军人当然对战袍的情感非常人可比，把战袍转换为黄色袍子，并且"令臣民不得僭服黄色"，黄色的袍遂为王室专用之服，自此历代沿袭为制度。赵匡胤造反就得"黄袍加身"，加身之后这袍子逐渐就成为皇帝专用的袍子"龙袍"。比如赵匡胤魂魄匡扶的后代宋仁宗赵祯的袍子,就叫作龙袍,被用来代替他挨打(打龙袍)。

泽,按照古注的说法,是"襗"的同音假借字。郑玄在"笺"本诗中的"泽"字时,说:"'泽'作'襗';襗,亵衣,近污垢。"他在注释《周礼·天官·玉府》中"掌王之燕衣服"这句话时,说:"燕衣服者,巾絮寝衣袍襗之属。"说明郑玄认为亵衣连睡衣(寝衣)都不是,而是贴近皮肤(近污垢)的内衣。相当于现在的裤头、乳罩、露肩背心之类。《汉书·叙传》:"夫饿馑流隶,饥寒道路,思有短褐之亵,儋(担)石之畜(蓄),所愿不过一金。"是说穷得只剩下裤衩了;司马相如《美人赋》:"女乃弛其上服,表其亵衣",是说女孩袒胸露背穿着暴露很不雅观。

这都是汉代的观念。

其实司马相如把亵衣聚焦到女孩身上,倒是传承了先秦也就是《诗经》时代的观念,这个亵衣的别称"襗"(泽)是专指女性内衣的。《楚辞·离骚》"制芰荷以为衣兮,集芙蓉以为裳"是屈原自比被国君抛弃的妃子,披香带芳希冀重新吸引国君眼球;《礼记·檀弓下》"季康子之母死,陈亵衣。敬姜曰:'妇人不饰,不敢见舅姑。将有四方之宾来,亵衣何为陈于斯?'命彻之"是特指女性亡人的旧衣、脏衣;更早的《仪礼·既夕礼》"彻亵衣,加新衣"是说丧礼的头一天黄昏的礼仪规范,和敬姜说的是一个意思,就因为郑玄注了个不明不白的"故衣垢污,为来人秽恶之",唐代贾公彦才把生者死者混淆,并且掺入更换上班制服(朝服)的内容,属于解说"襗"(泽)词义的搅局现象。如果非要推卸责任,可以往晋朝葛洪身上赖一赖,因为他描述的"汉之末世,则异于兹:蓬发乱鬓,横挟不带,或亵衣以接人,或裸袒而箕踞"(《抱朴子·疾谬》)就没有明确性别。后人好古,硬是不改字,如姚雪垠《李自成·五卷·七章》"他是洪承畴统率下援救锦州的八总兵之一,与吴三桂有袍泽之谊"还是把"襗"写成湿漉漉的"泽"。不过今日还是喜欢拿女性说事,比如"彩虹堂服装馆涂鸦馆"中的"襗妃"形象,就很具人气。

总而言之,《诗经》时代军队士兵互相"同泽(襗)",是一种比较俗的戏谑交流,不必一谈到军人,就非得壮烈不可,他们有自己的娱乐方式。比如诗中的"同裳",也和这"同泽"属于同一个情感交流层面。

(二)上衣下裳的服饰民俗密码还原

《左传·昭公十二年》讲了一个故事:

南蒯之将叛也……枚筮之,遇《坤》之《比》,曰:"黄裳元吉。"以为大吉也,示子服惠伯,曰:"即欲有事,何如?"惠伯曰:"……黄,中之色也。裳,下之饰也。元,善之长也。中不忠,不得其色。下不共,不得其饰。事不善,不得其极。外内倡和为忠,率事以信为共,供养三德为善,非此三者弗当。且夫《易》,不可以占险,将何事也？且可饰乎？中美能黄,上美为元,下美则裳,参成可筮。犹有阙也,筮虽吉,未也。”

　　为了子服惠伯关于“黄色裤子”(黄裳)的分析,把一个反叛国君的大事搁浅了。裳即三代时期的下衣,是兽皮围裙的换代服饰。因此通说“指战裙”是不恰当的,因为当时没有这个概念。那个时代的“裙”不分“战”否,当时男人下身都穿裙子(裳),战国中后期“胡服骑射”才开始摆脱深衣制(衣和裳缝连)与衣裳制,开始“上褶下绔(裤)”的服饰时代。

　　《说文》不收裳字,但是说:“常,下裙也。常或从衣。裙,下裳也。”意思是说,常、裳、裙意义混搭拎不清。但同是东汉的《释名》就明确说:“下曰裳。裳,障也,所以自障蔽也。”西晋皇甫谧喜欢讲古,他在《帝王世纪》中说:“黄帝始去皮服,为上衣以象天,为下裳以象地。”就很有服饰文化意味。据此可以认为用裳取代兽皮围裙是黄帝时代的事情。到南北朝时期,这“裳”还不具有现代衣裳(包括上下衣)的意义,显例是《乐府诗集·木兰诗》:“脱我战时袍,著我旧时裳。”脱下男扮女装的战袍,换上女儿本色的彩裙。在这里,“裳”还是“裙”而不是裤子,花木兰穿战袍时不可能不穿裤子。再说西晋时下衣已经有专用名称了:“刘伶恒纵酒放达,或脱衣裸形在屋中。人见讥之,伶曰:‘我以天地为栋宇,屋室为裈衣。诸君何为入我裈中?’”(《世说新语·任诞》)这裈[kūn] 就是绔即后来所谓的“裤子”。

　　如今所有现代汉语字书上都说穿一条裤子是用于贬义,比喻两人关系密切利害一致,遇事持同样的态度,所以刘绍棠《田野落霞》中“你们穿一条裤子,早编好了哄我的话”就不是什么夸赞的话。但是《无衣》中同裳就是“同穿一条裤子”,当然也属于士兵当中交流情感的粗口歌曲。近代旧军队传唱的军旅粗口歌曲,至今作田野还经常可以在民间听到,如被收入某本民歌集的《高粱地遇见兵哥哥》:“二丫去赶集,遇见个当兵的。说那当兵的,哪有个好东西。拉拉扯扯拉拉扯扯进了高粱地。……(粗口省略)高粱秆子高,小妹脚丫小……”

　　(三)无衣与军人服饰习俗
　　《北朝民歌·木兰诗》中有这样的诗句:

　　　　愿为市鞍马,从此替爷征。
　　　　东市买骏马,西市买鞍鞯,
　　　　南市买辔头,北市买长鞭。

怎么这从军的装备都得自己置办并且自费呢？这场战争几乎和美国女作家玛格丽特·米切尔(1900—1949年)的《飘》(据此改编的影片叫作《乱世佳人》)描写的南北战争差不多，只不过花木兰带领的是家丁而不是黑奴罢了。他们参战是为了保护自己社会阶层的利益，自己准备战斗装备，自己招募以家奴为核心的兵丁。所以士兵不似军官(奴隶主、庄园主)有钱买"骏马""鞍鞯""辔头"之类。只是在装备的马夹(其他衣服自备)上缀一个金属护心，上面写着"兵""卒"。以至于到唐代，李白还描写前方运输车辆来到兵士家乡，为前方战士收集衣物："长安一片月，万户捣衣声。秋风吹不尽，总是玉关情。"(《子夜吴歌·秋歌》)面临战争环境，花木兰和郝思嘉[即斯佳丽·奥哈拉(Scarlett O'Hara)]一样，以在陶乐庄园过着悠闲自在的生活开始，又以郝思嘉打算回陶乐庄园(杀牛宰羊继续奢华)结束。

因此，普通士兵的"无衣"状况生发的"同袍""同泽""同裳"情感，才显得更加珍贵。这种军人服饰习俗是掩藏在博物馆盔甲后面的辛酸。

二、《诗经·陈风·月出》与奥运圣火

月出皎兮。佼人僚兮。舒窈纠兮。劳心悄兮。

月出皓兮。佼人懰[1]兮。舒懮受[2]兮。劳心慅兮。

月出照兮。佼人燎[3]兮。舒夭绍兮。劳心惨兮。

注释：

[1]懰：美好。

[2]懮受：步态轻盈。

[3]燎：嘹亮。

民俗风情解析

目前对这首诗的通行解说：描写在皎洁的月夜之中，对月思念意中人的感情。诗从望月联想到意中女子的美丽，想起她的面容，想起她的身姿，想起她的体态，越思越忧，越忧越思……深沉的相思，美人的卓绝，月夜的优美，构成了动人情景，又别是一番诗情画意了。

其实从后代"诗配画"之类的美术作品中，往往看到据此描写的景象并非那么美好，反而充满凄凉、凄清、冷艳、落寞，甚至鬼气森森、恐怖得令人肃静压抑，总之不温馨。

(一)上古祭祀风俗

古代祭祀时，要安排一个代表死者受祭的人，不是今天所说的死尸。《说文》

"尸,陈也。象卧之形""陈"是陈列、摆放的意思。段玉裁《说文解字注》说得明白:"祭祀之尸本象神而陈之。"原文"尸"的本义是指"祭祀的时候替代被祭祀者的那个人。"《诗·小雅·祈父》:"有母之尸饔",所以朱熹《诗集传》就解说为"言不得奉养,而使母反主劳苦之事也"(幸好有母亲每天给我摆好做熟的饭)。《论语》"寝不尸"就是不仰卧,后来字义转化为祭祀主持(神位),引申为重要场合主持。这样,在《礼记·坊记》中的"祭祀之有尸也,宗庙之主也,示民有事也""承一人焉以为尸,过之者趋走,以教敬也",朱熹注"古人于祭祀,必立之尸"就好理解了。

《尚书·康王之诰·序》:"康王既尸天子,遂诰诸侯,……"《庄子·逍遥游》:"夫子立而天下治,而我犹尸之。"意为主持天下[全国]事务。《左传·襄公二十七年》:"诸侯归晋之德,只非归其尸盟也。"《周礼·天官·玉府·郑玄注》"珠槃以盛牛耳,尸盟者执之"指主持盟会典礼。成语"尸位素餐"就是用的这个意思。后代出现歧义,是因为汉字简化后"屍""尸"混同造成的。"屍"字由"尸"取代,造成汉字意义的混乱,居、展、屋、尿、屎、尾等字,则无法去解释,比如居住的屋子在"屍"体里,尿跟屎是从"屍"体里出来的,这实在是对汉文化表意系统的破坏。其影响不仅是在大陆,日本、新加坡、马来西亚都出现同样的尴尬。凡是识字的人,都可以认写"屍"字,不会有任何负担。一味地简化而造成语义混乱是完全没有必要的。从这个字来看,这种欠考虑的简化是失败的。应该恢复"屍"字,使"尸"和"屍"各司其职。

(二)东方女祭司的圣洁

《诗·小雅·楚茨》"神具醉止,皇尸载起。鼓钟送尸,神保聿归"是衣着亮丽的祭祀主持人离开祭祀场所时的辉煌;《礼记·曲礼》:"孙可以为王父尸",《仪礼·特牲礼》注:"尸,所祭者之孙。祖之尸则主人乃宗子。祢之尸则主人乃父道"是说用被祭祀者的孙子做祭拜对象。《仪礼·士虞礼·祝延尸·注》:"尸,主也。孝子之祭不见亲之形象,心无所系,立尸而主意焉。又,男,男尸;女,女尸,必使异姓,不使贱者。"可以看出在男权社会女子唯一可以尊贵的,是在担任"尸"的时候和男子机会均等。

清代夏炘《学礼管释·释祭有不立尸者》:"古者祭祀必有尸,祭先自虞始,所谓男,男尸;女,女尸。"这个说法是大有来头的。《山海经·中次七经》:"又东二百里,曰姑媱之山。帝女死焉,其名曰女尸,化为䔄草,其叶胥成,其华黄,其实如菟丘,服之媚于人。"《礼·丧大记》:"凡冯尸。兴必踊。"《诗·召南·采蘋》:"谁其尸之? 有齐季女。"

因此,这《月出》不是千里共婵娟(情人分居),女尸不是尸体,是在月光下起舞的"佼人"圣洁,不许嫁人,诗人面临的是"没有希望的爱情"。这一点可以从点燃奥运圣火的女祭司现象那里得到印证。

（三）女尸、女祭司与奥运圣火

传统奥运圣火采集是为了纪念宙斯,人们在他和他妻子赫拉的神庙中点燃火炬。现代奥林匹克圣火是在原来赫拉神庙的位置采集的。在奥运会开幕数月之前,由11位女祭司（演员扮演）在赫拉神庙遗址从凹面镜聚光采集圣火。当圣火燃起后,女祭司将高高举起火炬,然后庄严地将其置入位于神庙遗迹前的黏土坛内。2018年2月初,国内各大媒体发布一则新闻:埃及惊现4400年前古埃及女祭司墓,其墓内壁画解读中多有"（女）祭司不能结婚,也不能与人发生关系,一旦发现立即处死。所以女祭司在拥有无上权力的同时也要舍去三情六欲"之类的文字。四千年前正当我国三代时期,正是《诗经》中《大雅·生民》《商颂·玄鸟》产生时代,民俗风情的时空穿越,是人类学研究关注的重点,引发读诗联想理所当然。

三、《诗经·秦风·蒹葭》与现代、后现代风情

蒹葭苍苍,白露为霜。所谓伊人[1],在水一方。

溯洄从之,道阻且长。溯游从之,宛在水中央。

蒹葭凄凄,白露未晞。所谓伊人,在水之湄。

溯洄从之,道阻且跻[2]。溯游从之,宛在水中坻[3]。

蒹葭采采,白露未已。所谓伊人,在水之涘[4]。

溯洄从之,道阻且右[5]。溯游从之,宛在水中沚[6]。

注释:

[1]伊人:此人,意中所指的人。

[2]跻:《说文》:"登也。"《扬子·方言》:"海岱之间谓之跻。"

[3]坻（chí）:《尔雅》:"小渚曰沚,小沚曰坻。"

[4]涘:《尔雅·释丘》:"涘为厓。"[崖、涯]《说文》:"水厓也。"

[5]右:《毛传》"言出其右";《郑笺》"言其迂回也"。马瑞辰:《毛诗传笺通释》:"周人尚左,故以右为迂回"。

[6]沚（zhǐ）:水中小洲。

（其他疑难字词,老师课堂讲解与学生课后查阅结合）

民俗风情解析

(一)蒹葭白露意象的文化意义

颜色崇尚:殷人尚白(民俗心理遗存)《礼记·檀弓上》:

夏后氏尚黑,大事敛用昏,戎事乘骊,牲用玄;殷人尚白:大事敛用日中,戎事乘翰,牲用白。周人尚赤:大事敛用日出,戎事乘骠(yuán,赤毛白腹的马),牲用骍(xīng,赤色马)。

就是说白色崇尚是殷商风情的存续情况。另外,如《易经·贲卦》"贲如皤如。白马翰如。"(六四爻辞)"白贲,无咎。"(上九爻辞)《诗经·卫风·氓》"匪我愆期,子无良媒。将子无怒,秋以为期"。《尚书·周书·秦誓》"番番良士,旅力既愆,我尚有之。"其中的"番番"就是"皤皤",是白袍白马,不是白发苍苍的样子。这都是殷人尚白的显例。

(二)春秋代序物动心摇

《文心雕龙·物色》有"春秋代序,阴阳惨舒,物色之动,心亦摇焉"的说法,可以印证于《仪礼·士昏礼》:

纳采,用雁;主人降,授老雁;宾执雁,请问名;纳吉,用雁,如纳采礼。[纳徵,玄纁束帛、俪皮,如纳吉礼。]请期,用雁。[主人辞,宾许,告期,如纳徵礼。];主人揖入,宾执雁从;宾升,北面,奠雁,再拜稽首;问名:主人受雁,还,西面对。

婚礼的关键过程都集中在大雁路过中原地区的时段也就是秋天,[唐]鲍溶《行路难》:"君今不念岁蹉跎,雁天明明凉露多。"[宋]陈造《香云寺》:"沉沉僧夜净,漠漠雁天寒。"文天祥《别谢爱山》:"后会知何日,西风老雁天。"诗中的雁天明显是指秋天。

(三)春恋秋婚

从现存文学典籍看,先秦时期的婚恋是:恋爱在春天,比如《诗经·郑风·溱洧》那样春天的欢乐;婚礼过程在秋天,就像《诗经·郑风·萚兮》那样是秋天的雀跃。因此,《诗经·卫风·氓》用"桑之未落,其叶沃若"写恋爱,"桑之落矣,其黄而陨"叹婚变。

(四)被充分演绎的美丽

这可以从三个方面看出:一是琼瑶现象,影视剧《在水一方》是代表;二是邓丽君现象,可以从畅销唱片《在水一方》(作词:琼瑶,作曲:林家庆,演唱:邓丽君)体验到;三是黑鸭子组合现象,就是蜚声乐坛的专辑《在水一方(怀念邓丽君)》。

第二节　课下阅读资料

一、军旅歌曲选篇

(一)十五的月亮

作词:石祥 作曲:石铁源,徐锡宜

十五的月亮,照在家乡,照在边关。

宁静的夜晚,你也思念,我也思念。

我(你)守在婴儿的摇篮边,

你(我)巡逻在祖国的边防线;

我(你)在家乡耕耘着农田,

你(我)在边疆站岗值班。

啊丰收果里有我(你)的甘甜,也有你(我)的甘甜;

军功章啊,有你(我)的一半,也有我(你)的一半。

十五的月亮,照在家乡,照在边关。

宁静的夜晚,你也思念,我也思念。

我(你)孝敬父母任劳任怨;

你(我)献身祖国不惜流血汗。

我(你)肩负着全家的重任,

你(我)在保卫国家安全。

啊! 祖国昌盛有你(我)的贡献,也有我(你)的贡献;

万家团圆,是你(我)的心愿,也是我(你)的心愿。

啊! 啊……

也是我(你)的心愿。

附:铁源(原名石铁源),一级作曲家。原沈阳军区前进歌舞团原艺术指导。
1947 年参加革命,1950 年起从事部队文化工作。歌曲《我为伟大祖国站岗》《在那
桃花盛开的地方》等30 余首(部)作品获全国、全军奖。1991 年享受国务院特殊

津贴。

石祥,河北清河人。中国人民解放军少将,专业作家,专业技术三级(军级),文学创作一级。

1984年4月,铁源与原北京军区词作家石祥、总政歌舞团作曲家徐锡宜等同志到驻河北省的一支英雄部队体验生活和创作。一次,在"连队战士喜欢什么歌曲"座谈会上,一名干部要求写"妻子赞歌"。经了解才知道,他妻子在家既要照顾年迈的双亲、抚养教育孩子,还要种好责任田,更无怨无悔地支持丈夫安心投入部队工作。此时,一个亮闪闪的形象鲜明地在铁源的脑海中浮现了。再加上受电影《高山下的花环》中连长梁三喜和妻子玉秀之间纯真、高尚的爱情事迹的感染,耳边忽地闪进一曲委婉、深情的沂蒙山小调。前方的一切离不开后方的支援,军人的牺牲里也包含着人民的牺牲。就这样,两天时间歌曲的初稿便一挥而就。后经与合作者徐锡宜修改、润色,一首完整的《十五的月亮》的曲子做成了。

1985年,在由国家文化部、原解放军总政治部、中国音乐家协会、共青团中央联合举办的"当代青年喜爱的歌"评选,1986年,第二届中国人民解放军文艺奖获奖作品评选中,《十五的月亮》均名列榜首。

(二)望星空

作词:石祥 作曲:铁源

夜蒙蒙,望星空,我在寻找一颗星。

它是那么明亮,它是那么深情,

那是我早已熟悉的眼睛。

我望见了你呀,你可望见了我,

天遥地远,息息相通,息息相通。

即使你顾不上看我一眼,看我一眼,

我也理解你呀,此刻的心情。

夜深沉,难入梦,我在凝望那颗星,那颗星。

它是那么灿烂,它是那么晶莹,

那是我敬慕的一颗心灵。

我思念着你呀,你可思念着我,

海誓山盟,彼此忠诚,彼此忠诚。

即使你化作流星毅然离去,毅然离去。

你也永远闪耀在我的心中,在我的心中。

（三）驼铃

词曲：王立平

送战友，踏征程。

默默无语两眼泪，耳边响起驼铃声。

路漫漫，雾茫茫。

革命生涯常分手，一样分别两样情。

战友啊战友，亲爱的弟兄，当心夜半北风寒，一路多保重。

送战友，踏征程。

任重道远多艰辛，洒下一路驼铃声。

山叠嶂，水纵横。

顶风逆水雄心在，不负人民养育情。

战友啊战友，亲爱的弟兄，待到春风传佳讯，我们再相逢。

附：王立平（1941年8月5日—），男，满族，吉林省长春市人。1965年毕业于中央音乐学院作曲系。曾担任中国电影乐团团长；1985年任中国音乐家协会书记处书记并开始从事音乐著作权保护，多年来为推动著作权法的制定、实施和完善做了大量工作。领导创建了我国第一个著作权集体管理组织——中国音乐著作权协会，担任主席；后担任中国音乐家协会副主席。1988年任第七届中国人民政治协商会议全国委员会委员；1992年当选为中国电影音乐学会会长；1993年当选为第八届全国人民代表大会代表；1993年任中国音乐著作权协会主席；1993年改任中国电影乐团艺术指导；1994年任全国人大民族委员会委员；1995年加入中国民主促进会并当选为中央常委；1997年当选为中国民主促进会中央副主席；1998年任第九届中国人民政治协商会议全国委员会委员并当选为常务委员会委员。

此曲是电影《戴手铐的旅客》的主题歌，影片讲述了"文化大革命"初期，在某科研单位突然发生一起凶杀案，保密室工作人员小黄被暗杀，发射导弹的A-1号燃料样品也被盗窃……影片集中描写了老公安侦察员刘杰在被诬陷流亡的过程中与真正的凶手苏哲斗智斗勇的故事，情节曲折生动。

二、同仇敌忾的解读误区

在《诗经·秦风·无衣》中，第一章的结尾，有"与子同仇"的诗句，我们对"仇"字的解说：《吴越春秋》引作"雠"，和"偕作""偕行"意思一样：（非常匹配的）

搭档、(好)伙伴。为什么没有采取通说,解释为"同仇敌忾"的仇恨、冤仇等意思呢?答案是"同仇敌忾"这个成语的"仇"字,使用者的理解本身都是有问题的。更不要说《吴越春秋》的作者在引用这句诗的时候为何把"仇"改写为"雠"了。

先说这个"雠"字。《史记·高祖本纪》:"高祖每酤留饮酒,雠数倍。"就不能说是仇恨仇敌,所以三国曹魏时人如淳注释《汉书》中引用的这句话,就说是"雠,亦售也"。"雔(雙)"是"雠"的异体字,《魏志·卫臻传》:"子许买物,随价雔直"等都是"相应""恰当"的意思,跟"仇恨""仇视"没有关系。这个意思还可以追溯到《诗经》时代,《诗·大雅·抑》:"无言不雔。"只能译作"说的话没有不恰当的"。

再说"仇",在《诗经》时代也不都是"仇敌"的意思,《诗经·周南·关雎》"君子好仇(通行本作"逑")",《诗经·周南·兔罝》"公侯好仇"都不能解释为"仇敌",因为仇敌不能有好坏之分。因此专门解释《诗经》等古籍的《尔雅·释诂》就说"仇"是"谓对合也。同逑"。这就对了,因为我们研究古代文学,毕竟要面对创作于明清二代,流行于清代,名教中人编次的《好逑传》(亦名《侠义风月传》《第二才子好逑传》)。至于《诗经·小雅·宾之初筵·宾载手仇·注》所谓的"以手抱酒也",也是表示友好而不是仇视对付的意思。

况且和可以"同袍""同泽""同裳"的亲密战友叙友情,还要先表白我们有"共同的敌人",简直是废话。哪有这么浅薄煽情的? 不过黑格尔在《权利哲学纲要》(或译为《法哲学原理》)中所谓的"凡是存在的都是合理的"(参照《小逻辑》,多数人认为应该译作"凡合乎理性的东西都是现实的,凡现实的东西都是合乎理性的",在译介过程中被人概括为"存在即合理",因此众说纷纭),虽然被批评为"错误命题",但是在这里却有参考价值。"仇"的"怨仇"是被拐到沟里的义项扩衍。

这种义项扩衍的拐点在《左传》。《左传·桓公二年》"师服曰:嘉耦曰妃,怨耦曰仇"是讲夫妻关系不好的叫作"怨偶",还是夫妻不至于是仇敌。但是由此误读生发,到唐代孔颖达疏解《诗·邶风·谷风》"反以我为雠"诗句时还比较含糊,说"雠者,至怨之称"。并且举例《左传·襄公三年》"解狐其雠也"称"雠者,相负挟怨之名"。其实《谷风》也是讲夫妻琴瑟不合,埋怨变心的老公"不我能慉,反以我为仇。既阻我德,贾用不售",还是(感情)交换方面的不对等之怨望,并非把老公视为"仇恨对象",因为诗的末句还缠绵悱恻"翻小肠"冀望老公回心转意,"不念昔者,伊余来塈"。

元代文人心态失衡,把这个误区强化了:熊忠《韵会》(亦称《古今韵会举要》)就说出了这种恨恨的话:"于文言雔为雠。雔,鸟之双也。人之雔怨,不顾礼义,则如禽鸟之为,两怒而有言在间,必溢恶之言,若禽鸟之声也。"其实"雔"为双鸟,还是夫妻相,算不得仇敌,用不着这么危言耸听。

关于"仇"(雠、讐)的意义转化,段玉裁在《说文注》中有一段综述,倒是值得推敲:

应,当也。雠者,以言对之。→(这个符号为本教材编者加,下同。其余为原文)引申之为物价之雠。→又引申之为雠怨。→人部曰:仇,雠也。仇雠本皆兼善恶言之。后乃专谓怨为雠矣。→盖浅人但知雠为怨。以为不切。故加之耳。……物价之雠后人妄易其字作售。→竟以改易毛诗贾用不雠。此恶俗不可从也。从言。雠声。此以声苞意。

这里说得很明白,把"仇"(雠)说成仇敌,是"浅人"所为,并且直言把毛诗对《谷风》的解说"改易"简直是"此恶俗不可从也"!

最后说说"同仇敌忾"。通说是语本《诗经·秦风·无衣》:"与子同仇",并且说"忾"亦作"慨"。且引用《左传·文公四年》:"诸侯敌王所忾,而献其功"。《左传》这句话西晋(杜预)已经这样解说:"敌,犹当也;忾,恨怒也"。唐代(孔颖达)对杜预的理解也白纸黑字传世"当王所怒,谓往征伐之",那意思明摆着是"仇"是"犹当也""当王所怒","忾"才是"恨怒"。因此我们依据《清史稿·李宗羲传》:"天下臣民……共振敌忾同仇之气"提炼出"同仇敌忾"的成语,并不能支撑解"与子同仇"为"和老兄您具有共同敌人"的歪批。

三、风情诗歌名作赏读

(一)四愁诗

张衡

我所思兮在太山。

欲往从之梁父艰,侧身东望涕沾翰。

美人赠我金错刀,何以报之英琼瑶。

路远莫致倚逍遥,何为怀忧心烦劳。

我所思兮在桂林。

欲往从之湘水深,侧身南望涕沾襟。

美人赠我琴琅玕,何以报之双玉盘。

路远莫致倚惆怅,何为怀忧心烦伤。

我所思兮在汉阳。

欲往从之陇阪长,侧身西望涕沾裳。

美人赠我貂襜褕,何以报之明月珠。

路远莫致倚踟蹰,何为怀忧心烦纡。

我所思兮在雁门。

欲往从之雪雰雰,侧身北望涕沾巾。

美人赠我锦绣段,何以报之青玉案。

路远莫致倚增叹,何为怀忧心烦惋。

附:张衡(78—139),字平子,汉族,南阳西鄂(今河南南阳市石桥镇)人,我国东汉时期伟大的天文学家、数学家、发明家、地理学家、制图学家、文学家、学者,在汉朝官至尚书,为我国天文学、机械技术、地震学的发展做出了不可磨灭的贡献。由于他的贡献突出,联合国天文组织曾将太阳系中的 1802 号小行星命名为"张衡星"。

(二)拟古的新打油诗

我的失恋——拟古的新打油诗

鲁迅

我的所爱在山腰;

想去寻她山太高,

低头无法泪沾袍。

爱人赠我百蝶巾;

回她什么:猫头鹰。

从此翻脸不理我,

不知何故兮使我心惊。

我的所爱在闹市;

想去寻她人拥挤,

仰头无法泪沾耳。

爱人赠我双燕图;

回她什么:冰糖葫芦。

从此翻脸不理我,

不知何故兮使我糊涂。

我的所爱在河滨；
想去寻她河水深，
歪头无法泪沾襟。
爱人赠我金表索；
回她什么：发汗药。
从此翻脸不理我，
不知何故兮使我神经衰弱。

我的所爱在豪家；
想去寻她兮没有汽车，
摇头无法泪如麻。
爱人赠我玫瑰花；
回她什么：赤练蛇。
从此翻脸不理我。
不知何故兮——由她去吧。

　　附：鲁迅（1881年9月25日—1936年10月19日），原名周樟寿，后改名周树人；字豫山，后改豫才，浙江绍兴会稽县人，中国现代伟大的无产阶级文学家、思想家和革命家。1921年发表中篇白话小说《阿Q正传》。1918年5月15日发表《狂人日记》，是中国第一部现代白话文小说。1936年10月19日因肺结核病逝于上海。鲁迅的作品主要以小说、杂文为主，代表作：小说集《呐喊》《彷徨》《故事新编》等；散文集《朝花夕拾》；散文诗集《野草》；杂文集《坟》《热风》《华盖集》《华盖集续编》《南腔北调集》《三闲集》《二心集》《而已集》《且介亭杂文》等。他的作品有数十篇被选入中、小学语文课本，并有多部小说被先后改编成电影。其作品对于五四运动以后的中国文学产生了深刻的影响。鲁迅以笔代戈，奋笔疾书，战斗一生，被誉为"民族魂"。"横眉冷对千夫指，俯首甘为孺子牛"是鲁迅一生的写照。

　　（三）闲情赋

陶渊明

　　初，张衡作《定情赋》，蔡邕作《静情赋》，检逸辞而宗淡泊，始则荡以思虑，而终归闲正。将以抑流宕之邪心，谅有助于讽谏。缀文之士，奕代继作；并因触类，广其辞义。余园闾多暇,复染翰为之;虽文妙不足,庶不谬作者之意乎。

夫何瑰逸之令姿,独旷世以秀群。表倾城之艳色,期有德于传闻。佩鸣玉以比洁,齐幽兰以争芬。淡柔情于俗内,负雅志于高云。悲晨曦之易夕,感人生之长勤;同一尽于百年,何欢寡而愁殷!襃朱帏而正坐,泛清瑟以自欣。送纤指之余好,攘皓袖之缤纷。瞬美目以流眄,含言笑而不分。曲调将半,景落西轩。悲商叩林,白云依山。仰睇天路,俯促鸣弦。神仪妩媚,举止详妍。

激清音以感余,愿接膝以交言。欲自往以结誓,惧冒礼之为愆;待凤鸟以致辞,恐他人之我先。意惶惑而靡宁,魂须臾而九迁:愿在衣而为领,承华首之余芳;悲罗襟之宵离,怨秋夜之未央!愿在裳而为带,束窈窕之纤身;嗟温凉之异气,或脱故而服新!愿在发而为泽,刷玄鬓于颓肩;悲佳人之屡沐,从白水而枯煎!愿在眉而为黛,随瞻视以闲扬;悲脂粉之尚鲜,或取毁于华妆!愿在莞而为席,安弱体于三秋;悲文茵之代御,方经年而见求!愿在丝而为履,附素足以周旋;悲行止之有节,空委弃于床前!愿在昼而为影,常依形而西东;悲高树之多荫,慨有时而不同!愿在夜而为烛,照玉容于两楹;悲扶桑之舒光,奄灭景而藏明!愿在竹而为扇,含凄飙于柔握;悲白露之晨零,顾襟袖以缅邈!愿在木而为桐,作膝上之鸣琴;悲乐极以哀来,终推我而辍音。

考所愿而必违,徒契契以苦心。拥劳情而罔诉,步容与于南林。栖木兰之遗露,翳青松之余阴。傥行行之有觌,交欣惧于中襟;竟寂寞而无见,独悁想以空寻。敛轻裾以复路,瞻夕阳而流叹。步徙倚以忘趣,色凄惨而矜颜。叶燮燮以去条,气凄凄而就寒,日负影以偕没,月媚景于云端。鸟凄声以孤归,兽索偶而不还。悼当年之晚暮,恨兹岁之欲殚。思宵梦以从之,神飘飘而不安;若凭舟之失棹,譬缘崖而无攀。于时毕昴盈轩,北风凄凄,炯炯不寐,众念徘徊。起摄带以伺晨,繁霜粲于素阶。鸡敛翅而未鸣,笛流远以清哀;始妙密以闲和,终寥亮而藏摧。意夫人之在兹,托行云以送怀;行云逝而无语,时奄苒而就过。徒勤思而自悲,终阻山而滞河。迎清风以祛累,寄弱志于归波。尤《蔓草》之为会,诵《召南》之余歌。坦万虑以存诚,憩遥情于八遐。

附:陶渊明(约365—427),字元亮(又一说名潜,字渊明),号五柳先生,私谥"靖节",东晋末期南朝宋初期诗人、辞赋家、散文家。汉族,东晋浔阳柴桑人(今江西九江)。曾做过几年小官,后辞官回家,从此隐居,田园生活是陶渊明诗的主要题材,相关作品有《饮酒》《归园田居》《桃花源记》《五柳先生传》《归去来兮辞》等。

（四）定情赋（残文辑录）

张衡

曰：夫何妖女之淑丽，光华艳而秀容，断当时而呈美，冠朋匹而无双，叹曰：大火流兮草虫鸣，繁霜降兮草木零，秋为期兮时已征，思美人兮愁屏营。其在近也，若神龙采鳞翼将举，其既远也，若披云缘汉见织女，立若碧山亭亭竖，动若翡翠奋其羽，众色燎照，视之无主，面若明月，辉似朝日，色若莲葩，肌如凝蜜。

思在面为铅华兮，患离尘而无光。

张衡，见前引《四愁诗》。

（五）静情赋

蔡邕

夫何姝妖之媛女，颜炜烨而含荣。普天壤其无俪，旷千载而特生。余心悦于淑丽，爱独结而未并，情罔象而无主，意将徙而左倾。昼聘请以舒爱，夜托梦以交灵。

附：蔡邕（yōng），（公元133年—公元192年），字伯喈（jiē），陈留圉（今河南杞县）人也。东汉文学家、书法家。他博学多才，通晓经史、天文、音律，擅长辞赋。灵帝时召拜郎中，校书于东观，迁议郎。曾因弹劾宦官流放朔方。献帝时董卓强迫他出仕为侍御史，官左中郎将。董卓被诛后，为王允所捕，死于狱中。蔡邕著诗、赋、碑、诔、铭等共104篇。他的辞赋以《述行赋》最知名。

四、风情诗歌与抒情方式

（一）抒情方式举凡

抒情方式具体又可分为借景抒情、触景生情、咏物寓情、咏物言志、直抒胸臆、融情于事和融情于理等。

1. 借景抒情

选自杜甫《春望》：

国破山河在，城春草木深，

感时花溅泪，恨别鸟惊心。

2. 触景生情

选自杜甫《登高》：

风急天高猿啸哀,渚清沙白鸟飞回。
无边落木萧萧下,不尽长江滚滚来。
万里悲秋常作客,百年多病独登台。

3. 咏物寓情
选自骆宾王《在狱咏蝉》:
西陆蝉声唱,南冠客思深。
不堪玄鬓影,来对白头吟。

4. 咏物言志
陆游《梅花绝句》
闻道梅花坼晓风,雪堆遍满四山中。
何方可化身千亿,一树梅花一放翁。

5. 直抒胸臆
陈子昂《登幽州台歌》
前不见古人,后不见来者。
念天地之悠悠,独怆然而涕下。

李贺《南园》
男儿何不带吴钩,收取关山五十州。
请君暂上凌烟阁,若个书生万户侯。

6. 融情于理
张养浩《山坡羊·潼关怀古》
峰峦如聚,波涛如怒,山河表里潼关路。
望西都,意踌躇。伤心秦汉经行处,
宫阙万间都做了土。
兴,百姓苦;亡,百姓苦。

刘禹锡《乌衣巷》
朱雀桥边野草花,乌衣巷口夕阳斜。
旧时王谢堂前燕,飞入寻常百姓家。

(二)台湾乡土诗歌与闽南风情(节选)①

半个多世纪以来,台湾乡土诗歌虽然遭受日本殖民文化的残酷摧残与战后西方文化东渐的猛烈冲击,但它仍在顽强生长。这除了其外部的生存条件和自身的内部因素外,还与其扎根现实生活沃土,执着地汲取台湾民间蕴含的闽南风情有密切的关系。考察台湾乡土诗歌对闽南风情的汲取与弘扬,探讨产生这种文学现象的内外诸因素,对我们深入研究台湾乡土诗歌,显然是有意义的。

台湾乡土诗歌对闽南风情的汲取与弘扬主要表现在以下几个方面。

取用闽南方言音律。台湾乡土诗人注意汲取活在民众口头的闽南方言和闽南语歌谣及俚谚入诗,以闽南方言独特的音律来加强作品的地方色彩。

适应乡土诗的乐感需求,表现诗作的乡土音乐美。台湾乡土诗歌具有与其他流派诗歌不同的属性,即特别重视对民俗歌谣音乐的挖掘与表现。

表现诗中乡土人物的主要特征。诗歌刻画人物的方法不像小说那样,凭借典型环境和曲折的情节来塑造人物的复杂性格,而旨在从人物内在情感的抒发过程中显露其主要特征。由于闽南方言是乡土人物生活中的主要母语,因此,用它作为乡土诗歌主体叙述者的语言,更利于逼真再现作品人物的生活原型。

闽南方言句式与普通话句式在诗中交叉并用,扩大了作品的语言审美信息量。诗歌创作为了追求语言审美的信息量,一般要打破语言的正常结构,运用虚拟、变形、并放五官等手法。近年来台湾乡土诗人大胆创新,把闽南方言句式引入诗中,和普通话相互对照,作品在语言表现上由单调式转为多调式,通过不同语言的冲撞产生新的艺术效应。

展现闽南民俗画卷。民俗活动是一个地区民众的审美意识和历史文化的重要体现。在历史演变中,台湾民间的各种民俗活动,如民间信仰、节庆风俗、生活习惯等,大多从闽南沿袭而来。因此,许多诗人在反映当地乡土生活时,也生动地再现了闽南的民俗。

蕴含闽南人情。闽南人作为古中原河洛人后裔,历经战乱和南迁,在长期的颠沛和冒险开拓中形成了很强的亲族观念,同乡邻里友好相处,老小无欺。他们称呼对方时经常要在其名字前附上"阿"或在后加"仔",以示珍重或亲昵之情。由于闽南籍人遍布台湾各地,因此,乡土诗人自然把这种富含闽南人情味的称谓方式也揉进作品。如林芳年的《牵牛囝仔》、廖莫白的《阿狗入学》、向阳的《阿公

---

① 许建生.台湾乡土诗歌与闽南风情[J].台湾研究集刊,1991(3).

烟吹》《阿妈的目屎》《阿母的头髦》《爱变把戏的阿舅》等,通过对闽南人惯用的称谓方式的展示,表现了下辈敬重长辈以及长辈对晚辈的惜爱之情。

再现祖先拓台业绩。历史上闽南向台湾移民最多,闽南先民在开拓宝岛的斗争中知难而进,坚韧不拔,表现出英勇打拼的精神,并且涌现出许多可歌可泣的人物和事迹。台湾乡土歌诗在描写这些人物和事迹中,再现了对祖先的追念与闽南风情在台湾的延传。不少诗作还把对闽南先民创业精神的缅怀与历史名胜的探放熔为一炉。如陈锦标的《再访安平堡》、绿蒂的《登赤坎楼》、林梵的《某个时间的对位法》等,通过对闽南先民染指过的名胜遗迹的追寻,再现了闽南人在台湾开拓史上光辉的形象。台湾乡土诗人就是这样怀揣着深沉的历史感,从各个角度表现了闽南人开拓宝岛的光辉业绩,以及闽南风情在宝岛上延传的历史。

综上所述,可以看出闽南风情在台湾乡土诗歌中的表现与作用是多方面的。作为一种重要的文学现象,它的产生有以下因素。

首先,从乡土诗歌创作的外部条件看,这与历史上闽南向台湾大量移民有极大关系。闽台两地,一水相望,很早就有经济交往。明代后期,闽南人颜思齐、郑芝龙组织大批闽南人入台拓垦。明末清初,民族英雄郑成功收复台湾,带去数万闽南籍部属屯垦于岛上。郑氏治台期间,又有数十万闽南人移民台湾耕垦。在以后的漫长岁月中,又多出现闽南人向台湾移民的高潮。人数众多的闽南人移居台湾后,带去了家乡的生产工具和耕作方法,也带去了闽南的民间文化和风土人情,并且一代接一代,在艰苦的创业进程中使之延续。随着社会的进一步演进,闽南风情逐渐深入台湾各地民间,并与当地特定的景观相融合,终于发展成为台湾民众社会生活的重要组成部分。因此,它被台湾乡土诗人广泛摄入诗中,便是很自然的事了。

其次,从乡土诗的特性和发展过程看,这是台湾乡土诗在祖国新文学运动影响下,不断密接现实,走向民众和社会的必然结果。闽南风情在乡土诗中得以生动表现,还离不开台湾乡土诗人的总结与探索。首先表现为如何看待使用闽南方言的意义上,当代乡土诗人的认识已较以前更接近它的实质。许多诗人从传承母体文化的高度看待运用闽南方言的意义,以避免陷入一种偏窄的地域主义的观念和感情里。亚永福曾经从民族传统文化的高度对闽南方言的来源进行论证,他认为,中国的语言文化,“除了西藏、蒙古之外,可分为四大类:一是河洛语系文化,起源于黄河、洛水流域,设都洛阳,以《诗经》、孔子所代表的中原文化的精华。……不幸于纪元307年……难民大举逃难至浙江福建,明末清初再移垦台湾。这些讲河洛语言的人,现住福建、台湾……台湾属于河洛语系文化,台湾人称为福佬人,即是河洛人的讹音。其所用语言承袭《诗经》,故重叠语特多……是中国最古,流传最久的言语"。他所说的河洛语系,就是闽南方言语系。在具体创作中诗人们普遍认为,"要使闽南方言成为诗的语言,就要对它加工提炼,同时解决好言文一致的问题。……诗人的使命,在于大胆的创新,使用现时活的语言,以母语为主,吸收已经普遍使用的外来语,并融合台湾各族的语言,创造以及丰富台语"。针对不熟悉方言的读者容易造成欣赏时"隔"的现象的难题,向阳还把闽南方言归为三种类型,一是声音与意义类同,如古早、同款;二是声音类同意义不同,如倒转、生理人;三是声音类同意义部分类同,如透风……他……按照方言的语音寻找同音字来用,而不求字义的完全切合,如"代志"(事情)。遵义法。即只要求意义的切合,不要求字音与方言语音相同,如"贤"(专揸之意)。转字法。即按照方言语音直接转成国语,如"头前"(前面)。从俗法。即沿循民间方言歌本约定俗成的写法来写。如"歹势""近迫"。溯源法。即从闽南方言词典中探溯方言词语源,以溯出正确的字词,如"走"。虽然向阳的上述创造还有待努力之处,但在突破闽南方言入诗的难点,纠正某些人滥造闽南方言词汇方面起了重要作用。为了便于读者领会闽南方言的含义,诗人还在作品后面作注说明。这样,较好解决了方言里文言断层问题和方言与某些读者之间"隔"的现象。向传统的民间文学学习,尤其是向闽南语歌谣和俚谚吸取养分,是乡土诗人表现闽南风情的又一创作经验。

★ **课后练习与思考**

1. 结合讲课内容,谈谈抒情诗歌中民俗与风情的关系。

2. 对照"抒情方式举凡",找一找"课下阅读资料"所选作品的抒情方式。

3. 台湾乡土诗歌中有多少闽南风情因子? 为什么?

第四章

古代散文的现代元素

　　散文的解读区别于韵文,不止于精神、情感的互动,语言文字的正确理解才是互动的前提,更何况那些出自名家名作中的一些词汇,历经物竞天择成为华夏语言的熟语、成语甚至格言的语词呢!并且,这些词语包含的民俗密码属于文化传承档次的化石级结晶,直到现在还活跃在人们口头语言和书面文字的交流活动中,组成现代汉语修辞达意的一道亮丽风景线,不可等闲视之。

第一节　文学与文化传承

（课堂讲解,2 学时）

　　散文作为文学作品的主流体裁之一,产生于人类文明曙光的曚昽光晕中,上古圣人"仰以观于天文,俯以察于地理,是故知幽明之故"带领华夏先民走出"幽"暗迎来光"明";"[包牺(伏羲)氏]仰则观象于天,俯则观法于地,观鸟兽之文与地之宜,近取诸身,远取诸物"①发明文字;仓颉接力伏羲创制文字惊天地泣鬼神,②组合起来成为散文诞生的前提。散文的诞生,使得华夏先民的文学与文化传承领先于世界其他民族数千年,华夏族荣膺让其他民族精英称羡的"早熟的儿童"。我们的先民在童年时代就为华夏民族构建并且充实了思想武库,这无疑是人类历史上石破天惊的大事件。

一、《战国策·触龙说赵太后》与"绥靖""接踵"

　　在《战国策·赵策四》中,有一则记载,被后代文选家称作《触龙说赵太后》的,其中有这样两段文字：

---

①　两则引文出自(魏)王弼、(晋)韩康伯注;(唐)孔颖达疏《周易正义·系辞上、下》。
②　据《淮南子·本经训》记载："仓颉作书,而天雨粟,鬼夜哭。"

左师公曰："父母之爱子,则为之计深远。媪之送燕后也,持其踵而为之泣,念(悲)其远也,亦哀之矣。已行,非弗思也,祭祀必祝之,(祝)曰:'必勿使反。'岂非计久长,有子孙相继为王也哉?"太后曰:"然。"

左师公曰："今三世以前,至于赵之为赵,赵主之子孙侯者,其继有在者乎?"曰:"无有。"曰:"微独赵,诸侯有在者乎?"曰:"老妇不闻也。""此其近者祸及身,远者及其子孙。岂人主之子孙(侯者)则必不善哉?位尊而无功,奉厚而无劳,而挟重器多也。今媪尊长安君之位,而封之以膏腴之地,多予之重器,而不及今令有功于国。一旦山陵崩,长安君何以自托于赵?老臣以媪为长安君计短也,故以为其爱不若燕后。"

这篇文章被选入高中课本,不乏解说注释文字。但是起码有两个文化符号未能在高中时段得到应有关注。到了大学阶段,如果不关注就容易望文生义贻笑大方之家、有误人子弟之过。这就是"绥靖"和"君子之泽,三(五)世而斩"。先说"绥靖"。第一段引文中有"持其踵而为之泣"的句子,踵就是脚后跟。通常的解说是赵太后拉着燕后的脚后跟哭泣,使其不能举步。这种解说让人莫名其妙,情急之下要拉扯即将远离家乡的女儿,拉哪个部位也比拉脚后跟顺手,为什么非要拉脚后跟?

按《礼记·曲礼上》记载:"妇人不立乘。"古人乘车是站在车舆里的,叫作"立乘",但"妇人不立乘"。汉刘向《列女传·齐孝孟姬》:"公游于琅邪,华孟姬从车奔,姬堕车碎。孝公使驷马立车载姬以归。"王照圆补注:"立车者,立乘之车。妇人不立乘。乘安车……"燕后坐在车舆里,赵太后想要"持其踵"不容易也不符合其高贵的身份。那么踵应作何意?踵应为马车的一部分。《周礼·冬官考工记·轮人》:"五分其颈围,去一以为踵围。"郑玄注:"踵,后承轸也。"故《战国纵横家书》注:"踵,足踵。一说车踵,车后承轸木。"而《原注战国策》云:"赵太后送燕后出嫁,手握嫁车横木而泣"是符合现场情况的。这是一种解读。

还有一种解读。古代妇女上车,要凭"几凳"垫在脚下蹬车,第二个动作是跪在车辕和车棚之间的平板上,第三个动作是两腿并拢踅进车棚,而不是像男人那样两腿乱踢蹬钻进车棚完事。赵太后持其踵是在女儿上车的第二阶段也就是跪在车边的时候,足踵向上并且正好在赵太后的胸部位置,赵太后抓住燕后也就是女儿的脚跟,一是支撑哭咽中不稳的身体,二是阻止燕后踅入车棚再看不到女儿。因为乘车人进入车棚,驾驶员就要开车了。这是一个很生动的母亲送女儿出嫁的场面。

不管是"不立乘""乘安车",还是双腿并拢踅入车棚,都要借助一个东西稳定身体,这就是"绥",这绥就是安装在车棚上的粗绳吊环,和现在公交车上稳定乘客身体的拉环形状与功能相似。"不立乘"的目的,就是为了更好地拉紧绥;趸入车棚的过程也需要借助绥,这绥就是"乘安车"中那"安"的保障。从《诗经·周颂·桓》"绥万邦"和《尚书·无逸》"嘉靖殷邦"开始,汉语词汇中逐渐形成了"绥靖"这个词。这个词汇从《汉书·王莽传上》"遂制礼作乐,有绥靖宗庙社稷之大勋"、《晋书·张轨传》"不能绥靖区域,又值中州兵乱,秦陇倒悬……实思敛迹避贤"一直沿用到苏轼"宰相之责,绥靖四方"(《赐宰相吕公著乞罢免相位不允诏》),乃至清代夏燮"中外绥靖,不折一兵,不发一矢"的梦想(《中西纪事·粤民义师》)。先民对这"绥"附加的意绪之沉重,是很少有汉语词汇能与之比肩的。至于国民政府好古,把自己统治地区划分为绥靖区,并且在那里建立弹压民主的绥靖公署,那就连梦想都不是,大多数属于挂羊头卖狗肉罢了。

可见,解读古典文献,不懂上古礼俗就会胡乱解说。再说"君子之泽,五世而斩"。第二段引文,是这个格言层级警句到"富不过三代"干云里程碑的拐点。在《孟子·离娄下》中有这样的话:"君子之泽,五世而斩。"

引文中触龙顺着赵太后欲使子孙永享富贵的心理,指出"今三世以前,至于赵之为赵,赵主之子孙侯者,其继有在者乎?"触龙实际上用实际例子印证了这个很重要的命题。《孟子·离娄下》写于公元前289年之前(这一年孟子去世),《触龙说赵太后》事件发生在公元前265年。在孟子去世24年后,触龙不但印证了《孟子·离娄下》的理论,还提出一个更加惊人的现象:"今三世以前……其继有在者乎?"注意赵太后的回答竟然是"无有"!至此不必再追究"微独赵,诸侯有在者乎?"曰:"老妇不闻也。""此其近者祸及身,远者及其子孙……"之类的触目惊心,就说触龙和太后所在的赵国吧。赵太后和触龙的对话发生在赵国第八代君主赵孝成王元年,这还不算他们的远祖赵氏孤儿赵朔(当时也是时即侯爷呀)。所以这触龙的话可以提炼出"三世而斩"或者"八世而斩",这里是触龙讽劝赵太后要做长远打算,但是不能就此演变出"四世而斩"。后代的"皇恩四世""四世三公""四世同堂"都是这个命题变形之后的衍射。通常的理解是指君子的品行和家风经过几代人之后,就不复存在了;也指先辈积累的财富家产经过几代人就会败光了。一直流传到今天民间的所谓"富不过三代",也是这个命题的草根版。

其实这个命题在孟子、触龙时代是一个很直观的社会现象。如社会精英总是拿"万户侯"说事,说明"生当鼎食死封侯"(宋江语)的极致境界是封为万户侯。就算是万户侯吧,如果后代不争气躺在祖宗功劳簿上吃老本不肯立新功,即便没有双规夺国取消封地,那逐步被瓜分的封地一代代世袭,也就是分割祖先的封地。富人妻妾多自然生孩子也多,就算一代生10个儿子,第五代就是40个人参与分割封地,每人最多250户也就是只能剩下"百户"封地,相当于一个亭长或者村主任了。这种情况连"大夫"(封地为邑也就是县镇之类)都不及,哪里还谈得上"侯"!

二、《战国策·冯谖客孟尝君》与现代成语

在《战国策·齐策四》中有这样三段记载,被后世文选家题名为"冯谖客孟尝君"。此篇被选入高中语文的选修教材,也应当不乏解读注释文字。但是大学阶段应该关注的是这篇古文和几个现代汉语成语的关系,当然还要注意该文本在流传过程中民俗因子隐现对衍文消息的影响。这就是"狡兔三窟""作祟"和上古民俗"正日到家"。

后期年,齐王谓孟尝君曰:"寡人不敢以先王之臣为臣。"孟尝君就国于薛,未至百里,民扶老携幼,迎君道中(正日、终日)。孟尝君顾谓冯谖:"先生所为文市义者,乃今日见之。"

孟尝君顾谓冯谖:"先生所为文市义者,乃今日见之。"冯谖曰:"狡兔有三窟,仅得免其死耳。今君有一窟,未得高枕而卧也。请为君复凿二窟。"……冯谖诫孟尝君曰:"愿请先王之祭器,立宗庙于薛。"庙成,还报孟尝君曰:"三窟已就,君姑高枕为乐矣。"

梁使三反,孟尝君固辞不往也。齐王闻之,君臣恐惧,遣太傅赍黄金千斤、文车二驷,服剑一,封书,谢孟尝君曰:"寡人不祥,被于宗庙之祟,沉于谄谀之臣,开罪于君。寡人不足为也;愿君顾先王之宗庙,姑反国统万人乎!"

先说第一段引文中的"正日"或"终日"。通说是这样的:犹终日。指人民整天在路上迎接孟尝君。原本无"正日"二字,据鲍彪注本增。

那么,"正日"为什么能够释为"终日"(有的版本干脆写成"终日")呢?据说是那"正"和"整"同音通假,正日就是整日。这种说法是值得商榷的。古代虽然通信技术不如现在,往往存在信息不通的情况,但是一个大贵族、这个地区的主人(薛是孟尝君的封地,也就是已经成为他家的私产)要回来,说白了就是老爷回家,哪有连个提前回家报信的人都没有?实际情况是,根据当时的民俗,只要知道孟尝君哪一天回家就可以了,至于到家的时刻,是必须中午之前。孟尝君回来正好赶上中午,所以文中的"正日"应释正午之日,即午时。午时即日中,又名日正、中

午等,是一天中太阳最猛烈、阳气最强的时候。在这里指人民正午之时顶着烈日在路上迎接孟尝君。这样"正日回家"就能解释得过去了。

为什么午时回家?是不得已。因为过了正午,鬼魂容易顺路搭车,不小心把搭蹭车的冤魂怨鬼拉回家,是要闹鬼的。不懂"正日"蕴含的民俗因子,就会在解释时出笑话,好像等了一整天,天黑孟尝君才回到家似的。解开这个密码,才能还原历史真相,不会望文生义甚至歪批。

再说"狡兔三窟"。接下来的第二段引文,是孟尝君看到老百姓不畏烈日暴晒迎接失势的自己,有感而发和冯谖的一段对话,这里就展现了被世代追捧的华夏民族以弱制暴后发制人的民俗心理。

从引文看,所谓狡兔三窟的第一"窟",是焚烧债券获得薛邑的人心,冯谖以"市义"的方式为孟尝君赢得了百姓的拥戴。人心向,根基稳。使孟尝君的薛邑这个根据地无后顾之忧。引文中的第二"窟"是设法让魏王虚相位以待,通过"扬誉"使齐王复用孟尝君,重返朝廷做重臣。第三"窟"正如引文中说,是向齐国国君申请在薛邑正式建立先王的宗庙。当然这里还有一个先决条件,就是孟尝君田文和他的亲侄子田地(田遂)即历史上著名的齐愍(闵)王自然是同宗同祖,否则再想立先王之庙冯谖也没有法子可施展。这里又涉及一个民俗密码的破解问题。立宗庙怎么算安身立命的一个堡垒呢?因为兄弟叔侄同宗伯仲,只要有争执,最怕到宗庙中去求祖宗判定是非,就像现在小老百姓怕惹官司一样。因为祖宗在判定是非之前一定先各打五十板,为同宗起争执不高兴!这就像父亲不管谁有无道理,就是不愿意看到儿子之间打架一样。因此这个民俗就上升为礼成为礼俗:宗庙所在,国不可夺(取消封地建制)、不可限(降格,比如公爵降为侯爵、伯爵之类)、不可伐(不能派军队攻击)。权力再大兵力再强也不许在祖宗面前耀武扬威,这是这个礼俗的核心观念。

最后是"作祟"这个词被剥离语义场效应的解读误区。这里记载的是齐愍王请孟尝君重新回到朝廷,恢复其相位时做的自我批评。其中的"寡人不祥,被于宗庙之祟"通常解说为寡人不好,受到神灵降下的大祸。

作祟是指鬼魅或鬼怪扰乱、作怪,所以常说"鬼鬼祟祟",没有说神灵"祟祟"的。汉语词汇中和"祟"有关的几乎没有好词,如作祟、祸祟、鬼祟、魑祟、邪祟、魔祟、送祟、祟书、外祟、魔祟、鬼鬼祟祟、邪魔外祟等,没有一个可以解说为平安吉祥好事连连的。

因此,齐愍王所谓的"被于宗庙之祟",绝不是说自己的祖先降下祸患,并且还大不敬,把这种降祸称为鬼鬼祟祟地作祟。因为他和孟尝君是一个祖先,他免了孟尝君的官,这个事实用祖先降祸给谁解说合适呢?因此,只能解释为遇到了冤魂冤鬼（祖先得罪过的人的鬼魂）到宗庙中作祟捣乱，这种倒霉事让咱们赶上了。因为祖先忙于应付祟鬼而无暇顾及弥合我们叔侄的不合，以至于我出昏招，您受委屈……

附：作祟与鬼鬼祟祟

先要解说一下《左传·昭公元年》记载的一句卜辞"实沈台骀为祟"。实沈虽然是神，但是是一个很不像样的神，和兄弟搞不团结，"日寻干戈"就是天天找碴打架。结果被罚为远在西天边做主持参（shēn）星的神，至于台骀，因治水有功封于汾川，为汾水神，此神被封之后甚是寂寞，就连所在地晋国的国君、著名学问家兼大政治家叔向乃至该国的巫师史官，都不知道此神是何来历，以至于占卜遇到："台骀为祟"都不知道这台骀是哪路神仙。所以在四时八节祭祀诸神时肯定不会想到祭祀此君。多亏郑国大贵族公孙侨（著名的政治家子产）来访问，才拆穿西洋景知道其汾水神的身份。如此看来，这两个神仙一个是怪力乱神，一个是冷清怨神，作点祟似乎在情理之中。

但问题还不是这样简单。其实这句"实沈台骀为祟"的卜辞，属于对两位神仙的诬蔑不实之词。也是在这次访问中，子产说过这样一段话：

> 抑此二者，不及君身。山川之神，则水旱疠疫之灾，于是乎禜之。日月星辰之神，则雪霜风雨之不时，于是乎禜之。若君身，则亦出入饮食哀乐之事也，山川星辰之神，又何为焉？

这句卜辞是巫师在晋国国君生病时占卜的结果，意思是晋侯的病是实沈和台骀两个神仙闹事。子产这次访问的目的就是来慰问病中的晋侯的。子产否定了巫师占得的这则卜辞。说实沈和台骀两个神与国君的病无关。台骀属于山川之神系列的，如果为了避免水灾旱灾、大面积病虫害或瘟疫蔓延，可以祭祀它；实沈属于日月星辰之神系列，如果季节颠倒风不调雨不顺，可以祭祀它。像今天这样关乎国君您身体健康的事情，实沈和台骀这样的主管山川星辰的神，怎么能有兴趣掺和进来呢？您现在的病，是日常生活无规律、饮食男女之事无节制造成的。并且具体指出了晋侯在生活节奏、后宫姬妾方面存在的问题，这其中还提到了传于清末民初的"买妾不知其姓，则卜之"习俗，从子产的语气看，这个习俗在当时已经是古代的《志》书传承下来的了。子产的话有理有据，自然使得晋国君臣心服口服，晋侯还脱口称赞子产是"博物君子也"，给了他很多赏赐。

看看，若不是子产渊博，两位小神就被冤枉了。说明先秦文献不支持"神"作祟的说法。到了汉代，《汉书·江充传》有"祟在巫蛊"的说法，根据当时的语法习惯并验之以前后文，是说这祟是"巫蛊"作的。巫蛊本来不是一个词，只是"巫师放蛊"的临时组合，意思有些难解，唐代颜师古为这句话作注释不算多事。但麻烦的是他竟然如此解说："祸咎之征，鬼神所以示人也。故从出从示。"后人于是开始鬼神连用，造成鱼龙混杂、珠玉杂糅的语词解说状况。但他的说法不是没有出处，比如东汉的许慎就明确说这祟是"神祸也"。颜师古看似继承了许慎的说法，但是他毕竟强调了这样两件事：一是"祸咎之征"，即祟是灾祸或者咎害的征兆而不是灾祸本身；二是"所以示人"，即弄个征兆给人看，如果是提醒人们注意赶紧危机公关，那算是善意；如果是警告，也算不得恶毒，总比突然袭击弄得大祸临头还莫名其妙、连改过避祸的机会都不给要好得多。颜师古这个意思被后人完整理解并继承，是在晚唐五代，当时徐铉、徐锴兄弟大概看不下许慎的武断说法，硬是把祟"祸"单独放在"神"身上，于是在注解《说文》时写出了这样的话："祸者，人之所召，神因而附之。祟者，神自出之以警人。"（《说文·徐曰》）这就不但把祸与祟划清界限，还把神在灾难未降临就开始呵护人类的善意淋漓展现。因此，我们把作祟解说为"鬼魅出来作怪"可以，如果说"鬼神制造的灾祸"就难免给人好坏混淆、不知好歹的感觉。

常见于笔记小说的民间传说，历来也不认为这作祟的家伙属于神的范畴，而是一个名不见经传的邋遢鬼、面目可憎的小妖怪，他的名字就叫作"祟"：

古时候有一种身黑手白的小妖，名字叫"祟"，每年的年三十夜里出来害人，它用手在熟睡的孩子头上摸三下，孩子吓得哭起来，然后就发烧，讲呓语而从此得病，几天后热退病去，但聪明机灵的孩子却变成了痴呆疯癫的智力障碍者了。人们怕祟来害孩子，就点亮灯火团坐不睡，称为"守祟"。

三、散文发展轨迹与现代散文分类

（一）叙事散文

古代神话：《山海经》《淮南子》→楚辞、汉赋、神仙道化剧

传世巫书：《易经》《山海经》《淮南万毕术》→《奇门遁甲》

记事散文：甲骨卜辞《春秋》《左传》→消息、通讯、报告文学

记言散文：《尚书》《国语》《战国策》→访谈、笔谈、对话录

写人散文：《史记》《汉书》《后汉书》→人物传记、名人回忆录

（二）哲理散文

哲学诗化：《老子》《黄帝内经》《易林》→宋元笔记、明清诗论

诗化哲学：《庄子》《孟子》→哲学小品、社科科普文章、童话

政治哲学：《三礼》《论语》《韩非子》《荀子》→政论文、学术论文

（三）抒情散文

《太史公自序》、唐宋八大家、明代小品文→文学散文、杂文、小品文

（四）写景散文

《封禅仪记》、魏晋南北朝山水游记、《永州八记》→现代写景散文

第二节　课下阅读资料

一、《昭明文选》《古文观止》概说

《昭明文选》，又称《文选》，是中国现存最早的一部诗文总集，由南朝梁武帝的长子萧统组织文人共同编选。萧统死后谥"昭明"，所以他主编的这部文选称作《昭明文选》。原来有 30 卷，唐代李善注本分成 60 卷。共收录作家一百三十家，上起子夏（《文选》所署《毛诗序》的作者）、屈原，下迄当时，唯不录生人。书中所收的作家，最晚的陆倕卒于公元 526 年（南朝梁普通七年），而萧统卒于公元 531 年（南朝梁中大通三年），所以《文选》的编成当在普通七年以后的几年间。全书收录作品 514 题。他将文章分为赋、诗、骚等 38 类。所选多大家之作，时代愈近入选愈多。

《文选序》（节选，所谓选文标准"四不选"）

自姬汉以来，眇焉悠邈。时更七代，数逾千祀。词人才子，则名溢于缥囊；飞文染翰，则卷盈乎缃帙。自非略其芜秽，集其清英，盖欲兼功，太半难矣！若夫姬公之籍，孔父之书，与日月俱悬，鬼神争奥，孝敬之准式，人伦之师友，岂可重以芟夷，加之剪截？老、庄之作，管、孟之流，盖以立意为宗，不以能文为本，今之所撰，又以略诸。若贤人之美辞，忠臣之抗直，谋夫之话，辨士之端，冰释泉涌，金相玉振。所谓坐狙丘，议稷下，仲连之却秦军，食其之下齐国，留侯之发八难，曲逆之吐六奇，盖乃事美一时，语流千载，概见坟籍，旁出子史。若斯之流，又亦繁博。虽传之简牍，而事异篇章，今之所集，亦所不取。至于记事之史，系年之书，所以褒贬是非，纪别异同，方之篇翰，亦已不同。若其赞论之综缉辞采，序述之错比文华，事出于深思，义归乎翰藻，故与夫篇什杂而集之。远自周室，迄于圣代，都为三十卷，名

曰《文选》云耳。

《文选》注释名家(六臣注)

李善在《文选》校勘方面是一个集大成者。他的注释成果在唐高宗显庆三年(658年)完成并进呈朝廷。开元六年(718年),吕向、吕延济、刘良、张铣和李周翰的注本出现。此后五臣注颇受世俗青睐,较之李善注本更为流行。直至宋朝,出现了"《文选》烂,秀才半"的说法。因为人人要读《文选》,前人的注释就非参考不可。于是有人将李善注与五臣注合刻,统称"《文选》六臣注"。

《古文观止·序》

余束发就学时,辄喜读古人书传。每纵观大意,于源流得失之故,亦尝探其要领;若乃析义理于精微之蕴,辨字句于毫发之间,此衷盖阙如也。岁戊午,奉天子命抚八闽。会稽章子、习子,以古文课余子于三山之凌云处。维时从子楚材实左右之。楚材天性孝友,潜心力学,工举业,尤好读经史,于寻常讲贯之外,别有会心,与从孙调侯,日以古学相砥砺。调侯奇伟倜傥,敦尚气谊,本其家学,每思继序前人而光大之。二子才器过人,下笔洒洒数千言无懈漫,盖其得力于古者深矣。今年春,余统师云中,寄身绝塞,不胜今昔聚散之感。二子寄余《古文观止》一编。阅其选,简而该,评注详而不繁,其审音辨书,无不精切而确当。批阅数过,觉向时之所阙如者,今则辴(chǎn)然以喜矣。以此正蒙养而裨后学,厥功岂浅鲜哉!亟命付诸梨枣,而为数语以弁其首。康熙三十四年五月端阳日愚伯兴祚题。

二、古代散文的现代元素掺入

培根说:"读史使人明智,读诗使人灵透……伦理使人庄重",王国维在《人间词话》中提到读书的三种境界。散文本质上属于伦理范畴,但是其文学表述又总是诱发读书人的境界追求,因此他们的文章被人有意或无意地曲解,背离话语者本身的意图,是一个值得注意的现象。如《战国策·楚策》中不被社会肯定的性取向被淡化,就是礼文化传统诱导下历代注家的定向捆绑;宋朝学者一厢情愿地把孟子的"性善"说成"性本善";郭象故意把《庄子》的"自由逍遥"解读为"任性逍遥"等,都是现代(解读时代)元素掺入原典的结果。

(一)历史散文的定向解读(断背猜想与皖南风姿)

断背(brokeback)是2007年8月由教育部公布的171个新词之一,出自李安的同性恋题材电影《断背山》,隐喻同性恋。中国古代把男子相互爱恋称为"断

袖""龙阳""分桃"。关于我国古代断背现象的记载,似乎从《越人歌》开始:

> 今夕何夕兮,搴中洲流(一作搴舟中流)。今日何日兮,得与王子同舟。蒙羞被好兮,不訾诟耻。心几烦而不绝兮,知得王子。山有木兮木有枝,心说君兮君不知。

　　这首歌记载在刘向《说苑·善说篇》,是一个故事中的故事。楚大夫庄辛倾慕襄成君的美貌,提出了"把君之手"的非分要求,说明庄辛对襄成君有爱恋的欲望。被拒之后,庄辛就给襄成君讲了鄂君子皙与越人的故事。榜枻越人以歌求爱,子皙立即领会了其情意,并欣然接受了对方的求爱:"于是鄂君子皙乃揄修袂,行而拥之,举绣被而覆之。"这样暧昧的动作,可以猜想他和越人之间发生的事情。讲完故事后,庄辛趁热打铁,进一步诱劝襄成君:"鄂君子皙,亲楚王母弟也。官为令尹,爵为执圭,一榜枻越人犹得交欢尽意焉。今君何以逾于鄂君子皙,臣何以独不若榜枻之人,愿把君之手,其不可何也?"襄成君乃奉手而进之。如果仅是一首越人歌,我们可以把它当作一首单纯的爱情诗;但如果考察鄂君子皙与越人、庄辛与襄成君的性别,似乎使人可以窥探男男相爱两则趣事。于是有人认为这是中国较早歌颂同性爱情的诗篇。

　　关于断背,在礼教立国的华夏历史上也不是名不见经传的。汉代称以谄媚而得到宠幸的人叫佞幸,佞幸还指以男色事君的人。《史记·佞幸列传》中记载的邓通、赵同、李延年、韩嫣等人专以谄媚事主,就有解说者透露其为帝王同性恋人。不只汉代如此,先秦也有断背的记载,比如《战国策·魏策》中魏安釐王与男幸龙阳君的关系,就衍生了后代"龙阳之癖""龙阳之好"的成语或者叫作亵语;《韩非子·说难》称弥子瑕与卫灵公有分桃之好。《汉书·董贤传》记载董贤与汉哀帝有"断袖"之谊等,都是显例。就是庄辛,在《战国策·楚策四》中指责楚襄王的侈靡时,也透露了这样的信息:

> 君王左州侯,右夏侯,辇从鄢陵君与寿陵君,专淫逸侈靡,不顾国政,郢都必危矣。
> ……
> 君王之事因是以。左州侯,右夏侯,辇从鄢陵君与寿陵君,饭封禄之粟,而载方府之金,与之驰骋乎云梦之中,而不以天下国家为事……

　　郢都失陷前后批评楚襄王的对话中,两次用同样的文字提到楚襄王的生活状态是"左州侯，右夏侯，辇从鄢陵君与寿陵君"，为什么这么耿耿于怀？首先，这四个人基本上不见经传，更谈不上什么功业可据，只有州侯，大概是楚宣王时名臣州侯(事迹可见《战国策·楚策一》)的后代，他这一代没有什么功业可以称道。他们成为楚襄王的"宠臣"虽然让人不服气，但也不至于书写得这样具体，并且作为楚襄王的丑行被庄辛"津津乐道"，而楚襄王也没有什么像样的辩解，郢都失陷之前不知利害，骂人气走庄辛而已；郢都失陷之后成为流亡政府的漂泊国君，也只不过吓得"颜色变作，身体战栗"。而没有一句辩白，也没有痛改前非的表示。也就是说，国君私生活的改变没有被《战国策》的书写人关注从而留取史册。不过有一点是明确的，这四位都是男性已经在历代解说中没有异词。

在这里值得注意的有两点：一是在第二次也就是郢都失陷、政府流亡城阳时的对话中，庄辛是把楚襄王"左州侯，右夏侯"的生活方式，和蔡圣侯"左抱幼妾，右拥嬖女"相提并论的。而且同样是以左拥右抱的方式"驰骋乎某某(襄王是云梦，蔡圣侯是高蔡)之中"。先前破口骂人的楚襄王也没有说庄辛乘人之危无类比附，人家拥抱女人怎么拿来和我宠幸男人相比！有戏弄君主之罪。

二是那"辇从鄢陵君与寿陵君"。辇是会意字，从车，从两"夫"(男子)并行拉车。意思是用人拉或推的车。所以古人把"辇"一律解释成如"挽车也"(《说文》)"人挽行"(《周礼·乡师·注》)"人步挽车也"(《广韵》)"人挽车也"(《诗经·小雅·我任我辇·注》)之类，没有例外。最典型的是在《汉书·李广苏建传》中有"扶辇下除"的话，在下台阶的时候扶着这个"辇"，辇都能上下台阶，说明没有轱辘，简直就相当于后代的轿子了。辇特指君、后所乘的车是秦汉之后的事情，应该是秦汉之后才有人力拉的带轱辘的辇，人抬的辇开始称为轿子。

因此，清代段玉裁《说文解字注》关于辇字的解说，尽管啰里啰唆还有对古注无所适从的躲闪糊弄之词，但是其中引用的《司马法》佚文："夏后氏二十人而辇。殷十八人而辇。周十五人而辇"就很有用，如果是要用15—20人才能拉动的车，干吗不用马？如果说是抬辇，还说得过去。所以前面提到的赵太后"恃辇而行"(《战国策·赵策》)应该是坐当时叫作辇的轿子。否则一个老太太出行非要坐十八九人拉的车，是否太狼狈况且有点不合情理？

现在将"辇从"解说为"同车的随从"恐怕就不合适了，应该是在最少十五人抬的大轿子里，坐着三个人：国君楚襄王、宠臣鄢陵君与寿陵君。三个男人坐在同一个轿子里，不是断背是什么！

应当指出的是，庄辛对楚襄王的这段对话还衍生了"螳螂捕蝉""亡羊补牢"两个成语，也是值得关注的。

(二)诸子精神的定向误读

1.《孟子》这样被误读

因有"至圣"孔子在前,孟子被称为"亚圣"。其实孔子与孟子生活的年代相差百多年,思想在各自的时代都是独一无二的。但归为一个流派,就像梁山百八好汉一样总要排名位,在孔子之后,孟子总显得委屈。

傅佩荣在《向善的孟子:傅佩荣〈孟子〉心得》①中说孟子有三大委屈,其一是被误为好辩,其二是仁政理想被视为空想,其三就是人性论被误解。宋朝王应麟将孟子的性善论总结为《三字经》里的第一句话:"人之初,性本善"。可孟子说的是"性善",绝对不是"性本善"。看看《孟子·告子上》的说法:

性犹湍水也,决诸东方则东流,决诸西方则西流。人性之无分于善不善也,犹水之无分于东西也。水信无分于东西,无分于上下乎? 人性之善也,犹水之就下也。人无有不善,水无有不下。今夫水,搏而跃之,可使过颡;激而行之,可使在山。是岂水之性哉? 其势则然也。人之可使为不善,其性亦犹是也。

据说是孟子学生的告子口才好,喜欢和老师孟子辩论,认为人性就像一条流淌的河,东边开个缺口水就向东流,西边开个缺口水就向西流,就像人会受环境影响,近朱者赤,近墨者黑。人性没有善与不善之分,就像水没有向东向西的区别。人没有不向善的,就好像水没有不向下的。看书要整体看,要将"下"和"善"放在同一个位置,不要看到"人无有不善"就断章取义说人是没有不善的。为什么说是"向"? 因为"下"不是水的"性",是水的流"向",人本性是"向善"。

孔子在《论语》中也提到人性:"性相近也,习相远也",后来变成"性相近,习相远",即《三字经》的第二句。《论语》里的"性相近也,习相远也","习相远"的"习"和后天的环境以及养成的生活习惯有关,让人变得千差万别,有人行善,有人为恶。

将孟子的"性善"理解为"向善",比"本善"更合理。人性向善,所以"性相近"。"本善"孔子没说过,孟子更没有说过,是宋代学者解释出来的。也有人说性善论和性恶论是华夏文化面临的选择,甚至有人说可以"向恶",因为人性只是"向"善而已,恶也是可以选择的。为什么我们强调的"向善"而不是"本善"和"本恶"呢? 假设你今天早上起来不孝顺父母,破坏公共安全,心里是不是觉得不安、

---

① 傅佩荣.向善的孟子:傅佩荣《孟子》心得[M]. 北京:华文出版社,2011.

不忍？这证明人性向善。反之：你今天一天都不去杀人放火，作奸犯科，心里觉得不安、不忍，这是人性向恶。在一般情况下，我们的自省，往往来自前者。所以说，孟子的"向善论"被人曲解为"性本善"，是不合理的。

说到误读与曲解，不得不说《孟子·告子上》中鱼和熊掌的关系。孟子原文是这么说的：

> 鱼，我所欲也，熊掌，亦我所欲也；二者不可得兼，舍鱼而取熊掌者也。生，亦我所欲也，义，亦我所欲也；二者不可得兼，舍生而取义者也。

像《庄子·大宗师》中的相濡以沫与相忘于江湖一样，鱼与熊掌不可兼得，往往认为是面对取舍时要学会选择。实际上孟子他老人家只在开篇说了这么一下，却被人念念不忘。后面的众多文字就被挡在眼皮外面了，可以说眼皮子浅对孟子也是不尊重的。这里应该是说"义"的价值高于生命，贤者在必要时应当"舍生取义"，而不行苟且之事，即"生亦我所欲，所欲有甚于生者，故不为苟得也"。人喜欢活着，当我所喜欢的超过了生存，我也不会苟且偷生。人们追求比生命更宝贵的"义"（向善），厌恶比死亡更可怕的"不义（向恶）"。最后说"所欲有甚于生者，所恶有甚于死者。非独贤者有是心也，人皆有之，贤者能勿丧耳"。"向善"并不是贤人才具备，而是每个人的本性。不受嗟来之食，不能因接受好处（官员接受好处称受贿）而丧失本性。接受好处应是不义之举，而被见识浅薄的人称赞，真是太没有羞耻心了。

2. 汪洋恣肆不是语无伦次

庄子逍遥自由，爱游历，交游遍诸国。庄子的人生体验"衣弊履穿""困窘织履"是为生活辛苦奔波。精神上他"独与天地精神往来"，打造一个"无己、无功、无名"的世界。这是通说。其实其中有些描述是值得商榷的。

寓言是《庄子》最主要的表现方式，其文章的主干往往由一个个寓言组合起来。大量寓言的使用，使文章的结构看起来好像缺乏连续性、谋篇布局趋于散漫，因而显得内容杂乱随意，文字散乱重复，读起来语无伦次。实际上，庄子的许多篇章，尤其是内篇，古人并非如此评价，如直至清代还有诸如刘熙载这样的大学者如是说："文之神妙，莫过于能飞。庄子之言鹏曰'怒而飞'，今观其文，无端而来，无端而去，殆得'飞'之机者，乌知非鹏之学为周邪？"（《艺概》）用"无端而来，无端而去"来概括《庄子》的语言风格与写作技巧再合适不过了。庄子智虑过人，才华谲奇，其文章看起来起落无端，想象奇特，其目的不只是说明主旨，也是展示其卓越不凡的见解及才华。

内篇是庄子的精华,我们可以用精华内篇中的精华《逍遥游》为例,来说明《庄子》的汪洋恣肆不是语无伦次。

细读《逍遥游》,看似无端飞扬,实则脉络清晰。文章脉络是从有所待到无所待的渐进说理,可以分为四个极为分明的层次:一是小大之辩,小至蜩与学鸠,大至鹏不逍遥,皆有所待。二是逍遥的三种境界:无所待(无己)、待于风(无功)、待于世(无名)。三是牵于世而无法逍遥游者,曾不若神人之尘垢秕糠。四是拙于大用。

《逍遥游》第一层次以"鲲化为鹏"的故事开篇:鲲、鹏是大者,"不知其几千里也"。大者,才能"抟扶摇而上者九万里",飞得高才能看得远。这鸟和鱼都非常大,张开翅膀就像天边的云彩,突破自然本能的限制,进入一个高远不受控制的境界,近乎"游于无穷",再到"视于无穷"乃至"知于无穷"。蜩与学鸠"抢榆枋而止,时则不至,而控于地而已矣"。受到自身小的限制,视野也受到地面的局限,不能达到鹏的境界。这就是大与小的区别。形体与空间的大小之别,影响到"小者其飞所至亦小,而大者其飞所至亦大"的认知。在"知"的方面蜩与学鸠是"小知",鹏是"大知"。"大小之辩"还包括"小年"与"大年"等:"大年"制约着"小年","大知"与"小知"形成对比。"大知"的鹏突破了"小知"的局限达到逍遥,可以说逍遥游包含消除或突破种种局限的意思,也有提升转化的暗示。人的生命本来有各种条件的限制,慢慢转化突破,达到无待,就可以真正逍遥。当然,蜩与学鸠没有突破局限达到逍遥;大鹏有待,也未到逍遥。因为"风之积也不厚,则其负大翼也无力。故九万里,则风斯在下矣"。鹏凭风而起,无风则无力。

第二层是关于逍遥游的三种境界。这一段位于文章中间,"至人无己,神人无功,圣人无名"是《逍遥游》的主旨,而第一句又是这三句的主旨。只有"无名"(无法称说,无以名状),才可无所待地游于无穷。

第三层是就举例"尧让天下于许由"证实"圣人无名";举例"肩吾问于连叔"证实"神人无功"。神人超脱,不牵于世,是"道物之别"。

第四层以惠庄论辩证实"拙于大用",说明"以无用为大用"。惠施立足于世俗,以常人不能用者(大瓠、大椿)为"无用",庄子超脱世俗、超脱现实,要从"无用"之中发掘"大用",突出"无"的重要性。

从"小大之辩"到"道物之别"到"拙于大用",结束于"至人游于无何有之乡",以无所待游于无穷之境。

此外,《逍遥游》一文有许多广为人知的有趣寓言,如越俎代庖、跳梁小丑、不龟手之药等,还有一个民俗符号:腰舟。庄子云:"今子有五石之瓠,何不虑以为大樽,而浮于江湖,而忧其瓠落无所容?"人以瓠系于腰间,用以渡水,谓"腰舟"。

《晋书·蔡谟传》《鹖冠子·学问》均有腰舟的记载,曾是我国南方众多民族广泛使用的渡水工具,现只有海南黎族保留这一民间传统。

三、古今散文名作存目

(一)《古文观止》篇目

《左传》:

《郑伯克段于鄢》《周郑交质》《石碏谏宠州吁》《臧僖伯谏观鱼》《郑庄公戒饬守臣》《臧哀伯谏纳郜鼎》《季梁谏追楚师》《曹刿论战》《齐桓公伐楚盟屈完》《宫之奇谏假道》《齐桓公下拜受胙》《阴饴甥对秦伯》《子鱼论战》《寺人披见文公》《介之推不言禄》《展喜犒师》《烛之武退秦师》《蹇叔哭师》《郑子家告赵宣子》《王孙满对楚子》《齐国佐不辱命》《楚归晋知罃》《吕相绝秦》《驹支不屈于晋》《祁奚请免叔向》《子产告范宣子轻币》《晏子不死君难》《季札观周乐》《子产坏晋馆垣》《子产论尹何为邑》《子产却楚逆女以兵》《子革对灵王》《子产论政宽猛》《吴许越成》

《国语》:

《祭公谏征犬戎》《召公谏厉王止谤》《襄王不许请隧》《单子知陈必亡》《展禽论祀爰居》《里革断罟匡君》《敬姜论劳逸》《叔向贺贫》《王孙圉论楚宝》《诸稽郢行成于吴》《申胥谏许越成》

《公羊传》:

《春王正月》《宋人及楚人平》《吴子使札来聘》

《谷梁传》:

《郑伯克段于鄢》《虞师晋师灭夏阳》

《檀弓》:

《晋献公杀世子申生》《曾子易箦》《有子之言似夫子》《公子重耳对秦客》《杜蒉扬觯》《晋献文子成室》

《战国策》:

《苏秦以连横说秦》《司马错论伐蜀》《范雎说秦王》《邹忌讽齐王纳谏》《颜斶说齐王》《冯谖客孟尝君》《赵威后问齐使》《庄辛论幸臣》《触詟说赵太后》《鲁仲连义不帝秦》《鲁共公择言》《唐雎说信陵君》《唐雎不辱使命》《乐毅报燕王书》

《秦文》:

《李斯谏逐客书》

《楚辞》:

《卜居》《宋玉对楚王问》

《史记》：

《五帝本纪赞》《项羽本纪赞》《秦楚之际月表》《高祖功臣侯年表》《孔子世家赞》《外戚世家序》《伯夷列传》《管晏列传》《屈原列传》《酷吏列传序》《游侠列传序》《滑稽列传》《货殖列传序》《太史公自序》《报任安书》

《汉书》：

《高帝求贤诏》《文帝议佐百姓诏》《景帝令二千石修职诏》《武帝求茂材异等诏》《贾谊过秦论(上)》《贾谊治安策(一)》《晁错论贵粟疏》《邹阳狱中上梁王书》《司马相如上书谏猎》《李陵答苏武书》《路温舒尚德缓刑书》《杨恽报孙会宗书》

《后汉书》：

《光武帝临淄劳耿弇》《马援诫兄子严敦书》《诸葛亮前出师表》《诸葛亮后出师表》

六朝唐文

《陈情表》(李密)，《兰亭集序》(王羲之)，《归去来辞》《桃花源记》《五柳先生传》(陶渊明)，《北山移文》(孔稚珪)，《谏太宗十思疏》(魏征)，《为徐敬业讨武曌檄》(骆宾王)，《滕王阁序》(王勃)，《与韩荆州书》《春夜宴桃李园序》(李白)，《吊古战场文》(李华)，《陋室铭》(刘禹锡)，《阿房宫赋》(杜牧)，《原道》《原毁》《获麟解》《杂说[一]》《杂说[四]》《师说》《进学解》《圬者王承福传》《讳辩》《争臣论》《后十九日复上宰相书》《后廿九日复上宰相书》《与于襄阳书》《与陈给事书》《应科目时与人书》《送孟东野序》《送李愿归盘谷序》《送董邵南序》《送杨少尹序》《送石处士序》《送温处士赴河阳军序》《祭十二郎文》《祭鳄鱼文》《柳子厚墓志铭》(韩愈)，《驳复仇议》《桐叶封弟辩》《箕子碑》《捕蛇者说》《种树郭橐驼传》《梓人传》《愚溪诗序》《永州韦使君新堂记》《钴鉧潭西小丘记》《小石城山记》《贺进士王参元失火书》(柳宗元)

宋文

《待漏院记》《黄冈竹楼记》(王禹偁)，《书洛阳名园记后》(李格非)，《严先生祠堂记》《岳阳楼记》(范仲淹)，《谏院题名记》(司马光)，《义田记》(钱公辅)，《袁州州学记》(李觏)，《朋党论》《纵囚论》《释秘演诗集序》《梅圣俞诗集序》《送杨寘序》《五代史伶官传序》《五代史宦官传序》《相州昼锦堂记》《丰乐亭记》《醉翁亭记》《秋声赋》《祭石曼卿文》《泷冈阡表》(欧阳修)，《管仲论》《辨奸论》《心术》《张益州画像记》(苏洵)，《刑赏忠厚之至论》《范增论》《留侯论》《贾谊论》《晁错论》《上梅直讲书》《喜雨亭记》《凌虚台记》《超然台记》《放鹤亭记》《石钟山记》《潮州韩文公庙碑》《乞校正陆贽奏议进御劄子》《前赤壁赋》《后赤壁赋》《三槐堂铭》《方山子传》(苏轼),《六国论》《上枢密韩太尉书》《黄州快哉亭记》(苏辙),《寄欧阳舍人书》《赠黎安二生序》(曾巩),《读孟尝君传》《同学一首别子固》《游褒禅山记》《泰州海陵县主簿许君墓志铭》(王安石)

明文

《送天台陈庭学序》阅江楼记(宋濂),《司马季主论卜》《卖柑者言》(刘基),《深虑论》《豫让论》(方孝孺),《亲政篇》(王鏊),《尊经阁记》《象祠记》《瘗旅文》(王守仁),《信陵君救赵论》(唐顺之),《报刘一丈书》(宗臣),《吴山图记》《沧浪亭记》(归有光),《青霞先生文集序》(茅坤),《蔺相如完璧归赵论》(王世贞),《徐文长传》(袁宏道),《五人墓碑记》(张溥)。

(二)清、近代、现代散文名著存目

《块肉余生述》《不如归·序》(林纾),《革命军·序》(章炳麟),《革命军·绪论》(邹容),《古文辞类纂·序》《南园诗存·序》《泰山道里记·序》《登泰山记》(姚鼐),《广宋遗民录·序》(顾炎武),《海舶三集·序》《程易田诗序》(刘大櫆),《海国图志·叙》(魏源),《看竹图·记》(朱彝尊),《南游集·序》(叶燮),《奇零草·序》(姜宸英),《人境庐诗草·序》(康有为),《日本杂事诗·序》(王韬),《原富》(严复),《哀盐船文》(汪中),《五公尺牍》(吴汝纶),《跋周印昆所藏左文襄书牍》(梁启超),《白云先生传》《婢音哀辞》(方苞),《病梅馆记》(龚自珍),《捕鼠说》(姚莹),《采西学议》(冯桂芬),《传是楼记》(汪琬),《此君轩记》(王国维),《崔景偁哀辞》(张惠言),《答彭尺木进士书》(袁枚),《大铁椎传》(魏禧),《洞庭山看梅花记》(归庄),《读书法》(梁章钜),《鹅笼夫人传》(周容),《二贞妇传》(方苞),《范县署中寄舍弟墨第四书》《范县署中寄舍弟墨第五书》(郑燮),《工商论》(王先谦),《古文约选序例》(方苞),《观巴黎油画记》(薛福成),《韩非论》(梅曾亮),《汉高帝论》(周树槐),《汉学商兑重序》(方东树),《狐父之盗颂》(汪中),《画竹题记二则》(郑燮),《黄香石诗序》(姚莹),《己亥六月重过扬州记》(龚自珍),《记寻大龙湫瀑布》(方苞),《焦山题名记》(王士禛),《金圣叹先生传》(廖燕),《京师强学会序》(康有为),《绝命辞》(陈天华),《口技》(林嗣环),《李姬传》(侯方域),《李斯论》(姚鼐),《廉耻》(顾炎武),《留侯论》(魏禧),《柳敬亭传》(黄宗羲),《论文偶记》(刘大櫆),《请废八股折试帖楷法试士改用策论折》(康有为),《少年中国说》(梁启超),《室语》(唐甄),《〈书黄侃梦谒母坟图记〉后》(章炳麟),《书棚民事》(梅曾亮),《说居庸关》(龚自珍),《随园记》(袁枚),《谭嗣同传》(梁启超),《桐城文录序》(方宗诚),《王船山遗书序》(曾国藩),《希腊游记》(康有为),《峡江寺飞泉亭记》(袁枚),《先妣事略》(张惠言),《先母邹孺人灵表》(汪中),《徐光启传》(查继佐),《徐霞客传》(钱谦益),《选古文小品序》(廖燕),《义虎记》(王猷定),《译〈天演论〉自序》(严复),《游博物院》(王韬),《游翠微峰记》(恽敬),《游丹霞记》《游桂林诸山记》《与稚存论诗书》《浙西三瀑布记》(袁枚),《游黄山记》(钱谦益),《游黄山记》(袁枚),《游金陵城南诸刹记》(王士祯),《游晋祠记》(朱彝尊),《游庐山记》(恽敬)游天台山记》(洪亮吉),《游西湖》(李慈铭),《游小盘谷记》(梅曾亮),《原才》(曾国藩),《原臣》《原君》(黄宗羲),《袁随园君墓志铭》(姚鼐),《岳飞》(毕沅),《邹容传》(章炳麟),《尊史》《尊隐》(龚自珍),《左忠毅公逸事》(方苞),《作文法》梁章钜)

《落花生》(许地山),《从百草园到三味书屋》《藤野先生》《秋夜》(鲁迅),《白杨礼赞》(茅盾),《依依惜别的深情》(魏巍),《荷塘月色》(朱自清),《樱花赞》(冰心),《长江三峡》(刘白羽),《秋天的况味》(林语堂),《山中避雨》(丰子恺),《江南的冬景》(郁达夫),《桨声灯影里的秦淮河》(俞平伯),《雨中登泰山》(李健吾),《江南的野菜》(叶灵凤),《茶花赋》(杨朔),《石榴》(郭沫若),《日出》(刘白羽),《白杨礼赞》(茅盾),《艰难的国运与雄健的国民》(李大钊),《暴风雨之前》(瞿秋白),《可爱的中国》(方志敏),《生与死》(巴金),《野草》(夏衍),《致集团军诸将领的公开信》(张自忠),《造谣与辟谣》(邹韬奋),《三百年前的历史教训》(吴晗),《想北平》(老舍),《丑石》(贾平凹),《从一个微笑开始》(刘心武),《不死鸟》(三毛),《我的老师》《我的中学时代》《我的大学》《故乡往事》(莫言)

★课后练习与思考

1.散文产生的前提是什么？和"文学的产生"前提有什么不同？

2.你读过的散文,有多少出自《昭明文选》《古文观止》的？

3.为什么说古代散文是华夏民族的思想武库(宝库)？

第五章

创意写作实训指导

　　本章内容包括两个方面:一是创意写作的理论讲授,一是创意写作的综合实训。理论讲授用课堂讲解方式,写作实训利用第二课堂的"读研写演"工程解决。

第一节　创意写作概说

（课堂讲解,2 学时）

　　创意写作,是美国艾奥瓦大学在 20 世纪 20 年代创制的一种写作体系,原本是为文化创意产业培养人才服务的一种写作专业培训模式。这种培训本来是搜罗文学创作、创意产业组织者、各种行业策划人和管理者,以及各类媒体撰稿人兼收并蓄加以培养的,但是在文学创作领域收获最明显,著名华人作家哈金(用英文写作)、白先勇、严歌苓、李翊云等,国外屡获文学创作大奖的作家比如理查德·耶茨、玛丽莲·罗宾逊、理查德·富特等,都曾经接受过这种培训。

　　近年随着这个理论在国内的大量被介绍,以及在各高校陆续开设为"创意写作课程"的专业限选课,创意写作逐渐成为在基础写作统领下,并列于应用写作、专业写作、经济写作、影视写作等课程的一门重要课程,乃至基本取代了"文学创作""文艺学"等课程,同时成为《大学语文》课程的重要教学内容之一。

一、体裁演变概说

　　创意写作在《大学语文》课程中的教学内容,涉及诗歌、散文体裁发展、小说简史、戏剧(曲词)概说等内容。

　　(一)诗歌体裁演变

　　诗歌体裁发展主要围绕两个轴心螺旋式上升:一个是节奏韵律亦即诗歌的节拍,二是诗歌的体式亦即每句的字数变化。在诗歌发展史上曾经出现过二言诗、三言诗、六言诗,而进入主流体式的则是四言诗和五言诗、七言诗。杂言诗起源于民歌,并且很快被文人引入主流诗歌领域,也成为重要的诗歌体式并且导致词、曲体式的形成。

1. 节奏、韵律等体制内核的形成

（1）节奏、韵律,是人类生理与心理协调互动的基础。呼吸、运动（原始意义上的活动方式）、劳动、交往（肢体接触和语言交流）等,都要有适合于生理节律的节奏,才能保持心理状态的愉悦。最贴近生理、心理节律的节奏韵律,应当存在于最简短的语言中。"寸言"是诗歌体制的内核,所以原始节奏韵律在其中。

（2）二节拍诗歌与韵文的使用。二节拍既符合农业民族的劳动方式,又是生理状态回环往复（心脏的舒张、肺部的呼吸、眼睛的开合等）的合理延展。因此,最古老的歌谣,一定是最贴近人类原始律动的节律,应当是二节拍的韵文（谣谚、传说等）。

（3）三节拍诗歌起源于楚地民歌。到屈原作品,这个体制的优点就凸显出来了。三节拍诗歌的出现,为五、七言诗歌的出现提供了平台。

2. 寸言为诗

（1）二言歌谣是四言诗歌的先驱,四言诗歌的出现伴随巫文化的滥觞。这些都产生于最原始的先民生活（劳动、巫术）中。

（2）五言诗歌的发展轨迹。二节拍五言→三节拍五言民谣→班固《咏史》（里程碑式作品）→文人五言诗→《古诗十九首》→建安才子五言诗（被认为在艺术上进入娴熟期,又被称为题材转换期。期中包括七子、蔡琰《悲愤诗》、无名氏《孔雀东南飞》等）。

（3）七言诗歌的初步形态。七言诗句在秦汉民歌中屡见不鲜,但基本是两节拍的。一般认为,东汉张衡的《四愁诗》是文人七言诗的开山作品。但体制上纯粹的七言诗,是曹丕在建安时代创作的《燕歌行》。曹丕之后,七言诗创作消歇了两个世纪之久（220—450）。它的成熟及普遍被文人采用,已经是南朝刘宋鲍照以后的事情。

（4）杂言诗歌的生命力。诗歌本来起源于民间传承知识、交流情感所使用的韵文。在体式上的整饬是知识阶层记录整理的结果。如"车轱辘菜,圆又圆",被记录为"猪耳菜,圆又圆";"山老鸹子,尾巴长,娶了媳妇就忘了娘",被记录为"山喜鹊,尾巴长。一娶妻,就忘娘"等,都是求整饬的侵夺与信息转移,有时要以大量的信息丢失为代价。

（二）散文体裁发展概说

华语文化圈历来有"书不读秦汉以下"的说法,对这句话的解说五花八门,有一种说法最靠谱:"现代中国人常听到的道家,儒家,法家,阴阳家等学说,无一不是在先秦就出现的。"其实从文章学视角切入,虽然章学诚的"至战国而文章之变尽,至战国而著述之事专,至战国而后世之文体备"(《文史通义·诗教上》)有些武断,但是"文体尽备于汉"起码得到搞文章学的学者的普遍承认。因此讲散文,我们讲先秦也就可以懂得什么叫作"文体备"了。先秦散文中对文体做出重要贡献的,主要是历史(叙事)散文和诸子(说理)散文。

1. 先秦历史(叙事)散文

(1)散文早期形态的阶段

从甲骨卜辞到《春秋》,是散文发展的早期形态,共经历了五个阶段:甲骨文阶段、金文阶段、《易经》时代、《尚书》时代、《春秋》时代。这个时代的甲骨文结构和春秋笔法(汉人总结)值得关注。

(2)《左传》的叙事和记言

①成书及思想倾向。成书传说、礼文化特征与"相斫书"评价。

②记事在手法上对《春秋》的发展。《左传》在叙事方面特征明显,比如完整叙事、有情节、引入议论(君子曰、君子是以知)、善写战争、道德化与神秘化、臆测与虚构等都是学术界公认的超越《春秋》的文学贡献。

《左传》在人物记述方面的特点,也多为后代叙事散文所效法,比如性格复杂富于变化形成的个性鲜明特征、动态(行动语言)描述为主,基本不进行静态外貌描写的独到笔法,以及通过心理描写和大量细节描写凸显人物性格的方法等,都为后世文学人物塑造提供了借鉴。但是因为编年体的局限,把握《左传》人物只能通过年代连缀,则是该书的白璧微瑕。

③记言。开始区分人物语言与叙述语言,为后代小说语言的滥觞。

(3)《国语》的文学成就

①记言特点。《国语》中记载的大多为议论说理文字,但是其中的特色辞令对后世文学创作影响深远,尤其是说理文字的形象性,如《晋语二》的"暇豫之吾吾",把决定生死的利害关系完全形象化。

②叙事特点。《国语》开始集中篇幅写一个人物,出现了向传记文学过渡的趋势。并且在记言中穿插一些情节曲折,有戏剧性的小故事等,都为这部记言著作增色良多。尤其是在情节中插入一些滑稽插曲,如同样在《左传》中也有记载的"戈逐子犯"(《晋语四》),就比《左传·僖公二十三年》的记载生动滑稽得多。

(4)《战国策》的文学成就

①体制。十二国策的记忆技巧。

②思想倾向。全书都是对于礼文化的反动,是先秦历史散文中唯一不以礼文

化为然的著作。但是注意关于"鲁仲连义不帝秦"的误读。

③文学成就。《战国策》是先秦历史散文中在语言艺术方面最精彩的著作,标志是出现了后世广为流传的成语、熟语、格言警句。另外《战国策》虽然表面看是记述历史人物言行的著作,但是首开形象塑造(不是记录)的先河。

2. 先秦诸子(说理)散文

(1)先秦说理文体制的逐步成熟。散文发展轨迹:语录→对话→专题。

(2)《孟子》散文的艺术成就。主要表现在个性、情感上的气势浩然和语言方面的长于论辩,善于运用类比、二难推理和比喻性推理等手法。

(3)《庄子》哲学的诗意表现,主要反映在三个方面:大量使用寓言,采取归纳推理的方法阐释哲学理念;发挥超人的想象力营造笼罩读者的氛围,进行情感干预来征服读者;使用汪洋恣肆的论辩来感染读者。

(4)《荀子》和《韩非子》。《荀子》论证以周详严密取胜,喜欢使用譬喻、排比与韵语句式,使得文章思维密度大为增强。另外在体制上,《荀子》在赋、诗、成相(说唱文学)方面均有样式开创之功,并且在诗赋两体上享有"命名权"。《韩非子》在语言上以峻峭犀利取胜,在人类学史上首次撕破罩在君臣关系上温情脉脉的面纱。另外,《韩非子》在寓言的收集整理与创造方面,也是此类文学体裁发展史上的零公里里程碑档次作品。

(三)小说简史

小说一词,最早见于《庄子·外物》:"饰小说以干县令,其于大达亦远矣",后来班固在《汉书·艺文志》中也提到"小说",说是"小说家者流,盖出于稗官;街谈巷语,道听途说者之所造也"。他们所谓的"小说"都不是现在"novel(story)"的意思。

1. 魏晋南北朝小说

这个时期的叙事文学作品被分为两大类,即"志怪小说"和"志人小说",其代表作品是东晋干宝的《搜神记》和南朝刘义庆的《世说新语》。但是"小说"这个名称是后人加上去的。当时作者是把这类体裁的作品当作"史传"来写的,所以到唐代初年魏徵主编的《隋书·经籍志》还把怪力乱神的《搜神记》列入"史部"。

2. 唐代小说

其实一直到中唐,小说这一体裁作品颇丰,但是名字叫作"传奇"或者"变文""俗讲",甚至直接叫作"某某传",好像真实人物的传记似的。

3. 明代小说

《三国演义》《水浒传》《西游记》《金瓶梅》等名著的出现奠定了小说这一体裁

的基本类型:历史演义、英雄传奇、神怪(或神魔)小说、世情小说,而"三言""二拍"展现了短篇小说的魅力。

4. 清、近代小说

除了短篇、长篇小说传承了明代小说,并且产生了诸如《醒世姻缘传》《镜花缘》《绿野仙踪》《儒林外史》《聊斋志异》等名著和巨著《红楼梦》,以及充满现代意味的李渔短篇小说之外,还出现了文言中篇,如主题由"情"向"才"转化的《玉娇梨》《平山冷燕》等。

作为近代小说的创意佳作,黑幕小说的出现惊世骇俗自不必说,就是在体制上的创新,也丰富了小说体裁的园囿,如在"小说界革命"前后出现的"狭义公案小说""人情世态小说""鸳鸯蝴蝶小说",乃至和《儒林外史》并称五大讽刺小说的《官场现形记》等,显影了现代小说的鱼肚白。再加上梁德绳续陈端生的《再生缘》,邱新如的《笔生花》;程惠英的《凤双飞》;李桂玉的《榴花梦》等弹词名家名著,使得近代小说百花园姹紫嫣红、美不胜收。

5. 明清小说参考书目

《古代白话短篇小说选》,胡士莹,中国青年出版社,1956/1962。

《明清平话小说选》,路工,古典文学出版社,1958。

《话本选》,吴晓玲,人民文学出版社,1959。

《话本选注》,中华书局,1960。

《明清笔记故事选译》,刘耀林,上海古籍出版社,1978。

《明清笑话四种》(笑赞、笑府选等),冯梦龙,人民文学出版社,1958。

《效颦集》,赵弼,古典文学出版社,1957。

《一笑散》,李开先,文学古籍刊行社,1955。

《历代笔记概述》,刘叶秋,北京出版社,2003。

(四)戏剧(曲词)概说

有人把华语古典戏剧最早的作品追溯到汉代的"角抵戏",如《汉书·武帝纪》记载的"(元封)三年春,作角抵戏,三百里内皆(来)观"大概看中了引文中的"戏"字,其实"角抵戏"(百戏)起码在秦末已经有典籍记载了,比《汉书》早200年的《史记》就记载胡亥(秦二世)在甘泉宫"方作角(觳)抵俳优之观"(《李斯列传》),明言是开始(方)观看角抵戏,只不过司马迁没有加"戏"字,后人不愿意引用。从典籍记载看,角抵戏虽然叫作"戏",表演内容只不过包括各种舞蹈(凤舞、鱼舞、龙舞)、杂技(跳丸、走索)、魔术(吞刀、吐火、易牛马头)之类,至于后世研究戏曲的人们津津乐道的"东海黄公""总会仙倡",是东汉才被记入典籍的黄公打虎、"戏豹舞罴"之类的把戏,属于西班牙斗牛的东方版,只不过比西方牛仔安全,属于今天的化装舞会伎俩,和后世的戏曲是两码事。

严格说,华语戏剧肇始于宋代的话本和金诸宫调。到元代才形成相当于今天所谓戏剧的文学体裁。

1. 元杂剧

关汉卿的创作确立了戏剧的三类体裁:正剧、喜剧与悲剧。如属于正剧(历史剧)的《单刀会》《西蜀梦》;属于喜剧(妇女剧)的《救风尘》《望江亭》;属于悲剧(公案剧)的《窦娥冤》《蝴蝶梦》等,体制完备、整饬经典。而王实甫的《西厢记》体制与题材的创新(如从四折到五折、从主唱到轮唱;尊重爱情、同情未婚情人等)也让世人耳目一新。白朴和马志远、纪君祥的创作虽然属于锦上添花,也堪称各有千秋。

在南戏方面,《琵琶记》引领"四大传奇""戏文三种",与杂剧遥相呼应,在元蒙蹂躏文化的残破文苑坚守了一片葱翠绿洲。这个时期兴起的元代散曲构成了"小令→曲牌→套曲→诸宫调→折(出)→剧本"戏剧体制的基本样式"套娃娃"的核心体裁。

2. 明代戏剧

与元杂剧嬗变南延同步,南戏的"传奇"特色更加成熟。在徐渭戏剧理论的引领下,延伸其戏剧作品(如《四声猿》等)精神的汤显祖(临川派)和沈璟(吴江派)双星熠耀,佳作迭出。

3. 清代、近代戏曲与说唱文学

在新编历史剧(苏州作家)、抒情剧、风情趣剧的百花园中,洪昇的《长生殿》和孔尚任的《桃花扇》营造的良辰美景赏心悦事四美并具,再加上说唱文学的弹词、鼓词、子弟书的"芭蕉分绿",直接将"京剧"与"弹词宝卷"的国粹双璧奉献到世人面前,并且涵澹出京剧改良与话剧出现的碧波秋池,华文戏剧的新时代拉开了帷幕。

二、诗、文体裁演变课后阅读资料

(一)诗歌体式发展的主要脉络

(1)体制内核:节奏、韵律。

(2)二节拍作品举例。《弹歌》:"断竹,续竹;飞土,逐宍。"《庚歌》:"股肱喜哉,元首起哉,百工熙哉!元首明哉,股肱良哉,庶事康哉!元首丛脞哉,股肱惰哉,万事堕哉!"《易·屯》"屯如,邅如;白马,班如;匪寇,婚媾""乘马,班如;泣血,涟如"。《易·归妹》:"女承筐,无实;士刲羊,无血。"

(3)四言诗歌的出现与巫文化的滥觞。从"以弗(祓)无子""履帝武敏""不康(特别喜欢这)禋祀"到"后稷肇祀""胡臭亶时""上帝居歆"的《生民》。从"天命玄鸟,降而生商,宅殷土芒芒"到"龙旗十乘,大糦是乘"的《玄鸟》。从周颂的《清庙》《昊天有成命》《天作》到《安世房中歌》(汉高祖)、《帝临》《青阳》(汉武帝,祭祀的形式化)。二言歌谣是四言诗歌的先驱,都产生于最原始的先民生活(劳动、巫术)中。

四言体制一经创制,就显示了它承载丰富内容的优势。作为精神生活的新产品很快被运用到巫术活动中。《诗经》中所收录的诗歌,在收录当时的用途,都是用于祭祀庆典等活动,这些集会都有巫文化的特点(原始宗教),诗歌娱人的功用当然被扩充到娱神方面,这是人表示对神虔诚的方式。四言诗作为二节拍诗歌的成熟形式,其精品制作在中国诗歌史上延续了近千年的时间[前8世纪到公元3世纪(曹操是殿军)]。四言体受到挑战,是南方文化的北衍,楚辞体式的出现,在《诗》《骚》之间。

(4)三节拍诗歌出现的定型意义。三节拍诗歌起源于楚地民歌。到屈原作品,这个体制的优点凸显出来(这是现有史料记载情况,如根据传说,夏代就有楚歌"启《九辩》与《九歌》兮")。六言先于五言出现,成为楚辞的主体;杂言体制在楚辞中也蔚为大观。这是三节拍诗歌出现初期的一个特殊现象。原因:五言需要在复合词提炼上下功夫。三节拍诗歌的出现,为五、七言诗歌的出现提供了平台,与二节拍诗歌相比,是诗歌史上质的突破。从此,三节拍成为中国古典诗歌(包括古诗和近体即格律诗)体制的基本形态,其对诗歌体制的定型意义,怎么估价也不会太高。之后的工作,就是体制的完善(如永明体制、声韵格律的创制等)。而在节律方面基本没有新的突破。杂言在节奏上也是以三节拍为主。

(5)五言诗歌的发展轨迹。在三节拍诗歌形成之前,诗歌中有二节拍五言句式存在,如甲骨文中的"其自东/来雨";《诗经》中的"谁谓鼠/无牙";《楚辞》中的"采芳洲/(兮)杜若";汉初的"蒿里/谁家地"等。西汉中期,从史书的记载和下层乐工口中,可看出五言民谣在当时的流行状况。一般认为,文人染指五言诗歌创作从东汉初的班固开始,代表作是《咏史》(写文帝时缇萦救父,被评"质木无文")五言诗从产生开始,就成为抒情工具并且主要是抒发个人情感。既没有了关注社会大环境的所谓现实主义精神,又淡化了政治理想国家安危的大主题。文人五言诗兴盛之后出现了一批在这方面有成就的作家,其中秦嘉的五言诗被认为是艺术上臻于成熟的代表作。然后是《古诗十九首》出现。

(6)七言诗歌的初步形态。七言诗句在秦汉民歌中屡见不鲜,如"知我者谓我心忧"(《诗·王风·黍离》)、"秋风肃肃(簌簌)晨风(鸟也)飔,东方须臾高知之"(《西汉乐府·有所思》)等,但基本是两节拍的。一般认为,东汉张衡的《四愁诗》是文人七言诗的开山作品。但因为首句有"兮"字,故《大风》《垓下》可入选。刘、项之后,据说东方朔、刘向也作过七言诗,但是作品的著作权存在争议,所以一般文学史著作不予提及。体制上纯粹的七言诗,是曹丕在建安时代创作的《燕歌行》。但二节拍为主的体式(秋风萧瑟/天气凉,草木摇落/露为霜),退抑了其历史定位(初步形态)。曹丕之后,七言诗创作消歇了两个世纪之久(220—450年)。它的成熟及普遍被文人采用,已经是南朝刘宋鲍照以后的事情。七言形成和成熟晚于五言诗,是因为五言有被采入乐府的经历,被之管弦促进了它的广为流传。而七言到晋代还被认为"体小而俗"(傅玄《拟四愁诗序》)。

(7)杂言诗歌的生命力。诗歌本来起源于民间传承知识(氏族和部族范围)、交流情感(氏族家庭范围)所使用的韵文。在体式上的整饬是知识阶层记录整理的结果。民歌民谣转换为文人诗歌,统治者采诗搜集民情成为重要契机,是中国特色的诗歌发展轨迹。《诗经》的结集、汉乐府和南北朝乐府的记录,使得很多民歌登上大雅之堂并得以流传。这就不断提醒人们:诗歌的杂言体式符合人们抒情过程中情感起伏婉转的流动方式,因此唐宋之后,长短句即杂言体制成为主流,而现代诗歌的诞生平台也就得以形成。

(二)华夏文学精神的教育传承方式

大学语文的本质是国学与民族学教育,其中散文教学部分的任务,是散文中蕴含的华夏精神符号化,从其内容看是"士精神"的传承,其传承方式主要为中国士精神的教育传承。如仍然以"明明德"为本分的高等学府,虽然是现代教育的产物,但是从其"古老"的校名就可以看出"士精神"传承的立意坚守。如清华大学"水木清华"的典雅和北京大学"北大青鸟"的深邃,以及"辅仁""复旦"的慎终追远,都是显例。当然也有为了追求传承闹出笑话的如"暨南"之类,也应该在教学过程中注意其谬误的纠正。

(1)清华校名原典。(东晋)谢混《游西池》"惠风荡繁囿,白云屯曾阿,景昃鸣禽集,水木湛清华。"(明·万历)钟惺《浣花溪记》"行三四里为青羊宫,溪时远时近,竹柏苍然,隔岸阴森者尽溪,平望如荠,水木清华,神肤洞达。"

(2)北大青鸟。北大青鸟集团是北京大学下属大型的国有控股高科技集团企业。北大青鸟集团源于国家支持的计算机软件重大科技攻关项目"青鸟工程",是"青鸟工程"科技成果的转化机制。《山海经·西山经》:"又西二百二十里,曰三危之山,三青鸟居之。"郭璞注:"三青鸟主为西王母取食者,别自栖息于此山也。"

张衡《西京赋》："翔鹡仰而不逮,况青鸟与黄雀。"《艺文类聚·卷九十一·引旧题班固〈汉武故事〉》："七月七日,上于承华殿斋,正中,忽有一青鸟从西方来,集殿前。上问东方朔,朔曰:'此西王母欲来也。'有顷,王母至,有两青鸟如乌,侠侍王母旁。"[南朝]伏知道《为王宽与妇义安主书》："玉山青鸟,仙使难通。"李白《题元丹丘颖阳山居》："益愿狎青鸟,拂衣栖江濆。"李商隐《无题》："蓬山此去无多路,青鸟殷勤为探看。"

(3)辅仁大学(北京师范大学)。《论语·颜渊》："曾子曰:君子以文会友,以友辅仁。"何晏《论语集解》引孔安国:"友相切磋之道,所以辅成己之仁。"晋葛洪《抱朴子·交际》："良友结则辅仁之道弘矣,达者知其然也。"北魏胡叟《示陈伯达》："何用宣忧怀,托翰寄辅仁。"

辅仁大学的前身是1913年前清正红旗皇族英敛之创办的辅仁社,1925年美国本笃会成立北京公教大学,辅仁社成为北京公教大学的附属,乃取《论语》中"以文会友,以友辅仁"之意。后北京公教大学更名为"天主教辅仁大学",曾长期与北大、清华、燕京并称北平四大名校,驰名于高等教育界。1952年在中国高校调整过程中被撤销,校区划归北京师范大学。

1960年,经由罗马教廷和台湾地区教育部门核准,辅仁大学正式在台湾复校,后发展为全台规模第三的全科性综合大学,拥有核发文凭获UNESCO采认与欧陆国家普遍承认的特殊地位。

(4)复旦大学。复旦大学创建于1905年,原名复旦公学。"复旦"二字由创始人、中国近代知名教育家马相伯先生选定,选自《尚书大传·虞夏传》中"日月光华,旦复旦兮"的名句,意在自强不息,寄托当时中国知识分子自主办学、教育强国的希望。

【卿云歌】

卿云烂兮,纠缦缦兮。日月光华,旦复旦兮。

明明上天,烂然星陈。日月光华,弘于一人。

日月有常,星辰有行。四时从经,万姓允诚。

于予论乐,配天之灵。迁于圣贤,莫不咸听。

鼚乎鼓之,轩乎舞之。菁华已竭,褰裳去之。

此诗在民国初年与北洋军阀时期被徐世昌规定为"中华民国"国歌。

关于庆云:

在《竹书纪年·帝舜有虞氏》中有这样的记载:

于是和气普应,庆云兴焉,若烟非烟,若云非云,郁郁纷纷,萧索轮囷,百官相和而歌卿云,帝乃倡之曰:"卿云烂兮,纠缦缦兮,日月光华,旦复旦兮。"群臣咸进顿首道曰:"明明上天,烂然星陈,日有光华,弘于一人。"帝乃再歌曰:"……于是八风循通,庆云丛聚,蟠龙奋迅于其藏,蛟鱼涌跃于其渊,龟鳖咸出于其穴。"

马相伯和复旦、震旦

马相伯(1840—1939年),原名志德,晚号华封先生(老人),江苏丹徒人。1862年入耶稣会,后获神学博士学位。曾任清政府驻日使馆参赞,1903年创办震旦学院,1905年创办复旦公学,并两度担任该校校长,1931年"九一八事变"后积极参加抗日救亡活动,1937年被任命为国民党政府委员。1939年11月4日,马相伯在谅山病逝,虚岁100岁。光绪三十一年(1906年)春,耶稣会欲变震旦为教会学校,以让马相伯"养病"为由,委任法国神父南从周为总教习,改变办学方针,另立规章,学生大哗,摘下校牌,全体退学。马相伯看到退学学生签名簿时,老泪纵横,决意站在学生一边,并得张謇、严复和袁希涛等名流的支持,在江湾另行筹建复旦公学(今复旦大学),马相伯任校长兼法文教授。"复旦"二字,其一取旦旦努力,振兴中华之深义;二取"复我震旦",反辕爱国之意志;三取光辉绚烂,自强不息之意。

王勃《益州德阳县善寂寺碑》:"蛟台蜃阁,俄交震旦之墟;月面星毫,坐照毗邪之国。"[明]宋濂《西天僧授善世禅师诰》:"其教肇兴于西方,东流于震旦。"

(5)暨南校名原典质疑。暨南大学官方网站对自己学校的简介,开篇就这样解说自己的校名:

暨南大学是中国第一所由政府创办的华侨学府。"暨南"二字出自《尚书·禹贡》:"东渐于海,西被于流沙,朔南暨,声教讫于四海。"意即面向南洋,将中华文化远播到五洲四海。

这样断句对吗?"暨南"二字出自《尚书·禹贡》篇:"东渐于海,西被于流沙,朔南暨声教,讫于四海。"现在传世的典籍都是这样断句,为何与暨南大学官网断句不同?

西汉:

《汉书·严朱吾丘主父徐严终王贾传》:

捐之对曰:臣幸得遭明盛之朝,蒙危言之策,无忌讳之患,敢昧死竭卷卷。臣闻尧、舜,圣之盛也,禹入圣域而不优,故孔子称尧曰"大哉",《韶》曰"尽善",禹曰"无间"。以三圣之德,地方不过数千里,西被流沙,东渐于海,朔南暨声教,迄于四海,欲与声教则治之,不欲与者不强治也。(另下文:《资治通鉴》的解读)

东汉:
《文选·卷一·东都赋》:

《尚书》曰:"东渐于海,西被于流沙,朔南暨声教。然后增周旧,修洛邑。扇巍巍,显翼翼。光汉京于诸夏,总八方而为之极。"

隋唐:
唐初房玄龄等《晋书·卷十四·志第四·地理上》:

夏后氏东渐于海,西被于流沙,南浮于江,而朔南暨声教,穷竖亥所步,莫不率俾,会群臣于涂山,执玉帛者万国。

宋代:
《资治通鉴·汉纪二十》:

(待诏贾捐之曰)臣闻尧、舜、禹之圣德,地方不过数千里,西被流沙,东渐于海,朔南暨声教,言欲与声教则治之,不欲与者不强治也。

元明清:
阮元(收官)《十三经注疏·尚书注疏·禹贡》断句方式如上。

附:25 篇伪古文《尚书》
《虞书》1 篇:大禹谟。《夏书》2 篇:五子之歌胤征。《商书》10 篇:仲虺之诰《说命》(上中下),《汤诰》《伊训》《太甲》(上中下),咸有一德。《周书》12 篇:泰誓(上中下),《武成》《旅獒》《微子之命》《蔡仲之命》《周官》《君陈》《毕命》《君牙》《冏命》。

三、叙事文学体裁演变课后阅读资料

(一)金庸武侠小说中的人物(辑录)

金庸出生于1924年,原名查良镛(zhā liáng yōng),当代著名武侠小说作家、新闻学家、企业家、政治评论家、社会活动家,中国作家协会名誉副主席,《中华人民共和国香港特别行政区基本法》主要起草人之一、香港最高荣衔"大紫荆勋章"获得者、华人作家首富。金庸是新派武侠小说最杰出的代表作家,被普遍誉为武侠小说史上前无古人后无来者的"绝代宗师"和"泰山北斗",更有金迷们尊称其为"金大侠"或"查大侠"。

主要作品被人编制成藏头诗"飞雪连天射白鹿,笑书神侠倚碧鸳",即《飞狐外传》《雪山飞狐》《连城诀》《天龙八部》《射雕英雄传》《白马啸西风》《鹿鼎记》《笑傲江湖》《书剑恩仇录》《神雕侠侣》《侠客行》《倚天屠龙记》《碧血剑》《鸳鸯刀》)。

十大美女:霍青桐,俨然是《红楼梦》中的古典美人;黄衫美女,世外仙姝般人物;小龙女,神仙般邈远高洁的形象;王语嫣,貌若天仙不会武功的武学博士;阿珂,除了绝色之外是幼稚和肤浅;金花婆婆,胜如凌波仙子但没有连贯一致的美感;石洞仙子,得睹芳容,死而无憾;香香公主,男人们都会沉醉其中的白日梦;西施,夺天地之造化的神异尤物;陈圆圆,美原来是这般的直截了当。

陈圆圆。被评为金庸小说的第一美女。韦小宝见了阿珂已经是五雷轰顶的感觉,而阿珂还不及其母陈圆圆美丽的十分之一。陈圆圆是天下第一大美人,但她在感情上的无助、苦恼、被动、优柔寡断,却像一个普通女人那样,充满了人性的弱点。美色是陈圆圆的悲剧,陈圆圆自己也知道,在男性为中心的社会,她只是一个物件,只能任别人摆布和抢来抢去。李自成要杀吴三桂之时,陈圆圆挺身相救,但她心里想的是,如是反过来吴三桂要杀李自成之时,她也会与李自成同死。陈圆圆虽然在十大美女上榜人物中名列榜首,但她却像普通女人那样充满了人性的弱点。

小龙女。《神雕侠侣》中小龙女出场,用的是欲擒故纵、欲扬先抑的笔法。未闻其声,未见其容,先是听到小龙女弹奏的仙乐。那琴声平和、激亢、轻柔、沉寂,使小龙女神仙般邈远高洁的形象早已在读者的心中烙下了深深的印象。还有那神奇而通灵的玉蜂,甜美而畅怀的花香,读者心神醉矣!"16年后,在此重会,夫妻情深,勿失信约"。皇天不负苦心人,杨过终于见到了小龙女!小龙女还是那么的年轻,杨过却老了,等白了少年头。想当初,杨过小、小龙女在等待杨过成长;看现在,杨过成熟了,更像知冷知热的好男人。这符合了一种传统的美满的情爱模式:

年长成熟的男子,美貌的女孩,最能体现出情爱的美感来。

王语嫣。"从此醉"一回中,先不见人,但闻其声。只是一声轻轻的叹息,就能使段誉全身一震,怦怦心跳,热血如沸,心神俱往。此处写得真好,一声叹息竟能做出如此文章,我亦心驰神往了!王语嫣虽然丝毫不会武功,却是一部武学活词典。武林中各门各派秘传绝学,甚至失传绝学,全部装在她的心中,可以随口滔滔不绝地道出。王语嫣绝对可说是武学顶尖评论大师。这样一个神奇的人物,又是貌若天仙,金大侠对王语嫣真是厚爱有加,情有独钟。王语嫣心许段誉之后,并不像一般浅薄女子那样拼命攻击以前的偶像以表白清白和心意,她甚至还能理解慕容复"原不是坏人",为其开脱分辩,这就是王语嫣的境界高明之处了。萧远山、慕容博从生死间走了一回而悟佛,王语嫣从生死间走了一回而悟情。极端情境,极端冲突,如当头棒喝,最能使人觉悟。

十大可爱女:焦宛儿,聪明能干的好姑娘;银川公主,足够的聪明和足够的执着;白阿绣,善良又体贴的好姑娘;苗若兰,像春阳一般将人照暖照亮;赵敏,爱情产生了惊人的改变;阿朱,最能慧眼识豪杰;小昭,爱只是付出不图回报和独占;双儿,对于男人来说简直就是没有缺点;任盈盈,有着高洁美好的情操和品德;黄蓉,最聪明最伶俐又最可爱的女人。

黄蓉。在十大可爱女上榜人物中,黄蓉荣获冠军,排名第一。这不仅是因为她最聪明最伶俐又最可爱,还因为我们少年时的梦幻和怀旧。金庸的小说显然是男性的叙述方式,女性往往只是配戏,戏份和男主角相比,要轻得多。但黄蓉是个例外,金大侠给了黄蓉很大的戏路,在黄蓉这个角色上花了最重的笔墨和心血,所以不能不让我们对黄蓉有着最深刻的印象和好感。不仅是在《射雕英雄传》,甚至在《神雕侠侣》中,黄蓉都有上佳的表现。仅从这一点来说,金大侠小说中的其他女性角色都难以与黄蓉相比。在郭大侠的影响下,黄蓉也知道为国为民,而且也是身体力行,奉献自己。不过,她却没有被"大侠人格"套住,她更为灵活,在情和理之间,她更遵循直觉和本能,更接近生命的真实,对生命的感动有着更深刻的理解和体验。所以在金大侠小说中十大可爱女上榜人物中,黄蓉还是要荣获冠军,排名第一。

双儿。韦小宝神通广大,艳福齐天。双儿出场,大放光彩,不仅全书因有了双儿这个人物而增色,而且连小宝也因此变得更可爱。小宝的七个老婆中,无疑双儿是最可爱的,而全书的女角中,也同样是双儿最让人喜欢。双儿漂亮温柔,善解人意,对小宝是从头到尾忠心耿耿,更兼有一身出色武功,经常为小宝解决困难。双儿是个丫头,又最守本分,只是死心塌地地服侍小宝,绝不会对小宝的拈花惹草去争风吃醋。小宝快乐,便是双儿最大的快乐;小宝有难,双儿一定与他共同承担。对于　个男人来说，双儿简直就是没有缺点，她是男性霸权中大男人们的一个梦想，死心塌地的双儿，没有任何条件的双儿，一次又一次救了小宝。小宝心中也知道双儿才是对他最好的，他说出了要双儿做老婆的话，已是他能想到的最能代表他心中真诚感激的言语了。对于男人来说双儿简直就是没有缺点，所以在十大可爱女上榜人物中，双儿可以无愧地进入前三名。

小昭。无忌初识小昭，只是见小昭周身残废，便心下生出怜悯，出手相救和回护。这最见本心，丝毫不掺杂半点功利因素的举动，当然最是感人，难怪小昭从此便死心塌地跟了无忌。小昭说："我的性命是你救的。"小昭在此时就已放弃了自己，一心一意地为无忌而活着了。小昭刚出场时五官扭曲，驼背跛脚，是个丑怪的残废，后来忽然一变，居然雪肌碧眼，修眉端鼻，是个秀美无伦的西洋美人，无忌是一惊一喜，读者也是一惊一喜。小昭有几分像《鹿鼎记》中的双儿，但小昭的身世际遇却比双儿复杂得多。双儿是个极可爱的丫头，小昭却更让人怜惜。小昭并不是真正的丫头，她一开始在光明顶为杨不悔做丫头，是另有秘密的目的，后来心甘情愿给张无忌做丫头，却是为了亲近张无忌。有花堪摘直须摘，莫待无花空折枝。张无忌错待小昭，真让人看不过去，真让人为小昭不平和抱屈。小昭甚至还不如双儿。双儿的痴情还有回报，还有韦小宝真心的关切和疼爱，张无忌却连小宝都不如，对小昭空自相负。

赵敏。赵敏在《倚天屠龙记》中的出场，已是在后半部书的事情，但却使故事的重心向新的兴奋点上转移。赵敏首先是个政治人物，然后才是一个对爱情怀着朦胧的幻美渴望的思春的美女，而她的行事举止，正是在这两个方面动摇和转换，两个方面时强时弱，各有占优势的时候，一直到最后，她才痛下决心，抛弃了政治的一面，为追求和张无忌之间的情爱而甘愿转变政治立场，抛弃尊贵地位和背叛父兄。但是爱情使赵敏产生了惊人的改变，她从一个野心勃勃事业心极强的政治人物，完全转变为爱情至上的痴心女子，为了追求那可疑的缺乏坚实基础的与张无忌的爱，她甘愿抛弃尊贵的身份和荣华富贵，甘愿背叛父兄冒天下之大不韪，她选择了人生中新的角色。张无忌身边的四位美女中，赵敏最主动，也是善于撩拨和挑逗起张无忌的肉体与精神双重的渴欲，所以张无忌一时认为他最爱赵敏，也是合乎他的思维惯性的，但这并没有深刻的内在基础。假若当年小昭、殷离也像赵敏这般主动投怀送抱，结果真的难说。

十大英雄：苗人凤，大侠的心胸已经偏移；袁承志，老实模样有几分道学气；张无忌，仁慈宽恕和随波逐流；胡斐，将生命的意义奉献给正义之剑；胡一刀，唐人传奇中古拙豪杰的风范；陈近南，心底无私天地宽；杨过，侠之风流；令狐冲，和普通人一样有着许多失败的隐痛；郭靖，英勇使自己成为英雄；萧峰，近乎完美的第一大英雄。

萧峰。"北萧峰,南慕容",已花了大笔墨着力渲染烘托的大人物慕容公子还没有出场,萧峰却没有半点征兆,倏然而至,开门即现一座重峦叠嶂的奇峰。萧峰完成了他壮美和意味深长的宿命。胡汉之争,胡汉的分别有什么意义,在临死前,萧峰隐约看出了这一点,人道的尊严,人性的自由和平等,才是适宜的答案。但萧峰的悲剧正是先觉者的悲剧,他接近了真理,却超越不了现实。他没有一个可以去忠实的社会,也没有一帮他可以去指引的群众。只有解放全人类,最后才能解放自己。这句话是至高无上的真理。当英雄的思想已远远超越他所处的那个社会之时,悲剧就不可避免了,他太孤独了,他找不到同类,他只有把最有价值的东西撕碎给人看,以自己的毁灭来唤醒人们的觉悟。十大英雄上榜人物中,萧峰以其壮美和意味深长的宿命,排名第一,也是无可争辩的众望所归。

令狐冲。令狐冲人未见面,却先有许多人物来为其描绘金身,此先声夺人的笔法,使人愈不见其人,愈让人想见其音容笑貌。令狐冲和盈盈大团圆的结局是必要的,合于情理的。如果你经受了最悲惨的人间痛苦的考验,更高境界的幸福便会在最后慰藉你的心。就像暴风骤雨之后的天空,变得最为灿烂和瑰丽一样,生命之乐曲只有在人世间最深刻的痛苦中浸润和洗礼才会变得最为动听。在一曲《笑傲江湖》的协奏中,令狐冲和任盈盈达到一种更完满的幸福境界,从此二人退隐江湖,比翼双飞,过着随性和自由的生活,他们远离了人世间嘈杂的声音,远离了红尘滚滚中罪恶燃烧的火焰,远离了虚妄和作茧自缚的社会规范,他们就这样快乐地在理想的高度上逍遥着,接近一种神圣的宁静。他们不再与世俗有关,他们只实现着完美。十大英雄上榜人物中,令狐冲以其不虚假、不矫饰,坦率真诚,自由无拘,境界超越,荣登三甲,排名第三。

郭靖,杨过。郭靖为正,杨过为奇;郭靖中流砥柱,杨过剑走偏锋;郭靖是侠之大者,杨过是侠之风流。从《神雕侠侣》一书开始,杨过便是郭靖这个成功人物的一种反动,一种矫正,一种补充。离奇和巧合,天意和机缘,本是传统小说必具的法宝,但在金大侠这里,却超越了陈旧俗套的路子。还是情义,还是性格,还是栩栩如生的鲜活人物,使离奇变为可信,使巧合变为天然。正如此书的后记中所说:杨过和小龙女"两人若非钟情如此之深,决不会一跃入谷中……"没有等来小龙女,杨过纵身跃入绝情谷殉情,此举惊天地泣鬼神。情为何物? 杨过和小龙女用生命为赌注去揭晓这无字天书的谜底和答案。

张无忌。《倚天屠龙记》第一主角张无忌是个与郭靖、杨过完全不同的人物。张无忌和其父张翠山一样,缺少一种大侠的气概与大英雄力挽狂澜的风度,性格软弱,处事优柔寡断,他们在爱情上的不知所措必然导致事业上的失败。《倚天屠龙记》的背景是朱元璋灭元建立明朝这样的"正史",而书中主角张无忌的成长过程,才是书中的主要线索。这条主要线索,又是紧密地与灭元建明的正史相联系,别出机杼"写野史"。郭靖憨直,智力并不高,但基于良心原则的道德力量却非常强大,他终成为顶天立地的侠之大者。杨过聪明灵动,悟性的高妙让他超越道德规范之上,堪为侠之风流的典范。唯有张无忌,他实在有太多的缺点和自我矛盾之处,正如金大侠自己所言,他更像一个普通人,在这个复杂的社会中拖泥带水,随波逐流,没能找到自我的安身立命之处。张无忌因其寡断优柔,空负一身傲世绝学,是他的宿命。

(二)20世纪30、40年代小说诗意叙事的悖论镜像(节选)①

　　20世纪30、40年代的写实化文体潮流中,以日记体、书信体和诗意体小说为代表的诗意叙事依然存在。然而,它们已然不同于"五四"时期的诗意叙事。30年代中期,穆木天即认为:"现在的中国,写工农兵用自白与日记是不可以的。""不可以"并非是反对作家采用这类文体互渗形式,而是认为日记体难以合乎这一时期的群体意识。因为时代不再宽容叙述者如"五四"时期那般的自我咏叹,而是需要社会叙事,乃至于群体的展现,即"在主题上有一个从内向外的转变过程,封闭性和自我关照性主题渐渐地被搁置了"。此一时期的书信体小说、诗歌体小说情形亦然。尽管处于风沙扑面的战时环境,创作主体还会不自觉地顺应内心,以诗意叙事表征生活与生命。但这一时期的群体意识总是会修正这种诗性感怀,引导作家从"'自我的表现'转变到'社会的表现'",且以速写、报告等叙事型文体取代日记、书信等抒情型文体为正则,呈现出诗意叙事与诗性放逐的悖论镜像。

　　20年代末,沈从文创作了中篇日记体小说《篁君日记》。作者在"序"和"自序"中所写的两段话颇耐人寻味。一段是"这日记,是二哥临行留下的,要我改,意思是供给我作文章的好材料。我可办不到。我看了,又就我所知的来观察,都觉得改头换面是不必的事。上面的话作为我这失了体裁的文章一点解释和此时一点见解";另一段是"如今是居然说是有一千四百人马在身边,二哥已不是他日记中的模样,早已身做山寨大王了。人民还未死尽房屋还未烧完的河南,兵的争夺与匪的骚扰自然也还不是应当止息的时期"。从这两段话里首先可以觉出作者清晰的文体意识。然而,"供给我作文章的好材料"却"失了体裁"。本来,若按照叙述者的思路应该写成一篇以"讲故事"为中心的小说,但成文之后却是一篇"日记

---

①　王爱军.20世纪三四十年代小说诗意叙事的悖论镜像[J].甘肃社会科学,2018(1).

式"的小说,这就标识了叙述者的矛盾心态,即通过"我"记"日记"的形式来呈现已发生的"事件"实乃不得已而为之,目的是给读者尤其给妻子一种真诚感和真相感,为了"作为在妻面前的一点忏悔"。于是乎,这"事件"当然就不能算是主人公封闭性的内心世界和个人化的诗意情怀了,而是触及大的时代内容,即在这"兵的争夺与匪的骚扰自然也还不是应当止息的时期",主人公该如何决心抛却。

　　40年代初,七月派作家黄明的《雨雪中行进》是一篇速写式的日记体小说。该小说由《是一条好汉子》《从几千里外家乡带出来的伞》《等打败了日本鬼子回来再下雨吧》《不光荣的流血》《血下苦行军》五小节按照时间发展线索进行叙事,标题中的"好汉子""日本鬼子""光荣""行军"等词汇即已宣告了小说的"时代感"。文中没有跌宕起伏的情节,只是以主人公"我"(黄明)的视线所及来叙述,隐匿了主人公的个人化情绪,最大限度地凸现了时代的"合理性"要求。在第四小节《不光荣的流血》中,当"我"见到"一个刚刚枪毙的逃兵,曲着脚,还没有完全失掉知觉地躺在地上,鲜红的血从他的后脑流出来"这一场景时,"我"没有个人化情绪上的波动,没有同情和惊惧,有的只是鄙夷地骂了句:"不光荣的流血!"这种源自时代"合声"的高姿态谩骂显然不合乎日记形式所能表征内容的叙述逻辑,很大程度上削弱了主人公形象的真实。小说最后一节叙述"我"的战友在叹息美丽雪景中兄弟们的寒冷之苦时"我"立即说出"这还算不了什么苦"的豪言壮语,并挺起胸膛迈出轻快的步伐向前进,主人公形象被有意地拔高了。由此可见,《雨雪中行进》的日记体形式承载的是作者的时代价值趋归,文体形式与诉求内容不相统一,于是削弱了作品的深度。茅盾的日记体小说《腐蚀》塑造了一位女特务赵惠明的形象。文学史家颇为欣赏《腐蚀》的日记体形式,认为"就表现一个身陷魔窟而不能自拔,参与血腥的勾当又蒙受着良心谴责的女特务的心潮起伏,矛盾错综复杂的心理来说,这种日记体无疑是最好的形式"。然而,茅盾后来否定了这种形式,他说:"如果我现在要把蒋匪帮特务在今天的罪恶活动作为题材而写小说,我将不写日记体。"

第二节　读研写演

(第二课堂)

一、阅读指定篇名(体裁)文学作品或本章阅读材料
二、研究该作品艺术、内容特色
三、写讲演文稿;制作 PPT

四、分小组讲演

五、选代表第二课堂演讲

★课后练习与思考

1. 从搜索引擎查阅20世纪小说概况,并写一篇综述文章。

2. 通过阅读相关文献,了解近代戏剧与影视文学的发展。

第二单元

02

专业素质提升篇

　　韩愈说"术业有专攻"。在现代的商品经济社会背景下,财商是与智商、情商并列的现代社会能力三大不可缺的素质。每一个人都应该培养自己的财商,认识财富,把握财富,创造财富,善待财富。尤其是经贸管理类专业的学生更应该培养自己的财商,提升自己的专业素质,为自己、国家和社会创造财富,造福于人类。自古以来,财富与商业的关系最为密切,因为商人的第一目的就是"逐利"。但是如何才是最高境界的逐利,需要以史为鉴。本单元的内容设计原则:通过课堂讲授和课后阅读,使同学们对历史上的一些商业活动、人们对商业的认识、对金钱的认识、社会繁荣与商业的关系等方面来正确认识商业和财富,提升专业素质。并通过教师的指导提升基础写作能力,初步了解学术写作的过程。

第六章

三代更迭硕果：中国"商人"的诞生

"三代"即中华文明起源的夏、商、周三个朝代。其从公元前 21 世纪至公元前 3 世纪，跨越了长约 1800 年的时间。历史的久远、文献的有限，给现今的人们造成了朦胧迷离之感。但有一点毋庸置疑的就是，"商人"这个概念的诞生就在商周之交。而"商人"的诞生成就了一类职业，成了财富的代名词。让我们揭开"商人"诞生的神秘面纱。

第一节　商人的起源和儒商的兴起

（课堂讲解，2 学时）

在我国，从事商品买卖交易活动的人被称为商人。商最初是一个原始部族的名字，其部落位于今河南省商丘市南部地区。这个部落的始祖契因跟随大禹治水有功，被分封在商。后来商朝建立，多次迁移，最后迁到殷（今河南省安阳小屯村），因而商也被称为殷。但商人仍自称为商。据《尚书》记载，殷商之人善于经营商业，所以西周灭商后，周朝统治者命令商人农事之余去外地经商，发挥其长处。"商人"由此诞生。古代典籍对先秦商人的经商活动记载不多，但是却对他们的优秀品质和才智进行了充分的肯定。如郑国商人弦高矫命犒秦师。受业于孔子的子贡也成了儒商的始祖。而曾助越王勾践灭吴的范蠡后来也去陶地经商，改名换姓，成了著名的商圣"陶朱公"。当时的富商巨贾，受到人们的重视，如"国君无不分庭与之抗礼"的子贡，又如连秦始皇也不敢得罪的巴蜀富商寡妇清。但是到了战国时期，不少人开始贬损商人，商人处于"士农工商"之末，成了"五蠹"之一，商业成了"末"业。在我国整个封建社会时期，商业长期处于被打压的地位。只有少数有识之士能认识到商业的重要性。

一、《左传·僖公三十三年》(节选)

三十三年,春,秦师过周北门[1],左右免胄而下,超乘者三百乘[2]。王孙满[3]尚幼,观之,言于王曰:"秦师轻[4]而无礼,必败。轻则寡谋,无礼则脱[5]。入险而脱,又不能谋,能无败乎?"

及滑[6],郑商人弦高将市于周[7],遇之。以乘韦先[8],牛十二,犒师[9],曰:"寡君闻吾子将步师出于敝邑[10],敢犒从者,不腆敝邑[11],为从者之淹,居则具一日之积,行则备一夕之卫[12]。"且使遽告于郑[13]。

郑穆公使视客馆[14],则束载、厉兵、秣马矣[15]。使皇武子辞焉[16],曰:"吾子淹久于敝邑,唯是脯、资、饩、牵竭矣[17]。为吾子之将行也,郑之有原圃[18],犹秦之有具圃也[19]。吾子取其麋鹿,以闲敝邑[20],若何?"杞子奔齐,逢孙、扬孙奔宋。

孟明曰:"郑有备矣,不可冀也[21]。攻之不克,围之不继[22],吾其还也。"灭滑而还。

注释:

[1]周北门:周都洛邑北门。

[2]左右两句:左右,战车的御者在中间,左右指御者左右两旁的武士。胄(zhòu),头盔。而下,下车步行,表示对周王的敬礼。超乘,一跃上车。脱了头盔而下是有礼,但是一跃上车是无礼。

[3]王孙满:周襄王之孙。

[4]轻:轻狂放肆。

[5]脱:脱略,粗心大意。

[6]滑:姬姓国名,在今河南省滑县。

[7]将市于周:将到周地进行贸易。

[8]以乘韦先:以四张熟牛皮作为先行礼物。古人送礼必有先行礼物。乘,读作shèng,那时每车一乘驾马四匹,因此乘可作四字用。韦,熟牛皮。

[9]犒师:犒(kào)。慰劳军队。

[10]寡君闻吾子将步师出于敝邑:步师,行军。出于敝邑,经过敝国。此句意为:我们郑国的君主听说你们的军队将要经过敝国。

[11]不腆敝邑:腆(tiǎn)。不腆,不富厚。不腆敝邑,即敝国不富厚,谦调。

[12]为从者之淹三句:淹,留。居,留居郑地。一日之积,供一日用的柴米油盐等物。一夕之卫,一晚的保卫工作。

[13]使遽告于郑:遽,驿车,古代每过一次驿站,就换一次马。此句意为弦高使人用接力的快马驾车到郑国报信。

[14]郑穆公使视客馆:郑穆公,郑的君主。客馆,招待外宾的住所。秦国的大夫杞子、逢孙、扬孙都在此。

[15]束载、厉兵、秣马:捆束行装、磨砺兵器、喂足马匹。

[16]使皇武子辞焉:皇武子,郑大夫。辞,辞谢。此句是说,派皇武子辞谢戍郑的秦大夫,要他们离开。

[17]脯、资、饩、牵:脯,干肉。资,干粮。饩,xì,已经宰杀的牲畜。牵,尚未宰杀的牲畜。

[18]原圃:郑国的兽苑,在今河南省中牟县西北。

[19]具圃:秦国的兽苑,在今陕西省凤翔县境内。

[20]吾子两句:麋,似鹿而大。这两句的意思是你们可以猎取麋鹿而行,给敝邑休息的机会。

[21]不可冀也:不能希望什么了。

[22]攻之不克两句:进攻不能取胜,包围又没有增援的军队。

扩展阅读:

宣子有环,有一在郑商。宣子谒诸郑伯,子产弗与,曰:"非官府之守器也,寡君不知。"

……

韩子买诸贾人,既成贾矣,商人曰:"必告君大夫。"韩子请诸子产曰:"日起请夫环,执政弗义,弗敢复也。今买诸商人,商人曰,必以闻,敢以为请。"子产对曰:"昔我先君桓公,与商人皆出自周,庸次比耦,以艾杀此地,斩之蓬蒿藜藿,而共处之。世有盟誓,以相信也,曰:'尔无我叛,我无强贾,毋或匄夺。尔有利市宝贿,我勿与知。'恃此质誓,故能相保,以至于今。今吾子以好来辱,而谓敝邑强夺商人,是教敝邑背盟誓也,毋乃不可乎!吾子得玉而失诸侯,必不为也。若大国令,而共无艺,郑,鄙邑也,亦弗为也。侨若献玉,不知所成,敢私布之。"韩子辞玉,曰:"起不敏,敢求玉以徼二罪?敢辞之。"

——《左传·昭公十六年》

述评:

郑国在春秋中后期是一个千乘小国,一直处在大国的威胁之中,不是秦晋觊觎就是楚国威逼,处境十分尴尬。在公元前 630 年(鲁僖公三十年),郑国遭到了秦晋联盟包围,但是这个消息很快传到了郑国人的耳中,郑文公听从大夫佚狐的建议,去请求早就退休被冷落的大夫烛武去游说秦穆公,最终烛武以其三寸不烂之舌成功化解了郑国的此次危机。并且秦穆公还派杞子、逢孙、扬孙三员大将驻军于郑国,以示秦国郑国已经设防,秦国愿意帮助郑国一起抵御外辱,晋国只好班师回国。但秦穆公并不是真心要帮助郑国,他只是想独吞郑国,因此在三年后(公元前627年),晋文公刚刚去世,秦穆公令百里、西乞、白乙等人率领一支部队去偷袭郑国。当秦军路过洛阳时,郑国还一无所知。到了滑地,郑国商人弦高遇到了秦军,他当时正准备去周都城洛阳做买卖,当他看出秦军的目标是郑国时,立刻做出了机智果断的决定。他不惜动用自己的私人财产,拿出四张熟牛皮和十二头牛,声称是奉郑国国君之命来犒师。并且派人火速赶回郑国将紧急情况报告给国君。郑穆公得知消息后对驻扎在郑国的秦国将领下了逐客令,他们认为攻下郑国已是不可能,最后草草灭滑而还。郑国之所以能够再一次保全,全靠商人弦高的机智反应和爱国精神。后来郑穆公要重赏弦高,酬谢他存国之功,但是弦高拒绝了,并迁往东夷,终身不返,表现了他的高尚情怀。

郑国的商人如此爱国,也不完全是偶然现象,这还是因为郑国一贯尊重商人,注重发展工商的治国策略。郑国曾与商人订立盟约:"尔无我叛,我无强贾",就是说,只要商人不背叛国家,国家就不会对商人强买强卖。所以在公元前526年(鲁昭公十六年),当晋国宰相韩起想通过郑国宰相子产向一位郑国商人强购一只玉环时,子产严词拒绝。郑国尊重商贾,不肯背盟,商人必然也将心存感激,肝脑涂地,为国家尽忠效力。商人弦高能够载入史册,也算是为商人正名。商人并不都是惟啬贪婪、利欲熏心,他们也有高尚的情怀。唐代道教名士吴筠将弦高列入"高士"的队伍,其《高士咏·郑商人弦高》:"卓哉弦高子,商隐独摽奇。效谋全郑国,矫命犒秦师。赏神义不受,存公灭其私。虚心贵无名,远迹居九夷。"

二、《论语》十则

子曰:"君子喻[1]于义,小人喻于利。

——《论语·里仁》

子曰:"富与贵,是人之所欲也,不以其道[2]得之,不处[3]也;贫与贱,是人之所恶也,不以其道得之[4],不去[5]也。君子去仁,恶乎[6]成名?君子无终食之间违仁[7],造次[8]必于是,颠沛必于是。"

——《论语·里仁》

子曰:"富而[9]可求也,虽执鞭之士[10],吾亦为之。如不可求,从吾所好[11]。"

——《论语·述而》

子曰:"饭疏食饮水[12],曲肱[13]而枕之,乐亦在其中矣。不义而富且贵,于我如浮云。"

——《论语·述而》

子贡[14]曰:"有美玉于斯,韫匵而藏诸[15]?求善贾而沽诸[16]?"子曰:"沽之哉！沽之哉！我待贾者也。"

——《论语·子罕》

德行：颜渊、闵子骞、冉伯牛、仲弓[17]。言语：宰我[18]、子贡。政事：冉有、季路[19]。文学：子游、子夏[20]。

——《论语·先进》

子曰："回也其庶乎[21]，屡空[22]。赐不受命[23]，而货殖[24]焉，亿[25]则屡中。"

——《论语·先进》

子贡问曰："赐也何如？"子曰："女，器[26]也。"曰："何器也？"曰："瑚琏[27]也。"

——《论语·公冶长》

子谓子贡曰："女与回也孰愈[28]？"对曰："赐也何敢望回？回也闻一以知十[29]，赐也闻一以知二。"子曰："弗如也。吾与[30]女弗如也。"

——《论语·公冶长》

叔孙武叔毁仲尼[31]。子贡曰："无以为也[32]！仲尼不可毁也。他人之贤者，丘陵也，犹可逾[33]也；仲尼，日月也，无得而逾焉。人虽欲自绝，其何伤于日月乎？多见其不知量也[34]。"

——《论语·子张》

注释：

[1]喻：知晓，懂得。

[2]道：正当的方法。

[3]处：接受。

[4]不以其道得之：这里的"得之"应该是"去之"的误笔。

[5]去：摆脱，抛弃。

[6]恶乎：恶(wū)，何处。恶乎即于何处，怎样。

[7]君子无终食之间违仁："终食之间"是指一餐饭的时间；"违仁"，离开仁德。此句是说，君子没有吃完一餐饭的时间离开仁德的，也即君子片刻之间也不会背离仁德。

[8]造次：仓促，匆忙。

[9]而：用法同"如"，假设连词，如果。

[10]执鞭之士：根据《周礼》，有两种人拿着皮鞭，一种是古代天子以及诸侯出入之时，有二至八人拿着皮鞭使行路之人让道；一种是市场的守门人，手执皮鞭来维持秩序。这里讲的是求财，市场是财富聚集之地，因此应理解为"市场守门卒"。

[11]从吾所好：按我的爱好去做事。

[12]饭疏食饮水：疏食，粗粮。水，古代常以"汤"和"水"相对而言，"汤"指热水，"水"

103

是指冷水。因此,本句的意思是:吃粗粮,喝冷水,指饮食非常简陋。

[13]肱(gōng):胳膊。

[14]子贡:孔子的学生,姓端木,名赐,字子贡,卫人,比孔子小三十一岁。子贡在学问、政绩、理财、经商等方面表现卓越,故在当时其名声地位雀跃直上,甚至超过了他的老师孔子。

[15]韫匵而藏诸:匵,同"椟",指柜子、木匣。本句是指把它(美玉)放在柜子里藏起来。

[16]求善贾而沽诸:贾(gǔ)。商人。一说同"价",价钱。沽(gū),卖。本句的意思是寻求识货的商人卖掉它。

[17]德行:道德,好的品德。颜渊,即颜回,字子渊,鲁国人,孔子最得意的学生,小孔子三十岁。闵子骞,孔子学生闵损,字子骞,比孔子小十五岁,以孝著称。冉伯牛,孔子学生冉耕,字伯牛。因恶疾早逝。孔子哀叹其"亡之,命矣夫"! 仲弓,孔子学生冉雍,字仲弓。出身卑贱,得到孔子赞誉:"雍也可使南面"。

[18]言语:会说话的,指善于辞令,能办理外交。宰我,孔子学生宰予,字子我。鲁国人。口齿伶俐,擅长辞辩。他指出孔子的"三年之丧"的制度不可取。孔子曾批评宰予:"朽木不可雕也。"

[19]政事:指能从事政治事务。冉有,孔子学生冉求,字子有,鲁国人。季路,孔子学生仲由,字子路,小孔子九岁,为人忧直,好勇力。

[20]文学:古代文献,指通晓诗书礼乐等古代文献。子游,孔子学生言偃,字子游,小孔子四十五岁,吴人。子夏,孔子学生卜商,字子夏,比孔子小四十四岁,晋人。少时家贫,苦学而入仕,曾做过鲁国太宰。孔子死后,他来到魏国的西河(今山西河津)讲学。授徒三百,当时的名流李克、吴起、田子方、李悝、段干木、公羊高等都是他的学生,魏文侯曾"问乐于子夏",尊他为师。

[21]回也其庶乎:庶,庶几,差不多。此句意思是颜回的学问道德差不多了吧?

[22]屡空:空,贫穷,古代"贫"指缺少财货,"穷"是指生活无着落,前途无出路。而"空"字兼有这两方面的意思。此句是说(颜回)经常穷得没有办法。

[23]赐不受命:赐,即端木赐,字子贡。命,天命,一说古人经商要受命于官。本句可理解为子贡不安本分。

[24]货殖:经商盈利。

[25]亿:通"臆",凭空猜测。

[26]器:器皿。

[27]瑚琏(hú liǎn):宗庙里盛黍稷的器皿,是相当尊贵的。这里比喻治国安邦之才。

[28]女与回也孰愈:你和颜回,哪一个更强?

[29]闻一以知十:听到一件事,可以推演知道十件事。

[30]与:动词,同意,赞同。

[31]叔孙武叔毁仲尼:叔孙武叔,姬姓,叔孙氏,名州仇,谥号曰"武",鲁大夫。此句意为叔孙武叔毁谤仲尼。

[32]无以为也:以,此,这样。此句意为不要这样做。

[33]逾:超越。

[34]人虽欲自绝,其何伤于日月乎? 多见其不知量也:人家纵是要自绝于太阳月亮,那对太阳月亮有什么损害呢? 只是表示他不自量罢了。

述评:

义利之辩是儒家非常重要的一个问题。孔子说过"君子喻于义,小人喻于利"的话,很多人就认为孔子是一个重"义"轻"利"甚至鄙视"利"的人。从而认为孔子一定也看不起后来成了富商的弟子子贡,这实在是对孔子的误解,是没有熟读《论语》而一叶障目。孔子曾评价子贡是"瑚琏之器",是对他充分的肯定。孔子正面评价子贡经商行为的言论见于《论语·先进》:"回也其庶乎,屡空。赐不受命,而货殖焉,亿则屡中。"孔子将颜回和子贡进行对比,感慨颜回虽然学问道德很好,但是却十分贫穷,子贡善于经商从而十分富有,这并不是否定子贡的经商行为。子贡也是孔子十分欣赏的弟子,他不止一次将子贡和自己最心爱的弟子颜回进行比较,说明他对子贡也是颇为厚爱的。《史记·孔子世家》记载,孔子临终前七日,感到自己将不久于人世,他一大早起来,拄着拐杖,在门口徘徊,当看到匆匆赶来的子贡时说道:"赐,汝何来迟?"这一声责叹,道尽了他与子贡深深的师生情谊。孔子与子贡师徒二人达到了"相知"的境界,所以在精神上才能产生如此共鸣。子贡由于其杰出的经商才能,被司马迁载入《史记·货殖列传》中,并且名列第一,从而也奠定了子贡"儒商之祖"的地位。

第二节 中国商业的起源

（课下阅读资料）

一、中国商人的诞生与商业的起源

关于交易的起源,可以追溯到三皇时期。《易经·系辞下》记载:"神农氏作,……日中为市,致天下之民,聚天下之货,交易而退,各得其所。"《世本·作篇》记载:"祝融作市。"《古史考》:"神农作市,高阳氏衰,市官不修,祝融修市。"这些都反映了交易行为的历史悠久。不过物物交换甚至是产需双方通过货币直接交易都还不是真正的商业。商业是在生产力发展到一定水平,有了社会分工和生产物的剩余之后,才逐渐产生的。其初始的萌芽状态是生产者之间直接的物物交换,后来才有发展了的交换形式——商业。当交换日益频繁,交换地区不断扩大,不可能产需双方都直接见面时,一部分人就从社会上游离出来专门买进卖出,充作产需双方的中间人;组织交换成了他们的职业;有了这种社会分工,商人和商业才真正产生。关于商人和商业,实际上是一个问题的两个方面,有商人才有商业,有商业也才有商人,二者之间是不能孤立存在的。关于商人和商业的起源,一般认为是缘于我国三代时期商族人的经商活动。

商人本是商族人、商朝人的简称,一如周人、秦人,但是由于商族人善于经商做买卖,后来人们把从事商业活动的人都称为"商人"。1927 年,我国著名的学者徐中舒先生最早提出:"周公迁殷民于成周,成周居四方之中,可耕之土田少,又压迫于异族之下,力耕不足资生存,故多转而为商贾。商贾之名,疑即由殷民而起。"①随后,郭沫若、吴晗、李亚农、范文澜等著名史学家都在他们的著述中支持这一观点。商丘是先商时期商族人聚居的主要区域。真正和现代"商人"这一词汇接轨的义项出现,则是在公元前627 年权威文献《左传·僖公三十三年》记载的"郑商人弦高,将市于周"。

现代学者普遍认为,先商王亥可算是经商始祖。《世本·作篇》记载:"相土作乘马","亥作服牛",是说商代先公相土驯服马以"致远",王亥驯服牛以"引重",用以便利交通,方便贸易。关于王亥的文献记载很多,如《古本竹书纪年》载曰:"殷王子亥,宾于有易而淫焉。有易之君绵臣杀而放之,是故殷主甲微假师于河伯以伐有易,克之,遂杀其君绵臣也。"《楚辞·天问》:"该(亥)秉季德,厥父是臧。胡终弊于有扈(有易),牧夫牛羊?……恒秉季德,焉得夫仆牛?"《山海经·大荒东经》曰:"有困民国,句姓而食,有人曰王亥,两手操鸟,方食其头。王亥托于有易,河伯仆牛,有易杀王亥,取仆牛。""仆牛"中的"牛"应该是用来交易的,而"仆"则可能是作为交易品或者担任贩运劳动的奴隶。这都是说王亥驾着牛车拉着货物去有易部族进行贩卖被杀的事情。在甲骨卜辞也多见王亥的名字。根据甲骨卜辞的内容可知,"王亥之祭日用辛亥,其牲用五牛、三十牛乃至三百牛,祭礼最为隆重,其身份应为商先公先王"。②

商人善于经商。早在商灭夏前,商汤的臣子"伊尹以薄之游女工文绣篡组,一纯得粟百钟于桀之国"(《管子·轻重甲》),也就是让商人居住的亳都的女性织出有文采的布帛,然后拿去夏桀之国换取粮食。商朝统治者能取西方之玉石,采南

① 徐中舒.从古书中推测之殷周民族[J].国学论丛,1927,6(1):111.
② 程有为.商业的起源与梁宋地区商业的盛衰.中国商人与商业的起源(上)[M].郑州:河南人民出版社,2012:54.

国之铜锡。获东海之鲸贝,来北地之筋角,交换活动十分广泛。商统治者所居的城市,称"邑",里面有"市""肆",为往来做买卖的人聚集之处。相传商纣王时姜太公吕望就在朝歌和孟津的市肆内干过"负贩"、屠宰和卖酒的营生。①

西周灭商后,周公告诫商族后裔"肇牵车牛,远服贾,用孝养厥父母"(《尚书·酒诰》),也就是要求商人发扬经商传统,驾车牵牛,到远方进行商业活动,用其所得,孝养父母。商朝灭亡后,西周王朝在殷商故地建立了卫国和宋国。卫国是周宗室康叔的封地,宋国则是商贵族微子启的封地。这两国各家都继承了商族善于经商的传统,商业比较发达。卫国在西周时期商业活跃。《诗经·卫风·氓》就有记载:"氓之蚩蚩,抱布贸丝。匪来贸丝,来即我谋。"一个相貌忠厚的青年男子抱着布匹(一说是布币),说是来买丝,事实是来与恋人相会。这充分说明民间贸易的普遍性。春秋时期孔子的弟子端木赐,字子贡,曾仕于卫,善于经商,非常富有,由于其受业于孔子,子贡成为儒商的始祖。宋国的首都即今商丘,是中国南北交通的要道,交通便利,土地肥沃,物产丰富。历来"稼穑之民少,商旅之民多"(《汉书·货殖传》),手工业和商业相当发达。冶金铸造和丝织业更为突出,庄子《逍遥游》有载"宋人资章甫而适诸越",说明贩卖帽子的商人足迹到达南方的越国。宋国的陶邑(今山东定陶)吸引了著名的大商人来此经商。越国的大夫范蠡在助越王勾践灭吴后,乘扁舟浮于江湖,改名换姓,先是到齐国改名为鸱夷子皮,后又到陶邑改名为朱公。《史记·货殖列传》记载,"朱公以为陶天下之中,诸侯四通,货物所交易也,乃治产积居,与时逐而不责于人",后来三次赚到千金,积累到其子孙,已是百万家产,于是"天下言富者皆称陶朱公"。

自春秋后期以来,铁制农具的推广、耕牛的使用、耕作技术的改进、水利灌溉的发展、农业生产力逐步提高。随着生产的发展,剩余产品越来越多,交易也越来越广泛,商业发展具有了良好的条件。战国时期,商品交易有固定的场所,叫作"市"。市的四周有"市门",设官管理。市内列肆成行,分置商品归类。市场上商品琳琅满目,有金铺、珠宝玉器铺、粮食铺、绸布铺、皮货铺、盐铺、药铺、鞋铺,还有卖剑、矛、盾的,卖兔、羊、猪、鳖、鱼的等,应有尽有,还有"悬帜甚高"招徕顾客的酒店;在牛马等大牲畜的交易中,为买卖双方评价说合的中间人牙人已经出现。中国历史悠久的丝织品,在春秋战国时期已先后见于波斯、希腊和印度的市场上。

商业的形成离不开货币。如果说夏代已有用贝做货币的可能性,则海贝作为货币使用在商代已经是确切有据的事实了。贝最初只是装饰品,由于它的珍贵稀少,并兼有坚固耐久、便于携带和保存、体积小、价值高等优点,后来逐渐成了交换

---

① 吴慧. 中国古代商业[M]. 北京:商务印书馆,1998.

的媒介,被选择为货币。贝是财富的象征。殷人信鬼,他们认为既然可以用货币——海贝买到东西,死后就应该把贝币带到阴间去花,所以用贝随葬的风气很盛。1976年春在小屯村北偏西发掘了一个公元前12世纪中叶的王室墓,出土了六千余枚贝。不过,贝币总的数量不够充裕,所以在贝币流通的同时,物物交换的现象仍然十分普遍。商代晚期才有了铜贝,但目前出土量不多。到了西周,出现了仿农具的铜铸货币布币,仿生产工具的刀币,同时作为"上币"的还有美玉。在不少场合下,小额支付或流通,还是以粮食作为支付手段或交易媒介。

二、儒商鼻祖子贡

义利之辩是儒家非常重要的一个问题。孔子说过"君子喻于义,小人喻于利"的话,很多人就认为孔子是一个重"义"轻"利"甚至鄙视"利"的人。从而认为孔子一定也看不起后来成了富商的弟子子贡。这实在是对孔子的误解。在义利观上,孔子首先主张"见利思义",他肯定人都有求富贵之心,所以他说"富而可求也,虽执鞭之士,吾亦为之"。但如果"不义而富且贵",对于孔子来说就是天上一片浮云,毫无关注的意义。其次是"义然后取",只要是合乎"义"的利,不仅可以取,而且必须取。《吕氏春秋·察微》和《淮南子·齐俗训》里都记载这样一个故事:子路救了一个落水之人,接受了答谢;而子贡赎回了鲁国的人却没有去领取赎金。针对子路救人后接受答谢的行为,孔子的评价是"鲁国必好救人于患也"。针对子贡赎人而拒绝接受答谢的行为,孔子则认为"鲁国不复赎人矣"。倘若孔子一味主张重义轻利,则应该表扬子贡、批评子路。但子路受谢,孔子反而认为这种行为有利于彰显德行,有助于培育乐于助人的社会风气。子贡舍财赎人,孔子反而认为做了一件大错事。孔子不仅着眼于事件本身,而看到了事件的长远影响。子路救人受谢,既合乎"义"的要求,又合乎人性对于"利"的追求。孔子主张不能见利忘义,但他并不反对因义获利。孔子追求的最高境界是"以义为利"。其实他追求的"义"也是一种"利",是一种利国利民的"大利",而实现这种"大利"则达成了个人的"仁"的追求。

孔子曾称子贡为"瑚琏之器"。他既有文采,善于雄辩;又善政治外交,曾任鲁、卫两国之相;他还长于经商之道,经商于曹、鲁两国之间,富致千金。基于他杰出的商业才干,加上富而好礼,十分推崇其老师孔子,因此被奉为中国儒商的鼻祖。旧时经商者往往骄傲地自称"陶朱事业,端木生涯",说的就是春秋时代两位著名的商人范蠡和子贡。

司马迁在《史记·仲尼弟子列传》中对子贡的政治才能大书特书,盖过了孔子其他所有弟子的光辉,即使是孔子最得意的弟子颜回也无法与之相比。司马迁对于子贡的经商才能加以肯定,竟然引起了班固等正统文人的不满,批评司马迁"是非颇谬于圣人……述货殖则崇势力而羞贱贫"(《汉书·司马迁传》),实在是迂腐至极。司马迁道出"天下熙熙,皆为利来;天下攘攘,皆为利往"的名言,实与孔子的"富与贵,是人之所欲也"的言论如出一辙。何以就"是非颇谬于圣人"了呢?有人认为孔子对于子贡的经商行为持有不满的态度,是没有熟读《论语》一叶障目。孔子正面评价子贡经商行为的言论就见于《论语·先进》:"回也其庶乎,屡空。赐不受命,而货殖焉,亿则屡中。"从这里只能看出孔子将颜回和子贡进行对比,感慨颜回虽然学问道德很好,但是却十分贫穷,子贡善于经商从而十分富有,这并不是否定子贡的经商行为。子贡也是孔子十分欣赏的弟子,他不止一次将子贡和自己最心爱的弟子颜回进行比较,说明他对子贡也是颇为厚爱的。

子贡作为孔子欣赏的弟子,他勤学好问,深深体会到孔子思想的博大精深。当有人毁谤孔子,甚至认为子贡超过了他的老师,子贡没有一点骄傲自得,而是不遗余力地去宣扬老师的伟大就如日月一般。他认为自己的贤能人们能看到,而孔子的伟大,人们却看不见,就好比人们能从低矮的围墙看到自己家房屋的美好,却无法从高大的围墙窥探孔子家宗庙的雄伟,房屋的富丽,因为人们根本就没有找到了解孔子的大门。子贡对老师孔子无比推崇,虽然他没有像颜回一样被孔子引为知己,但他也算是登堂入室的孔门弟子,他所接受的儒家思想教育其实深深影响了他的经商原则,因此称他为儒商的鼻祖是不为过的。

在子贡身上体现出的高迈的智识、高尚的德操、高度的社会责任感,构成儒商精神的本质特征。智识是在广博知识基础上形成的一种人生智慧。子贡结发束脩,受业孔门,学有所成。他思维敏捷,能言善辩,并非只是一个语言技巧问题,根本上还是不同凡响的智识在起作用。子贡读书不囿于接受现成结论,还有举一反三、鉴往知来的能力。子贡问学,既重视书本知识,也关心现实问题,具有学以致用、积极入世的人生态度。如《论语·子罕》中,子贡问老师,美玉是应该藏起来还是卖掉,就体现了其商人本色。而他在提问时,心中应该是有答案的,他只不过想向老师确认一下,体现了儒家积极入世的思想。孔子认为子贡为人通达,从政是没有困难的。其后子贡"常相鲁卫",表现出过人的政治智慧。当鲁国即将受到齐国进攻,国家面临危急存亡之时,孔子想让弟子去解决,挑来挑去,最后决定让子贡去,子贡先后游说于齐、吴、越、晋诸国,把战争的火焰从鲁国引开,达到了"存鲁"的目的。子贡的智慧是全面的。他在经商方面的大智慧体现在对经济规律的深刻认识和洞察,他"与时转货赀"(《史记·仲尼弟子列传》),从而在风险与机遇并存的商业资本运作中取得成功。他"亿则屡中"靠的不是运气,而是靠在广博知识基础上形成的异乎常人的经营智慧,因而最终成就为"家累千金"的商界巨子。

　　子贡的德操也是过人的。受老师孔子的影响,子贡学会了"见利思义""义然后取"。子贡对仁的理解也有具体的看法,有一次子贡问老师:"如有博施于民而能济众,何如? 可谓仁乎?"(《论语·雍也》)在孔子看来,子贡说的"博施于民而能济众"不只是仁,而且是圣德,恐怕连尧舜都难以做到。孔子说:"夫仁者,己欲立而立人,已欲达而达人。能近取譬,可谓仁之方也。"就是说从自己身边的事做起,能够立己又立人,达己又达人,这就是践行仁道了。子贡秉承师道,胸怀仁心,表现出卓然可风的商德。子贡奉行"我不欲人之加诸我也,吾亦欲无加诸人"(《论语·公冶长》)的准则,崇尚"言必信,行必果"(《论语·子路》)的嘉训。可想而知,子贡在经商活动中,讲究诚信勿欺的商德。不以抬高物价坑人,不以伪劣产品害人,利从义中取,财从信中来。

　　在子贡身上体现的第三种儒商精神是具有责任感。社会给商人提供了盈利的舞台,商人也有回报社会的责任。子贡曾问孔子:"贫而无谄,富而无骄,何如?"孔子说:"可也。未若贫而乐,富而好礼者也。"(《论语·学而》)"富而好礼"意味着商人应该遵守国家的规章制度,维护国家利益。子贡曾用自己的金钱赎回在别国沦为奴隶的鲁国人,依照制度本可以从国库领取自己支付的赎金,但是他拒绝了国家的赔偿。《盐铁论·贫富》说:"子贡以著积显于诸侯……富者交焉,贫者赡焉。故上自人君,下及布衣之士,莫不戴其德,称其仁。"所谓"富者交焉",就是"束帛之币以聘享诸侯"(《史记·货殖列传》)等外交活动,而"贫者赡焉"则是对贫穷人士的周济与救助。可见经商致富的子贡,对国家、对个人,无不表现出一种"达则兼济天下"(《孟子·尽心上》)的社会责任感。

　　从子贡这里,我们看到了最早的儒商风范,也领略到了真正的儒商精神。子贡的经商活动,以其高迈的智识、高尚的德操、高度的社会责任感,开创了中国儒商文化的先河,堪称中华儒商第一人。①

三、先秦时期的名商巨贾

　　虽然中国古代的文献对商人活动记载不多,但是一些名商巨贾凭借着他们在商业领域的影响以及对社会的贡献,被人们牢牢记住。除了前面我们提到的弦高和子贡之外,中国历史上有名的商人还有很多,下面简要介绍其事迹与商业思想。

(一)商祖王亥(图5)

　　王亥(公元前1854年—公元前1803年),亳人,子姓,又名振,契之后,冥之长

---

① 杜勇. 子贡与儒商精神[A]. 马金章. 子贡与中华儒商文明. 郑州:中州古籍出版社,2011:11-17.

子,商族部落的第七任首领。华商始祖,华夏商人之缔造者。甲骨卜辞中称为"高祖亥"或"高祖王亥"。王亥不仅帮助父亲冥在治水中立了大功,而且还发明了牛车,开始驯牛,促使农牧业迅速发展,使商部落得以强大。王亥服牛驯马发展生产,用牛车拉着货物,到外部落去搞交易(古易国,今河北易县),开创了华夏商业贸易的先河,久而久之,人们就把从事贸易活动的商部落人称为"商人",把用于交换的物品叫"商品",把商人从事的职业叫"商业"。

王亥在商朝人的心目中具有极大的神威。商朝人有时甚至用祭天的礼节来祭祀王亥。人们在祈祷风调雨顺时,也往往祭祀王亥,希望得到王亥保佑。在商先公中,只有亥称王。他在商人的心目中有着王者之尊的地位。王亥的亥字从亥从鸟。这一方面说明了早期商人以鸟为图腾的遗迹,另一方面说明王亥在后代心目中达到了图腾的地位。

图5 商祖王亥

(二)道商管子(图6)

管仲(约公元前723年或前716年—公元前645年),名夷吾,字仲,春秋时期齐国著名的政治家,颍上(今安徽颍上县)人。很小就失去父亲,与母亲相依为命。因为生活贫苦,不得不过早地挑起家庭重担,先是与鲍叔牙合伙经商,后又从军再到齐国。几经曲折,经鲍叔牙力荐,为齐国上卿(丞相),被称为"春秋第一相",辅佐齐桓公成为春秋时期的第一霸主。

图6　管子

　　我们对管仲的了解通常是他是位很了不起的政治家、改革家,帮助了齐桓公成就了春秋霸业,被称为"春秋第一相"。对他也是位很有智慧才能的商人却知之不多。从某种意义上讲,正是先有了成为大商人的管仲,才会有后来成为"春秋第一相"的管仲。因为管仲正是把从经商生涯中所获得的思想智慧应用于治国安邦,把为商谋略用于政治,才取得了巨大的成功。管仲的名言:"仓廪实而知礼节,衣食足而知荣辱"成为家喻户晓的明言。

　　管仲在商业实践中总结出了商业经营的基本谋略:趋利避害,是一大参透人性的总结。管仲认为,天下人整天做这事那事,无不是为一些利益驱使。有利可图的事,就算再难再苦也会做,而对自己无利的事,就算是举手之劳也会视而不见。凡是利益存在的地方,山再高也能爬上去,水再深也能潜下去。善于治理的人,能够看准利益之所在,因势利导大家获得利益,那么人们自然会不待推动而自觉前往,不待牵引而自动过来,不用烦琐扰攘而人民自然富裕,过上美好安定的日子。

　　商人经商的目的就是求得最大的利润,"皆为利驱,皆以利往"是经商的根本。但"利"与"害"是一对相对的概念,趋利避害的积极意义:首先要认清"利害",然后要分析是利大于害,还是害大于利,接着就是考虑如何转害为利。正是靠着这样的谋略,管仲才得以在商海中无往不胜。管仲追求的不是"私利",不是"小利",而是"大利"。虽然管仲早于老子100多年,但《管子》中的《内业》《白心》《心术上下》等都属于道家思想,因此可称其为道商。

(三)商神范蠡(图7)

范蠡生于楚平王十二年(约公元前517年—约公元前420年),字少伯,春秋末期,楚国宛人(今河南南阳),他出身贫寒,但聪敏睿智、胸藏韬略,上晓天文、下识地理,满腹经纶,文韬武略,无所不精。被誉为"治国良臣,兵家奇才,商人始祖",被民间敬为"文财神"。

图7 商神范蠡

范蠡是历史上早期著名的政治家、军事家、经济学家和商人。他帮助越王勾践消灭吴国并称霸诸侯,而后功成身退,去齐国经商成了当地首富。齐王听了,请他入朝为相。三年后他归还相印且散尽自己的家财迁往陶地隐居,又以经商为业,再次成为大富翁。后人称之为"陶朱公",民间称之为"文财神",他三聚千金又三次散掉,堪为商人的典范。

范蠡经济思想流传较广泛,如"劝农桑,务积谷""农末兼营""务完物、无息币""平粜(tiào)各物,关市不乏,治国之道也""夏则资皮、冬则资絺、旱则资舟、水则资车,以待乏也"。

范蠡强调，为人要大度，遇事不惊，要做到独自一人时，能超然物外；与人相处时，能和蔼可掬；无所事事时，能语默澄净；处理事务时，能雷厉风行；得意时，能淡然坦荡；失意时，能泰之若素；遇事不惊，必凌于事情之上；达观权变，当安守于糊涂之中，泰然处之。后人根据他的经商思想，整理出《陶朱公经商十八则》，对后人产生重大影响。

（四）商圣白圭

白圭（公元前463—前385年），东周洛阳人。白圭并非一开始就从事商业，据说他曾经做过魏惠王时期魏国的国相，还是个治水的高手。当时的魏国都城大梁靠近黄河，经常发生水灾。他声称自己治水的本领比大禹还高明。大禹为了治水，历时九年，三过家门而不入，真可谓是历尽艰险。可白圭治起水来就轻松多了。他查明堤坝不时倒塌的原因主要是小小的蚂蚁在捣鬼，于是他治水时就派人沿着河堤仔细查看，除掉所有的蚁窝，这样河堤就自然稳固了。然而，白圭虽然可以有办法让魏国的河堤不倒，但没有办法让他的政治不腐败。他预感到魏国即将灭亡，便弃政从商。就这样中国历史上少了一个政治家，而多了一位杰出的商人。

白圭提出了商人素质的四个要求"智、勇、仁、强"。"智"就是要求商人具备善于分析形势，及时采取正确的经营策略的智慧。"勇"就是要求商人行动果敢，勇于决策。因此，如果勇不足以决断，在商业活动中畏首畏尾，肯定失败。"仁"就是用优质商品和服务对待顾客，而不要像一些奸商那样。对待下属、供应商和其他一些对自己有恩惠的人要舍得施与。"强"就是能有所守，要求商人具有坚强的意志和毅力。

白圭有着一套极为独特的经商理念与策略。战国时的商人大多喜欢获利丰富的珠宝生意，而他另辟蹊径，从事农产品买卖。他看到的是当时社会的农业发展，以及谷物是普天下老百姓都离不开的东西，虽然利润不大，但需求极大。白圭从自己的经商实践中总结出一系列让后人受益无穷的经商之术与为商之道。如"人取我予，人弃我取"。每当粮食收获季节或粮食丰收的时候，农民都会把粮食拿出来出售，而且价格会较为低廉，这时候他就大量买进；而如果粮食歉收，农民没有太多的粮食出售，而大家又需要粮食，这个时候他就把收进的粮食以较高的价钱卖出，于是赚取了差价。又如他主张商人在商业活动中，要节约开支，勤苦耐劳，并能与他的雇工同甘共苦，"能薄饮食，忍嗜欲，节衣服，与用事僮仆共苦乐。趋时若猛兽挚鸟之发""贱取如珠玉，贵弃如粪土"，"乐观时变"，"与时逐而不责于人"。

（五）谋商吕不韦（图8）

吕不韦（公元前292年—公元前235年），姜姓，吕氏，名不韦，卫国濮阳（今河南省安阳市滑县)人。战国末年著名商人、政治家、思想家,官至秦国丞相。公元前251年,秦昭襄王去世,太子安国君继位,为秦孝文王,立一年而卒,储君嬴子楚继位,即秦庄襄王,前249年以吕不韦为相国,封文信侯,食邑河南洛阳10万户,门下有食客3000人,家僮万人。庄襄王卒,年幼的太子政立为王,吕不韦为相国,号称"仲父",专断朝政。

他主持编纂的《吕氏春秋》,有八览、六论、十二纪共20余万言,汇合了先秦各派学说,"兼儒墨,合名法",故史称"杂家"。书成之日,悬于国门,声称能改动一字者赏千金。此为"一字千金"。

吕不韦执政时曾攻取周、赵、卫的土地,立三川、太原、东郡,对秦王政兼并六国的事业有重大贡献。后因嫪毐集团叛乱事受牵连,被免除相邦职务,出居河南封地。不久,秦王政复命让其举家迁蜀,吕不韦担心被诛杀,于是饮鸩自尽。

图8 吕不韦

吕不韦最大的影响是"奇货可居"。公元前267年(秦昭王四十年),悼太子死在魏国,运回国葬在芷阳。到了公元前265年(昭王四十二年),把他的第二个儿子安国君立为太子。安国君虽然有二十多个儿子,但是他非常宠爱的妃子(正夫人,史称华阳夫人)却没有儿子。安国君有个排行居中的儿子名叫子楚,子楚的母亲叫夏姬,不受宠爱。子楚作为秦国的人质被派到赵国。秦国多次攻打赵国,赵国对子楚也不以礼相待。子楚是秦王庶出的孙子,在赵国当人质,他乘的车马和日常的财用都不富足,生活困窘,很不得意。吕不韦到邯郸去做生意,见到子楚后非常喜欢,说:"子楚就像一件奇货,可以囤积居奇。以待高价售出"(成语"奇货可居"的出典)。① 就这样吕不韦从一个商人开始了步入政界之旅。

(六)皇商巴寡妇清(图9)

巴寡妇清,生卒年不详,生活于秦始皇统治时期。名清,巴是巴郡之意。巴寡妇清乃战国末年一位富有的女商人,但关于其记载则留下不多。《史记·货殖列传》:"巴寡妇清,其先得丹穴,而擅其利数世,家亦不訾。清,寡妇也,能守其业,用财自卫,不见侵犯。秦皇帝以为贞妇而客之,为筑女怀清台。……清,穷乡寡妇,礼抗万乘,名显天下,岂非以富邪?"虽此寥寥数语,其人之超逸绝伦已跃然纸上。司马迁所著《史记·货殖列传》,可以说是中国的第一个富豪榜。巴寡妇清是位列其中的唯一女企业家,实在难能可贵。寡妇清可谓是当时的大工商业主,中国最早的女企业家。其丈夫死后,寡妇清守着家族企业,凭雄厚财力保卫一方。秦始皇表彰其守贞之节,封其为贞妇,为她筑女怀清台。其"礼抗万乘,名显天下",可谓位极人望。能得如此恩宠隆渥,原因何在? 司马迁给出的答案是"岂非以富邪",这只是道出表面原因。有人根据"用财自卫"联想到巴寡妇清可能用大量财富豢养了一支私人武装部队,而秦始皇礼待巴寡妇清是出于政治军事因素的考虑,后来"徙天下豪富于咸阳十二万户",其中自然有寡妇清,这实际是以礼遇的名义监视她。还有人认为尊之为"贞妇"实际是秦始皇影射自己的母亲不贞。这些恐怕难以说清楚。但可以肯定的是,巴寡妇清之所以能引起秦始皇的注意全在其富厚之实,而富厚之实根于其数世擅丹穴之利,掌握了丹石开采,并可提供炼丹材料。

图9 巴寡妇清

丹砂在古代主要用作颜料与染料,广泛用于器服、宫室的装饰与相关文书档案的书写诸方面,其社会文化价值因此亦被凸显,很早就引起国家对它的有意管

---

① 以上1—5位商人的材料见于张云起、冯漪、李军的《亳商研究——中国商业文化探源》一文[J]. 商业文化,2016(4):80 – 84.

控。在中国古代最早的本草学专书中,虽亦可考见对神仙长生的企慕,但由于神仙家以金银入药,发展起炼丹术之后,以金丹概念为标志,完全超越此前的草木药系统而发展出金石丹药系统,丹砂价值因之益显。巴寡妇清因擅丹穴之利而得到贪恋神仙长生的秦始皇赏识宠重。① 巴寡妇清还可能是秦始皇陵地宫水银原料的最大甚至唯一供应商。总之与皇家做生意,那肯定是富可敌国了。

★课后练习与思考

1. 商业的产生离不开哪几个因素?对现代商业的发展有何启示?

2. 总结我国现代的十大商人,并谈谈他们与古代富商的异同。

---

① 葛志毅.谭史斋论稿六编[M].哈尔滨:黑龙江人民出版社,2016:131.

第七章

魏晋南北朝的金钱崇拜与享乐生活

"无为守贫贱,轗轲(坎坷)长苦辛",无论是乱世还是盛世,人们都不愿意过食犬彘之食,穿牛马之衣的贫苦日子。当社会不断发展,人们已经不再满足基本的衣食得到保障的生活,而是想尽办法让自己的日子过得更滋润一些。因此金钱和物质享受就成了人们普遍的追求,以至于部分人丧失自我,迷失方向。尤其是那些重权在握的统治阶级,更是利用手中权力搜刮百姓,奴役人民,当他们以为可以高枕无忧、大肆享乐的时候,危机已经紧随其后了。

第一节 魏晋南北朝的金钱崇拜

(课堂讲解,2学时)

金钱崇拜是在货币产生以后才有的事情。当货币成了市场交换的媒介,并且使用比较普及,甚至比较稀缺的时候,其价值就得以体现。物物交换毕竟有很多不便,因此金钱崇拜也就应运而生。"有钱能使鬼推磨"成了人们的信条之一。而钱来得太容易,就会导致有人不去珍惜,最终连平常人的日子也过不上了。

一、鲁褒《钱神论》[1](节选)

钱之为体[2],有乾坤之象[3],内则其方,外则其圆。其积如山,其流如川。动静有时[4],行藏有节[5]。市井便易[6],不患耗折[7]。难折象寿[8],不匮象道[9],故能长久,为世神宝。亲之如兄,字曰孔方[10]。失之则贫弱,得之则富昌。无翼而飞,无足而走。解严毅之颜[11],开难发之口。钱多者处前,钱少者居后;处前者为君长,在后者为臣仆。君长者丰衍[12]而有余,臣仆者穷竭[13]而不足。《诗》云:"哿矣富人,哀此茕独[14]。"

钱之为言泉也[15],无远不往,无幽[16]不至。京邑衣冠[17],疲劳讲肄[18],厌闻清谈[19],对之睡寐,见我家兄[20],莫不惊视。钱之所祐,吉无不利[21]。何必读书,然后富贵！昔吕公欣悦于空版，汉祖克之于嬴二[22]。文君解布裳而被锦绣，相如乘高盖而解犊鼻[23]。官尊名显，皆钱所致。空版至虚，而况有实；嬴二虽少，以致亲密。由此论之，谓为神物。

无德而尊，无势而热，排金门而入紫闼[24]。危可使安，死可使活。贵可使贱，生可使杀。是故忿争非钱不胜，幽滞非钱不拔[25]，怨仇非钱不解，令问非钱不发[26]。洛中朱衣，当途之士[27]，爱我家兄，皆无已已[28]。执我之手，抱我终始。不计优劣，不论年纪，宾客辐辏[29]，门常如市。谚曰："钱无耳，可使鬼[30]。"凡今之人，惟钱而已。故曰："军无财，士不来；军无赏，士不往。"仕无中人[31]，不如归田。虽有中人，而无家兄，不异无翼而欲飞，无足而欲行。

注释：

[1]本篇选自《晋书·隐逸列传·鲁褒传》。

[2]体：形体。

[3]乾、坤：指天、地。

[4]动静：指金钱的流通和储蓄。

[5]行藏：与"动静"同义。节：规则。

[6]便易：便于交易。

[7]不患句：不用担心有所损耗。

[8]象寿：象征生命长久。

[9]不匮(kuì，溃)句：意谓金钱的不匮乏象征"道"的运行不息。

[10]孔方：古钱币外圆内方，故后来人多以"孔方"代钱之称。

[11]解：开，指使之露出笑容。严毅之颜：严肃刚毅的面容。

[12]丰衍：丰裕富足。

[13]穷竭：贫困。

[14]哿(gě，葛)矣二句：语出《诗经·小雅·正月》。意谓乐了富人，苦了孤独无依者。哿，乐。

[15]钱之为言泉句：谓钱之所以又叫"泉"的原因。"泉"即古"钱"字，取其如泉水流行，无处不到之意。故云。

[16]幽：指幽昧的所在。

[17]衣冠：此指势族。

[18]讲肆：讲学的地方。

[19]清谈：玄谈，指崇尚老、庄，空谈玄理的言论。

[20]家兄：指钱。

[21]钱之二句：自《易经·系辞上》"自天祐之，吉无不利"句脱化而来。此以钱比天，谓有钱可万事顺利。

[22]昔吕公二句:《史记·高祖本纪》载,吕公与沛县令友善,移家沛县,沛中豪杰闻之,皆往贺。"萧何为主吏。主进,令诸大夫曰:'进不满千钱,坐之堂下。'高祖为亭长,素易诸吏,乃绐为谒曰:'贺钱万。'实不持一钱。"就在这次宴会上吕公看中了刘邦,后来将女儿吕雉嫁给了他。又,《史记·萧相国世家》:"高祖以吏繇咸阳,吏皆送奉钱三,何独以五。"版,指名片。赢二,多送二百文。

[23]"文君"二句:《史记·司马相如列传》载,汉代卓王孙之女卓文君夜奔司马相如,生涯惨淡,文君当垆卖酒,相如著犊鼻裈洗涤酒器。卓王孙闻之,引以为耻,分给他们钱百万,夫妻俩因此得以为富人,不再卖酒了。高盖,很高的车盖,此代大车。犊鼻,即犊鼻裈,古代杂役所穿的围裙,状如犊鼻,故称。

[24]金门、紫闼:指皇宫。金门是金马门的简称。汉武帝得大宛马,乃命东门京以铜铸像,立马于鲁班门外,因名金马门。后以金门代指皇宫。

[25]幽滞:指隐沦而未被擢用之士。一说陷入牢狱之中。拔:提拔。

[26]令问:令闻,好名声。发:传扬。

[27]洛中二句:洛中,指洛阳。朱衣,代指贵人。当途之士,指居要职、掌大权的人。

[28]已已:休止。

[29]辐辏(fú còu,福凑):聚集。辐,车轮中凑集于中心毂上的直木。辏,车轮的辐条内端聚集于毂上。

[30]钱无耳二句:谓钱虽无知,可役鬼神。无耳,指没有听觉。

[31]中人:指朝廷中有权势的近臣。

参考资料:

司马相如者,蜀郡成都人也,字长卿。少时好读书,学击剑,故其亲名之曰犬子。相如既学,慕蔺相如之为人,更名相如。以赀为郎,事孝景帝,为武骑常侍,非其好也。会景帝不好辞赋,是时梁孝王来朝,从游说之士齐人邹阳、淮阴枚乘、吴庄忌夫子之徒,相如见而说之,因病免,客游梁。梁孝王令与诸生同舍,相如得与诸生游士居数岁,乃著《子虚之赋》。

会梁孝王卒,相如归,而家贫,无以自业。素与临邛令王吉相善,吉曰:"长卿久宦游不遂,而来过我。"于是相如往,舍都亭。临邛令缪为恭敬,日往朝相如。相如初尚见之,后称病,使从者谢吉,吉愈益谨肃。临邛中多富人,而卓王孙家僮八百人,程郑亦数百人,二人乃相谓曰:"令有贵客,为具召之。"并召令。令既至,卓氏客以百数。至日中,谒司马长卿,长卿谢病不能往,临邛令不敢尝食,自往迎相如。相如不得已,强往,一坐尽倾。酒酣,临邛令前奏琴曰:"窃闻长卿好之,愿以自娱。"相如辞谢,为鼓一再行。是时卓王孙有女文君新寡,好音,故相如缪与令相重,而以琴心挑之。相如之临邛,从车骑,雍容闲雅甚都;及饮卓氏,弄琴,文君窃从户窥之,心悦而好之,恐不得当也。既罢,相如乃使人重赐文君侍者通殷勤。文君夜亡奔相如,相如乃与驰归成都。家居徒四壁立。卓王孙大怒曰:"女至不材,我不忍杀,不分一钱也。"人或谓王孙,王孙终不听。文君久之不乐,曰:"长卿第俱如临邛,从昆弟假贷犹足为生,何至自苦如此!"相如与俱之临邛,尽卖其车骑,买一酒舍酤酒,而令文君当炉。相如身自著犊鼻裈,与保庸杂作,涤器于市中。卓王孙闻而耻之,为杜门不出。昆弟诸公更谓王孙曰:"有一男两女,所不足者非财也。今文君已失身于司马长卿,长卿故倦游,虽贫,其人材足依也。且又令客,独奈何相辱如此!"卓王孙不得已,分予文君僮百人,钱百万,及其嫁时衣被财物。文君乃与相如归成都,买田宅,为富人。

——司马迁节选自《史记·司马相如列传》

述评:

《钱神论》是鲁褒留下的唯一一篇作品,也正因为这篇作品使鲁褒其人得以传名。鲁褒生卒年不详,字元道,南阳人,西晋惠帝元康年间(公元3-4世纪之交)在世。鲁褒多学好闻,以贫素自立,隐居不仕。《晋书·隐逸·鲁褒传》记载"元康之后,纲纪大坏,褒伤时之贪鄙,乃隐姓名,而著《钱神论》以刺之"。当时很多人争传其文。

《钱神论》见于《晋书·隐逸·鲁褒传》《艺文类聚》《太平御览》和《初学记》等书。但皆为节录,互有详略。严可均的《全晋文》虽号称综合全文,但仍非完璧。《钱神论》作于晋惠帝元康九年(299年),时惠帝愚呆,贾后淫虐专政,纲纪败坏,贿赂公行,时风日下,鲁褒写了这篇《钱神论》加以讥讽。文中主要描写钱的神通广大和无孔不入,钱在某些人心目中形象神圣,它在现实生活中力量无边。并引用历史典故加以说明,征引《诗经》以为佐证,强化了作者的观点。该文寄讽刺于嬉笑嘲谑之笔,寓庄于谐,它对金钱的描绘,对时风的讽刺揭露都是非常深刻的。"孔方兄"这个金钱的雅号,就出自《钱神论》,足见其对后世之影响。《钱神论》的语言丰富精妙、通俗明快、幽默诙谐。"无翼而飞,无足而走",将货币流通迅速的抽象道理,以借喻写成鲜明的视觉形象,精警动人。"解严毅之颜,开难发之口",钱虽不能巧笑,却能令人解颐,造语出人意想。"钱多者处前,钱少者居后",摹写世情又能使人会心。写"京邑衣冠",见钱眼开,吕公、汉祖喜"空版"念"赢二",就形貌行事揭其内心意念,可谓入骨三分。

二、杨衒之《洛阳伽蓝记》[1](卷四)(节选)

自延酤以西,张方沟[2]以东,南临洛水,北达芒山,其间东西二里,南北十五里,并名为寿丘里,皇宗所居也,民间号为王子坊。当时四海晏清[3],八荒率职[4],

缥囊纪庆[5]，土烛调辰[6]，百姓殷阜[7]，年登[8]俗乐。鳏寡不闻犬豕之食，茕独不见牛马之衣[9]。于是帝族王侯、外戚公主，擅山海之富[10]，居川林之饶，争修园宅，互相夸竞。崇门丰室，洞户连房，飞馆生风，重楼起雾[11]，高台芳榭[12]，家家而筑；花林曲池，园园而有。莫不桃李夏绿，竹柏冬青。而河间王琛[13]最为豪首，常与高阳争衡[14]，造文柏堂，形如徽音殿。置玉井金罐，以五色缬[15]为绳。妓女三百人，尽皆国色。有婢朝云，善吹篪[16]，能为《团扇歌》《陇上声》[17]。琛为秦州刺史，诸羌外叛，屡讨之不降，琛令朝云假为贫妪[18]吹篪而乞。诸羌闻之，悉皆流涕，迭相谓曰："何为弃坟井，在山谷为寇也？"即相率归降。秦民语曰："快马健儿[19]，不如老妪吹篪。"琛在秦州，多无政绩，遣使向西域求名马，远至波斯国[20]，得千里马，号曰"追风赤骥"。次有七百里者十余匹，皆有名字。以银为槽，金为锁环，诸王服其豪富。琛常语人云："晋室石崇乃是庶姓[21]，犹能雉头狐腋[22]，画卵雕薪[23]；况我大魏天王，不为华侈？"造迎风馆于后园，窗户之上，列钱青琐[24]，玉凤衔铃，金龙吐佩，素柰朱李[25]，枝条入檐，伎女楼上，坐而摘食。琛常会宗室，陈诸宝器，金瓶银瓮百余口，瓯檠盘盒称是[26]。自馀酒器，有水晶钵、玛瑙杯、琉璃碗、赤玉卮[27]数十枚，作工奇妙，中土所无，皆从西域而来。又陈女乐及诸名马，复引诸王按行府库，锦罽珠玑[28]，冰罗雾縠[29]，充积其内。绣缬、䌷绫、丝彩、越葛、钱绢等不可数计[30]。琛忽谓章武王融[31]曰："不恨我不见石崇，恨石崇不见我！"融立性贪暴，志欲无限[32]，见之恸叹，不觉生疾，还家卧三日不起。江阳王继来省疾[33]，谓曰："卿之财产，应得抗衡，何为叹羡，以至于此？"融曰："常谓高阳一人宝货多于融，谁知河间，瞻之在前。[34]"继笑曰："卿欲作袁术之在淮南，不知世间复有刘备也？[35]"融乃蹶起[36]，置酒作乐。于时国家殷富，库藏盈溢，钱绢露积于廊者[37]，不可较数。及太后赐百官负绢[38]，任意自取，朝臣莫不称力[39]而去。唯融与陈留侯李崇负绢过任，蹶倒伤踝[40]。太后即不与之，令其空出，时人笑焉。侍中崔光止取两匹，太后问："侍中何少？"对曰："臣有两手，唯堪两足[41]，所获多矣。"朝贵服其清廉[42]。经河阴之役，诸元歼尽[43]，王侯第宅，多题为寺[44]。寿丘里间，列刹相望[45]，祇洹郁起[46]，宝塔高凌。四月初八日，京师士女，多至河间寺[47]。观其廊庑绮丽，无不叹息，以为蓬莱仙室亦不是过。入其后园，见沟渎蹇产，石磴礁[48]嶤，朱荷出池，绿萍浮水，飞梁跨阁，高树出云，咸皆啧啧[49]，虽梁王兔苑[50]想之不如也。

注释：

[1]杨衒之，杨或作阳，又误作羊。生卒年不详，北魏北平(今天津蓟州区一带)人。曾任奉朝请、期城郡守、抚军府司马、秘书监。东魏孝静帝武定五年(547 年)，因行役重览洛

阳,感于战后洛阳残破,撰《洛阳伽蓝记》。"伽蓝"为梵语"僧伽蓝"略语,佛寺之意。《洛阳伽蓝记》共5卷,历叙佛寺兴废,寄托亡国悲慨。

[2]张方沟:当时张方桥下有一沟,因名。

[3]晏清:安静。

[4]八方率职:八方,天下、全国。率职,遵循职分,不乱来。

[5]缥囊:盛书的袋子,这里是指书籍。纪庆:记载祥瑞的事情。

[6]玉烛调辰:《尔雅·释天》:"四时和谓之玉烛"。玉烛调辰,就是四时调和的好时辰。

[7]殷阜:殷实富足。

[8]年登:年成好。

[9]鳏寡:鳏,没有妻子的成年男子;寡:没有丈夫的成年女子。茕独:茕,即茕,没有兄弟,独是指老而无子的人。这两句是说,那些鳏寡孤独的人也吃穿不愁。

[10]擅山海之富:独占山海里的财富。

[11]飞馆生风,重楼起雾:极言楼阁特别高。高耸如飞的楼台,招致大风,重迭的高楼如在雾中。

[12]榭:台上的屋子。

[13]河间王琛:是指北魏河间王元琛。字昙宝,北魏宗室,袭爵河间王。宣武帝时为定州刺史,以贪纵被胡太后废免于家。后行贿于侍中刘腾,出为秦州刺史。性奢侈,每欲与高阳王元雍争富,自谓富比石崇。

[14]高阳:高阳王元雍。争衡:争先,争胜。

[15]缋(huì):成匹布帛的头尾。俗称机头。可以用来系物。

[16]篪(chí):古代一种吹奏乐器,用竹管制成。

[17]《团扇歌》:乐府曲调名,《陇上声》,即《陇上歌》,这首诗被收入《乐府诗集·杂歌谣辞》。

[18]姬:年老的女人。

[19]快马健儿:《折杨柳歌辞》有"健儿须快马,快马须健儿",快马健儿是当时北方之习用语。

[20]琛在秦州,多无政绩:据《魏书·元琛传》载:"(琛)出为秦州刺史。在州聚敛,百姓吁嗟。……琛性贪暴,既揔军省,求欲无厌。百姓患害,有甚虎狼。"波斯:即今伊朗。

[21]庶姓:一般人,庶民,既非贵族也非皇室。

[22]雉头狐腋:是两种极端贵重的皮衣。前者是用野鸡头上的五彩羽毛制成的皮表;后者是用狐狸腋下的毛皮制成的皮表。

[23]画卵雕薪:在鸡蛋、薪木上雕画图形。

[24]列钱:把钱一枚一枚地排列着。青琐:青色的连琐。是指窗户上用青钱连环成装饰图案。

[25]素柰朱李:白柰果、红李子。柰(nài),苹果的一种,通称"柰子";亦称"花红""沙果。

[26]瓯檠盘盒称是:瓯(ōu),小盆,深的碗。檠(qíng),灯架、烛台。称:相同。是,此。这句的意思是瓯、檠、盘、盒和瓶瓮差不多,也都是非金即银。

[27]赤玉卮:卮,酒杯。用红色的玉石做的酒杯。

[28]按行:循行,逐一。罽(jì),用毛做成的毡子一类的东西。

[29]冰罗雾縠:縠(hú)。罗和縠都是轻软有稀孔的丝织品。冰、雾都是用来比喻罗縠的轻薄、透明。

[30]缬(xié),彩色的丝帛。䌷:同"绸"。越,越布,白越,细布名。葛:葛布绢,较粗糙的生丝织物。

[31]章武王融:章武王元融(480—526年),字永兴,河南洛阳人。北魏宗室、大臣。

[32]融立性贪暴,志欲无限:元融秉性贪残,喜聚敛财富。据《魏书·元融传》记载:"领河南尹,加征东将军。性尤贪残,恣情聚敛,为中尉纠弹,消除官爵。"

[33]江阳王继:元继(464—528年),字世仁,鲜卑族,河南洛阳人。北魏宗室大臣,道武皇帝玄孙。袭封江阳王。省疾:探病。

[34]瞻之在前:语出《论语·子罕》:"瞻之在前,忽焉在后",本来是颜渊用来比喻孔子的学问高深莫测,而元融在此的用意是说:谁知河间王的财富也超过了自己。

[35]"卿欲"二句:据《后汉书·吕布传》记载,袁术与刘备在淮水一带对峙,袁术想联合吕布打刘备,就写信给吕布,信中有"术生年以来,不闻天下有刘备"的话。元继这里是用这个故事提醒元融,要正视现实。

[36]蹶起:蹶然而起。蹶,受惊而迅速动作的样子。

[37]露积:堆积在外。库藏:存放财物的地方,府库。

[38]负绢:背绢。

[39]称力:尽力,按照自己的力量去做。

[40]过任:超过自己的体力。蹶倒伤踝:跌倒损伤了脚踝骨。

[41]侍中崔光:(450—523年),字长仁,本名孝伯,孝文帝赐名光。清河人(今山东省夏津县白马湖镇崔庄村)。北魏名臣,刘宋乐陵太守崔旷之孙、长广太守崔灵延之子。曾任侍中,相当于宰相。唯堪两疋:只能拿得下两匹。堪:经得起。疋,匹。

[42]服其清廉:佩服其清正廉洁。

[43]河阴之役:后魏孝明帝死无子,立临洮王世子元钊为帝,年仅三岁。由胡太后掌握政权。尔朱荣要立长乐王,乃自太原引兵南下,屯兵河阴之野。召百官来见长乐王,到来的王公朝臣一千多人,都被杀死。河阴故城在今河南省孟津县东。诸元歼尽:拓跋魏的皇族都被杀光。

[44]多题为寺:大多题上匾额,变成佛寺。

[45]里闾:古代二十五家为里,又称闾。这里泛指聚居的里巷。刹:佛寺。

[46]祇洹郁起:祇洹(zhī huán),精舍,寺院。郁起,盛起。

[47]河间寺:即河间王元琛住宅改造而成的佛寺。

[48]沟渎:沟渠,水道。寒产,曲折迂回的样子。石磴:石阶、石台。礁硗:峭峻高耸的样

子。硗(qiāo),坚硬的石头。

[49]啧啧:叹息的声音。啧(zé)。

[50]梁王兔苑:汉武帝的儿子梁孝王所筑的园囿。兔苑,也称梁园。作为游乐和招纳宾客之所,园中有山有池,宫观很多,极为豪华。地址在今河南商丘市东。

扩展阅读:

刘义庆《世说新语·汰侈篇》四则

石崇厕,常有十余婢侍列,皆丽服藻饰;置甲煎粉。沉香汁之属,无不毕备。又与新衣著令出,客多羞不能如厕。王大将军往,脱故衣,著新衣,神色傲然。群婢相谓曰:"此客必能作贼!"

武帝尝降王武子家,武子供馔,并用琉璃器。婢子百余人,皆绫罗绔袴,以手擎饮食。烝豚肥美,异于常味。帝怪而问之,答曰:"以人乳饮豚。"帝甚不平,食未毕,便去。王、石所未知作。

王君夫以粘糖澳釜,石季伦用蜡烛作炊。君夫作紫丝布步障碧绫里四十里,石崇作锦步障五十里以敌之。石以椒为泥,王以赤石脂泥壁。

石崇与王恺争豪,并穷绮丽以饰舆服。武帝,恺之甥也,每助恺。尝以一珊瑚树高二尺许赐恺,枝柯扶疏,世罕其比。恺以示崇,崇视讫,以铁如意击之,应手而碎。恺既惋惜,又以为疾己之宝,声色甚厉。崇曰:"不足恨,今还卿。"乃命左右悉取珊瑚树,有三尺、四尺、条干绝世、光彩溢目者六七枚,如恺许比甚众。恺惘然自失。

述评:

5世纪初,北魏统治者在定都洛阳后,大规模修建寺塔,铸造佛像,致使"京城表里,凡一千余寺",称为天下第一。杜牧诗中所说的"南朝四百八十寺,多少楼台烟雨中",和北朝相比,真是小巫见大巫了。但后来经过几次战火骚扰,"寺观灰烬,庙塔丘墟",洛阳城遭到很大的破坏。东魏武定五年,杨衒之因事重过基地,感念兴废,采拾旧闻,写成《洛阳伽蓝记》一书,一共五卷。

本文节选自第四卷,对于河间寺的来历娓娓道来。作者利用对比手法巧妙地刻画了北朝的几位富豪的形象。西晋的石崇是出了名的富豪,生活奢侈。而200年后的北魏宗室大臣元琛却十分遗憾地说:"不恨我不见石崇,恨石崇不见我!"竟然因为找不到斗富对手而感到孤独遗憾。更为可笑的是另外一个大臣元融见了元琛举行的展览后,回家后大病三天,叹息自己只能排名第三。元融贪婪无比,在太后赏赐大臣尽已所能从国库负绢回家时,元融因为贪得无厌,拿得太多而摔倒,弄伤了脚踝,沦为笑柄。但是这些人对于财富"终朝只恨聚无多,及到多时眼闭了",一场"河阴之役,诸元歼尽,王侯第宅,多题为寺"。元琛的房产成了供后人游乐观赏的"河间寺"。这不由得让人想起刘禹锡"旧时王谢堂前燕,飞入寻常百姓家"的盛衰之感的名句了。

第二节　　石崇元琛们的财富和奢侈品从哪里来

（课下阅读资料）

一、西晋商业的畸形发展①

西晋统一后,虽然有对商业发展的有利因素在起作用,但另一方面,不利于商业发展的因素,也在日益扩大其影响。所以,西晋商业的发展,还是有限度的。三国时,封建依附关系的加强,自给自足的田庄经济的发展,曾缩小了商品经济的范围;到西晋时这种情况是尤为突出了。为了争取豪族对司马氏代魏的默许与支持,不能太得罪了他们,晋武帝虽对豪势之家兼并土地,私占劳动力的现象加以管理,但措施不力。在政治上,曹魏时的"九品中正制",已开按门第家世高低选任官吏的先例。到西晋时,家世更是成了论品定级的唯一标准,以致形成了"上品无寒门,下品无势族"的局面,高官显位全由贵族、豪门、世家、大族世代把持。这些享有经济和政治特权的士族门阀集团,经营起比三国时数目更多、规模更大的田庄,许多人又当官,又当田庄主。石苞之子石崇,在洛阳西北金谷涧,有号为"别业"的田庄,中有金田十顷,羊三百口,鸡猪鹅鸭之类,众果竹柏药草之属,莫不毕备,又有水碓、鱼池、土窟[1]。谏阻旅店官营的潘岳,在洛水之旁也"筑室种树,逍遥自得"。他的田庄里,竹、梨、柿、枣、李、桃、梅、杏、樱桃、石榴、葡萄、葱、韭、蒜、芋、菫、荠等,"靡不毕植"[2]。这种自给性很强的田庄经济的发展,当然在更大程度上加强了自然经济的统治地位,冲销了因自耕小农数目有某些增长而引起的扩大商品、货币关系的趋势。这是西晋商业发展所受的一个最大的限制。

---

① 此篇主要摘自吴慧.中国古代商业史(第二册)[M].北京:中国商业出版社,1982:231 - 239.有改动.

　　手工业中封建依附关系的加强,也给商业的发展加上又一重限制。由于汉末、三国时期战乱原因,手工业一时极度衰落。各个割据者,为了制作兵器、甲胄、农具(屯田用)、车船和宫廷所需的服饰用品,首先致力恢复官手工业。在官手工业中的劳动者,除了一部分官奴婢、罪犯外,主要是俘掠或征发来的有专门技术的"百工"。百工不但要给官府手工业固定地服役,而且自己出卖其制成品(本人或其家属自制)时也须报告姓名,并获得主管官吏的允许,不能自由生产商品。官手工业所需的原材料,可通过官府自己开采、生产(铁、铜、金、银、竹、木等)或向民间征收贡赋(丝、麻)的方式取得,内部调用,不需向外购买;在百工为官府作场服役,如衣食由官供给时,这部分生活资料也不仰给于市场。因此,就在相当程度上减少了商品交换的内容。西晋时,官手工业的产品主要是为了自用,只有盐、铁、丝织品为了取得财政收入,才主要作为商品用于出售。官府自给有余,出售其手工业产品,这种情况是次要的。而百工很大部分劳动时间要为官府服役,自己可以支配的时间不多,即使自己生产出产品也不能自由出售。因此,也就在相当程度上缩小了商品生产的范围。

　　与自耕农民、独立手工业者购买生活、生产资料,出售生产物有关的商品交换,有关的商业,既然受到如此的限制,商业的发展就只有向统治阶级所需的奢侈品和高级消费品的贸易上去找出路。所以,在西晋时,一开始就"承魏氏奢侈刻弊之后",奢侈品的商业是特别发达的。这是西晋商业畸形发展的第一个表现。

　　晋武帝平吴前一度想抑奢从俭(矛头主要针对私营的大商人),但"平吴之后,天下乂安,遂怠于政术,耽于游宴"[3],宫中有女一万人以上。这个统治者踌躇满志,在老成(羊祜、杜预)凋零、无人劝说的情况下,一反平吴前的在政治上想有所改善的做法,而一天比一天地荒淫奢侈起来。晋武帝在位的前十五年与后十五年,两段时间的变化划然可分。这是统治者阶级本性的暴露过程,也是整个统治集团的日趋腐化的必然过程。

　　为了追求奢侈,晋武帝变得十分贪财。刘毅说他比东汉的桓帝、灵帝还不如。因为桓帝卖官,钱入官库;晋武帝把官职商品化,卖官所得的钱纳入私囊。在晋武帝带头提倡奢侈、提倡荒淫之下,豪门大族群起效尤。刘毅数劾大臣奢汰无度,武帝一无所问。西晋初对豪门贵族,从生活上到经济权力上的某些限制已经束之高阁了。

　　由西晋皇室和士族门阀集团构成的统治集团,算得上是中国历史上的一个出名的荒淫奢侈的腐朽集团。晋武帝的大臣,太傅何曾,"帷帐车服穷极绮丽,厨膳滋味,过于王者"。日食万钱,还说无下箸之处;何曾的儿子何劭,更超乃父,每天膳费二万钱,衣裘服玩无数。任恺比何劭更奢侈,王恺、羊琇、王济又胜于任恺。

晋武帝至王济家赴宴,供馔悉贮琉璃器中。但他们与石崇相比,还是如小巫之见大巫。晋武帝的舅父王恺和石崇斗奢侈,晋武帝帮助王恺,赐给二尺许的珊瑚,但在石崇搬出六七个三、四尺高的珊瑚面前,也不禁恍然若失。连皇帝也参加斗奢,可见奢侈之风盛行到何种地步[4]。正如傅咸所说,当时"奢侈之费"是"甚于天灾"者[5]。麦糖被用来洗锅,蜡被当作柴烧,赤石膏被拿来泥墙,就是精美的紫丝布和蜀锦,也是充作布障的料子而已。南海来的二尺长的珊瑚,一下子便被敲碎,以表示没有什么了不起。商业就为这些丧心病狂的统治者提供斗奢争侈的奇珍异物。在统治集团的圈外,而为之服务的人,也是"百姓竞其丰屋""贾竖皆厌粱肉""婢妾被服绮罗""贱隶乘轻驱肥",其奢侈日甚[6]。太康年间,社会生产进一步恢复与发展而增长的社会财富,被剥削阶级及其虐从人员肆意地挥霍浪费光了。西晋时奢侈生活、奢侈风尚和由此而来的奢侈性、浪费性的商业,已经超过东汉,而达到了一个新的顶点。

这种"竞鬻无用之货,淫侈之币"的商业,即王符所说的"淫商",不同于"以通货为本"的正当商业。为了从事奢侈品的生产和流通,"农工之业多废,或逐淫利而离其事"[7],一时曾被抑制的舍本逐末之风再度抬头。工商人口过多,商贾不是仅仅"足以通货而已"。对于国计民生来说,奢侈性商业过度的畸形发展是有害无利的。

西晋商业畸形发展的另一个突出表现:商业经营更多地为大官僚、大地主所垄断,正当的私营商人日益受到排挤。尽管世家大族自矜门第高贵,贱视中小商人,法令规定市侩得戴头巾,头巾上写明姓名及所卖物品名称,一脚着白布鞋,一脚穿黑鞋[8],商贾的社会地位很低,但世族已有地位,他们要的是更多的钱财,经商正是他们发财弄钱的门径,并不因"贵义贱利"的教条而不屑为之。官僚地主与商业的结合,在西晋也达到一个新的"水平"。

官僚地主所以多喜经商,首先是由于他们作为大田庄主,有一部分自给有余的产品需要投入市场,自己经营,不假手于中间商人,赚的钱就更多。商业在很大程度上已成为替封建主服务的、田庄经济下剩余生产物的一种销售形式。还是那个潘岳,在《闲居赋序》中,自己承认"灌园鬻蔬,供朝夕之膳;牧羊酤酪,俟伏腊之费";"池沼足以鱼钓,舂税足以代耕"[9](舂税即水碓的租金。水碓是利用水力舂粟,东汉初已有,推广于魏晋,杜预更作连机水碓——"八磨",提高效率,可是这种节省劳力的工具,大都被贵族富豪所垄断,而藉以牟利)。卖鲜鱼、蔬菜、羊酪大有所得,用水碓替人加工粮食,也增加了收入。在他"背京溯伊,面郊后市"的田庄里,能出售的商品可真不少。"竹林七贤"之一的大官僚王戎,"性好兴利,广收八方园田水碓,周遍天下,实积聚钱,不知纪极(无休止)"。他常常手执牙筹,昼夜算账，"恒苦不足"。"家有好李，常出货之"，恐怕买者得到好种，总是钻破李核，才让拿到市上出售[10]。身为"大名士"，挖空心思，牟取商利的贪鄙面目，比那些贪贾佞商又何逊色！

当然，官僚、地主们经商，并不仅限于自己田庄中的产品，其他各种买卖，只要有机会，他们也是非常乐意去做的。石崇怎么会这样富？除了他家兼并了大量土地，霸占河流水利，有水碓三十余区，并占有奴八百余人以外，"百道营生，积财如山"[11]。各路的买卖，各样的生意，他都经营。甚至在他当荆州刺史时，还劫夺外国使者和商客，大发横财，在他看来，这样中途下手，比自己派出人到产地去，从事远程的贩运贸易，还方便得多哩。

统治集团经商风气之盛，到后来，竟引得皇太子也在宫中设立市场，象东汉末代皇帝灵帝那样自己学做商人。史载，那个"于宫中为市"的愍怀太子司马遹（武帝孙，惠帝长子，立为皇太子，后被废），不但"使人屠酤"，而且自己练出"手揣斤两，轻重不差"的一手硬功夫。据说，"其母本屠家女也，故太子好之"。他"又令西园卖葵菜、蓝子、鸡、面之属，而收其利"[12]，以此来弥补他"奢费过度"的开支。无怪江统（时任太子洗马）要喟然而叹曰："秦汉以来，风俗轻薄，公侯之尊，莫不殖园圃之田，而收市井之利。渐冉相仿，莫以为耻，秉以古道，诚可愧也。今西园卖葵菜、蓝子、鸡、面之属，亏败国体，贬损令闻！"[13]其实问题的要害，主要还不在于太子卖肉，不成体统，整个统治阶级集团的贪鄙日甚，不顾廉耻，表明了西晋立国未久，而已濒于末世了。

西晋的贪鄙之风，大长于晋武帝后期。武帝死，那个听说有人"没饭吃"就说"何不食肉糜"的白痴皇帝晋惠帝即位。其妻贾氏（贾南风）擅权专恣。贾后之父贾充，其先人在汉时是一个市魁（市侩的头目），因亲手杀死曹髦，帮助司马昭夺取政权而受到信任。贾充死，孙贾谧为嗣，与贾后内外相应，"权过人主""负其骄宠，奢侈逾度"，潘岳、石崇都是附于贾谧的党羽。就在惠帝元康年间（291 年—300年）贾氏集团专权时，统治者贪财好货之心更是炽烈了。真是"货赂公行"，有如"互市"[14]，要成事，须靠钱，钱的神通越来越大了。

本来在西晋时，仍是谷帛与钱币并行。慑于过去滥制钱币、币制紊乱所造成的恶果，西晋政府不敢轻易铸钱，而采取了通货紧缩政策。由于商业有所发展，商品流通量增加，而钱币通行古钱和曹魏五铢钱，新铸的不多，钱币不足（赏赐、救济都用帛，不用钱），物价稳中有跌。三国时物价上涨，重物轻钱的心理，至此已完全扭转。钱值钱了，更为人所喜爱。在钱帛两者之间，钱的地位上升了。早在武帝时就出现了像和峤那样的"家产丰富，拟于王者"的钱癖（杜预评语）。[15]尽管也有人（如王衍）假惺惺地"口不言钱"（称钱为阿堵物）。惠帝时贪鄙之风更盛，在社会上是"凡今之人,惟钱而已"。"钱多者处前,钱少者居后,处前为君长,在后为臣仆"。"忿争非钱不胜,幽滞非钱不拔,怨仇非钱不解,令闻非钱不发"。钱之所在,"危可使安,死可使活";钱之所去,"贵可使贱,生可使杀"。钱,不仅仅是"市井便易,不患耗折",作为流通手段使用而已。南阳人鲁褒所作的《钱神论》,就是对当时这种情况的强烈讽刺。在这篇小品文中,称钱"亲之如兄,子曰孔方",并引谚语曰:"钱无耳,可使鬼";后世的"孔方兄""有钱能使鬼推磨"等语,即来源于此[16]。"死生有命,富贵在钱。……天有所短,钱有所长"[17],西晋时的货币拜物思想,并非商品货币关系高度发展的产物,而是标志着社会贪鄙之风日长的一个"风力计"。

西晋统治集团的恶行实在太多,单从商品货币关系这一具体方面来看,已足以说明问题。在腐朽政治的黑暗统治下,农民和内迁的各少数民族劳动人民承受难以再忍的残酷的压迫和剥削。阶级矛盾和民族矛盾日趋剧烈。统治集团内部也相互倾轧,由贾后挑起的"八王之乱",造成了延续十六年(291—306年)的混战,几十万人民被夺去生命。京师洛阳十三岁以上的男子,全被胁迫服役,米价贵至一石万钱,饿死的人无数,长安也被烧杀抢掠,人民被迫流亡,无法生产。社会秩序大混乱,发展中的经济大受摧残,商业的发展又碰到一次严重的挫折。西晋政权的统治力量也消耗殆尽,面临彻底垮台。

注释:

[1]石崇《金谷诗序》。

[2]《晋书·潘岳传》。

[3]《晋书·武帝纪》。

[4]《晋书·何曾传·石崇传》。

[5]《晋书·傅玄传附傅咸传》。

[6]《晋书·傅玄传附傅咸传》。

[7]《晋书·傅玄传》。

[8]《太平御览》卷八百二十八资产八引《晋令》曰:"侩卖者亦当着巾,白帖额,书所侩卖及姓名。一足白履,一足黑履。"

[9]《晋书·潘岳传》。

[10]《晋书·王戎传》。

[11]《晋书·石崇传》。

[12]《晋书·愍怀太子传》。

[13]《晋书·江统传》。

[14]《晋书·惠帝纪》。

[15]《晋书·和峤传》。

[16]《晋书·鲁褒传》。

[17]《全晋文》卷一百三十《钱神论》。

二、北朝对外贸易的发展①

与南朝对外贸易的重心在东南海这一点有所不同,北朝的对外贸易重点在西北,通过陆路,经由西域,与中亚、西亚、南亚各国开展经济交流。西北陆路十六国动荡时也未完全断绝,北朝时北中国局面相对稳定,通过西北陆路,中外之间的贸易就更发展了。

从魏晋到北朝,经过西域到域外,或由域外经西域到中原的商路有三条:南道出玉门关,由南山北坡西行,越葱岭到身毒(印、巴)、大月氏(今阿富汗);中道出玉门关,经白龙堆,故楼兰城(今罗布泊西北),沿孔雀河西抵龟兹,再经疏勒、大宛而达波斯、大秦等国;北道即新道,从玉门关西北绕过白龙堆沙漠,经伊吾、高昌西行抵龟兹,与中道合。西去的商品仍以丝、丝织品为大宗,辗转输往大秦,丝绸之路依旧闻名于世。

大秦在南北朝时期是指东罗马(东晋太元十二年,即387年,罗马分裂为东西两部;476年即刘宋末,西罗马灭亡。)《北史》载大秦多璆琳、琅玕、神龟、白马、朱鬶、明珠、夜光璧,除从东南海道通交趾输入外,北朝时还从西北陆路与中国往来不绝。英人因斯坦在新疆曾购得四世纪拜占庭(东罗马)的金币两枚,并在高昌古墓中发现拜占庭金币三枚,咸阳隋墓中,也发现拜占庭金币一枚,都是大秦商人来华贸易的见证。山西灵石发现的罗马铜币十二枚,也是北朝时来中国的东罗马商人携带的遗物。

波斯(安息)一向是中国的丝运往大秦的居间商。北魏文成帝太安元年(455年)波斯萨珊王朝首次遣使来华,孝明神龟元年(518年)波斯又遣使朝献。以后一直到西魏时,常有使来,北周武帝天和二年(567年)波斯王仍遣使来献,高昌古城、河南陕县会兴镇附近刘家渠,先后发现的波斯萨珊王朝的货币十二枚(有银币、金币),就是当时的商人、使者带来的。在北魏的都城洛阳居住的外国商人("商胡贩客")中,就有不少是波斯商人。城南四通市之西有白象坊与狮子坊,里面养着乾陀罗(阿富汗东部)进献的白象和波斯贡奉的狮子。狮子坊里住着一些波斯人。531年(普泰元年)北魏节闵帝元恭即位,下诏说:"禽兽囚之,则违其性,宜放还山林",狮子要送还波斯。奉命送狮子的胡人,因波斯道远不可送,"遂在路

①　此篇摘自吴慧.中国古代商业史(第二册)[M].北京:中国商业出版社,1982:318-321.

杀狮子而返"。"有司纠劾,罪以违旨论"。节闵帝说:"岂以狮子而罪人也? 遂赦之"[1]。这个故事中的胡人,是已定居狮子坊的波斯人,不杀他是给洛阳城的其他商胡贩客做个姿态,以示安抚,好稳定并促进对外贸易的发展。在与波斯的贸易中,北魏统治集团有时也主动派人出去采购。河间王元琛曾遣使"远至波斯,搜求名马、珍宝"。他家各种珍奇宝物,"中土全无,皆从西域而来"[2]。

天竺、罽宾以海路与南朝贸易往来较多,但与北朝也有联系。据《魏书》所记,西天竺于太和元年(477 年)、南天竺于景明三年、四年(502、503 年)、正始四年(507 年)、永平元年(508 年)、延昌三年(514 年)遣使朝贡(辟支、佛牙、骏马、金银等物);罽宾来使的时间是景明三年、永平元年、熙平二年(517 年春秋两次)。同一年春秋两次来朝,不像是真的使者,而似商人之伪托。

除了对西方的贸易以外,对东北亚诸国的贸易也有一定的开展。朝鲜半岛的高丽(其先出于夫余)在太武帝时起和北魏建立了经常的关系,"贡使相寻,岁致黄金二百斤,白银四百斤",北魏则报赐有加,并给予"衣冠服物车旗之饰"[3]。孝文帝时百济来使献礼,厚遣使者。北齐代魏,高丽,还有百济(马韩之属)和中国仍常有贡使来往;北周统一北方,继续来往不绝。隔海的日本"自魏至于齐梁,代与中国相通"[4],既与南朝通使,又与北朝贸易。

北朝各个政权就是这样地同域外各国扩展友好的对外贸易的。通过贸易、不仅交流了货物,而且交流了技术,对中外双方的经济都有积极意义。如中国的养蚕技术在六世纪末经波斯而传入大秦;行于西方、中国自己久已失传的琉璃制作技术,在北魏太武帝时,通过大月氏来京师商贩的传授,而获得推广。"采矿山中","铸石为五色琉璃","既成,光泽乃美于西方来者。……观者见之莫不惊骇,以为神明所作。自此,中国琉璃遂贱,人不复珍之"[5]。

但通过对外贸易也大大刺激了统治集团的贪欲,使奢侈品贸易更加畸形地发展。上面提到的河间王元琛就是一个热衷于追求"洋货"的典型。他以域外珍物来炫示自己的豪富,不以压服诸王为足,而且要以"大魏天王"的身份同"晋室"的"庶姓"石崇比华侈。曾说"不恨我不见石崇,恨石崇不见我!"孝明之世,统治者的奢侈腐化、贪暴荒淫已发展到了极点,北魏王朝的覆亡已经为期不远了。从这一点说,以奢侈品为主要内容的对外贸易的发展,又不可避免地起着促使统治者为了提高自己的"购买力"(购买域外奇珍),而加重对人民的榨取,使人民生活更趋贫困的消极作用。

对外贸易的发展,对于文化上的影响,以佛教的传播最为显著,而这种佛教,对于中国人民的精神生活,以至当时的社会经济是起了很大的腐蚀性的消极作用的。说贸易与佛教有关的证据:僧侣往往同商人结伴而来,有的时候,商人与僧人简直就合而为一。如南北朝时的释道仙,一名仙僧,原是康居人,以商贩为业。梁周之际往来蜀吴(时蜀属北周,吴属梁),江海上下,集积珠宝,所获资货,满载两船[6]。貌似清高脱俗的"仙僧",其实未能免俗,满身缭绕着珠光宝气,与来自丝绸之路、定居洛阳慕义里内、满身铜臭的"商胡贩客",本来没有什么两样。

注释:

[1]《洛阳伽蓝记》卷四。

[2]《北史·高丽传》。

[3]《魏书·倭国传》。

[4]《魏书·西域大月氏传》。

[5]《北史·高丽传》。

[6]《高僧传》二集卷三四。

★课后练习与思考

1.分析人们对于金钱崇拜的原因是什么? 石崇、元琛炫富的心理动机是什么?

2.正确对待金钱的态度应该是什么样的?

第八章

唐代商旅艰辛与宋代都市繁华

国家的强盛离不开经济的繁荣。都市的繁荣离不开商业的发达。都市的兴衰与国家的命运是息息相关的。唐代是继汉代之后中国历史上又一个全盛时代,在这个伟大时代里,商业也在继续发展。唐代诗歌中描绘商旅生活的诗篇很多,和魏晋文人的故作清高不同,在这些诗篇中诗人们对商人艰辛的商旅生涯表达了由衷的同情。两宋国土日蹙,都市的繁华与衰落引得无数文人为之感叹。

第一节　唐宋诗词中的商旅生活与都市繁华

（课堂讲解,2 学时）

唐代文学中,表现商人的作品大为增加,表现商人的范围也更为扩大了。不仅有直接描写商人商旅生活的,还有写到商人家庭生活的诗篇。可见文人已经敏锐地感受到商人阶层的崛起。宋代市民阶层兴起,包括商人、手工业者、各种服务性行业人员以及政府机构下层职员等。而都市就是他们的活动中心。北宋的首都汴京即现在的开封,是一个人口超过百万的国际性大都市,其城市生活生气勃勃;南宋的首都临安即如今的杭州,自宋室南迁也迅速发展成为一个商业性大都市。都市的繁华都被文人记入诗词之中。

一、李白《长干行》[1]

妾发初覆额[2],折花门前剧[3]。郎骑竹马来,绕床弄青梅[4]。
同居长干里,两小无嫌猜,十四为君妇,羞颜未尝开。
低头向暗壁,千唤不一回。十五始展眉[5],愿同尘与灰[6]。
常存抱柱信[7],岂上望夫台[8]。十六君远行,瞿塘滟滪堆[9]。
五月不可触[10],猿声天上哀[11]。门前迟行迹,一一生绿苔[12]。
苔深不能扫,落叶秋风早。八月蝴蝶黄[13],双飞西园草。

感此伤妾心,坐愁红颜老[14]。早晚下三巴[15],预将书报家。

相迎不道远[16],直至长风沙[17]。

注释:

[1]长干行:《长干行》乃乐府旧题,古辞仅有四句,李白衍为长篇。长干是古建康(今江苏南京)里巷名。大长干巷在今南京中华门外,小长干巷在今南京凤凰台南。

[2]妾:古代妇女自称的谦辞。初覆额:才遮住额头,指头发尚短。

[3]剧:游戏。

[4]竹马:古代儿童玩耍,常把竹竿骑在胯下当马骑。床,古代坐具。弄,玩。此二句写童年男女两小无猜相伴嬉戏的情状。

[5]展眉:开眉,是指略懂世事,感情展露于眉间。

[6]此句是指愿意同生共死。尘与灰原是同类,本易凝合,比喻夫妇永远黏合不开,如同"以胶投漆中"如胶似漆之意。

[7]抱柱信:《庄子·盗跖》中有:"尾生与女子期于梁(桥)下,女子不来。水至,不去。抱梁柱而死。"后人以此称守信约。

[8]望夫台:望夫山。古代传说,夫久出不归,妻子每天上山眺望,化为石头,因称之为望夫石,山亦被称为望夫山或望夫台。

[9]瞿塘:长江三峡之一,在今重庆奉节附近。滟滪堆:在奉节东五公里,是瞿塘峡口突起于江中的大礁石。附近水流湍急,乃旧时长江三峡的著名险滩。

[10]五月:阴历五月,江水上涨,滟滪堆被水淹没,船只不宜辨识,容易触礁致祸,故称"五月不可触"。

[11]猿声:三峡多猿,啼声哀切。古歌谣说:"巴东三峡巫峡长,猿鸣三声泪沾裳。"天上:形容峡中山高,如在天上。以上四句是写丈夫西上巴蜀,江行艰险,表现女子对丈夫安危的深切担忧。

[12]迟行迹:迟一作"旧",是指丈夫出行前留下的行迹。二句是指丈夫久出不归,门前的旧时足迹已经长满青苔。

[13]蝴蝶黄:一作"蝴蝶来"。明杨慎谓秋天黄色蝴蝶最多,并引李白此句以为深中物理。六朝至唐代诗中写黄蝶者甚多。如梁简文帝《春情》诗:"蝶黄花紫燕相追,杨低柳合露尘飞。"唐张谓《别韦郎中》诗:"峥嵘洲上飞黄蝶,滟滪堆边起白波。"

[14]坐:遂,顿,遽。

[15]早晚:疑问词,多早晚,什么时候。下三巴:从三巴下来。三巴即巴郡、巴东、巴西,相当于今重庆地区。

[16]不道远:不顾远,不嫌远。道,说。

[17]长风沙:在今安徽安庆市长江边。陆游《入蜀记》卷三谓自金陵至长风沙有七百里。

扩展阅读：

金陵向西贾客多，船中生长乐风波。

欲发移船近江口，船头祭神各浇酒。

停杯共说远行期，入蜀经蛮谁别离。

金多众中为上客，夜夜算缗眠独迟。

秋江初月猩猩语，孤帆夜发潇湘渚。

水工持楫防暗滩，直过山边及前侣。

年年逐利西复东，姓名不在县籍中。

农夫税多长辛苦，弃业长为贩宝翁。

——张籍《贾客乐》

无言贾客乐，贾客多无墓。

行舟触风浪，尽入鱼腹去。

农夫更苦辛，所以美尔身。

——刘驾《反贾客乐》

自言本是京城女，家在虾蟆陵下住。

十三学得琵琶成，名属教坊第一部。

曲罢曾教善才服，妆成每被秋娘妒。

五陵年少争缠头，一曲红绡不知数。

钿头银篦击节碎，血色罗裙翻酒污。

今年欢笑复明年，秋月春风等闲度。

弟走从军阿姨死，暮去朝来颜色故。

门前冷落鞍马稀，老大嫁作商人妇。

商人重利轻别离，前月浮梁买茶去。

去来江口守空船，绕船月明江水寒。

夜深忽梦少年事，梦啼妆泪红阑干。

——节选自白居易《琵琶行》

述评：

李白的《长干行》是一首以商妇的爱情和离别为题材的诗。此诗作于开元十三年（公元725年）李白初过金陵（今江苏南京）时。诗以生活在长干里的女子的口吻，描写对外出经商的丈夫的深厚感情。从儿童时的两小无猜，到出嫁时的羞涩之态;从婚后的幸福亲热,到丈夫远行的深切思念,感情真挚动人。长干是金陵里巷,居民多从事商业。从诗中"十六君远行,瞿塘滟滪堆"来看,丈夫应是入蜀经商。张籍的《贾客乐》也描写了金陵商人乘船往西边蜀地经商的情形。唐代诗歌多写商人经商之苦,他们常常要冒着生命危险长途跋涉去外地经营,但是由于逐利甚多,即使再苦,商人也比农民的日子好过。

李白25岁写下此诗时,正是大唐帝国经济繁荣、工商业和城市进一步发展的时期。出生在商人家庭的李白对于商人的生活和商妇的痛苦应是十分了解。李白的《长干行》写出了商妇与丈夫的深挚的感情,二人青梅竹马,两小无猜,丈夫外出经商后,妻子有感春尽秋来,日夜盼望丈夫归来。诗中的女子对丈夫的外出经商是没有怨言的,因为他们从小生活在同样的环境,早已熟悉商人的生活,只有耐心地等待才是正理。而白居易《琵琶行》中的歌女"老大嫁作商人妇"后,却抱怨"商人重利轻离别",可见他们的婚姻缺乏爱情的基础,缺乏理解和信任。

二、柳永《望海潮》[1]

东南形胜[2],三吴都会[3],钱塘[4]自古繁华。烟柳画桥[5],风帘翠幕[6],参差十万人家[7]。云树绕堤沙[8],怒涛卷霜雪[9],天堑无涯[10]。市列珠玑[11],户盈罗绮[12],竞豪奢[13]。

重湖叠巘清嘉[14]。有三秋桂子[15],十里荷花。羌管弄晴,菱歌泛夜[16],嬉嬉钓叟莲娃[17]。千骑拥高牙[18]。乘醉听箫鼓[19],吟赏烟霞[20]。异日图将好景[21],归去凤池夸[22]。

注释:

[1]《望海潮》:词牌名,始见于本篇,当为柳永首创。杭州钱塘海潮为天下奇观,词咏杭州而以此为曲名,名副其实。据宋人杨湜《古今词话》记载,柳永欲见杭州地方长官孙何,因门卫森严不得进,遂作此词嘱名妓楚楚演唱于孙何宴席之上,以为进见阶梯。据今人吴熊和考证,此词投赠的对象为孙沔,而非孙何。当作于仁宗至和二年(1055),其时孙沔知杭州。

[2]形胜:地理位置重要、地形险要、山川美丽、物产富饶的地方。

[3]三吴:一作"江吴"。三吴是指吴郡、吴兴、会稽(分别相当于今苏州、湖州、绍兴一带)。泛指今江浙地区。都会:大城市,区域性政治、经济中心。

[4]钱塘:杭州的别称。

[5]画桥:有雕画装饰的桥梁。

[6]风帘:在风中飘摆的帘幕。翠幕:用翠鸟羽毛装饰的帘幕。

[7]参差:形容人家房屋高高低低、错落不齐。

[8]云树:远望去与云天相接的树林。堤沙:指钱塘江的堤岸和沙滩。

[9]霜雪:喻指雪白的浪花。

[10]天堑:指钱塘江。钱塘江在杭州入海,由于入海口呈喇叭状,外宽内狭,海潮倒灌时受到约束,形成涌潮,潮头壁立,波涛汹涌,十分壮观。"怒涛"二句指此。江海相接,望不到海的尽头,所以说"无涯"。

[11]玑:不圆的珍珠。

[12]户:门。罗绮:本义是两种高级丝织品。因其质地轻柔,且有美丽的花纹,适宜女性穿着,故文学作品中又用以代指美女。这里指妓女。本句是说,在花街柳巷中,门边站着许多妓女。倚门卖笑,是妓女的职业特征。

[13]豪奢:豪华奢侈。

[14]重湖:指西湖。湖被白堤截为里、外两部分,故称。叠巘(yǎn):指西湖周围重叠的山峦。巘,山峰。清嘉:清秀美丽。

[15]三秋:夏历七月为孟秋,八月为仲秋,九月为季秋,合称"三秋"。此处泛指秋天。桂子,杭州灵隐寺和天竺寺多桂花树,相传其种来自月中。

[16]弄:吹奏。菱歌:采菱角的姑娘们的歌声。泛:本指泛舟,但与前后文辞搭配,也产生出菱歌浮泛于夜空的妙趣。

[17]嬉嬉:戏耍笑乐貌。钓叟:钓鱼的老翁。莲娃:采莲的姑娘。

[18]千骑:汉乐府诗《陌上桑》有:"东方千余骑,夫婿居上头",后世文学作品用以特指一方长官的骑从(骑马的侍从)规格。骑:一人一马的合称。高牙:将帅的大旗。牙,牙旗的省略语。此句写孙沔出游,仪仗人马,大队簇拥。宋时,知州兼管军事,故可用将军的仪卫。以下各句皆写孙沔。

[19]箫鼓:指民间祭神活动中音乐的吹打声。

[20]烟霞:指山林景致。

[21]异日:他日,日后。图:绘,画。

[22]凤池:魏晋时设中书省,其长官掌管朝廷机要,为事实上的宰相,多得皇帝的宠任,故这一职位有"凤凰池"的美称。以上二句是颂美孙沔在杭州的政绩突出,定能升任宰相,那时便可以将杭州的美景画成图册,带回到朝廷中去夸耀。

扩展阅读:

江南忆,最忆是杭州。

山寺月中寻桂子,郡亭枕上看潮头,何日更重游?

—— 白居易《忆江南》

水光潋滟晴方好,山色空蒙雨亦奇。

欲把西湖比西子,淡妆浓抹总相宜。

——苏轼《饮湖上初晴后雨》其二

毕竟西湖六月中,风光不与四时同。

接天莲叶无穷碧,映日荷花别样红。

——杨万里《晓出净慈寺送林子方》

西湖天下景,朝昏晴雨,四序总宜。杭人亦无时而不游,而春游特盛焉。承平时,头船如大绿、间绿、十样锦、百花、宝胜、明玉之类,何翅百余。其次则不计其数,皆华丽雅靓,夸奇竞好。而都人凡缔姻、赛社、会亲、送葬、经会、献神、仕宦、恩赏之经营,禁省台府之嘱托,贵珰要地,大贾豪民,买笑千金,呼卢百万,以至痴儿呆子,密约幽期,无不在焉。日糜金钱,靡有纪极。故杭谚有"销金锅儿"之号,此语不为过也。

——节选自周密《武林旧事》卷三

孙何帅钱塘,柳耆卿作《望海潮》词赠之云:"东南形胜,三吴都会,钱塘自古繁华。烟柳画桥,风帘翠幕,参差十万人家。云树绕堤沙。怒涛卷霜雪,天堑无涯。市列珠玑,户盈罗绮,竞豪奢。重湖叠巘清佳。有三秋桂子,十里荷花。羌管弄晴,菱歌泛夜,嬉嬉钓叟莲娃。千骑拥高牙,乘醉听箫鼓,吟赏烟霞。异日图将好景,归去凤池夸。"此词流播,金主亮闻歌,欣然有慕于"三秋桂子、十里荷花",遂起投鞭渡江之志。近时谢处厚诗云:"谁把杭州曲子讴?荷花十里桂三秋;那知草木无情物,牵动长江万里愁。"余谓此词虽牵动长江之愁,然卒为金主送死之媒,未足恨也。至于荷艳桂香,妆点湖山之清丽,使士夫流连于歌舞嬉游之乐,遂忘中原,是则深可恨耳。因和其诗云:"杀胡快剑是清讴,牛渚依然一片秋。却恨荷花留玉辇,竟忘烟柳汴宫愁。"盖靖康之乱,有题诗于旧京宫墙云:"依依烟柳拂宫墙,宫殿无人春昼长。"

——罗大经《鹤林玉露》"十里荷花"条

述评:

杭州美景让人流连忘返,歌咏杭州风景之美的诗词数不胜数。能把杭州的繁华用诗词写出来的却不多,而北宋"奉旨填词"的词人柳永首创的《望海潮》则把杭州的美景和繁华都刻画出来了。相传一百六十年后,金主完颜亮之所以大举南侵,就是因为听此歌曲,有慕于杭州的"三秋桂子,十里荷花"。这近似小说的传言,不可以为信史,但也不是完全不可能。杭州的繁华离不开杭州商业的繁荣,词中写到的"市列珠玑,户盈罗绮,竞豪奢"就是明证。词人只抓住"珠玑"和"罗绮"两个细节,便把市场的繁荣、市民的殷富反映出来。珠玑、罗绮又皆妇女服用之物,有人认为"罗绮"是指倚门卖笑的妓女,暗示出杭城声色之盛。缀以"竞豪奢"

一个短语,反映了富有的市民穷奢极侈的生活。如果说完颜亮南下是受柳永词中写到杭州的美景的吸引,不如说是冲着杭州的繁华而来。

三、李清照《永遇乐》[1]

落日镕金[2],暮云合璧[3],人在何处[4]?染柳烟浓,吹梅笛怨[5],春意知几许[6]!元宵佳节,融和天气,次第[7]岂无风雨?来相召、香车宝马[8],谢他酒朋诗侣[9]。

中州[10]盛日,闺门[11]多暇,记得偏重三五[12]。铺翠冠儿[13],捻金雪柳[14],簇带争济楚[15]。如今憔悴,风鬟雾鬓[16],怕见[17]夜间出去。不如向帘儿底下,听人笑语。

注释:

[1]《永遇乐》一调始见于柳永《乐章集》。此词当作于李清照南渡以后。

[2] 落日镕金:杜牧《金陵》诗:"日落水浮金。"宋廖世美《好事近》词:"落日水镕金。"

[3] 暮云合璧:疑当作"暮云合碧",用南朝梁代江淹《休上人怨别》:"日暮碧云合,佳人殊未来。"

[4] 人:当指已故的丈夫赵明诚。一说指词人自己。

[5] 吹梅笛怨:指《梅花落》曲。唐段安节《乐府杂录》:"笛者,羌乐也,古有《梅花落》曲。"

[6] 几许:多少。

[7] 次第:转眼。

[8] 召:呼唤。香车宝马:指华丽的车马。

[9] 谢:辞谢。以上三句是说,饮酒作诗的一班朋友,乘着华丽的车马来唤我同游,我却辞谢不出。

[10] 中州:今河南省居九州之中,故称。此处指北宋都城东京即今开封。

[11] 闺门:内室之门,借指女子。

[12] 三五:十五日,指正月十五元宵节。

[13] 铺翠冠儿:用翠鸟羽毛装饰的帽子。

[14] 捻金雪柳:用白色的绢或纸杂以金线制成的一种柳条状头饰。

[15] 簇带:插戴,打扮。济楚:齐整,漂亮。

[16] 风鬟雾鬓:发髻蓬乱。这里是说无心修饰打扮。

[17] 见:语助词,无实义。

扩展阅读：

仆从先人宦游南北，崇宁癸未到京师，卜居于州西金梁桥西夹道之南。渐次长立，正当辇毂之下，太平日久，人物繁阜，垂髫之童，但习鼓舞，班白之老，不识干戈，时节相次，各有观赏。灯宵月夕，雪际花时，乞巧登高，教池游苑。举目则青楼画阁，绣户珠帘。雕车竞驻于天街，宝马争驰于御路，金翠耀目，罗绮飘香。新声巧笑于柳陌花衢，按管调弦于茶坊酒肆。八荒争凑，万国咸通。集四海之珍奇，皆归市易，会寰区之异味，悉在庖厨。花光满路，何限春游，箫鼓喧空，几家夜宴。伎巧则惊人耳目，侈奢则长人精神。瞻天表则元夕教池，拜郊孟亭。频观公主下降，皇子纳妃。修造则创建明堂，冶铸则立成鼎鼐。观妓籍则府曹衙罢，内省宴回；看变化则举子唱名，武人换授。仆数十年烂赏叠游，莫知厌足。

——孟元老《东京梦华录》（序）

山外青山楼外楼，西湖歌舞几时休。
暖风熏得游人醉，直把杭州作汴州。

——林昇《题临安邸》

余自乙亥上元，诵李易安《永遇乐》，为之涕下。今三年矣。每闻此词，辄不自堪，遂依其声，又托之易安自喻。虽辞情不及，而悲苦过之。

璧月初晴，黛云远淡，春事谁主。禁苑娇寒，湖堤倦暖，前度遽如许。香尘暗陌，华灯明昼，长是懒携手去。谁知道，断烟禁夜，满城似愁风雨。

宣和旧日，临安南渡，芳景犹自如故。缃帙流离，风鬟三五，能赋词最苦。江南无路，鄜州今夜，此苦又谁知否。空相对，残釭无寐，满村社鼓。

——刘辰翁《永遇乐》

述评：

在诗词中，以元宵灯节为题材的优秀作品不少，大多是铺陈渲染元夕的热闹景象，即使像有所托寓的辛弃疾词《青玉案·元夕》也不例外。李清照这首元夕词，却一反常调，以今昔元宵的不同情景对比，抒发了深沉的盛衰之感和身世之悲。宋张端义《贵耳集》说："易安……南渡以来，常怀京洛旧事。晚年赋元宵《永遇乐》词。"可见本篇当是词人晚年流寓南宋都城临安期间所作。

尽管临安风景优美，城市十分繁华，与北宋汴京相比，有过之而无不及，有多少人"直把杭州作汴州"，但是经历了国破家亡的词人李清照却无视眼前的繁华，

141

无心与朋友出去玩耍，心只想着曾经生活过的"中州"汴京，那时在元宵节与闺中姐妹争奇斗艳，满心欢喜地去游玩，何其快乐！此词虚实结合，把往昔的中州盛日写得如在目前，而杭州的美丽繁华仿佛完全没有感受到，选取了落日、暮云、烟柳、笛怨等衰败凄凉的景物来写。就算提到了"融合天气"，但是一句"次第岂无风雨"，马上将这种暖意加以否定，总觉得好景不长。

南宋末年著名爱国词人刘辰翁《永遇乐》词序云："余自乙亥上元，诵李易安《永遇乐》，为之涕下。今三年矣，每闻此词，辄不自堪。"可见李清照这首词感染力之强。刘辰翁是在南宋面临危亡的风雨飘摇年代写这首词序的，因此对李词中浓厚的今昔盛衰之感、个人身世之悲深有体会。

第二节　唐代商旅和风雅汴杭

（课下阅读资料）

一、唐诗中的商人和商妇①

郑学檬曾考察中国古代经济重心南移的过程，他从冶金、制造、航运等技术的进步论述经济重心南移的动力，认为农业商品化的扩大、地方性小市场的扩大、海上交通和对外贸易的发展是江南商品经济发展的主要特点，并将中国封建社会经济重心南移的起始点放在唐代安史之乱以后。[1](P13-17) 唐代，江南区域远离国家政治中心，城市的性质较前代发生了重大变化，即经济功能得以大大强化，在不少城市超过其政治功能。这一变化不断改变着社会的生活方式，并与区域传统交会碰撞，逐渐形成新的文化结构，进而影响到文学的生产。作为这个时代最具代表性的文学样式，诗歌——特别是涉及抒写商人和商妇的诗歌，既彰显着这一区域的人文传统个性与现实政治生态，也昭示出江南城市发展带来的社会经济结构与文化精神结构的新变化。

★

商业活动的主体是商人。在商业发达的江南都市，商人群聚。如同"流水不腐"，商业的活力也来自商品的有效流通，所以江南的商人又是一个流动的群体，他们忙碌奔波穿行不息，将江南都市的商业打造得红红火火、有声有色。

这也得益于江南都市所处地理位置及其交通条件。水国江南，处处有水，清

① 查清华.唐诗中江南商人与商人妇的抒写[J]. 江西社会科学,2010,(10).[有删节]

澈而甘甜,深邃而畅达。城市大多依水而建,因水而兴。在古代,大规模的有效交通运输方式首推水路,世界上许多城市发端于江河流域并非偶然。船舶,无疑是最迅捷最载重的交通工具。那穿梭在水面上的船帆,显现着江南都市的活力:"万艘江县郭,一树海人家。挥袂看朱绂,扬帆指白沙。"[2](卷149,P1546)摇荡春风乱帆影,片云无数是扬州。"[2](卷821,P9260)"淮浪参差起,江帆次第来。"[2](卷276,P3125)直至"山映南徐暮",依旧"千帆入古津"[2](卷279,P3177)。江南的都市,已经是洲际贸易中心,其航运船舶不仅能抵沿海和内河重镇,且可直达海外:"隔海城通舶,连河市响楼。"[2](卷722,P8291)

正是水运的便利,让江南都市成为八方商人的聚居地、各处货物的集散中心:"千里河烟直,青槐夹岸长。天涯同此路,人语各殊方。草市迎江货,津桥税海商。"这是王建在《汴路即事》中记下的一个镜头,来自不同地方,说着不同方言,并不妨害他们在这个"八方称辐辏"[2](卷328,P3670)的都市经商贸易。不唯扬州,江南大多州县水运通畅,帆船劈风斩浪,越海通江。那个难于上青天的巴蜀,能与吴地保持密切的贸易联系,便是通过内陆水运,这些情景,在杜甫、杜牧等诗人的诗中都有所提及。

商人的聚散地及其经营场所大多在城市的空间里。与具共同社会性质的传统农村文化相比较,城市文化具有利益社会的特征。"共同社会"在文化上表现出淳朴性、情感性;"'利益社会'决定了人们首先关心的是自己的私利,唯我独尊。……在这里,家庭和邻居的纽带也没有什么意义。"[3](P21)这种利益社会的特征在商人身上表现得尤为突出。因此,与重农抑商的传统主流文化相一致,唐代商人的形象常常具有负面意义。元稹的《估客乐》很有代表性,该诗近四百字的篇幅,对商人的生存方式、心理状态、道德观念、商业行为及生活态度等作出了全面描述,所谓"估客无住著,有利身即行""父兄相教示,求利莫求名""火伴相勒缚,卖假莫卖诚""一解市头语,便无乡里情""越婢脂肉滑,奚僮眉眼明""侯家与主第,点缀无不精。归来始安坐,富与王家勍"。这些商人虚伪狡诈、以次充好、用假乱真、重利轻义、寡德薄情、六亲不认、蒙骗四邻、贿赂官家、逃税避征、恣意纵欲、富敌公卿。在这里,家庭和邻居的纽带完全被物化的利己主义所取代。刘禹锡《贾客词》意亦相近,其中特别突出弃农从商的"明智"选择:在"辛苦事寒耕"的农夫面前,逃避税收而又富望公卿的贾客,总是志满意得。这与传统上以义为一切经济活动目的、行为准则的儒商精神背道而驰[4]。

一味指责商人重利轻义,只看到商人"行止皆有乐",对他们生活的全部、对整个商人群体而言,显然有失公允。在可以明确产自江南的唐诗中,多见对商人有别样的认知。

　　早在初盛唐之际,号称"吴中四士"之一的包融就写过一首《赠朱中书》,该诗的前八句为反映了生意并不好做,可是如果不改行经商,天灾税患的夹击更难活命。在重农抑商的国策面前,商人的选择实属被逼无奈。

　　中唐以后,随着江南商业的空前发达,对商人表达同情的诗歌逐渐增多。"大历才子"卢纶的《河口逢江州朱道士因听琴》抒写了商人思家之情;杨凌的《贾客愁》表达了贾客愁路远滩险,愁天不作美的心情。原籍苏州、后迁居和州的张籍的《贾客乐》不仅表现了贾客固然有快乐,风帆竞逐波谲云诡的视觉刺激,数钱数到深更半夜的意犹未尽,钱多后受到同行尊重拥戴,脱离县籍得以逃避税征的情形;还写了归期的渺渺,离别的伤怀之情。白居易的《不如来饮酒》(其3)中所展现的来往于塞北江南的商人所付出的沉重代价,却让人不寒而栗,感觉从商得不偿失。而大中六年(852)进士刘驾作《反贾客》表达了他对乐府名"贾客乐"的抵触之情。刘驾还有一首《贾客词》,写一扬州商人经商如历险,最后人财两空的情景,诗写得触目惊心,催人泪下。

　　然而对男人来说,最大的悲哀或非生命的消殒,而是尊严遭受重创。江南女子美丽多情,温婉贤惠。但当商人丈夫久出不归生死未卜,或乐不思蜀问柳寻花,在她们中间,也不乏有人寂寞难耐,红杏出墙。维扬商人万贞妻孟氏漂亮且善诗,"贞商于外,孟氏游家园,独吟而泣。有少年貌甚秀丽,逾垣求偶,孟氏许而赋诗,少年亦以诗答之,遂私焉。"[2](卷867,P9819－9820)这个故事抒写了商妇一段出轨的恋情。

　　诸如此类的抒写,会在相当程度上消弭社会对商人的仇视和谴责。当人们感觉商人的财富来之不易,商人的前景充满风险,商人的生活存有太多不测时,商人的牟利行为也就能得到人们一定程度的原谅和容纳,他们的形象自然不再那么负面。一旦商人正面的形象得以树立,也就标志着城市的商业已经发展到比较高的水平,标志着城市的政治功能要逐步让位于经济功能。

　　★

　　"商人重利轻别离",这是白居易笔下怨妇的感受。为了生计,为了逐利,商人不得不离开自己的温柔乡,怀揣梦想四海闯荡。而家中的另一半,尤其情感丰富细腻的江南女子,丈夫是她的精神支柱,她的情感寄托,她的天和地。从丈夫离家的那一刻起,她就开始憧憬、开始等待,迎来一个个崭新的朝阳满怀希望"独倚望江楼",又送走一个个"过尽千帆皆不是"的失望的黄昏,她开始伤心地品味感情的饥渴,孤独地担忧丈夫的安危,无助地恐惧情感的变数。孔子说:"诗可以怨。"这些商人妻,美丽而多情的江南女子,是唐代江南都市中最怨的一群。许多动人心魄的怨妇诗,就来自对她们心灵的体察和理解。

多情的李白一生中来过好几次金陵,写下有关金陵的诗歌百余首,其中的《长干行》至今广为传诵。故址在今南京雨花台到长干桥一带的长干里巷,见证了这对年轻夫妇纯洁忠贞的爱情。甜美的回忆、刻骨的思念、无尽的牵挂、深沉的痛楚,这几乎是江南商人妇普遍的心态。"江淮商贾,业在舟船。"[2](卷86,P493)相应地,泊船的渡口,便有了特殊的意义。渡口之繁忙,恰体现城市的繁荣和生机。这些渡口是货物的装卸处,也是人的聚散地。许是江南摇曳多姿、华丽曼妙的风光景物激起人们的心潮波澜迭起,或是江南细腻温文、柔情万种的人文风习触碰了人心中那最脆弱的一角,往来于南北东西的各色人等各怀心事,使江南渡口总是泊着沉甸甸的情感。正是在江南的渡口,江水送走了经商的丈夫,所以江南的水、江南的渡口,也就游荡着江南女子的愁和怨,如白居易的《长相思》。而刘采春咏《罗唝曲》,不但渡口甚至连江上的船一并让人憎恨"莫作商人妇,金钗当卜钱。朝朝江口望,错认几人船""不喜秦淮水,生憎江上船。载儿夫婿去,经岁又经年"。清张盅《唐风怀》评曰:"怨水憎船,妇人痴语,然非痴无以言情。"据说刘采春每唱此曲,"闺妇、行人闻者莫不涟泣。"[5](P139)

大概没有人比商人妇更了解商人的生活,她们对丈夫的情爱除了思念和怨恨,还表现在牵挂和担忧。李益的《长干行》,以一位江南女子的口吻,自述商人的形迹与商人妇的感受:这位养在深闺艳若桃花的女子,未曾出过家门,可当嫁给长干商人后,她整天伫立沙洲,看风变云诡,察潮涨潮落。随着季节的更替,依据风向的变换,她推测着丈夫的行踪,估摸着相隔的距离。她内心的感受,不只是"见少离别多"的幽怨悲戚,不只是"妾梦越风波"的深长思念,也不独对"鸳鸯绿浦上""佳期兰渚东"的浪漫遐想,她更担心"吹折江头树"的狂风,会让丈夫的船瞬间折盗沉沙,渺然无踪。"愁水复愁风",这是商人妇整天提心吊胆的生活常态,是她们难以忍耐又必须承受的精神折磨,更是她们真挚而炽烈的情感自诉。有时,面对那个神秘的世界,那个可能给她丈夫带来生命威胁的大自然,她们并不总是被动地等待残酷的结果。虽然造物主没有赋予她们"力拔山兮气盖世"的物质能量,但她们有着人世间最真挚的情感和最深厚的善良,于是她们尝试用自己的虔诚和执著,去感天地动鬼神,用自己的大悲大爱挽狂澜救亲人:"扬州桥边少妇,长安城里商人。二年不得消息,各自拜鬼求神。"[2](卷301,P3423)

从暮霭沉沉到风晓月残,从春雨潇潇到木凋草腓,在漫长等待中,商人妇流尽眼泪、痛断肝肠,她们伤逝青春、对镜自怜,白居易《盐商妇》中的"悔作商人妇,青春长别离",表达了商人妇为当初"嫁错郎"而悔恨交加的心情。《唐宋诗醇》评此诗"曲尽怨别之情,絮絮可听"。如果说李白《江夏行》里这位女子的懊悔,还是出于对夫妇相守的渴望,对夫婿未归的不满,对青春流逝的不甘,对相会无期的绝望,那么,润州诗人张潮《长干行》中女子的悔恨,则来自她对"男人有钱就变坏"的恐惧,对男人以怨报德的痛心:因为爱,娇美的富家小姐嫁给贫贱男子。她勤劳贤惠、谨守妇道。为给丈夫凑足盘缠,她将娘家陪嫁的贵重衣裳都变卖了。自丈夫离家后,她"日暮情更来,空望去时水",陷入深长思念。但当"商贾归欲尽,君今尚巴东",巨大的恐惧向她袭来:"巴东有巫山,窈窕神女颜。常恐游此山,果然不知还。"她恐惧丈夫喜新厌旧移情别恋,因为她见得多了:"婿贫如珠玉,婿富如埃尘。贫时不忘旧,富贵多宠新。"妻子价值的高低竟然取决于丈夫的贫富贵贱,爱情的丰碑似乎总是在丈夫贫贱时巍然屹立,富贵时则轰然坍塌。

不过对多数商人而言,那个妻子所守护的家,是他疲惫受伤时息养的港湾,成功获利后享受的乐园,那是他心中的灯塔,也是他永远的归宿。如果苍天护佑,吉星高照,躲过各种劫难,最后发家致富了,他们还是要回家的。而守望在家的妻子,倘能挺过艰难的岁月,也会得到相应的回报,过起养尊处优的生活来,甚至,还会跟随丈夫,以船作宅,四海为家,这时,她们就会为当初慧眼识商人而庆幸不已。且看白居易笔下的"盐商妇":"不事田农与蚕绩""绿鬟富去金钗多,皓腕肥来银钏窄""前呼苍头后叱婢""饱食浓妆倚柁楼,两朵红腮花欲绽""终朝美饭食,终岁好衣裳",这位出身卑微的扬州女子,摆脱了农活,一身轻松,美食浓妆,穿金戴银,几多艳丽,八面威风。尽管发迹的历史不算太短,春花秋月十五载;尽管财富来得不正当,靠走私食盐做投机买卖;但盐商妇的满足和喜悦依然灿烂在脸上。白居易本欲以此诗寓政治讽喻之意,却揭示了"盐商妇,有幸嫁盐商"的生活真实。

★

王国维说:"都邑者,政治与文化之标征也。"[6] (P451) 当我们对这些抒写江南都市的诗歌作进一层考察时,就会发现它们不只是存录了江南都市的商业映象,也不只是昭示出其城市发展带来的社会经济结构与文化精神结构的新变化,它们还蕴藏着江南的地域文化传统,体现着其时江南区域的社会政治生态。

首先,如前所言,在涉及商业的唐诗中,城市社会的利益化特征和重农抑商的传统国策,常常让商人的形象表现为负面;相对而言,在涉及江南都市的唐诗中,不仅商业题材受到诗人充分关注,打拼中的商人多得到诗人理解和同情,而且成功的商人总是显示出奢侈无度的享乐主义情调。这与江南地区自六朝就开始的重商文化和消费风习分不开。正如明代胡震亨《李杜诗通》评李白《江夏行》云:"古者吴俗好贾。"确乎如此,东晋时葛洪即称:"自晋氏渡江,三吴最为富庶,贡赋商旅,皆出其地。"[7](P5045) 左思的《三都赋》写了六朝都城建康市场之繁华,商品之丰富,让人目不暇接。至唐,江南最大的都会仍然"俗好商贾,不事农桑"。在古代,居民对商业的态度是形成市场的必要条件,市场的发达又促进着城市的发展。

正是江南都市重商的文化传统,让居住或经过这片土地的诗人受到濡染,因而对商业多出一份关注,对商人多出一份感情。同时,对成功的商人总是突出其奢侈享乐的生活情调,就如皮日休所写:"吴中铜臭户,七万沸如臛;齧止甘蟹鳍,侈唯僭车服。"[2](卷609,P7027)这正显现出江南地域的消费文化传统。早在三国时,东吴富贵人家便"僮仆成军,闭门为市""金玉满堂,妓妾溢房,商贩千艘,腐谷万庾,园囿拟上林,馆第僭太极,梁肉余于犬马,积珍陷于帑藏"。[8](P145-148)南宋范成大就这样评说自己故乡的消费传统:"吴中自昔号繁盛,四郊无旷土,随高下悉为田。人无贵贱,往往皆有常产。以故俗多奢少俭,竞节物,好游遨。"[9](P13)明代张瀚也提及这一历史悠久的民俗传统:"至于民间风俗,大都江南侈于江北,而江南之侈尤莫过于三吴。自昔吴俗习奢华,乐奇异。"[10](P79)正是江南地区由来已久的尚奢传统进入诗人视野,使得涉及江南的唐诗出现不少奢侈炫富的商人形象。

……

江南本就远离长安和洛阳,商业经济的逐步繁荣又使得该地区与国家权力核心日益疏离,政治上更被边缘化。所以唐代的江南常为贬谪之地,也是避乱之所,在此徙居、游历或任职的士人常生落魄之思、飘零之感,很容易与商人类比互照、同病相怜。因此他们不但非常关注商人的生存状态,而且经常流露对其艰辛生活的理解和同情。《全唐诗·卷694》载明州人孙郃诗句:"仕宦类商贾,终日常东西。"而曾任荆、杭二州刺史的姚合在《送张宗原》诗中更进一层表述为:"住者既无家,去者又非归……士人甚商贾,终日须东西。""类"也好,"甚"也罢,均点出唐代仕宦与商贾一样萍踪无定,颠沛流离。相似的人生经历,沟通了诗人与商人的心灵世界,使流寓江南的诗人成为最懂商人艰辛磨难的群体。而在实际生活中,诗人出行又常常与商贾同舟:"孤帆淮上归,商估夜相依。"[2](卷284,P3234)"月照高唐峡,人随贾客船。"[2](卷273,P3090)"一宿空江听急流,仍同贾客坐归舟。"[2](卷503,P5729)这种近距离的接触又强化了"同是天涯沦落人"的印象:"自叹生涯看转烛,更悲商旅哭沉财"[2](卷414,P4581);"诗人愁立暮山碧,贾客怨离秋草青"[2](卷536,P6116);"安知不及屠沽者,曾对青萍泪满巾"[2](卷549,P6360)。尽管以上引诗均产自江南,但客观上说,"仕宦类商贾"的颠沛生涯并无南北之别。然而可以肯定的是,由于江南在当时所处的边缘化政治地位,迁徙、游历或任职江南的北方诗人更易生发落魄悲情。……

注释:

[1]郑学檬.中国古代经济重心南移和唐宋江南经济研究[M].长沙:岳麓书社,1996.

[2](清)彭定求等编.全唐诗[M].北京:中华书局,1960.

[3] 陈立旭.都市文化与都市精神——中外城市文化比较[M].南京:东南大学出版社,2002.

[4] 柴荣等.论儒家思想与民法诚实信用原则之暗合[J]..上海师范大学学报,2008(2)..

[5] 胡震亨.唐音癸签(卷13)[M].上海:上海古籍出版社,1981.

[6] 王国维.殷周制度论[A].观堂集林(卷上)[C].北京:中华书局,1959.

[7] 司马光.资治通鉴·梁纪·大宝元年[M].北京:中华书局,1956.

[8] 葛洪.抱朴子外篇校笺(下)[M].杨明照,校笺.北京:中华书局,1997.

[9] 范成大.吴郡志[M].南京:江苏古籍出版社,1999.

[10] 张瀚.松窗梦语[M].北京:中华书局,1985.

二、宋词中的"双城记"

赵宋王朝曾有两个首都。汴京、临安,即今之开封、杭州,这两个都城,它们的繁华与衰变,在宋词中都留下了鲜明的印记。

(一)北宋词中的汴京和杭州

开封,曾是战国时期魏国的都城,唐末五代时的后梁、后晋、后汉、后周等先后建都于此。公元960年建立的赵宋政权,仍以开封为都,称为汴京、汴梁。经过一段时期的休养生息,北宋经济得到极大的恢复和发展,汴京城水榭池亭、烟花柳巷、笙歌鼎沸、车水马龙,呈现出繁荣奢华的帝里风光。

文人骚客对于汴京的描述,不仅在于表现它的山川形势、风土人情,更着重表现其经济繁荣,奢华享乐的承平气象。汴京都市生活的方方面面都在宋词中有所体现。

宴饮。晏殊有一首《拂霓裳》词:"喜秋成。见千门万户乐升平。金风细,玉池波浪縠文生。宿露沾罗幕,微凉入画屏。张绮宴,傍熏炉蕙炷、和新声。神仙雅会,会此日,象蓬瀛。管弦清,旋翻红袖学飞琼。光阴无暂住,欢醉有闲情。祝辰星。愿百千为寿、献瑶觥。"词篇选取词人最熟悉的宴饮场面,极写富贵生活,并不停留于表面的金玉锦绣,而重在表现闲雅富贵的气象,那神仙般的雅会和欢醉的闲情,展现着一幅太平盛世的画卷。如果说富贵宰相晏殊的宴饮词表现了王公贵族酣酒沉醉的高华气象,那么,市井词人柳永的宴饮词,则给我们提供了广大平民阶层的享乐情形:"玉城金阶舞舜干。朝野多欢。九衢三市风光丽,正万家、急管繁弦。风楼临绮陌,嘉气非烟。　雅俗熙熙物态妍。忍负芳年。笑筵歌席连昏昼,任旗亭、斗酒十千。赏心何处好,惟有尊前。"(《看花回》二)由此可知,汴京城不同社会阶层的人士都同样享受着宴饮的欢愉和刺激。

万俟咏的《醉蓬莱》展示了汴京生活绮丽奢靡的一面：

正波泛银汉，漏滴铜壶，上元佳致。绛烛银灯，若繁星连缀。明月逐人，暗尘随马，尽五陵豪贵。髻耸乌云，裙拖湘水，谁家姝丽。　金阙南边，彩山北面，接地罗绮，沸天歌吹。六曲屏开，拥三千珠翠。帝乐□深，凤炉烟喷，望舜颜瞻礼。太平无事，君臣宴乐，黎民欢醉。

词里一幅太平盛世景象。

游冶。柳永青年时一度居住京城，风流倜傥的青年才子，出入于歌楼舞榭，倚红偎翠，遍享风流，笔下的帝城风光，自然少不了温柔乡的气息。多年后，词人饱经宦途蹭蹬，遍尝生活艰辛，回忆中念念不忘的还是当年的风流旖旎："恋帝里，金谷园林，平康巷陌，触处繁华，连日疏狂，未尝轻负，寸心双眼。况佳人、尽天外行云，掌上飞燕。向玳筵、一一皆妙选。长是因酒沉迷，被花萦绊。"（《凤归云》）"朝野多欢"，又值"九衢三市风光丽"，恣肆的冶游和放荡顺理成章。据史料记载，当时汴河沿岸，尤其是汴京城东南角一带，歌馆甚多，游客如云，文人士子与歌儿舞女的欢情屡屡在这里上演，城市变形为欲望的舟车，癫狂与放纵成了城市生活中的固定节目。

节令。宋人金盈之的《醉翁谈录》中记载："都城以寒食、冬至、元旦为三大节。"非常隆重。事实上，除这三大节以外，其他如上元、端午、七夕、中秋、重阳等节日也相当热闹。尤其是上元节，在两宋时期一直是词人们津津乐道的盛大节日。关于上元灯节的词作非常多，如柳永《玉楼春》（其三）词云："皇都今夕知何夕。特地风光盈绮陌。金丝玉管咽春空，蜡炬兰灯晓夜色。　凤楼十二神仙宅，珠履三千鹓鹭客。金吾不禁六街游，狂杀云踪并雨迹。"描绘上元节之夜，京城张灯结彩，游人如织，通宵达旦的游乐情形。这种彻夜游欢正反映了宋代坊里禁宵制度被打破后带来的城市生活的新变化。

周邦彦也有一首描写汴京上元灯节的词作：

风销绛蜡，露浥红莲，花市光相射。桂华流瓦，纤云散，耿耿素娥欲下。衣裳淡雅，看楚女、纤腰一把。箫鼓喧，人影参差，满路飘香麝。　因念都城放夜。望千门如昼，嬉笑游冶。钿车罗帕，相逢处，自有暗尘随马。年光是也，唯只见、旧情衰谢。清漏移，飞盖归来，从舞休歌罢。[《解语花》（高平·元宵）]

上元之夜，火树银花，星雨鱼龙，都人往往倾城游赏，那些平日深闭闺门的女子也得以加入这倾城的狂欢。夜色掩映下，男女相会于柳陌花衢，风流欢洽在所难免，周邦彦怀念的就是这样一场风花雪月的爱情故事。上元节是宋词里的爱情多发时节，宋词中爱情故事的背景或舞台大多被放置于都城的上元灯节。

自然名胜。文人对于杭州的描写，大多在于自然名胜。西湖之阴柔静美与钱塘之阳刚雄肆，构成杭州两大绝景奇观。北宋初潘阆有《酒泉子》组词，其中两首分别描写西湖的春景和秋景：

长忆西湖，湖上春来无限景。吴姬个个是神仙。竞泛木兰船。　　楼台簇簇疑蓬岛。野人只合其中老。别来已是二十年。东望眼将穿。（其三）

长忆西湖，尽日凭阑楼上望。三三两两钓鱼舟。岛屿正清秋。　　笛声依约芦花里。白鸟成行忽惊起。别来闲整钓鱼竿。思入水云寒。（其四）

前词写春天西湖无限风光，吴女竞泛兰舟，宛若神仙，亭台楼阁亦仿佛仙境，使人愿身老其中而无憾。后词写秋天西湖垂钓，渔舟散落，笛声依约，芦花飞扬，白鸟成行。两首词写出西湖春秋两季的不同景致，堪称图画。南宋杨无咎的《水龙吟》（赵祖文画西湖图，名曰总相宜），则融化西湖典故及前人有关西湖的诗句入词，给西湖美丽的自然景观增添了醇厚的人文气韵。

潘阆描写钱塘观潮，亦极有气势：

长忆观潮，满郭人争江上望。来疑沧海尽成空，万面鼓声中。　　弄涛儿向涛头立，手把红旗旗不湿。别来几向梦中看，梦觉尚心寒。（《酒泉子》其十）

此词写钱塘江潮，惊心动魄。上阕写钱塘百姓倾城而出的观潮情景，"来疑"两句，极写江潮的壮阔气势。过片写钱塘弄潮儿的过人胆量和高超技艺，鲜明生动，令人过目难忘。结尾两句写梦中钱塘潮，"梦觉尚心寒"一句，以夸张的笔墨补足钱塘潮撼人心魄的雄壮气势。词作波澜壮阔，跌宕生姿，堪称佳制。

杨泽民《风流子》（咏钱塘）词云：

佳胜古钱塘。帝居丽、金屋对昭阳。有风月九衢，凤凰双阙，万年芳树，千雉宫墙。户十万，家家堆锦绣，处处鼓笙簧。三竺胜游，两峰奇观，涌金仙舸，丰乐霞觞。　　芙蓉城何似，楼台簇中禁，帘卷东厢。盈盈虎貔分列，鸳鹭成行。向玉宇夜深，时闻天乐，绛霄风软，吹下炉香。惟恨小臣资浅，朝观犹妨。

词里竭力营造君臣和乐、举国欢庆的场景。当然最负盛名的还是柳永的《望海潮》词,以大开大阖、波澜起伏的笔法,浓墨重彩的铺叙展现了杭州的繁荣、壮丽景象,可谓"承平气象,形容曲尽"。(陈振孙《直斋书录解题》)

(二)南宋词中的汴州和临安

都城,是一国政治的中心,比其他地方更能反映出国运的盛衰兴亡,诚如王国维所言:"都邑者,政治与文化之标征也。"宋代词人笔下的汴京和杭州,在不同的历史阶段,投射出不同的映象,反映出不同的时代风貌和历史变幻。

靖康之难后,半壁江山沦入敌手,汴京城不再是宋人涉足游历的富贵地,兵燹过后,废池乔木,犹厌言兵。从此,汴京退居到宋人的笔下和梦中,成为他们心中不能轻易触碰的伤痛,偶尔提及,亦是无限凄楚。如朱敦儒《浪淘沙》:

圆月又中秋。南海西头。蛮云瘴雨晚难收。北客相逢弹泪坐,合恨分愁。
无酒可销忧。但说皇州。天家宫阙酒家楼。今夜只应清汴水,呜咽东流。

中原沦丧,南北对峙。流落南方的士人怀念故土,回忆中的汴京,一片凄风苦雨。南宋朝廷从汴梁到临安,显露出政治上从平和中立到防御退避的大转变,国运气数已远不能和北宋相比。

兹以西湖词为例,来看南宋杭州词的历史变迁。文人笔下的西湖是雅集之地。朱敦儒《胜胜慢》(雪)词云:

红炉围锦,幄幢盘雕,楼前万里同云。青雀窥窗,来报瑞雪纷纷。开帘放教飘洒,度华筵、飞入金尊。斗迎面,看美人呵手,旋涴罗巾。　　莫说梁园往事,休更美、越溪访戴幽人。此日西湖真境,圣治中兴。直须听歌按舞,任留香、满酌杯深。最好是,贺丰年、天下太平。

瑞雪纷纷,红炉围锦,红巾翠袖,听歌按舞,这就是半壁江山里的贵族们的享乐生活。柔媚的西湖水,浸软了男儿的铁骨,怯懦的南宋,连残山剩水亦将不保。南宋后期,风雨飘摇中的杭州岌岌可危,经临西湖,涌上士人心头的是此景不再的悲慨。吴文英的《西平乐慢》云:

岸压邮亭,路歇华表,堤树旧色依依。红索新晴,翠阴寒食,天涯倦客重归。叹废绿平烟带苑,幽渚尘香荡晚,当时燕子,无言对立斜晖。追念吟风赏月,十载

151

事,梦萦绿杨丝。　画船为市,天妆艳水。日落云沉,人换春移。谁更与、苔根洗石,菊井招魂,漫省连车载酒,立马临花,犹认蔫红傍路枝。歌断宴阑,荣华露草,冷落山丘,到此徘徊,细雨西城,羊昙醉后花飞。

宋亡后,遗民词中的钱塘和西湖,更是一片悲苦。面对敌虏践踏过后的西湖,词人感叹:"如此湖山,忍教人更说。"[詹玉《齐天乐》(赠童瓮天兵后归杭)]此刻,西湖的春景这般凄凉:

接叶巢莺,平波卷絮,断桥斜日归船。能几番游,看花又是明年。东风且伴蔷薇住,到蔷薇、春已堪怜。更凄然。万绿西泠,一抹荒烟。　当年燕子知何处,但苔深韦曲,草暗斜川。见说新愁,如今也到鸥边。无心再续笙歌梦,掩重门、浅醉闲眠。莫开帘。怕见飞花,怕听啼鹃。[张炎《高阳台》(西湖春感)]

《武林旧事》记载"西湖天下景,朝昏晴雨,四序总宜,杭人亦无时而不游,而春游特盛焉"(卷3),但张炎眼中的西湖春景,却是"万绿西泠,一抹荒烟""苔深韦曲,草暗斜川",飞花啼鹃,惹起新愁旧恨,满目凄然。词人饱尝忧患的心理以及西湖的破败景象令人感慨不已。

我们由不同历史时期文士对西湖的描绘,可以感受到寄寓其中的不同心态和人生况味,也能认识到政治的翻云覆雨烙烫在自然风物上的印痕。

在有些词人的词作中,还故意写今昔盛衰对比,表现兴亡之感。如李琳的《木兰花慢》(汴京):

蕊珠仙驭远,横羽葆、簇霓旌。甚鸾月流辉,凤云布彩,翠绕蓬瀛。舞衣怯环佩冷,问梨园、几度沸歌声。梦里芝田八骏,禁中花漏三更。　繁华一瞬化飞尘,辇路劫灰平。恨碧灭烟销,红凋露粉,寂寞秋城。兴亡事空陈迹,只青山、淡淡夕阳明。懒向沙鸥说得,柳风吹上旗亭。

词篇上下阕对比汴京城今昔,昔时风云月露,莺歌燕舞,今日红凋碧谢,灰飞烟灭。两相比照之下,眼下的汴京城惨痛凄凉,弥漫着衰败肃杀的悲剧色彩。

也有杭州的今昔对比,尤以西湖更著。如张矩的《摸鱼儿》(重过西湖):

又吴尘、暗斑吟袖,西湖深处能浣。晴云片片平波影,飞趁棹歌声远。回首唤。仿佛记、春风共载斜阳岸。轻携分短。怅柳密藏桥,烟浓断径,隔水语音换。

　　思量遍。前度高阳酒伴。离踪悲事何限。双峰塔露书空颖,情共暮鸦盘转。归兴懒。悄不似、留眠水国莲香畔。灯帘晕满。正蠹帙逢迎,沉煤半冷,风雨闭宵馆。

　　此词对比作者两次游览西湖的情景,前次的春风共度与后次的风雨闭馆形成对照,寄寓人事皆非的感慨。而将汴京与杭州加以比照,更为常见。向子䛟的词:

　　紫禁烟花一万重。鳌山宫阙倚晴空。玉皇端拱彤云上,人物嬉游陆海中。星转斗,驾回龙。五侯池馆醉春风。而今白发三千丈,愁对寒灯数点红。"《鹧鸪天有怀京师上元,与韩叔夏司谏、王夏卿侍郎、曹仲谷少卿同赋》

　　词作回忆汴京上元灯节火树银花、万民嬉游的热闹场景,与自己眼下衰老愁苦、独对寒灯的情形构成鲜明对比。亲身游历的似锦繁华随风而逝,曾经的万里江山化为记忆印痕,词人感情非常沉痛。其他如李清照的《永遇乐》等,也是既有词人个人遭际的不幸,更反映出国家命运的动荡变幻给个人生活带来的山倾海覆般的大不幸。宋人词反映两都变迁以寄寓兴亡之感,亦有词史之特征。

　　★ **课后练习与思考**

1. 你认为唐代文人对商人的态度如何?
2. 商人的家庭生活古今有别吗? 原因何在?
3. 为什么说词也具备史书的功能?
4. 商人与城市繁荣有何关系?

第九章

明清商业繁荣与小说中的商人群像

明代以前,商人长期受到官府的压制和文人士大夫的鄙夷,但这种情形到了明代中期以后就发生了巨大的转变,随着明清商业的繁荣,商人成了小说的主角。

第一节　明清文学中商人的经商奇遇

（课堂讲解,2 课时）

进入明代以后,商人逐渐成了不少文学作品中的主人公,而关涉商人的文学作品更是数不胜数。最有代表性的白话短篇小说"三言""二拍"中描写商人的作品几乎占到了三分之一,其比例相当高。之所以出现这种现象,与明代中后期商业的繁荣有着莫大的关系,商人成了这一时期最引人注目的时代宠儿,他们也成了通俗文学表现的主要对象。

一、《转运汉遇巧洞庭红　波斯胡指破鼉龙壳》[1]（节选）

话说国朝成化年间[2],苏州府长洲县阊门外[3]有一人,姓文,名实,字若虚。生来心思慧巧,做着便能,学着便会。琴棋书画,吹弹歌舞,件件粗通。幼年间,曾有人相他有巨万之富。他亦自恃才能,不十分去营求生产,坐吃山空,将祖上遗下千金家事,看看消下来。以后晓得家业有限,看见别人经商图利的,时常获利几倍,便也思量做些生意,却又百做百不着。

一日,见人说北京扇子好卖,他便合了一个伙计,置办扇子起来。上等金面精巧的,先将礼物求了名人诗画,免不得是沈石田、文衡山、祝枝山拓了几笔[4],便值上两数银子;中等的,自有一样乔人[5],一只手学写了这几家字画,也就哄得人过,将假当真的买了,他自家也兀自[6]做得来的;下等的无金无字画,将就卖几十钱,也有对合[7]利钱,是看得见的。拣个日子装了箱儿,到了北京。岂知北京那年自交夏来,日日淋雨不晴,并无一毫暑气,发市[8]甚迟。交秋早凉,虽不见及时,幸喜天色却晴，有妆晃[9]子弟要买把苏做的扇子，袖中笼着摇摆。来买时，开箱一看，只叫得苦。元来北京历沴[10]却在七八月，更加日前雨湿之气，斗着扇上胶墨之性，弄做了个"合而言之"[11]，揭不开了。用力揭开，东粘一层，西缺一片，但是有字有画值价钱者，一毫无用。止剩下等没字白扇，是不坏的，能值几何？将就卖了做盘费回家，本钱一空。频年做事，大概如此。不但自己折本，但是搭他作伴，连伙计也弄坏了。故此人起他一个混名，叫做"倒运汉"。不数年，把个家事干圆洁净了，连妻子也不曾娶得。终日间靠着些东涂西抹，东挨西撞，也济不得甚事。但只是嘴头子诌得来，会说会笑，朋友家喜欢他有趣，游耍去处少他不得，也只好趁口[12]，不是做家[13]的。况且他是大模大样过来的，帮闲[14]行里，又不十分入得队。有怜他的，要荐他坐馆[15]教学，又有诚实人家嫌他是个杂板令[16]。高不凑，低不就。打从帮闲的、处馆[17]的两项人见了他，也就做鬼脸，把"倒运"两字笑他，不在话下。

一日，有几个走海泛货的邻近，做头的无非是张大、李二、赵甲、钱乙一班人，共四十余人，合了伙将行。他晓得了，自家思忖道："一身落魄，生计皆无。便附了他们航海，看看海外风光，也不枉人生一世。况且他们定是不却我的，省得在家忧柴忧米，也是快活。"正计较间，恰好张大踱将来。元来这个张大名唤张乘运，专一做海外生意，眼里认得奇珍异宝，又且秉性爽慨，肯扶持好人，所以乡里起他一个混名叫张识货。文若虚见了，便把此意一一与他说了。张大道："好，好。我们在海船里头不耐烦寂寞，若得兄去，在船中说说笑笑，有甚难过的日子？我们众兄弟料想多是喜欢的。只是一件，我们多有货物将去，兄并无所有，觉得空了一番往返，也可惜了。待我们大家计较，多少凑些出来助你，将就置些东西去也好。"文若虚便道："多谢厚情，只怕没人如兄肯周全小弟。"张大道："且说说看。"一竟自去了。

恰遇一个瞽目先生，敲着"报君知"走将来[18]，文若虚伸手顺袋里摸了一个钱，扯他一卦问问财气看。先生道："此卦非凡，有百十分财气，不是小可。"文若虚自想道："我只要搭去海外耍耍混过日子罢了，那里是我做得着的生意？要甚么赍助[19]？就赍助得来，能有多少？便直恁地财爻[20]动，这先生也是混帐！"只见张大气忿忿走来，说道："说着钱，便无缘。这些人好笑，说道你去，无不喜欢。说到助银，没一个则声。今我同两个好的弟兄，拼凑得一两银子在此，也办不成甚货，凭你买些果子，船里吃罢。口食之类，是在我们身上。"若虚称谢不尽，接了银子。张大先行，道："快些收拾，就要开船了。"若虚道："我没甚收拾，随后就来。"手中拿了银子，看了又笑，笑了又看，道："置得甚货么？"信步走去，只见满街上筐篮内盛着卖的：红如喷火，巨若悬星。皮未皲[21]，尚有余酸；霜未降，不可多得。元殊苏井诸家树,亦非李氏千头奴。较广似日难兄,比福亦云具体[22]。乃是太湖中有一洞庭山,地暖土肥,与闽广无异,所以广橘福橘,播名天下。洞庭有一样橘树绝与他相似,颜色正同,香气亦同。止是初出时,味略少酸,后来熟了,却也甜美,比福橘之价十分之一,名曰"洞庭红"。若虚看见了,便思想道:"我一两银子买得百斤有余,在船可以解渴,又可分送一二,答众人助我之意。"买成,装上竹篓,雇一闲的[23],并行李挑了下船。众人都拍手笑道:"文先生宝货来也!"文若虚羞惭无地,只得吞声上船,再也不敢提起买橘的事。

开得船来,渐渐出了海口。只见:银涛卷雪,雪浪翻银。湍转则日月似惊,浪动则星河如覆。三五日间,随风漂去,也不觉过了多少路程。忽至一个地方,舟中望去,人烟凑聚,城郭巍峨,晓得是到了甚么国都了。舟人把船撑入藏风避浪的小港内,钉了桩橛,下了铁锚,缆好了。船中人多上岸,打一看,元来是来过的所在,名曰吉零国。元来这边中国货物拿到那边,一倍就有三倍价。换了那边货物,带到中国也是如此。一往一回,却不便有八九倍利息,所以人都挤死走这条路。众人多是做过交易的,各有熟识经纪、歇家、通事[24]人等,各自上岸找寻发货去了,只留文若虚在船中看船,路径不熟,也无走处。

正闷坐间,猛可想起道:"我那一篓红橘,自从到船中,不曾开看,莫不人气蒸烂了?趁着众人不在,看看则个。"叫那水手在舱板底下翻将起来,打开了篓看时,面上多是好好的。放心不下,索性搬将出来,都摆在艎板上面。也是合该发迹,时来福凑,摆得满船红焰焰的,远远望来,就是万点火光,一天星斗。岸上走的人,都拢将来问道:"是甚么好东西呀?"文若虚只不答应,看见中间有个把一点烂的,拣了出来,掐破就吃。岸上看的一发多了,惊笑道:"元来是吃得的!"就中有个好事的,便来问价:"多少一个?"文若虚不省得他们说话,船上人却晓得,就扯个谎哄他,竖起一个指头,说:"要一钱一颗。"那问的人揭开长衣,露出那兜罗锦红裹肚来,一手摸出银钱一个来,道:"买一个尝尝。"文若虚接了银钱,手中等等[25]看,约有两把重,心下想道:"不知这些银子要买多少,也不见秤秤,且先把一个与他看样。"拣个大些的,红得可爱的,递一个上去。只见那个人接上手,擗了一擗道:"好东西呀!"扑地就劈开来,香气扑鼻。连旁边闻着的许多人,大家喝一声采。那买的不知好歹,看见船上吃法,也学他去了皮,却不分囊,一块塞在口里,甘水满咽喉,连核都不吐,吞下去了。哈哈大笑道:"妙哉!妙哉!"又伸手到裹肚里,摸出十个银钱来,说:"我要买十个进奉去。"文若虚喜出望外,拣十个与他去了。那看的人见那人如此买去了,也有买一个的,也有买两个、三个的,都是一般银钱。买了的,都千欢万喜去了。

元来,彼国以银为钱,上有文采。有等龙凤文的[26],最贵重,其次人物,又次禽兽，又次树木，最下通用的是水草。却都是银铸的，分两不异。适才买橘的，都是一样水草纹的，他道是把下等钱买了好东西去了，所以欢喜，也只是要小便宜心肠，与中国人一样。须臾之间，三停里卖了二停。有的不带钱在身边的，老大懊悔，急忙取了钱转来。文若虚已此剩不多了，拿一个班[27]道："而今要留着自家用，不卖了。"其人情愿再增一个钱，四个钱买了二颗。口中唠唠说："悔气！来得迟了。"旁边人见他增了价，就埋怨道："我每还要买个，如何把价钱增长了他的？"买的人道："你不听得他方才说，兀自不卖了？"正在议论间，只见首先买十个的那一个人，骑了一匹青骢马，飞也似奔到船边，下了马，分开人丛，对船上大喝道："不要零卖！不要零卖！是有的俺多要买。俺家头目要买去进克汗哩。"看的人听见这话，便远远走开，站住了看。文若虚是伶俐的人，看见来势，已此瞧科在眼里，晓得是个好主顾了。连忙把篓里尽数倾出来，止剩五十余颗。数了一数，又拿起班来说道："适间讲过要留着自用，不得卖了。今肯加些价钱，再让几颗去罢。适间已卖出两个钱一颗了。"其人在马背上拖下一大囊，摸出钱来，另有一样树木纹的，说道："如此钱一个罢了。"文若虚道："不情愿，只照前样罢了。"那人笑了一笑，又把手去摸出一个龙凤纹的来道："这样的一个如何？"文若虚又道："不情愿，只要前样的。"那人又笑道："此钱一个抵百个，料也没得与你，只是与你要。你不要俺这一个，却要那等的，是个傻子！你那东西肯都与俺了，俺再加你一个那等的，也不打紧。"文若虚数了一数，有五十二颗，准准的要了他一百五十六个水草银钱。那人连竹篓都要了，又丢了一个钱，把篓拴在马上，笑吟吟地一鞭去了。看的人见没得卖了，一哄而散。文若虚见人散了，到舱里把一个钱秤一秤，有八钱七分多重。秤过数个，都是一般。总数一数，共有一千个差不多。把两个赏了船家，其余收拾在包里了。笑一声道："那盲子好灵卦也！"欢喜不尽，只等同船人来对他说笑则个。

说话的，你说错了。那国里银子这样不值钱，如此做买卖，那久惯漂洋的带去多是绫罗缎匹，何不多卖了些银钱回来，一发百倍了？看官有所不知：那国里见了绫罗等物，都是以货交兑。我这里人也只是要他货物，才有利钱。若是卖他银钱时，他都把龙凤、人物的来交易，作了好价钱，分两也只得如此，反不便宜。如今是买吃口东西，他只认做把低钱交易，我却只管分两，所以得利了。说话的，你又说错了。依你说来，那航海的，何不只买吃口东西，只换他低钱，岂不有利？反着重本钱，置他货物怎地？看官，又不是这话：也是此人偶然有此横财，带去着了手；若是有心第二遭再带去，三五日不遇巧，等得希烂。那文若虚运未通时卖扇子就是榜样。扇子还是放得起的，尚且如此，何况果品？是这样执一论不得的。

闲话休题。且说众人领了经纪主人到船发货，文若虚把上头事说了一遍。众人都惊喜道:"造化!造化!我们同来,到是你没本钱的先得了手也!"张大便拍手道:"人都道他倒运,而今想是运转了!"便对文若虚道:"你这些银钱此间置货,作价[28]不多,除是转发在伙伴中,回他几百两中国货物,上去打换些土产珍奇,带转去有大利钱,也强如虚藏此银钱在身边,无个用处。"文若虚道:"我是倒运的,将本求财,从无一遭不连本送的。今承诸公挈带[29],做此无本钱生意,偶然侥幸一番,真是天大造化了,如何还要生利钱,妄想甚么?万一如前再做折了,难道再有洞庭红这样好卖不成?"众人多道:"我们用得着的是银子,有的是货物。彼此通融,大家有利,有何不可?"文若虚道:"一年吃蛇咬,三年怕草索。说到货物,我就没胆气了。只是守了这些银钱回去罢。"众人齐拍手道:"放着几倍利钱不取,可惜!可惜!"随同众人一齐上去,到了店家交货明白,彼此兑换。约有半月光景,文若虚眼中看过了若干好东好西,他已自志得意满,不放在心上。

注释:

[1]此篇节录于明代凌濛初的《初刻拍案惊奇》中的第一篇。

[2]国朝:明清时代人对本朝的称呼。成化:明宪宗朱见深的年号,公元1465—1487年。

[3]长洲:明代的长洲县与吴县同城。民国后撤销长洲县,并入吴县。阊门:阊(chāng),乃苏州古城之西门,通往虎丘方向。

[4]沈石田:沈周,号石田,明中期著名画家。文衡山:文徵明,号衡山居士,与沈周、唐寅、仇英并称为"明四家"。祝枝山:祝允明,号枝山,明代著名书法家。

[5]乔人:弄虚作假的人。

[6]兀自:仍然。

[7]对合:对半。多指利润或利息同本钱相等。

[8]发市:商业行语,指每年、每季或每天做成的第一宗买卖。

[9]妆晃:装模作样,假斯文。

[10]历沴:器物受潮气而发霉。

[11]合而言之:粘成一团。

[12]趁口:吃白饭,蹭饭吃。

[13]做家:节俭度日。

[14]帮闲:侍候有钱人消闲作乐。

[15]坐馆:担任塾师或幕僚。

[16]杂板令:学无专长的人。

[17]处馆:在私塾中教书。

[18]瞽目:瞎子。报君知:算命先生用来招徕顾客的一种响器。

[19]赍助:赍(jǐ)。资助。

[20]恁地财爻:恁地,nèn dì,方言,如此,这般。财爻,发财的卦象。爻(yáo)。

[21]皲(jūn):裂。

[22]元殊苏井诸家树四句:"元殊苏井诸家树"是指(洞庭橘)原本不同于苏耽家的井水种出的橘树。据《神仙传》记载,汉朝苏耽凿井种树,用此井水服一片橘叶可医病。"亦非李氏千头奴"是指(洞庭橘)也不是出自李衡家种的千棵橘树。据《襄阳耆旧传》记载,三国时吴国丹阳太守李衡,暗中派人种橘树千株,称为"千头木奴",临终才作为遗产告诉儿子。"较广似曰难兄"是指(洞庭橘)与广橘相比难分高下。《世说新语·德行》记载:"陈元方子长文,有英才,与季方子孝先,各论其父功德,争之不能决。咨于太丘。太丘曰:'元方难为兄,季方难为弟。'""难兄"就是难以为兄,不分高下之意。"比福亦云具体"是指(洞庭橘)和福橘相比差不多。《孟子·公孙丑上》中有:(公孙丑说)"昔者窃闻之:子夏、子游、子张,皆有圣人之一体;冉牛、闵子、颜渊,则具体而微。""具体而微"是指具备了所有的特点,只有微小差异。

[23]闲的:临时帮工的人。

[24]经纪、歇家、通事:经纪是指介绍买卖双方交易,以获取佣金的中间商人。歇家是指专营生意经纪、职业介绍、做媒作保、代打官司等业务的保人。通事指翻译。

[25]等等:掂量。

[26]有等龙凤纹的:等,种,类。有种画着龙凤花纹的。

[27]拿一个班:故作姿态。

[28]作价:价值。

[29]挈带:带领,提拔。挈(qiè)。

扩展阅读:

闽广奸商,惯习通番,每一舶,推豪富者为主,中载重货,余各以己资市物往,牟利恒百余倍。有苏和本微,不能置贵重物,见福橘每百价五分,遂多市之,至泊处用碟数十,各盛四橘,布舶面上。夷人登舟竞取而食,食竟后取置袖中,每碟酬银钱一文,苏意嫌少,夷复增一文,计所得殆万钱,每钱重一钱余,盖已千金矣。舟归遇风,泊山岛下,随众登陆,闲行至山坳,见草丛中有龟壳如小舟,长丈许,苏心动,倩人舁至舶,众大笑,谓:"安用此枯骨为?"苏不顾,日夕坐卧其内。及抵岸,主人出迓客,置酒高会,苏摈居末席。明晨主人发单,令诸商各疏其货,明珠翠羽,犀象瑶珍,种种异品,炫耀夺目。苏愧怯,逊谢曰:"货微不足录也"。主人按单细观毕,曰:"店有识宝胡,夜来望船中奇光烛天,意必载希世异宝。今胡寥寥乃尔,岂诸君故秘之耶?"众谢无有。主人询诘再三,众谢如初。主遂携胡,同众登舶,逐舱验阅,至舟尾得龟壳,惊曰:"此大宝也,胡埋没于此?"即命人抬至店,藏密室中,更设盛筵延苏,置上席,且谢曰:"君怀宝不炫,致令轻亵,幸勿见罪。"向者大贾悉列其下,众益不测。酒阑,主请值,苏见其郑重,漫答曰:"一万。"主曰:"市中无戏言,幸以实告。"苏嗫嚅,旁有黠者更之曰:"三万。"主视苏尚泯没,坚询之,谩曰五万足矣。胡商得定价,喜甚,约次日交银,尽醉而散。凌晨已具银置堂中,如数交足,抬龟壳去,鼓舞不胜。众骇异,请于主曰:"交易已成,决无悔理,第未审枯骨何异?而酬直若斯。"胡笑曰:"尔辈自不识耳。此鼍龙遗蜕,非龟壳也。背有九节,各藏一珠,小者径寸,大者倍焉,光可照乘,每颗酬镒万,所酬未及一珠之半也。"众犹未信,胡遂求良工剖其首节,得珠果如所言,众始惊服。苏持银归,坐拟陶朱,不复航海矣。

——明 周元暐《泾林续记》

述评:

　　本篇节录于明代凌濛初的《初刻拍案惊奇》中的第一卷《转运汉遇巧洞庭红 波斯胡指破鼍龙壳》。其事本于周元暐《泾林续记》,但情节更加曲折,描写更加详尽。凌濛初(1580—1644),字玄房,号初成。亦名凌波,别号即空观主人。湖州乌程(今浙江湖州吴兴)人。其撰写的拟话本小说集《初刻拍案惊奇》与《二刻拍案惊奇》合称为"二拍",与冯梦龙的"三言"(《喻世明言》《警世通言》《醒世恒言》)成了中国古代白话短篇小说的经典代表。

　　《转运汉遇巧洞庭红 波斯胡指破鼍龙壳》节选部分写的是一个破产商人文若虚进行海外贸易最终"转运"发财致富的故事。文若虚经商失败后,没有本钱,朋友给他凑了一两银子让他随商船出海游玩。他用这一两银子从苏州本地购买了百余斤洞庭橘带到船上,本为路上解渴用,后来遗忘了。到了异国吉零国才想起,搬出来后竟吸引了无数吉零国的居民前来购买。文若虚头脑灵活,橘子论个儿卖了一千多两银子。他之所以能以一两银子的本钱赚得千倍的利益,主要在于当地货币与明朝货币制度的不同,文若虚钻了个空子。其次在于文若虚的精明,他见洞庭橘供不应求,于是坐地涨价,并且遇到好主顾,及时出手。作者一再强调文若虚此次靠洞庭橘赚得第一桶金的事情纯属偶然,其实偶然中藏有必然,海外贸易互通有无的利润远远高于国内的经商所获,文若虚上对了船。

第二节　古代文学中的商人形象

（课后阅读材料）

一、古代文学中的商人印象

从时代上来说,中国文学表现商人的历史,虽然可以远溯至先秦时代,但可以说直到唐代以前,商人都是文学中的"龙套",处于隐而未显的状态;在唐五代文学中,则由"龙套"上升为"配角",处于半隐半显的状态;直到宋元文学以后,尤其是在明清文学中,随着商品经济的繁荣,商人势力的增强,文人们越来越注意商人,并大力加以表现,商人才由"龙套"和"配角"一跃而为文学中的"主角"。在明代中后期文学中,出现了以"三言二拍"为代表的众多的短篇白话小说(集),它们中的相当一部分作品精彩地表现了商人的生活,还出现了中国文学史上独一无二的以商人生活为主要题材的长篇小说《金瓶梅》,对商人阶层的日常生活做了百科全书式的全景描绘。①

"任何文学作品都是它的时代的表现,它的内容和形式是由这个时代的趣味、习惯、憧憬决定的。"(普列汉诺夫《两篇关于古·郎松〈法国文学史〉一书的评论》)我国的商业在明代以前不能说不够繁荣,但是长期以来,在中国传统文化中形成了贱商贬商的观念,因此商人不仅在明代之前的文学作品中较少出现,以正面形象出现的商人更是寥寥无几。到了明代中后期以后,重视商业的观念实是与明代的社会思潮有关的。人们公开提出:"穿衣吃饭就是人伦物理"(《焚书》卷一《答邓石阳》),商人的地位明显提高。四民的次序有所变化,出现了"商贾大于农工"(何心隐《答作主》)的现象。其实,无论是重商还是抑商时期,商人在现实中的形象多是相似的,只不过在文学中,由于文人的特殊爱好,特别注意刻画他们某些方面的特征罢了。大体来说,古代文学中描绘的商人虽形形色色,但他们也有不少的共性特征。

（一）逐利不辞辛苦

商人的本性是"逐利",而为了实现利益最大化,他们往往不辞辛苦,背井离乡,跋山涉水,一路艰辛。如汉乐府民歌《孤儿行》中就有"孤儿生,孤子遇生,命独

---

① 劭毅平.中国文学中的商人世界[M].2 版.上海:复旦大学出版社,2007:4.

当苦！父母在时，乘坚车，驾驷马。父母已去，兄嫂令我行贾。南到九江，东到齐与鲁。腊月来归，不敢自言苦"。这里的孤儿不仅要忍受经商的辛苦，还要承受兄嫂的虐待，颇让人同情。从诗中可以看出，外出经商十分辛苦。

商人经商的危险，不仅来自自然的风涛，也来自人间的抢掠。如刘驾的一首《贾客词》中写道："贾客灯下起，犹言发已迟。高山有疾路，暗行终不疑。寇盗伏其路，猛兽来相追。金玉四散去，空囊委路岐。扬州有大宅，白骨无地归。少妇当此日，对镜弄花枝。"这里的商人为了逐利而不顾危险，结果因强盗或猛兽而遭遇不测。《水浒传》中梁山泊的"英雄好汉"们也常常抢劫过路客商，杀人越货。

还有的商人也常常遭受官府的欺压，如明代诗人王稚登《估客乐》中写道："海贾胡商，云胡有乐？中官咆哮，横道咥人。椎肤剥髓，糜躯丧身。……昔何愉快，今何苦辛。游魂不返，出口为邻。谁告上帝，哀哉主臣。"唐代白居易在他的《卖炭翁》中就以小序道出无数小商人与卖炭老翁遭遇类似的根由："苦宫市也"。宫市是中唐以后，皇帝直接掠夺人民财物的一种最无赖的、最残酷的方式。旧制，宫廷里需要的日用品，由官府承办，向民间采购。德宗贞元末年，改为由太监直接办理，经常派几百人遍布各热闹街坊，叫作"白望"。他们不携带任何文书和凭证，看到所需的东西，口称"宫市"，随意付给很少的代价，还要货主送到宫内，并向他们勒索"门户钱"和"脚价钱"。这一弊政对城市商人和近郊农民造成深重苦难。

《喻世明言》中《杨八老越国奇逢》里有一首古风，更是说出了商人外出经商抛妻离子，风餐露宿，家庭难以团圆的痛苦："人生最苦为行商，抛妻弃子离家乡。餐风宿水多劳役，披星戴月时奔忙。水路风波殊未稳，陆程鸡犬惊安寝。平生豪气顿消磨，歌不发声酒不饮。少资利薄多资累，匹夫怀璧将为罪。偶然小恙卧床帏，乡关万里书谁寄？一年三载不回程，梦魂颠倒妻孥惊。灯花忽报行人至，阖门相庆如更生。男儿远游虽得意，不如骨肉长相聚。请看江上信天翁，拙守何曾阙生计？"

(二)精明与奸诈

商人要想赚到钱，除了要历尽各种艰苦，还必须有精明的经商头脑以及良好的心理素质。而有的商人精明过头，欺骗顾客，那就成了人人唾骂的奸商了。

由于文学作品多是文人所写，而文人并不擅长商业经营的活动，所以往往难以把商人的经商活动写得十分详细。如他们如何赚钱，往往是一笔带过，语焉不详。但是也有个别作品在这方面写得极好，如《初刻拍案惊奇》中的《转运汉遇巧洞庭红波斯胡指破鼍龙壳》就写出了文若虚是如何由一个卖什么都折本的"倒运汉"变成一个家业巨大的"转运汉"的。尤其是在其到达吉零国售卖洞庭橘的描写,将文若虚的精明淋漓尽致地展示了出来。他花了一两银子买的百余斤洞庭橘,价格极贱,到了吉零国成了稀罕玩意儿,于是文若虚论个出卖橘子。他还深谙两国所用的货币不同,只看货币的轻重,不看它在吉零国的价值,所以让吉零国的顾客以为用低价买了橘子,而实际上他也占了便宜。而且眼看橘子卖得没剩多少了,文若虚竟然装腔作势说剩下的不卖了,要留着自己用。那些还没买到的主顾主动提出再增加一倍的价钱购买,这对文若虚来说正中下怀。又如《二刻拍案惊奇》中的《叠居奇程客得助 三救厄海神显灵》则写一个做生意不顺的商人程宰得到美丽海神的指点,为其预测行情,让其贱买贵卖,做了几笔大生意。这正是"人弃我堪取,奇赢自可居"。不过小说家所写的商人程宰的艳遇、得助与发财只不过是商人的白日梦而已。商人要真正发财,还是要靠自己的精明。

在不少文学作品中,商人往往是以人们唾弃的奸诈形象出现的,当然他们不会有好结果。这样的结局多是源于人们所信奉的因果报应思想。如《钱多处白丁横带运退时刺史当艄》中的郭七郎乃商二代,家里十分富有:"真个是家资巨万,产业广延,有鸦飞不过的田宅,贼扛不动的金银山,乃楚城富民之首。江淮河朔的贾客,多是领他重本,贸易往来。却是这些富人惟有一项,不平心是他本等:大等秤进,小等秤出。自家的,歹争做好;别人的,好争做歹。这些领他本钱的贾客,没有一个不受尽他累的。各各吞声忍气,只得受他。"后来这个郭七郎吃尽了苦头,家产全无,成了一个普普通通的艄公。又如《卫朝奉狠心盘贵产陈秀才巧计赚原房》刻画的卫朝奉更是奸商的代表:"却说那卫朝奉平素是个极刻剥之人。初到南京时,只是一个小小解铺,他却有百般的昧心取利之法。假如别人将东西去解时,他却把那九六七银子,充作纹银,又将小小的等子称出,还要欠几分兑头。后来赎时,却把大大的天平兑将进去,又要你找足兑头,又要你补勾成色,少一丝时,他则不发货。又或有将金银珠宝首饰来解的,他看得金子有十分成数,便一模二样,暗地里打造来换了;粗珠换了细珠,好宝换了低石。如此行事,不能细述。"他见陈秀才把钱撒漫完了,故意借给陈秀才三百两银子,等到三年之后向他连本带利索要六百两银子,陈秀才没钱还,最后只好把价值千两银子的一处房产折卖给卫朝奉。还有一些商人见财起意,谋财害命,不想靠自己的本业赚钱,专走歪门邪道,已不是奸诈可以形容,简直是歹毒了。如《沈小官一鸟害七命》中的小商贩箍桶匠张公,见一名二十多岁的青年沈秀昏迷在地,身边有一个装有画眉鸟的鸟笼,他不去救人,反而顺手牵羊,要把这值二三两银子的画眉鸟偷走,后来沈秀苏醒,阻止他拿走自己的鸟,反而被他用刀捅死,真是利欲熏心,凶残无比。

(三)诚信重义

难能可贵的是也有小说刻画了一些诚信重义的商人,尤以"三言二拍"中为多。这些商人或是经商讲诚信，守承诺，从来不缺斤短两以次充好欺骗客人；或是替人着想，热心助人，知恩图报，重情重义。

如《刘小官雌雄兄弟》中的酒店主人刘公就是一个做生意讲诚信、做人无比善良的商人。小说写道：

"那刘德夫妻两口，年纪六十有余，并无弟兄子女。自己有几间房屋，数十亩田地，门首又开一个小酒店儿。刘公平昔好善，极肯周济人的缓急。凡来吃酒的，偶然身边银钱缺少，他也不十分计较。或有人多把与他，他便勾了自己价银，余下的定然退还，分毫不肯苟取。……因他做人公平，一镇的人无不敬服，都称为刘长者。"虽说刘公这样做是因为他相信因果报应，觉得自己没有儿女，是上辈子没有修得善果，害怕自己做了错事，染上疾病，赔的钱更多，因此不肯做欺心之事，但是这样做赢得了人们的尊敬，也算弥补一些人生的缺憾。后来刘公夫妇见一老一少没有多少盘缠，不肯吃肉，又主动免了他们的饭钱。不巧当时大雪天气，那个老军人方勇因受风寒病倒，刘公夫妇好人做到底，为之请医生看病，拿钱买药，照顾十分周到，忙得连店中生意都耽搁了，却毫无怨言。后来老军人还是撒手而去，刘公夫妇收留了其子（实际是女扮男装的少女），认为父子，改名刘方。刘方深受刘公急公好义的品德感染，在征求了刘公的意见后，救了一个落水青年刘奇。当刘奇表示感激之情时，刘公说道："官人差矣，不忍之心，人皆有之。救人一命，胜造七级浮屠。若说报答就是为利了，岂是老汉的本念？"可见，刘公颇有儒家宣扬的仁爱之心，佛家的慈悲之怀。

而《醒世恒言》中《两县令竞义婚孤女》则塑造了一个知恩图报，重情重义的商人贾昌：

却说本县有个百姓，叫做贾昌，昔年被人诬陷，坐假人命事，问成死罪在狱，亏石知县到任，审出冤情，将他释放。贾昌衔保家活命之恩，无从报效。一向在外为商，近日方回。正值石知县身死，即往抚尸恸哭，备办衣裳棺木，与他殡殓。合家挂孝，买地营葬。又闻得所欠官粮尚多，欲待替他赔补几分，怕钱粮干系，不敢开端惹祸。见说小姐和养娘都著落牙婆官卖，慌忙带了银子，到李牙婆家，问要多少身价。李牙婆取出朱批的官票来看：养娘十六岁，只判得三十两；月香十岁，到判了五十两。却是为何？月香虽然年小，容貌秀美可爱；养娘不过粗使之婢，故此判价不等。贾昌并无吝色，身边取出银包，兑足了八十两纹银，交付牙婆，又谢他五两银子，即时领取二人回家。

贾昌为了报答石知县的救命之恩，闻知石知县因管理的粮仓失火被下狱抑郁而亡,其十岁女儿月香和养娘也被官府发卖,哀痛不已,出钱殡葬了石知县,又打听到月香和养娘的下落,花钱把他们赎回来,送回家好生抚养,打算等月香长大成人了将她嫁一个好人家。可惜贾昌的妻子不是贤惠之人,等贾昌外出经商后,百般虐待月香二人,贾昌归来后得知真相,在家足足住了一年多,精心派人照看月香二人。后来以为妻子改好了,规矩也立定了,可以放心出去经商,贾昌临走时,还一再叮嘱妻子善待月香二人,如果不依自己的话做,就与之离婚。结果贾昌一走,其妻竟将二人转卖掉了。其后贾昌回家得知妻子干的"好事","与婆娘大闹几场"。当他得知月香最终得到两个县令的帮助,嫁了好人家,又要花钱把养娘赎出送去服侍小姐。两个县令要以金帛厚酬贾昌,他也拒绝了。"从此贾昌恼恨老婆无义,立誓不与他相处;另招一婢,生下两男,此亦作善之报也。"

此外《转运汉遇巧洞庭红波斯胡指破鼍龙壳》中的文若虚一诺千金,答应了将自己的龟壳以五万两银子卖给胡商,后来得知此乃无价之宝,自己得到的不过是九牛一毛,有人怂恿他反悔,再多要一点钱,但是他加以拒绝,坚守承诺,是个重诚信、讲原则的好商人。《施润泽滩阙遇友》中的小手工业者施复靠养蚕织布为生,是个做小本生意的小户儿。一日在街上拾到六两多重的银子,他拾金不昧,终于等到失主朱恩。后来朱恩也知恩图报,把自家的桑叶送给了施复,让他避过了一次天灾。

尽管这些作品所歌颂的商人有可能是作者塑造的理想人物,有很大的主观改造的可能,但也不能排除商人素质的提高是完全可能的事情。

二、商人的精神世界和感情生活

(一)拜金主义

在商人的精神生活中,占据第一位的莫过于对金钱的崇拜。司马迁说过"天下熙熙,皆为利来,天下攘攘,皆为利往"。对于金钱的追求始终是人们普遍追求的目标之一。从这个意义上说,每个人都有可能成为拜金主义者。然而在拜金主义的彻底性上,却几乎没有什么人能超过商人阶层。这是因为其他阶层的人还追求其他目标,而商人阶层却常常是金钱至上。拜金主义不仅是商人的人生目标,而且是他们的职业信奉。

商人拜金主义的最突出表现,就是他们常常把全部注意力集中在金钱上,让其他的一切都服从于赚钱这个"伟大"的目标。为此他们不惜抛下温暖的家庭,不辞忍受种种辛苦,不怕放弃虚荣的面子,甚至不吝献上自己的性命。如《歧路灯》中的商人满相公对心血来潮想要做生意的公子哥儿说道:

　　总之做生意的人，只以一个钱字为重，别的都一概儿不管他。即如我们生意人，也有三五位先世居过官的，因到河南弄这个钱，早已把公子公孙折叠在箱角底下，再不取来拿腔作势。且如生意人，也有许多识字的，也是在学堂念过书的，也有应过考的，总因家里穷，来贵省弄这个钱。少不得吃尽辛苦，奔走道路，食粗咽粝，独床独枕的过。每逢新年佳节，思念父母妻子，夜间偷哭，各人湿各人的枕头，这伙计不能对那伙计说的。……总之，钱钱钱，难难难！这心若不时时刻刻钻到钱眼里面，财神爷便不叫你发财；就如读书人心不时时刻刻钻到书缝里面，古圣贤便不曾替你代过笔。(《歧路灯》第六十九回)

　　那几个公子哥儿未免把经商看得太容易了，以为只要有了本钱谁都可以干，可是深知个中滋味的满相公却给他们泼了一盆冷水。这番话把商人的拜金主义的职业信奉解释得入情入理。

　　当其他的价值标准与拜金主义发生矛盾的时候，商人会断然不顾其他价值标准，而只服从于拜金主义。不过如果其他价值准则有助于拜金主义的时候，他们会利用其他价值准则，为拜金主义服务。如《金瓶梅》中的西门庆本与潘金莲打得火热，如胶似漆，突然来了个媒婆薛嫂做媒，给他介绍了一个有钱的寡妇，西门庆竟把潘金莲丢开，娶回了这个长相远不如潘金莲的寡妇孟玉楼。(《金瓶梅》第七回)

　　由此可见，西门庆尽管好色，但是需要在金钱与美色面前做选择时，他总是流露出商人的本质，一切以钱为重。要说西门庆当时已经很有钱了，但是他"江河不择细流"，只要能让他的钱集聚更多，他就会不择手段。这里薛嫂对西门庆也是了如指掌，在介绍寡妇孟玉楼时，先说她如何如何有钱，然后才说她的长相身材和才华。尽管小说中说"西门庆听见妇人会弹月琴，便可在他心上"，貌似西门庆很欣赏孟玉楼的才华，才对她产生兴趣，其实是先对她的钱感兴趣，后来加上这么一点附加的条件，才彻底打动他。后来西门庆娶了结交的兄弟花子虚的遗孀李瓶儿，也是出于同样的目的。

　　商人拜金主义最明显的表现是用赚钱的多少或拥有货物的多寡来排座次。一个商人成功与否，衡量的唯一标准就是拥有金钱的多少。如唐代张籍的《贾客乐》一诗中有"金多众中为上客"。又如《转运汉遇巧洞庭红波斯胡指破鼍龙壳》中文若虚和众商人海外贸易归来，到福建一个波斯胡大店中坐定后，主人要求他们展示货单，然后排座次：

　　主人家手执着一副法琅菊花盘盏，拱一拱手道："请列位货单一看，好定坐席。"看官,你道这是何意?元来波斯胡以利为重,只看货单上有奇珍异宝值得上万者,就送在先席。余者看货轻重,挨次坐去,不论年纪,不论尊卑,一向做下的规矩。

这个"规矩"不论年纪,便否定了宗法关系中所奉行的价值标准,不论尊卑,否定了社会关系中所奉行的价值标准,只"看货轻重",依据货物的价值大小来决定商人座位的先后。这种排座次的方式,实在是赤裸裸的拜金主义。

(二)在士人面前的自卑感

传统社会的商人长期以来被人们看不起,即使他们有钱,社会地位也不高。"士农工商"的排位压抑着商人,即使囊中有钱,也常常自卑,总是想向士人靠拢,向权势低头。商人对于士人的自卑感,表面上看起来,是因为他们自感欠缺文化修养,或不如士人知书达礼,但在实质上,却是因为实际的利害关系:士人总有可能进入统治阶层,而商人则甚少有此可能性。当然,文学作品所表现的商人的自卑感,在一定程度上也可说是文人"作践"商人的结果。因为文人们常常既怀抱作为士人的傲慢,又对生活偏袒商人阶层感到愤愤不平。

如《歧路灯》里的商人王春宇,他常常把自己说得一钱不值,即使到了晚年,他已拥有了几十万银子资本、全国各地都有字号,也还是一如既往地感到自卑:"姐姐呀,兄弟不曾读书,到了人前,不胜之处多着哩!象如咱爹在日,只是祥符一个好秀才,家道虽不丰富,家中来往的,都是衣冠之族。今日兄弟发财,每日在生意行中,膺小伙计的爷,骑好骡子,比爹爹骑得强,可惜从不曾拴在正经主户门前;家下酒肉,比当日爹爹便宜,方桌上可惜从不曾坐过正经客。每当元旦焚香、清明拜扫时节,见了爹爹神主、坟墓,兄弟的泪珠,都从脊梁沟流了。姐姐你知道么?"(第74回)

王春宇过分的自卑感,让人总觉得是小说家的手在操纵着。

由于具有自卑感,所以只要有机会,商人们便会附庸风雅,向士人的文化靠拢。如《儒林外史》里的那些盐商,便或喜欢戴秀才式的方巾,或喜欢吟诗作画,渴望与士人结交,就像大盐商万雪斋一样,自己也有什么"诗稿",要让国公府里徐二公子看,他的居处也布置得很文雅。这种附庸风雅的行为,其实反而表现出他们的自卑感。

商人阶层为士人阶层所轻视,在婚姻方面亦是如此。大部分士人不愿与商人缔姻,而大部分商人则希望能与士人缔姻。因为从商人方面来说,与士人阶层缔姻有助于改善自己的地位和处境,而且有希望进入统治阶层。缔姻高门一直是商

人阶层的幻想之 · 。如《太平广记·郑绍》记载一个商人做了一次缔姻高门的美梦,梦中邂逅一位高门美丽女子,愿与他结百年之好,对此郑绍既兴奋又惶恐,他和女子的对话透出深深的自卑感:

> 余一商耳,多游南北,唯利是求,岂敢与簪缨家为眷属也!然遭逢顾遇,谨以为荣;但恐异日为门下之辱。

当然,商人阶层的势力增强以后,依赖雄厚的经济实力,有时也能达成他们的美梦。如《儒林外史》里的大盐商万雪斋,就凭借自己的经济实力,与高门缔结了婚姻,娶了翰林的女儿做媳妇。在这里起决定作用的是金钱,金钱扯平了门第之间的差异,填平了阶层之间的鸿沟。即使有了经济实力,却还要与士族通婚,这仍反映了商人的自卑感。又如《醒世恒言》卷七《钱秀才错占凤凰俦》里的洞庭西山商人高赞,生了个"美艳异常"的女儿,他就一心想把女儿嫁给士人:

> 高赞见女儿人物整齐,且又聪明,不肯将他配个平等之人,定要拣个读书君子,才貌兼全的配他,聘礼厚薄到也不论,若对头好时,就赔些妆奁嫁去,也自情愿。有多少豪门富室,日来求亲的,高赞访得他子弟才不压众,貌不超群,所以不曾许允。

后来他终于挑中了一个"家世书香""饱读诗书,广知古今,更兼一表人才"的秀才钱青,尽管钱青当时"产微业薄,不幸父母早丧,愈加零替",而"年当弱冠,无力娶妻"。高赞的"面试"不过两道"考题",一是"外才",即外貌长相;二是"内才",即学问功底。钱青结婚后,果然一举成名,使高赞的心愿得以实现,而他当初的"投资"也没有白费。

更有甚者,商人用钱买官做,一是面子有光了,二是还能利用职权加以敛财,他们通过这种方式来摆脱潜在的自卑感。不过面对商人雄厚的经济实力和奢华的生活,不少士人已经不再淡定,甚至失去了抵抗能力,转而由被巴结的对象变为去巴结那些富商。正如《儒林外史》里杜少卿所说的:"盐商富贵奢华,多少士大夫见了就销魂夺魄!"(第四十一回)这种商人自卑感的消失,虽然在文学中反映得较少,但在现实中却越来越普遍,这反映了人们对于金钱的重视程度越来越高。

(三)男女感情生活

两性关系是人类最基本的人际关系,男女之爱也是人类最基本的感情。商人的男女感情生活与一般人在本质上其实并无什么不同,它们都植根于人类最原始的本能,并且受到种种社会时代风尚等外在环境的制约。但是,由于商人阶层的职业属性,以及由其职业属性所引致的行为特征,商人的感情生活在表现形式上,也就有其不同于其他阶层的特别之处。当然,这些特别之处也是相对而言的。其他阶层也会出现类似的情形,只是没有这么普遍而已。

决定商人男女感情生活特别之处的,主要有以下一些因素:一是商人生活的流动性,使他们长期离家在外,不能过正常的夫妻家庭生活,因而产生了性饥渴的问题,容易向夫妻家庭之外去寻找性满足。二是商人大抵具有较强的经济实力,在一个连男女之爱都受到商品化侵蚀的社会里,很容易利用金钱买到"爱"。三是即使在过去的礼教社会里,商人由于其相对低下的社会地位(至少比士人阶层低下得多),反而较少受到道德观念的约束,因而较容易随心所欲地行事。以上三个因素,特别是第二个因素的作用,使得"商人之爱"表现出若干特别之处。一是比起社会其他阶层来,商人阶层中似乎更多见狎妓行为,更多地流连娼楼妓馆;二是比起其他社会阶层来,商人阶层中似乎更多见异地重婚现象,也就是所谓的"两头大"婚姻;三是比起其他社会阶层来,商人阶层中似乎更多见偷情行为,也就是所谓的"婚外恋"现象。至少就文学作品来说,我们可以得出如上结论。①

如"原来徽州人有个僻性,是乌纱帽,红绣鞋,一生只这两件不争银子,其余诸事悭吝了。"(《二刻拍案惊奇》卷十五《韩侍郎婢作夫人顾提控掾居郎署》)这里的徽州人主要指徽州商人。说的是徽商一生最舍得花钱的两件事,"乌纱帽"当然是指做官,而"红绣鞋"则是指女色了。商人为了女色是很舍得花钱的。如《杜十娘怒沉百宝箱》中家资巨万的盐商孙富"生性风流,惯向青楼买笑,红粉追欢,若嘲风弄月,到是个轻薄的头儿",他为了得到名妓杜十娘,费尽口舌,蛊惑将要携妓归家的公子哥儿李甲,承诺给李甲一千两银子将杜十娘买过来,李甲本来惧怕父亲不容其娶妓归家,再加上手头没钱,竟然同意了。没想到杜十娘是个重情重义的女子,她是真心想要从良的,可惜被孙富破坏,后来不仅怒沉百宝箱来指责李甲,并投江自尽。孙富人财两失,"得病卧床月余,终日见杜十娘在傍诟骂,奄奄而逝。"最终连自己的性命也丢了,实在是可悲!但恐怕这也只是作者的空想而已,事实上,很多商人是不会因为狎妓而受到如此严重的惩罚的。商人和妓女之间的买卖是一个愿打一个愿挨,很少见被迫的行为。

再说"两头大"。所谓的"两头大"就是两边都是正妻的意思。商人的这种异地重婚现象不同于一些有钱阶层的一夫多妻制,是商人阶层中所特有的。"两头

---

① 劲毅平.传统中国商人的文学呈现[M].深圳:海天出版社,1993:186 - 187.

人"的婚姻对商人的好处是显而易见的,它给了长期漂泊在外的商人以另一个"家",使他们在生活的各个方面都得到了安慰。不过问题是他要有足够的经济实力,足以同时养活两地的两个家庭。同时,他也会面临重婚者所共同面临的问题,就是两个家庭都会争夺他,结果使他反而不得安宁。而且对于家乡的正妻而言,是很不公平的。正如《蒋兴哥重会珍珠衫》中的薛婆别有用心地替商人蒋兴哥的妻子鸣不平:"大凡走江湖的人,把客当家,把家当客。比如我这第四个女婿朱八朝奉,有了小女,朝欢暮乐,哪里想家?或三年四年,才回一遍,住不上一两个月,又来了。家中大娘子替她担孤受寡,哪晓得他外边之事?……一品官,二品官,做客的那一处没有风花雪月?只苦了家中娘子。"薛婆说到了大娘子三巧儿的心坎上,后来竟然红杏出墙,但终究被丈夫发觉而休弃。这更是不公平,男子在外"两头大",家中正妻只能忍气吞声,而妻子要想搞个婚外恋,那就很难得到原谅了。不过蒋兴哥与三巧儿几经周折,还是成了一家人,只不过蒋兴哥在休弃三巧儿后又另娶他人,三巧儿因与他有很深的旧情,再接回来也只能做妾了。但这已经是很开明的商人才会愿意的事情。

此外还有一种商人有更为出格的行为,也就是"偷情",和别人的内眷通奸。如《蒋兴哥重会珍珠衫》中的徽商陈商,见了蒋兴哥的妻子三巧儿,马上见色起意:

> 谁知陈大郎的一片精魂,早被妇人眼光儿摄上去了。回到下处,心心念念的放他不下,肚里想到:"家中妻子,虽是有些颜色,怎比得妇人一半?欲待通个情款,争奈无门可入。若得谋他一宿,就消化这些本钱,也不枉为人在世。"

陈商为了得到和三巧儿肌肤之亲的机会,花了几百两银子请托薛婆帮忙,他对薛婆说:"我这救命之宝,正要向他女眷借借",毫无道德意识。这正是小说作者所谴责的"只图自己一时欢乐,却不顾他人的百年恩义"。

商人的两性感情生活是畸形的不正常的,无论是哪种情形,都是对正常家庭生活的破坏,因此他们也很少获得真正情感上的满足和幸福。只有在他们真正回归到一夫一妻的稳定家庭生活时,才会得到解脱。

三、有关商人的古代小说作品存目

(一)长篇小说

《金瓶梅》《歧路灯》《儒林外史》《镜花缘》《红楼梦》

(二)短篇小说

(1)唐传奇:《宝珠》《水珠》、温庭筠《窦义》

(2)"三言":《蒋兴哥重会珍珠衫》《范巨卿鸡黍死生交》《杨八老越国奇逢》《沈小官一鸟害七命》《李秀卿义结黄贞女》《宋四公大闹禁魂张》《汪信之一死救全家》《吕大郎还金完骨肉》《金令史美婢酬秀童》《乐小舍拚生觅偶》《桂员外途穷忏悔》《赵春儿重旺曹家庄》《杜十娘怒沉百宝箱》《乔彦杰一妾破家》《两县令竞义婚孤女》《卖油郎独占花魁》《大树坡义虎送亲》《钱秀才错占凤凰俦》《刘小官雌雄兄弟》《张孝基陈留认舅》《施润泽滩阙遇友》《张廷秀逃生救父》《徐老仆义愤成家》《蔡瑞虹忍辱报仇》《杜子春三入长安》

(3)"二拍":《转运汉遇巧洞庭红 波斯胡指破鼍龙壳》《乌将军一饭必酬 陈大郎三人重会》《叠居奇程客得助 三救厄海神显灵》《韩秀才乘乱聘娇妻 吴太守怜才主姻簿》《韩侍郎婢作夫人 顾提控椽君郎署》《钱多处白丁横带 云退时刺史当艄》《卫朝奉狠心盘贵产 陈秀才巧计赚原房》《程元玉店肆代偿钱 十一娘云岗纵谭侠》《程朝奉单遇无头妇 王通判双雪不明冤》《迟取券毛烈赖原钱 失还魂牙僧索剩命》《徐茶酒乘闹劫新人 郑蕊珠鸣冤完旧案》《陶家翁大雨留宾 蒋震卿片言得妇》《赠芝麻识破假形 撷草药巧谐真偶》《许察院感梦擒僧 王氏子因风获盗》《李将军错认舅 刘氏女诡从夫》《姚滴珠避羞惹羞 郑月娥将错就错》

(4)《聊斋志异》:《双灯》《阿秀》《余翠仙》《大男》《青蛙神》《金陵女子》《张不量》《雷曹》《霍女》《官梦弼》《王成》《义犬》《罗刹海市》《白秋练》《金永年》《二商》《慧芳》《刘夫人》《黄英》《商小二》《酒友》《任秀》《五成》《珊瑚》《侠女》《细柳》《青梅》《辛十四娘》《绩女》《柳生》《农妇》《布商》《胭脂》

★ 课后练习与思考

1.请根据《转运汉遇巧洞庭红 波斯胡指破鼍龙壳》的节录部分,结合自己的专业知识,谈谈你的读后感。字数 1500 字。

2.明代的一两银子值现在的多少钱?你认为吉零国的银子值不值钱?

3.你认为现代商人的精神世界与古代商人有无区别?原因是什么?

第十章

基础写作和专业写作实训指导

现代社会是一个自媒体盛行的时代,人人都可以成为作家,让自己的声音传播开来。但是要想写出精彩的文章,还是需要了解一些文体知识,并掌握其写作技巧。除了日常的写作外,大学生还需要掌握专业论文写作的基本技能,这是深化专业知识的有效手段。

第一节 基础写作概说

（课堂讲解,2 学时）

基础写作在我们的生活中无处不在,我们需要不断练习,了解各种文型的特征和写作技巧。鉴于中学阶段对学生议论文的训练较多,这里重点介绍描写型、抒情型、说明型和叙述型的文型写作技巧。

一、文型知识的理论

从表达方式来看,文型可以分为描写型、抒情型、说明型、叙述型、议论型。

（一）描写型

1. 描写的定义

描是描摹,写是摹写。描写是借助绘画中的术语"描绘"来命名的一种文章书写类型。即用语言文字把书写对象的状态具体地展示出来,使书写对象具体化、形象化。它追求的表达效果,就是用文字绘形、绘声、绘色地再现书写对象的"样子"(状貌、形象),让读者如见其人,如闻其声,如临其境。描写是一种"形神兼备"的表述方法。

2. 描写的分类

从描写对象来看,可以分为社会环境描写、自然环境描写、人物描写、物体描写。而其中人物描写又可以细分为外貌描写、神态描写、行动描写、语言描写、心理描写等。

从描写的方法来看,可以分为白描与细节描写、静态描写与动态描写、正面描写与侧面描写、摹形描写与摹态描写等。

从描写所用的感觉器官(角度)来看,可以分为视觉描写、听觉描写、嗅觉描写、味觉描写、触觉描写,还有一种比较特殊的通感描写。

3. 描写的原则

描写首先要明确描写的目的。只有目的明确,才不会把无关的内容写进来,显得累赘。如自然环境描写并不要求把看到的事物都一一写出来,而是要选择与所要表达的主题相关的事物来写。

描写要抓住描写对象的特征。描写时一定要注意认真观察描写对象,要抓住其最主要的特征加以描写,对于一些次要的不够鲜明的特征则不必浪费笔墨,喧宾夺主。

描写要达到形神兼备的效果。描写不仅要做到形似,还要做到神似。抓住描写对象的内在精神加以刻画,可以借用比喻、拟人、夸张等修辞手法来做到出神入化。

(二)抒情型

1. 抒情的定义

抒情,即表达情思,抒发真情实感。指以形式化的话语组织,象征性地表现个人内心情感。它与叙事相对,具有主观性、个性化和诗意化等特征。抒情主要反映社会生活的精神方面,并通过在意识中对现实的审美改造,达到心灵的自由。抒情是个性与社会性的辩证统一,也是情感释放与情感构造、审美创造的辩证统一。

2. 抒情的分类

从所抒发的情感对象来看,抒情主要是抒发人的真情实感。《礼记·礼运》载:"何谓人情?喜、怒、哀、惧、爱、恶、欲,七者弗学而能。"这基本概括出了人类的常见情感。

从抒情的方式来看,又可分直接抒情和间接抒情。直接抒情就是直抒胸臆。而间接抒情则是指作者在处理情感时不是直接抒情,而是言在此意在彼,具体来说间接抒情又包含借景抒情、触景生情、托物寓意、融情于事和融情于理等。

直接抒情,就是直接对有关人物和事件表明爱憎态度的抒情方式,字里行间直接出现表现情感特征的字眼。当感情特别强烈,不吐不快时,就可以采用这种抒情方式。直抒胸臆往往给人痛快淋漓之感。

借景抒情是指作者胸中本有某种情感想要抒发,却不直接抒情,而是借景物描写来表现。这里景物是描写的实体,诗人的思想感情没有直接外露,读者只有品味、咀嚼、挖掘指定景物的内蕴时,才会感悟出作者寄托在景物背后所蕴涵的情思。常见的借景抒情是以乐景写乐情,哀景抒哀情。但也有以乐景衬哀情或哀景写乐情的写法。

触景生情,是先见景,后生情。就是作者见到自然景物的特点或变化后,触发了作者的联想,引起和触动了作者内在的思想感情。

托物寓意,就是通过描摹客观上某一物体的特征来表达作者情感或揭示作品的主旨。托物寓意与借景抒情原理类似,只不过一个是借自然景物抒情,一个是借某一具体的物体来寄寓某种情志。根据寄寓的情感志向的不同,也可分为“咏物寓情”和“托物言志”。托物寓意是古典诗词中常见的一种表现手法。

融情于事,是指通过记叙事件来抒发感情的写作方法。此法要点是将浓郁的感情寄寓于冷静的记叙,而实则表现了作者真挚细腻的感情,特别要抓住传神的关键细节,重笔渲染,使人可感可触,产生强烈的共鸣。

融情于理,就是把感情寄寓在说理之中,理中含情,既可以使情具有深度、厚度,又可以使理闪烁出充满个性色彩的情思,拨动人的心弦。简单地说,就是用富于哲理性的议论文字来抒情。

3.抒情的原则

抒情要做到自然真切。作家巴金说:“我们写作,只是因为我们有话要说,有感情要倾吐,我们用文字表达我们的喜怒哀乐。”这就是说,写作是自然而然的事情,抒情也是如此,内心有感情想要倾吐的时候才去抒发,不能为文造情,“为赋新词强说愁”。而所抒发的感情一定要做到真切、真实、真挚。不矫情,不浮夸。真实的情感是作文的生命,唯有情真意切,才能鲜活动人,打动读者。

抒发的感情要健康,只有健康的感情才会感动人、激励人,才有价值和意义。这里所说的健康是指能引人思考、批判丑恶、歌颂高尚、积极向上的感情。如果抒发的感情是低级趣味、不思进取或颓废庸俗,即使文章运用再优美的词语,也难以引起读者的共鸣,只会令读者反感。

抒情要恰如其分。抒情的表现手法在不同文体中的运用要恰如其分。在抒情诗中,抒情的成分可以占绝大部分的比例,但是在说理性散文和叙事性作品中就要适可而止,以免给人主观性太强的感觉。另外在选择抒情的具体方式时也要结合情感抒发的需求来决定。直抒胸臆的方式更适合感情特别强烈,难以抑制的情况。而间接抒情则比较适合感情舒缓敛抑的情形,从而让人回味悠长。

（三）说明型

1.说明的定义

说明是解说事物或事理的特征和本质的一种表达方式,它通过对客观事物做出说明,或对抽象事理进行阐释,使人们对事物的形态、构造、性质、种类、成因、功能、关系或对事理的概念、特点、来源、演变、异同等能有科学的认识,从而获得有关的知识。

2.说明的分类

按被说明的对象分类,可分为事物说明文和事理说明文。事物说明文一般介绍事物的形状、构造、类别、关系、功能等;事理说明文要求解释事物的原理、含义、特点、演变等。

按语言生动不生动分类,可分为平实性说明文和文艺性说明文。平实性说明文应用性很强,如说明书、规则、章程等。常用判断(肯定)、否定、强调等陈述句式。一般不用疑问句、祈使句、感叹句。而文艺性说明文则灵活得多,可以运用举例子、打比方、摹状貌、引用等方法达到解说清楚、生动明了的效果。

比如叶圣陶的《苏州园林》就是一篇具有文艺性的事物说明文。

3.说明的方法

说明方法常见的有下定义、作诠释、分类别、举例子、作比较 、列数字、打比方、摹状貌、引用、画图表等。下面择要介绍几种常见的说明方法的特点。

下定义是指用简明的语言对某一概念的本质特征作规定性的说明。从而更科学、更本质、更概括地揭示事物的特征或事理。下定义能准确揭示事物的本质,使读者对概念有确切了解。下定义时要注意内涵和外延的准确性,要注意种属和种类界定的科学性。

打比方是指利用两种不同事物之间的相似之处作比较,以突出事物的特点,增强说明的形象性和生动性的说明方法。用这个方法,可以把抽象复杂的事物说得浅显易懂,具体生动。不同于比喻修辞的是,比喻分为明喻、暗喻和借喻,而说明多用明喻和暗喻,借喻则不宜使用。

作比较和打比方不一样。说明某些抽象的或者是人们比较陌生的事物,可以用具体的或者大家已经熟悉的事物和它比较,使读者通过比较得到具体而鲜明的印象。或者利用两种不同事物之间的相似之处作比较,以突出事物的形状特点。如"苏州园林与北京的园林不同,极少使用彩绘"就是用了作比较的方法来突出苏州园林与北京园林的不同之处。

摹状貌就是为了使被说明对象更具体、生动,可以进行状貌摹写的说明方法。

摹状貌从表达方式上来看,属于描写,说明文中的描写是为了使被说明对象更形象可感、更具体。

引用是指引用文献资料加以说明。引用资料的范围很广,可以是对经典著作、名家名言、公式定律、典故谚语、历史文献、诗词、歌谣、传说等进行说明。引资料能使说明的内容更具体、更充实。

4.说明的注意事项

说明型的文章要注意文章的知识性、概念的准确性、写作的条理性、语气的确定性、语言的通俗性和观点的权威性。

(四)叙述型

1.叙述的定义

叙述,本义是严格排列次序并认真遵循它。叙述是记叙性文章的主要表达方式,用来展开情节,交代人物活动和事件经过。叙述的基本特点是陈述"过程",构成叙述交代和介绍的主要内容。叙述一般包括时间、地点、人物、事情的起因、经过、结果六个要素。

2.叙述的分类及特征

(1)第一人称叙述、第二人称叙述、第三人称叙述(从叙述人称来分)

第一人称叙述,是以"我"或"我们"的视角来观察和感受,并以"我"的口吻来叙述所见所闻所思所感。它是一种单向视角。其中的"我"可以是作者,也可以是文章中的人物。第一人称叙述容易形成真实、亲切的格调,带有鲜明的主体特征和主观抒情意味。

第二人称叙述,是以"你"或"你们"为对象的叙述。它自然具有一种双向交流的对话性质。这种视角能紧紧抓住读者,使之有一种参与感。

第三人称叙述是一种最"古老"的叙事视角。它是指叙述者以局外人的口吻,叙述"他"或"他们"的事情。第三人称,是最自由灵活的叙述角度。它可以根据写作的需要,随意转换时间、空间。它是多角度、全方位的,可以对人物、场景作外部观察,也可以进入人物内心直接展示众多人物的心理。因此第三人称的突出长处在于它的"透视性"。

(2)顺叙,倒叙,插叙,补叙,平叙(从叙述的先后顺序来分)

顺叙是指按时间、空间的自然序列,作者或人物的思想感情发展进程,人物活动的次序或事件的始末进行叙述。

倒叙是指先把叙述事件的结局或事件发展过程中某个突出片段提到前边来写,然后再按事件的发生发展顺序展开叙述,传统上称为"倒插笔"。

插叙是在叙述过程中,根据表达内容的需要,暂时中断主线,插入相关的事情或必要的解说。插叙结束后,仍回到叙述主线上来。

补叙是在叙述过程中对前文涉及的某些事物和情况作必要的补充,交代。它的作用在于对前文所设伏笔作出回应,或对前文中有意留下的接榫处予以弥合。

平叙也叫分叙,是对同一时间内发生在不同地点的两件或多件事情所做的平行叙述或交叉叙述。对那些紧系于同一主干事件中的分支进行叙述时,多采用交叉叙述,这可以把头绪纷繁的人与事整理表现得有条不紊,并且突出了紧张气氛,增强了表达效果;对那些联系不甚紧密,而又由同一主线贯穿的几个人、事、物进行叙述时,则多采用齐头并进的平行叙述,这可以把平行发展的事件交代得眉目清楚,显得从容不迫,而读者则可以同时看到平行的各个事件,从而获得立体的感受。

(3)叙述的注意事项

叙述要做到交代明白,把事情的六要素交代清楚,并选取合理的顺序加以叙述。

叙事要做到线索清楚。线索是贯穿整个情节发展的脉络。它把作品中的各个事件联成一体,表现形式可以是人物的活动、事件的发展或某一贯穿始终的事物。一部叙事作品通常都有一条或一条以上的线索,但起主导作用的只有一条。遇到纷繁复杂的事件时,一定要抓住最主要的线索。

叙述要做到详略得当。所谓详写是指对能直接表现中心意思的主要材料加以具体详细的叙述和充分描写,放开笔墨;所谓略写是指对虽与表现中心意思有关但不是直接表现中心意思的材料,少用笔墨,进行概括式的叙述。要防止平铺直叙,记流水账。

(五)议论型(自学)

二、文型知识课堂实训

1. 选择一种文型进行语段写作,并说明自己用了什么表现手法。

2. 分辨下列语段的文型类别,并指出该语段使用了哪种表现手法。

(1)之前的花白的头发,即今已经全白,全不像四十上下的人;脸上瘦削不堪,黄中带黑,而且消尽了先前悲哀的神色,仿佛是木刻似的;只有那眼珠间或一轮,还可以表示她是一个活物。她一手提着竹篮。内中一个破碗,空的;一手拄着一支比她更长的竹竿,下端开了裂:她分明已经纯乎是一个乞丐了。(鲁迅《祝福》)

(2)东风来了,春天的脚步近了。一切都像刚睡醒的样子,欣欣然张开了眼。山朗润起来了,水涨起来了,太阳的脸红起来了。小草偷偷地从土里钻出来,嫩嫩的,绿绿的。……风轻悄悄的,草软绵绵的。(朱自清《春》)

(3)他已抱了朱红的橘子往回走了。过铁道时,他先将橘子散放在地上,自己慢慢爬下,再抱起橘子走。……走到车上,将橘子一股脑儿放在我的皮大衣上。于是扑扑衣上的泥土,心里很轻松似的,过一会说:"我走了,到那边来信!"(朱自清《背影》)

(4)令狐冲胸口便如有甚么东西塞住了,几乎气也透不过来。……突然之间,眼前一黑,只觉天旋地转,一跤坐倒。过了好一会儿,他定了定神,慢慢站起,脑中兀自晕眩,心想:"我是永远不能跟他二人相见的了。徒自苦恼,复有何益?……"(金庸《笑傲江湖》)

(5)自上了轿,进入城中,从纱窗向外瞧了一瞧,其街市之繁华,人烟之阜盛,自与别处不同。又行了半日,忽见街北蹲着两个大石狮子,三间兽头大门,门前列坐着十来个华冠丽服之人。正门却不开,只有东西两角门有人出入。正门之上有一匾,匾上大书"敕造宁国府"五个大字。黛玉想道:"这必是外祖之长房了。"想着,又往西行,不多远,照样也是三间大门,方是荣国府了。却不进正门,只进了西边角门。那轿夫抬进去,走了一射之地,将转弯时,便歇下退出去了。后面的婆子们已都下了轿,赶上前来。另换了三四个衣帽周全十七八岁的小厮上来,复抬起轿子。众婆子步下围随至一垂花门前落下。众小厮退出,众婆子上来打起轿帘,扶黛玉下轿。(曹雪芹《红楼梦》第三回)

(6)青丝为笼系,桂枝为笼钩。头上倭堕髻,耳中明月珠。缃绮为下裙,紫绮为上襦。行者见罗敷,下担捋髭须。少年见罗敷,脱帽着帩头。耕者忘其犁,锄者忘其锄。来归相怨怒,但坐观罗敷。(汉乐府民歌《陌上桑》)

(7)秋风发微凉,寒蝉鸣我侧。原野何萧条,白日忽西匿。归鸟赴乔林,翩翩厉羽翼。孤兽走索群,衔草不遑食。感物伤我怀,抚心常太息。(曹植《赠白马王彪》)

(8)好雨知时节,当春乃发生。随风潜入夜,润物细无声。野径云俱黑,江船火独明。晓看红湿处,花重锦官城。(杜甫《春夜喜雨》)

(9)驿外断桥边,寂寞开无主。已是黄昏独自愁,更著风和雨。 无意苦争春,一任群芳妒。零落成泥碾作尘,只有香如故。(陆游《卜算子·咏梅》)

(10)缺月挂疏桐,漏断人初静。谁见幽人独往来,缥缈孤鸿影。 惊起却回头,有恨无人省。拣尽寒枝不肯栖,寂寞沙洲冷。(苏轼《卜算子》(黄州定惠院寓居作))

（11）汉末建安中，庐江府小吏焦仲卿妻刘氏，为仲卿母所遣，自誓不嫁。其家逼之，乃投水而死。仲卿闻之，亦自缢于庭树。时人伤之，为诗云尔。（汉乐府民歌《孔雀东南飞》序）

（12）知我者谓我心忧，不知我者谓我何求。悠悠苍天，此何人哉？（《诗经·王风·黍离》）

（13）昔我往矣，杨柳依依，今我来思，雨雪霏霏。（《诗经·小雅·采薇》）

（14）苏州园林栽种和修剪树木也着眼在画意……没有修剪得像宝塔那样的松柏，没有阅兵式似的道旁树。……有几个园里有古老的藤萝，盘曲嶙峋的枝干就是一幅好画。（叶圣陶《苏州园林》）

（15）垂緌饮清露，流响出疏桐。居高声自远，非是藉秋风。（虞世南《蝉》）

（16）峰峦如聚，波涛如怒，山河表里潼关路。望西都，意踟蹰。伤心秦汉经行处，宫阙万间都做了土。兴，百姓苦；亡，百姓苦。　　（张养浩《山坡羊·潼关怀古》）

（17）池沼里养着金鱼或各色鲤鱼，夏秋季节荷花或睡莲开放，游览者看"鱼戏莲叶间"，又是入画的一景。（叶圣陶《苏州园林》）

（18）每个柱头上都雕刻着不同姿态的狮子。这些石刻狮子，有的母子相抱，有的交头接耳，有的像倾听水声，有的像注视行人，千态万状惟妙惟肖。（茅以升《中国石拱桥》）

（19）神话是远古时代的人们对其所接触的自然现象和社会现象所不自觉地幻想出来的具有艺术意味的集体的口头描述和解释。（马克思《〈政治经济学批判〉导言》）

（20）（母亲说）"还有闰土，他每到我家来时，总问起你，很想见你一回面。我已经将你到家的大约日期通知他，他也许就要来了。"

这时候，我的脑里忽然闪出一幅神异的图画来：深蓝的天空中挂着一轮金黄的圆月，下面是海边的沙地，都种着一望无际的碧绿的西瓜，其间有一个十一二岁的少年，项带银圈，手捏一柄钢叉，向一匹猹尽力的刺去，那猹却将身一扭，反从他的胯下逃走了。……

现在我的母亲提起了他，我这儿时的记忆，忽而全都闪电似的苏生过来，似乎看到了我的美丽的故乡了。我应声说："这好极！他，——怎样？……"（鲁迅《故乡》）

第二节　如何写毕业论文

（课下阅读材料）

一、怎样写毕业论文①

（一）几种论文的区别和联系

大学三年级写的学年论文,四年级写的毕业论文,大学毕业后申请硕士和博士学位的论文,四种论文有什么区别和联系呢? 它们是由浅入深的关系……

毕业论文,……其基本标准,应该是 通过毕业论文,可以看得出它反映作者能否运用大学三四年间所学得的基础知识来分析和解决本学科内某一基本问题的学术水平和能力。它的题目,当然不可能囊括三四年来所学的全部知识,也不可能囊括本学科的全部基本问题,甚至也不可能囊括本学科某一基本问题的全部。如果它只论述某一基本问题中的某一重要侧面,或是多年来,或是当前大家感到有疑难的某一点,也是可以的。为了要解决这一点,需要动用三四年来所学的基础知识,需要有正确的观点和方法;论文论述的虽只是一点,却可以反映出作者的学术水平,解决问题的方法和能力。所以,写得好的大学毕业论文,达到了学士的水平,就可以取得国家授予的学士学位。因此,论文的题目虽然可以是着重谈某一点,却不应该是鸡毛蒜皮、无足轻重、没有重要意义的随意一点,而应该是在本学科中带有基本性质的某个重要问题的某一重要侧面或某一当前疑难的焦点;解决了这一点,有推动全局的重要意义。要做到这一点,并不容易。对作者说,这是没有做过的新工作,所以,毕业论文的写作仍然应该是在有经验的教师指导下进行的。

（二）明确写作论文的主要目的

首先要确立一个指导思想,撰写毕业论文的主要目的是,在教师指导下,运用已有知识,独立进行科学研究活动,开始学习、初步掌握分析和解决某一专门学术问题的方法,锻炼撰写论文以解决某一学术问题的能力。

通过论文,也可以考查同学已掌握的知识面的深广度和写作表达能力等,但

---

① 据王世德.怎样写毕业论文和学年论文[A]. 王力.朱光潜等.怎样写学术论文[C]. 北京:北京大学出版社,1981:11 - 35.整理。

写作论文的主要目的不在于此。考查掌握知识的深广度,主要是各种考试的任务;考查写作表达能力,是写作课写作练习的任务。一篇论文,不可能反映出同学已掌握的全部知识,也不能仅限于反映出能否字通句顺地表达思想的能力。

明确了主要目的,就可以由此解决一系列问题,知道该在什么地方下功夫。因为一篇论文不可能反映出已掌握的全部知识,所以就不必企图在一篇论文中塞进自己的全部知识,不要以为塞得越多越好,不要想借此炫耀自己知识渊博。应该着重考虑的是,如何针对自己选定的论文主题,在此范围内进行全面的调查和研究,动用自己所掌握的知识中能有助于分析和解决这问题的材料,进行分析和论证,学习正确地提出问题和科学地解决问题的方法,锻炼进行科学研究的能力。

明确了这个主要目的,就不必去追求写全面论述性的大问题(初学者这样做,往往容易罗列众所周知的已有知识,写得大而空,不能切实地提出和解决一点新问题)。所写的主题,可以很小,却又是重要的。如果能动用已有知识,并扩大加深对有关材料的掌握,往深处钻研和挖掘,能够提出一点新的见解,科学地解决这一问题,表明自己初步掌握了科学研究的方法,初步具有了独立解决专门问题的能力,那么也就达到了写作论文的主要目的。虽然所论述的是一个小问题,但是既然作者有了解决这一问题的方法和能力,那么他今后也就能以此方法和能力去解决其他专业问题。所以,学习方法和锻炼能力是十分重要的。

也因此,同学要求教师的,主要也应该是指点科学研究、写作论文的方法,而不应是要求教师告诉有关这问题的全部材料、知识和论点。一方面,教师不可能对所有同学研究的专题都作过研究,都已有完善解决问题的结论;另一方面更主要的,要教师越俎代庖,包办代替,并不能培养和锻炼同学自己进行科学研究的能力。我们这样说,并不是说可以减轻教师的责任,教师可以放任不管。毫无疑问,教师应该在同学写作论文的整个过程中给予具体的方法论的指导。

由于教师比较熟悉这一专业的难题的来龙去脉和关键所在,知道可从哪些方面去找材料,哪些材料是重要的、必读的,该如何发现问题,该从哪些线索入手,找到突破口,该针对哪些焦点去深入钻研思考,所以教师应着重在这些方面给同学以指导。

我们把主要目的着眼于使同学得到锻炼、学得科研方法,所以,上述各点,也不一定要求教师一开始就和盘托出,全部告诉同学。最好的做法是先让同学自己试着去找材料,区分重要的与不重要的材料,寻找突破口,进行分析和研究,要求同学经常向教师汇报自己每一步做法、存在的困难和疑问,然后教师针对同学存在的问题,给予具体指导,特别是在治学作风和研究方法上给予指导,及时指出同学自己没有发现的不正确之处,不周到不细密之处,工作中存在的薄弱环节,以及如何克服缺点的正确途径。

让同学自己先试着做一遍，然后帮助他认识到不足之处，帮助他掌握到克服和改正的方法，这样的指导能对同学有切实的功效，使他能牢固地、深刻地领会和掌握，一辈子也不会忘却。不经过他自己实践，轻易告诉他全部方法和观点，给他的印象往往是很浮浅的，他并不一定能有切实的领会，并不一定能牢固地掌握住。

(三)要有写作论文的勇气和信心

很多同学初次撰写论文，常常有勇气和信心不足的问题，这和他们有一个错误的指导思想有关：他们往往认为写论文必须要有广博的学问，而自己还太年轻，读的书还太少，知识不足，没法写论文；在这时写论文，自己最多只能到书本上去抄录一些现成的论点和材料来，很难想出新的论点来。因此，他们往往想等自己再多读点书以后才来写论文。

首先，应该肯定，读的书很少，知识贫乏，是没法写论文、提出新的见解来的。认为自己无须读前人的书，随便谈点自己的看法，就可以产生扎实的好论文，当然是不对的。但是，要把有关的书读完才写论文，也是不实际的想法。书是读不完的，应该读一点用一点。三四年级的大学生，已经上了一些基础课，有了一定的知识，现在是要在这个基础上，针对科研题目特定范围的需要，再加深加宽，再读一些有关的书、搜集一些材料，来提出和解决一个专业问题，锻炼科研能力。

年轻，就一定不能写出有新见解的好论文吗？当然不。年轻，思想敏锐而活跃，正是进行科研的有利条件。历史上有很多年轻人做出了成功的科研成绩，就是证明。从文艺创作说，曹禺23岁写出了《雷雨》，是他本人的成名作，也是中国话剧的奠基作，并不比他后来思想学识更丰富了的中、老年时的作品差。从文艺评论说，著名的杜勃罗柳波夫(1836—1861)只活了25岁，他写的《黑暗王国中的一线光明》等论文是不朽的文艺评论，至今仍是值得我们文艺评论工作者好好学习的。车尔尼雪夫斯基(1828—1889)的名著《生活与美学》(1855年初版)，是他在27岁时出版的学位论文。他在这篇论文中向当时流行的唯心主义美学大胆挑战，有尖锐的战斗的论辩的特色，对唯物主义美学作出了科学的建树。这篇论文是世界美学研究历史上一个重要的里程碑，是至今所有学习研究美学的学者的必读书。作者在这篇论文初版的33年后给论文写第三版序言时说，他只改了一些很小的问题，没有大大修改它；他在晚年看青年时代写的东西，并不采取否定的态度。这些事实，都证明青年时代只要以正确方法深入钻研一个问题，是完全有可能写出好论文来的，并不一定要等到自己书读得更多的老年才开始执笔写论文。

在自然科学方面，青年时代就作出科学研究的重大成果，这样的例子也很多。

例如,文艺复兴时代,意大利的科学家伽利略,19岁就发现了单摆定律,26岁发现了自由落体定律和抛物线运动,29岁发明了空气温度计。牛顿10岁能观察天象,16岁用实验和理论的方法测量风速,23岁发现万有引力定律。"数学大王"高斯,7岁可以解级数和,16岁提出最小二乘法,22岁证明实函数代数定理,24岁开创近代数论。被誉为全能物理学家的费米,25岁就以"费米统计法"声震学坛。航空大师卡门,30岁以"卡门涡街"理论名垂科学史。

年轻人读的书即使不很多,但只要肯钻研,方法对,完全可以写出好论文,比读书读得多的人有成就。因此,我们应该有信心,相信自己能写好论文。当然,我们并非说,青年可以自恃头脑灵活而不读书。前面说到的杜勃罗柳波夫虽然只活了25岁,但读书的数量是很惊人的。只是13岁那年,他就读了411种书。他把一切空闲时间都沉浸在读书里。而且,他不是死读书。他不但阅读的范围非常广泛,而且每读一本,就苦苦地思索,养成了锐敏而正确的判断优劣和辨别是非的能力。

只要我们刻苦钻研和思考问题,把所见到的前人论述一一用实践去检验它,把它一分为二,孰是孰非,把正确的错误的区分开来,分别排队研究,就自然会产生自己的见解,对前人的观点作出补充、发挥、纠正、批驳,就自然会形成自己的新观点,产生自己的学术论文,就不会只是停留于抄录前人的现成的观点和材料。相反,如果不思考,只是死读书,即使把所有的书都读完了,也还是不会有自己的新见解,也还是写不出自己的学术论文。

由此可见,有正确的指导思想、态度和方法,对于树立信心,使自己敢于去从事论文写作,是关系极大的。在写作之前,要有勇气,敢于去干。犹如要学游泳,必须敢于跳下水去实践,在干中学。否则,站在岸上,听一辈子的游泳知识,也还是学不会游泳。

(四)确定题目和论证角度

在树立正确的指导思想,明确写作论文的主要目的,树立信心以后,第一步是要确定一个恰当的具体题目,然后才能围绕题目需要,开展一切准备工作。

题目有大有小,有难有易。太大了,力不胜任,难以完成,可能失败。太小了,轻而易举,不费力气,不利锻炼。在写作时还要确定一个角度,把题目缩小。即使是较小的题目,也还要确定一个具体的论证角度。既然是题目可大可小,其难易大不相同,那么我们应该怎样确定自己论文的具体题目和论证角度,才算恰当呢?那就是量力而行,实事求是。题目的大小,当然也不是绝对的。大题可以小做,小题可以大做。关键还在于如何确定具体的论证角度。

从实际出发,量力而行,要恰如其分,也不容易。为了锻炼自己,不要对自己降低要求，只给自己提一个不花很大力气就可轻松完成的任务。应该在力所能及的范围内给自己提出较严格的要求，是自己努力后可以达到的，是经过一番努力，出一身汗以后才能达到的。俯手即可摘得的果子，得到了也不可贵；跳死了也攀不到的果子，再努力也不能摘到，只能是徒劳。只有跳几下可以争取得到的果子，才是自己的奋斗目标，它可以锻炼自己，增长本领，又能鼓舞自己。

确定主题和论证角度，除了量力而行的原则外，还有两个原则：一是要从自己有准备、有基础、有兴趣、有体会的问题出发，不要选择自己完全陌生、毫无基础、毫无兴趣和体会的问题。二是应该抓在本学科中有基本性质的重要问题中的一点，从这一点扩展开去，可以四面开花，从而扩大和加深对本学科中基本问题的认识和理解，不要是鸡毛蒜皮、无足轻重的一点。

学术研究，根本目的在于提高国家的学术水平，推动相应学科的发展。因此，最好是选择对选一学科的基本理论建设能有重要意义的问题，又是对当前选定学科的发展有迫切的现实意义的问题。当然，这一点不应理解得太直接、狭隘、机械、简单、庸俗。一个学科中有基本建设意义和迫切现实意义的问题是很多的，科学的发展是无限的长河，需要无数的人竭其所能，贡献其点滴汇入浩荡的激流。在确定研究论题时，应该有这样的认识。

（五）如何搜集材料

确定了自己有体会、有基础、又有重要意义的具体题目和论证角度之后，就要对此问题作尽可能周密的调查研究。

调查研究应从搜集材料开始。应该尽可能了解前人对于这一问题已经发表过的意见。这些意见可以给我们启发。他们已经取得的成果，正确的可以吸取和继承；他们走过的弯路，犯过的错误，可以避免和防止。他们有时结论是对的，但论证缺乏逻辑性，引例不当；他们有时引例生动恰切，论证有严密逻辑，但结论错误；他们正确的体系中可能有错误论点；他们错误的体系中又可能有合理的因素；凡此种种，都要我们一一用实践去重新检查，区分开来。

有人主张只管自己研究问题、发表自己的意见，不要去看前人的有关评论，以免受别人影响，人云亦云。于此，首先自己研究所要论述的对象，对要论述的问题有自己的看法，是必要的；但，广泛了解前人对此问题的评论，也是必要的。我们关起门来，冥思苦想一天，不如读别人著作一小时，因为那是别人积几个月乃至很多年的心血的成果。闭目塞听，只顾自己苦想，自以为自己的见解是创造发明，殊不知它是别人早已说过的，甚至别人比自己说得还精彩，或者是别人早已批驳过，实际上是错误的。如果能够尽可能广览博阅，就可以免得自己盲目摸索，走前人已走过的路,事倍功半,甚至劳而无功。

前人已经解决的问题,不必再花力气去做重复劳动;应该吸取前人已有经验,去解决前人没有解决的新问题。了解了前人所遇到的疑难的焦点,再去解决它,就可以少走不少冤枉路,事半功倍,对科学发展作出新的贡献。要尽可能占有资料,了解前人对此问题有过什么论述是必要的,但决不能毫无主见,完全被前人牵着鼻子走。因此搜集材料,绝不是一个无思想的事务工作。

因此,研究工作不是在搜集完材料后才开始进行的。应该边搜集材料,边思考问题。发现了新的问题和线索,又可扩大搜集材料的范围。在搜集材料中,随时随地要问一个"为什么",用实践去检验前人所说的是否符合实际,是否真有道理,区别它们:哪些论点对,论据不对;哪些论点错,论据却对。这样做,搜集材料的过程也就是研究的过程,同时是形成自己观点的过程。如果能这样随时思考检验,那就不会被人牵着鼻子走,受人影响,人云亦云,一脑子全是别人观点而无自己见解。

只要我们能刻苦思考,钻研问题,就决不会全部同意或者全部不同意前人的见解。任何著作,总能一分为二。把前人有关这一问题的正确见解区分出来,全部集中起来,这就需要眼力、学识、研究能力与学术水平。事实上,前人的见解也总有薄弱环节和不足之处,不可能已经到了科学十全十美的终点。因此,在集中其精彩见解的同时,也总可以有所补充和丰富,发挥和发展。如果发现前人有错误处,那就更可以启发我们产生新的正确意见。

在搜集材料的问题上,还容易犯的毛病是贪多求全,想毫无遗漏。如果时间精力容许,多全无漏当然是好的;但事实上,一个问题的外围还有外围,材料浩如瀚海。所有材料也并不是同样重要的;我们从事某一专题研究的时间精力也总是有限的。因此,我们往往只能抓住一些最重要的、关系最密切的材料,尽力去抓住一些有典型意义的、主要的、有用的材料,同时不得不以简略的浏览的态度去对待次要的一般的材料。这就叫做"有所不为,才能有所为"。不分主次,眉毛胡子一把抓,芝麻西瓜同样重视,花费同样时间去钻研,就会浪费很多宝贵时间。这犹如好钢没有用在刀口上,一定会影响效率。

在搜集和阅读有关材料时,要时时记住自己的目的和任务,时时联系自己研究的问题,分析思考。应该始终以自己论题为中心,重点深入研究与自己主题有关的材料,不能被有关材料吸引到很多复杂问题中去,而忘了自己当前的中心目的与主要任务,不能对每一个引申开去的问题都作全面深入研究,加重自己负担,反而丢了自己研究的主体,喧宾夺主。要有外围,问题才能研究得有深广度;但外围又必须为中心服务。

既要钻进去,又要出得来。在搜集材料、广泛阅读的过程中注意不离中心是很重要的。一般读书人很容易犯这样的毛病:在搜集这一问题的材料的过程中,顺便看到另一些问题的好文章,也是自己很有兴趣的,为了怕今后不容易找到这些文章,就顺便去看这些文章,流连忘返,结果耽搁了时间,影响了当前主攻任务的进程。今后实在难找的文章,偶尔看一篇当然也可以,但一般说来不宜打岔,还是记个账,待以后再去看它。

在博览广搜有关材料的过程中,应该时刻以自己论题为中心去思考这些材料,区别其正确、错误,找出其论证不足、需要增补、发挥之处,在此过程中逐渐形成自己论文的观点。搜集材料的过程,就是调查研究、思考钻研、形成论点的过程。这就好比"十月怀胎,一朝分娩",等材料的搜集、研究过程完成,论文提纲的雏形也自然而然地同时完成了。不要等到材料全部搜齐以后再看,看完了再思考,再研究如何把它们运用于论文之中。

另一方面,也要防止急于求成,为了急于形成自己论文的论点,匆匆忙忙地翻阅材料,断章取义,没有弄懂别人著作的原意,就乱摘乱引,只取对己有利的材料。不要歪曲、阉割原意,不正确地引用材料,为己所用。应该按照它们本身的面貌,认真弄懂它们的原意,然后再正确地从中得到启发、参考、借鉴和指导。

通过论文写作,我们要培养严谨的治学态度,良好的作风。不要满足于第二手材料,要尽可能查检第一手材料,找到最早的根据。引文不要道听途说,要尽可能核查原书。不要简单化地望文生义,顾名思义。看古文材料,要多查辞书,弄懂文言。看外国材料,要多了解外国的历史和社会情况,不要按照中国情况,想当然地臆测,以免搞错。对于所要引用的材料,要注明来源(作者,书名,篇名,页码,出版社,年月)不要含糊,不要掠人之美。

搜集材料过程中,做笔记是必要的。

(六)提炼材料,拟写提纲

每一个写论文的作者,在着手之前,往往都会苦恼于自己对这问题一无所知,或知之甚少,怕自己写不出多少字。但等到搜集材料之后,往往都会苦恼于自己的材料太多了,揉不拢来,很难决定取舍,怕几万字都写不完,一大堆材料无法驾驭,无法从中提炼出自己的论点,形成论文的提纲。这时就需要由博返约,由多入少,这是又一次飞跃。这次飞跃比当初由贫到富,由少到多,由约到博的飞跃,更为困难。

这时,作者一般容易犯的毛病是舍不得割爱。在取舍之间,一般是难于舍弃。因为这些材料都是自己花了心血,费了功夫,很不容易去搜集来的。此时所难的就在于要能确定什么是需要的,什么是不需要的。情况明,方法对,才能决心大,才能毅然决然下手去剪裁材料。论点要从具体分析研究实际材料中产生出来,不能先定论点,只找适合自己论点的材料,阉割材料。但材料的取舍又必须在正确理论的指导下进行。

一个材料有没有用,还看你能不能从中看出它的意义,看出它本身有与你论文有关的意义。提炼材料的过程,也就是对大量材料进行由此及彼、由表及里、去伪存真、去粗取精的研究、提炼、加工的过程。

事物的属性和意义都是在和其他事物的联系、对比中体现出来、被人认识到的。因此,提炼材料的基本方法之一,就是把材料互相联系起来作比较,同中求异,异中求同,由表及里,去伪存真。从深广的联系中思考和提炼材料的意义,又必须同时注意不能作漫无边际的联系和比较。因为我们的时间精力有限,每个有关的材料本身又都有它的外围,都有它很多难题和必须参考的材料,如果无限延伸开去,就会永无休止。所以,我们必须有选择、有重点地找有关材料来作对比研究,必须时刻不忘这些对比研究是为形成自己论文的论点服务的。

初学者在博览前人有关著述、搜集材料的过程中,通常容易苦恼于自己提炼不出新的见解,常常会发现自己原有一点感受和想法,早已被别人谈过,而且还谈得比自己深刻丰富,这该怎么办? 应该说,这种情况是正常的;初学者没有更新的重要创见,也不要紧,不必自卑。只要真正刻苦钻研,在整理集中前人正确意见中,也不会毫无不同的想法。通常有三种情况:(一)同意别人的论点,但自己有独特的感受,可从新的角度补充新的理由,丰富别人的论点;(二)有不同意处,可以展开争论,说明自己的理由(批评别人论点,必须注意忠实地引用原文,展开科学论证,而不应仅仅宣判别人不对,扣个帽子;或者随便说点感想,不予科学论证);(三)别人没有讲到的新领域和新看法,即使是受了别人的启发,承接了别人某一论点而取得的发展,也是自己的创见,只要言之有理,就可提出商讨。

在搜集材料,经过联系、比较、提炼之后,逐步形成了很多论点,经过取舍以后又逐步决定可以保留哪些能说明论点的例证材料,这时候就必须进一步整理这些论点和材料,形成论文的提纲。这是一次必要的工作步骤:深入分析研究材料,分清主次和从属关系,排一排队,考虑好怎样鲜明地提出问题,然后以严密的科学论证,有层次、有步骤、有说服力地解决问题。

有一个提纲,可以帮助我们树立全局观念,从整体出发,去检验每一个部分所占的地位,所起的作用,相互间是否有逻辑联系,每部分所占的篇幅与其在全局中的地位和作用是否相称,各个部分之间的比例是否恰当和谐,每一字、每一句、每一段、每一部分是否都是为全局所需要,是否都丝丝入扣,相互配合,都能为主题服务。

在拟提纲的过程中,就有大量的取舍、增删、调整工作。我们要以全局主题的需要——检验材料,决定其取舍和安置在什么地方。我们不能把研究过程中所参考过、想到过掌握到的全部材料和论点都塞到论文中去。论文最后只能精选最重要、最精彩、最有说服力的论点和例证。论文应有说服力。为了有说服力,就必须有虚有实,有论点有例证,理论和实际相结合,论证过程有严密的逻辑性。拟提纲时应注意这一点,检查这一点。拟写提纲的主要好处是帮助自己从全局着眼,树立全篇论文的基本骨架,明确层次和重点,简明具体,一目了然。如果不先拟立提纲,就写初稿,很可能由于基本骨架不对,将来全部返工;即使有些片段写得精彩,但不符合全局要求,也只能抛弃。先写提纲,既可帮助自己明确纲领,也可使教师便于指导。提纲常常需要改写几次。这样做,表面上看是使写作进程减慢了,但实际上是很必要、很有好处的;它使论文有了扎实稳靠的基础,以后进行写作就快了。

(七)修改定稿,准备论文答辩

提纲确定了,就要撰写初稿。提纲只是预拟一个轮廓,不可能对每一细部都考虑周密完善。在写作时,顺着写作的思路,澎湃直泻的文潮,对于论点、例证和论证步骤等细部,很可能发现原来提纲中某些设想计划是不恰当的,就应该加以修改和调整;临时发现某些论点、例证和论证理由不确切,还应该重新查书、思考、斟酌和推敲,给予增补,使之完善。

要给自己提出严格要求:决不花费宝贵篇幅用在废话上,去说一些可以不说的话、离题的话、众所周知的话、自己对此并无什么新的阐发的话。简短扼要,不说废话,并不是要把必要的语言都缩写成佶屈聱牙、艰涩别扭的文句。该用排比、重复强调等修辞手法,以突出重点,倾注感情的地方需要妙笔生花,使读者产生特殊感应的地方还是不该吝惜笔墨。总之,该长则长,该短则短;一般以简短为好,但也不绝对化;短的不一定都是必要的,长的不一定都是不必要的;量体裁衣,还是从内容出发,为内容服务,句无虚发,字无浪费,这是基本原则。

初稿写成以后,应再三修改,审查是否符合要求。修改比写初稿还难。因为,初稿中写进去的,都是经过自己花了心血搜集和整理,觉得必要和恰当才写的。再要自己发现不必要、不恰当,就不容易,这就需要自己的思想认识更上一层楼,更严格要求自己才办得到。事实上,人的认识很难一次就达到完善恰当的程度。仔细检查,反复修改,总会发现还有不恰当、不完善之处,大至问题是否提得鲜明中肯,论点和事例有无说服力,结构层次是否严密合理,小至文字的修饰加工,有无废话,语言是否准确、鲜明、生动等,总会发现尚须修改之处,发现很多在提纲中看不出的毛病,原先估计不到的问题。写成初稿后反复审查和修改,是十分必要的。

如果初稿刚写完,头脑发热,不易发现毛病时,可以放一放,等头脑冷静些再来审看和修改。在这期间,可以把初稿送请教师和同学们审看和批评。

毕业论文和学位论文,由审查委员会审查后,还要进行论文答辩。自己应为此再作准备,对所论述的问题作更进一步的研究思考,接受考查。

论文答辩,是审查论文的一种补充形式。论文中有阐述不清楚、不详细、不完备、不确切、不完善之处,审查委员可以在答辩会上提出问题,让作者略作准备后作出回答,从而进一步考查作者对所论述的问题是否有深广的知识基础、有创造性的见解、有充分扎实的理由。

论文答辩时审查委员提出的问题,当然是在论文所涉及的学术范围之内,而不是对整个学科全面知识的考试。

答辩以后,作者应总结整个论文写作的经验教训,明确自己在掌握独立进行科学研究的能力和方法上所取得的进步和还存在的问题,作为今后进一步扩大加深、研究其他问题时的借鉴,供今后撰写申请高一级学位的论文时作参考。

二、读研写演(第二课堂)

(一)阅读本节第一部分内容

(二)研究该文章的观点与方法

(三)写讲演文稿;制作 PPT

(通过讲解这篇文章,最终开列出写毕业论文的步骤)

(四)分小组讲演

(五)选拔代表第二课堂演讲

★ 课后练习与思考

1.写一个记叙型的语段,并且运用第三人称倒叙的手法来叙事。

2.借景抒情和触景生情的表现手法有什么异同? 试着用这两种表现手法写两个抒情语段进行对比。

3.一篇学术论文的写作有哪些步骤? 你认为哪个步骤最难?怎么解决?

4.试着写一篇 3000 字的专业学术论文。

第三单元
03
业务素质提升篇

　　作为高等教育重心的大学生业务素质教育，要在胸怀气度、专业知识技能、业务写作等方面有较大的提升。本单元的内容设计原则：通过课堂讲授和课后阅读，使受教育者提升业务素养、开阔眼界，并通过教师指导的应用写作实践把相关应用写作能力提高到高等教育的层次。

第十一章

经邦济世与人格品位

　　"经济"一词在经济学上指社会物质生产和再生产的活动,而在中国古汉语中,"经济"是"经邦"和"济民"、"经国"和"济世",以及"经世济民"等词的综合和简化,含有"治国平天下"的意思。内容不仅包括国家如何理财、如何管理其他各种经济活动,而且包括国家如何处理政治、法律、教育、军事等方面的问题。"经国济世"是指儒家极其关心社会、参与政治,以祈求达到天下治平的一种观念。"经世救国"可以理解为治理国事救助国家。原义出自《论语·雍也》:"博施于民,而能济众。"

第一节　经邦济世的现代反思

（课堂讲解,2 学时）

一、《礼记·大学》（节选）

　　大学之道[1],在明明德[2],在亲民[3],在止于至善。知止[4]而后有定;定而后能静;静而后能安;安而后能虑;虑而后能得[5]。物有本末[6],事有终始。知所先后,则近道矣。古之欲明明德于天下者,先治其国;欲治其国者,先齐其家;欲齐其家者,先修其身[7];欲修其身者,先正其心;欲正其心者,先诚其意;欲诚其意者,先致其知[8];致知在格物[9]。物格而后知至;知至而后意诚;意诚而后心正;心正而后身修;身修而后家齐;家齐而后国治;国治而后天下平。自天子以至于庶人[10],壹是皆以修身为本[11]。其本乱而末[12]治者否矣。其所厚者薄,而其所薄者厚[13],未之有也[14]!

注释：

[1]大学之道：大学的宗旨。"大学"一词在古代有两种含义：一是"博学"；二是相对于小学而言的"大人之学"。古人八岁入小学，学习"洒扫应对进退、礼乐射御书数"等文化基础知识和礼节；十五岁入大学，学习伦理、政治、哲学等"穷理正心，修己治人"的学问。"道"的本义是道路，引申为规律、原则等。

[2]明明德：前一个"明"作动词，有使动的意味，即"使彰明"，也就是发扬、弘扬的意思。后一个"明"作形容词，明德也就是光明正大的品德。

[3]亲民：程子、朱熹将"亲"解释为"新"，亲民，也就是新民，意为使民众开化，除旧布新。

[4]知止：知道目标（至善）所在之地。

[5]得：收获。

[6]本末：根本和末端，中国古代重要的哲学概念，意为事物的本源、本质和事物的外在表现和形式。

[7]修其身：管理好自己的家庭或家族，使家庭或家族和和美美，蒸蒸日上。

[8]致其知：意谓将一个人的知识推向极致。

[9]格物：穷至事物之理，探究事物的本源。

[10]庶人：平民百姓。

[11]壹是：都是，一律。

[12]末：相对于本而言，指枝末、枝节。

[13]厚者薄：该重视的不重视。薄者厚：不该重视的却加以重视。

[14]未之有也：即未有之也。没有这样的道理（事情、做法等）。

述评：

作为儒家经典，《大学》主要表达儒家"大学之道"的内容与实践步骤，具体讲就是三纲八条目。三纲，是指明明德、新民、止于至善，这是《大学》的纲领旨趣，也是儒家"经邦济世"人生目标所在。八条目，是指格物、致知、诚意、正心、修身、齐家、治国、平天下。这是为达到儒家经邦济世三纲领的实践步骤，也是儒家倡导的人生进修阶梯。

"明明德""亲民""止于至善"，分别是对个人修养、社会理想、人们所追求的精神境界的说明。"明明德"，就是要培养高尚的道德，提高个人修养；"亲民"中的"亲"作"新"讲，意思就是布新民众，民众安乐，社会和谐，这是我们所追求的社会理想；"止于至善"，就是要追求最高的道德境界，让我们做一个有善良美德的人。因此，按照《大学》的要求，应该首先要培养高尚的道德，提高修养，然后进一步追求社会理想，在实现社会理想之后，进而要以追求最高的美德、至善的境界为终极目标。可见,这三个纲领之间存在着层次递进的关系。

那么,"三纲"的具体内容和实现方式是什么呢?这就是《大学》通篇要阐述和说明"三纲"内涵、精神、要求的"八条目"。"八条目"其实就是古代知识分子所追求的"内圣外王"目标的具体化,即格物、致知、诚意、正心、修身、齐家、治国、平天下。"八条目"的指向对象和实现途径其实都有先后顺序。从指向对象来看,依次为身、家、国、天下;从实现方式来看,则是修、齐、治、平的不同要求。

"八条目"中"修身"是最关键的一环,它起着承上启下的作用,因此《大学》中说:"自天子以至于庶人,壹是皆以修身为本。其本乱而末治者否矣。"可见,"修身"是"八条目"的根本。至于"格物、致知、诚意、正心",则是"修身"的前期准备和基本要求。对于"修身"来说,"格物"又是第一步骤,也是"修身"之"本"。这是有道理的,因为如果不"格物",便不会"致知"。"致知"的意思是明白做人的道理以及社会礼仪规范。如果物不能格、知不能致、意不能诚、心不能正,那么也就无法做到身修了,这也就是为什么朱熹认为格物是本。

"三纲八条目"作为"大人之学"的系统化纲领,内容完备而清晰,其间存在着依次递进的序列,但贯穿"三纲八条目"最根本的指向,仍是"德",即"仁德"。无论是修身,还是治国平天下,都必须以仁德为主线,贯穿于提升个人修养和实现社会理想的整个过程中,这种号召和主张有鲜明的伦理教化作用和人文色彩,突出反映了儒家传统文化的精髓。

以儒家知识分子为主的中国传统社会的文人士大夫,将经邦济世、"治国平天下"作为自己的人生目标而"修身养德",不懈追求,为中国社会历史的发展进步做出了突出的贡献。"修身齐家治国平天下",同时体现着儒家强烈的经世致用的特点。格物致知,其目的在于修身,修身的最终目的则在于齐家治国平天下。尤其是当科举制度与儒家修齐治平的人生目标结合以后,怀抱治国平天下之宏愿的大多数读书人皓首穷经,老死科场而终不悔,一般没有机会也不愿做"格物、致知"这样的事情,于是,中国制造、伟大发明就只有留给那些无法进入科举仕途的读书人和下层行业劳动者去做。明代的李时珍、宋应星最初也是醉心科举,只是在屡试不第之后,幡然醒悟,分别以医药研究、工业技术记录作为自己的主业,成为中国古代科学家的优秀代表。据赵慧芝《科学家传》统计,二十五史中有传的古代科学家仅有303人,这其中还包括来华的外国传教士12人。因此,我们今天不仅要注重"修齐治平",也要注重"格物致知",创新创造。

二、诸葛亮《后出师表》

先帝虑汉、贼不两立[1],王业不偏安[2],故托臣以讨贼也。以先帝之明,量臣之才,固知臣伐贼,才弱敌强也。然不伐贼,王业亦亡。惟坐而待亡,孰与伐之[3]?是故托臣而弗疑也。

臣受命之日,寝不安席,食不甘味;思惟北征,宜先入南[4]:故五月渡泸,深入不毛,并日[5]而食。臣非不自惜也,顾王业不得偏全于蜀都[6],故冒危难以奉先帝之遗意也。而议者[7]谓为非计。今贼适疲于西,又务于东[8],兵法乘劳,此进趋[9]之时也。谨陈其事如左:

高帝明并日月,谋臣渊深[10],然涉险被创[11],危然后安;今陛下未及高帝,谋臣不如良、平[12],而欲以长计[13]取胜,坐[14]定天下,此臣之未解[15]一也。

刘繇、王朗[16],各据州郡,论安言计,动引圣人,群疑满腹,众难塞胸;今岁不战,明岁不征,使孙策[17]坐大,遂并江东,此臣之未解二也。

曹操智计,殊绝[18]于人,其用兵也,仿佛孙、吴,然困于南阳[19],险于乌巢[20],危于祁连[21],逼于黎阳[22],几败北山[23],殆死潼关[24],然后伪定[25]一时耳;况臣才弱,而欲以不危而定之,此臣之未解三也。

曹操五攻昌霸[26]不下,四越巢湖[27]不成,任用李服而李服[28]图之,委任夏侯而夏侯[29]败亡,先帝每称操为能,犹有此失;况臣驽下,何能必胜?此臣之未解四也。

自臣到汉中[30],中间期年[31]耳,然丧赵云、阳群、马玉、阎芝、丁立、白寿、刘郃、邓铜等及曲长屯将七十余人,突将、无前,賨叟、青羌,散骑武骑[32]一千余人,此皆数十年之内,所纠合四方之精锐,非一州之所有;若复数年,则损三分之二也,当何以图[33]敌?此臣之未解五也。

今民穷兵疲,而事不可息;事不可息,则住与行,劳费正等。而不及今图之,欲以一州之地,与贼持久,此臣之未解六也。

夫难平者[34],事也。昔先帝败军于楚[35],当此时,曹操拊手[36],谓天下以定[37]。然后先帝东连吴、越,西取巴、蜀,举兵北征[38],夏侯授首[39],此操之失计,而汉事将成也。然后吴更违盟,关羽毁败,秭归蹉跌,曹丕称帝。凡事如是,难可逆见[40]。臣鞠躬尽瘁[41],死而后已;至于成败利钝[42],非臣之明所能逆睹[43]也。

注释:

[1]汉:指蜀汉。贼:指曹魏。古时往往把敌方称为贼。

[2]偏安:指王朝局处一地,自以为安。

[3]孰与:谓两者相比,应取何者。

[4]入南:指诸葛亮深入南中,平定四郡事。

[5]并日:两天合作一天。

[6]顾:这里有"但"的意思。蜀都:此指蜀汉之境。

[7]议者:指对诸葛亮决意北伐发表不同意见的官吏。

[8]这两句指建兴六年(228)春诸葛亮初出祁山(在今甘肃省礼县东)时,曹魏西部的南安、天水、安定三郡叛变,牵动关中局势,和同年八月在魏、吴边境附近的夹石(今安徽省桐城市北),东吴大将陆逊击败魏大司马曹休两事。

[9]进趋:快速前进。

[10]渊深:指学识广博,计谋高深莫测。

[11]被创:受创伤。这句是说:刘邦在楚汉战争中,屡败于楚军,公元前203年,在广武(今河南省荥阳市)被项羽射伤胸部;在汉朝初建时,因镇压各地的叛乱而多次出征,公元前195年又曾被淮南王英布的士兵射中;公元前200年在白登山还遭到匈奴的围困。

[12]良:张良,汉高祖的著名谋士,与萧何、韩信被称为"汉初三杰"。平:陈平,汉高祖的著名谋士。后位至丞相。

[13]长计:长期相持的打算。

[14]坐:安安稳稳。

[15]未解:不能理解。胡三省认为"解"应读作"懈",未解,即未敢懈怠之意。两说皆可通。

[16]刘繇(yóu):字正礼,东汉末年任扬州刺史,因受淮南大军阀袁术的逼迫,南渡长江,不久被孙策攻破,退保豫章(今江西省南昌市),后为豪强笮融攻杀。《三国志·吴书》有传。王朗:字景兴,东汉末年为会稽(治所在今浙江省绍兴市)太守,孙策势力进入江浙时,兵败投降;后为曹操所征召,仕于曹魏。

[17]孙策:字伯符,孙权的长兄。父孙坚死后,借用袁术的兵力,兼并江南地区,为孙吴政权的建立打下基础,不久遇刺身死。

[18]殊绝:极度超出的意思。

[19]困于南阳:建安二年(197)曹操在宛城(今河南省南阳市,汉时南阳郡的治所)为张绣所败,身中流矢。

[20]险于乌巢:建安五年(200),曹操与袁绍在官渡相持,因乏粮难支,在荀攸等人的劝说下,坚持不退,后焚烧掉袁绍在乌巢所屯的粮草,才得险胜。

[21]危于祁连:这里的"祁连",据胡三省说,可能是指邺(在今河北省磁县东南)附近的祁山,当时(204)曹操围邺,袁绍少子袁尚败守祁山(在邺南面),操再败之,并还围邺城,险被袁将审配的伏兵所射中。

[22]逼(bì)于黎阳:建安七年(202)五月,袁绍死,袁谭、袁尚固守黎阳(今河南浚县东),曹操连战不克。

[23]几败北山:事不详。可能指建安二十四年(219),曹操率军出斜谷,至阳平北山(今陕西勉县西),与刘备争夺汉中,备据险相拒,曹军心涣,遂撤还长安。

[24]殆死潼关:建安十六年(211),曹操与马超、韩遂战于潼关,在黄河边与马超军遭遇,曹操避入舟中,马超骑兵沿河追射之。殆,几乎。

[25]伪定:此言曹氏统一北中国,僭称国号。诸葛亮以蜀汉为正统,因斥曹魏为"伪"。

[26]昌霸:又称昌豨。建安四年(199),刘备袭取徐州,东海昌霸叛曹,郡县多归附刘备。

[27]四越巢湖:曹魏以合肥为军事重镇,巢湖在其南面。而孙吴在巢湖以南长江边上的濡须口设防,双方屡次在此一带作战。

[28]李服:建安四年(199),车骑将军董承根据汉献帝密诏,联络将军吴子兰、王服和刘备等谋诛曹操,事泄,董承、吴子兰、王服等被杀。据胡三省云:"李服,盖王服也。"

[29]夏侯:指夏侯渊。曹操遣夏侯渊镇守汉中。刘备取得益州之后,于建安二十四年(219)出兵汉中,蜀将黄忠于阳平关定军山(今陕西省勉县东南)击杀夏侯渊。

[30]汉中:郡名,以汉水上流(古称沔水)流经而得名,治所在南郑(今陕西省汉中市东)。

[31]期(jī)年:一周年。

[32]突将、无前:蜀军中的冲锋将士。賨(cóng)叟、青羌:蜀军中的少数民族部队。散骑、武骑:都是骑兵的名号。

[33]图:对付。

[34]夫:发语词。平:同"评",评断。

[35]败军于楚:指建安十三年(208),曹操大军南下,刘备在当阳长坂坡被击溃事。当阳属古楚地,故云。

[36]拊手:拍手。

[37]以定:已定,以,同"已"。

[38]本句指刘备遣诸葛亮去江东连和,孙刘联军在赤壁大破曹军。建安十六年(211)刘备势力进入刘璋占据的益州,后来攻下成都,取得巴蜀地区。

[39]授首:交出脑袋。

[40]逆见:预见,预测。

[41]鞠躬尽瘁:指为国事用尽全力。

[42]利钝:喻顺利或困难。

[43]逆睹:亦即"逆见",预料。

述评:

诸葛亮(181—234),字孔明,号卧龙,琅邪郡阳都县(今山东省沂南县)人,是三国时期蜀国杰出的政治家和军事家。早年避乱于荆州,隐居陇亩,藏器待时。建安十二年(公元207年)十月,刘备三顾茅庐,始出。诸葛亮对刘备畅谈天下形势,并隆中献策:建议刘备联合孙权,抗拒曹操,以益州为基地,兴复汉室。此后一直辅佐刘备,诸葛亮为匡扶蜀汉政权,呕心沥血,鞠躬尽瘁,死而后已。公元223年刘备死后,后主刘禅袭位,诸葛亮被托孤,被封为武乡侯,主持朝政。诸葛亮志在北伐,于是东连孙吴,南收孟获,频年出征,与曹魏交战,最后因病卒于五丈原。

诸葛亮在后世受到极大尊崇,成为后世忠臣楷模,智慧化身。著有《诸葛武侯集》,其散文代表作有《出师表》《诫子书》等。

《后出师表》,作于蜀汉建兴六年(228年),比《前出师表》晚了一年,是《前出师表》的姊妹篇。《后出师表》作于第一次北伐失败之后,大臣们对再次北出征伐颇有异议,诸葛亮于是作此文以消除各方阻碍,取得群臣的支持。因此与前表针对后主刘禅的规劝和陈情不同,后表主要是"议者"(持反对意见的群臣)的辩驳。诸葛亮立论于汉贼不两立和敌强我弱的严峻事实,向后主阐明北伐不仅是为实现先帝的遗愿,也是为了蜀汉的生死存亡,不能因"议者"的不同看法而有所动摇。针对朝臣的疑虑,文中举了六个"未解"来辩驳。

首先列举了汉高帝刘邦,他虽能"啸命豪杰,奋发材雄"(司马贞《史记索隐》),在打天下过程中仍不免"涉险被创,危然后安"。然后是汉末割据一方的刘繇和王朗,只知"论安言计,动引圣人",不敢奋起反抗,结果被吞并。这一正一反揭示了战则生,不战则死的道理。由远及近,曹操虽是"非常之人,超世之杰",但也同样经历了无数次的磨难才获得了片刻安定局面。以曹操的才华尚且如此,自己怎能"不危而定",又"何能必胜"。其次,从两国实力上作比较:军事上打天下的老臣逐渐凋零,经济上迁延不决必将导致"民穷兵疲",攻守之间"劳费正等"的局面。《孙子兵法》中强调用兵"宜速不宜久",这是亟须北伐的重要根据。清余诚读至此,曾喟然有感:"顿挫抑扬,反复辩论,似是平列,而文义实由浅入深,一气贯注",文中的六个"不解"是按严谨的逻辑顺序组织起来,层层深入,说理充分,寓有一种疏荡激越的气势。

本表作于汉室三分之际,涉及军事态势的分析,事关蜀汉的安危,其忠贞壮烈之气,似又超过前表。表中"鞠躬尽瘁,死而后已"之句,是作者在当时形势下所表露的坚贞誓言,也是诸葛亮为国事竭尽心力的千古名言,激励了后代无数文人志士。

第二节　经邦济世与人生选择

（课下阅读资料）

一、安贫乐道的颜回

《论语》是记录孔子及其弟子言行语录的一部书,是儒家著作之一。全书共二十篇,内容涉及政治、教育、文学、哲学以及立身处世的道理等多方面。教导世人立身行孝,为学、卫道成人孝——治理天下,以定天下之平安祥和。《论语》虽为篇章简短的语录,但都辞约义富,刻画了孔子以及众多弟子的形象,颜回便是其中之一。凡是读过《论语》的人,无不对颜回留下深刻的印象。颜回是孔子的得意门徒,号称孔门第一大弟子,其德行修养境界之高,并非浪得虚名,他是后世儒家垂学的典范。

颜回,生于公元前521年,字子渊,亦称颜渊,鲁国人,庶民出身,比孔子小三十岁,十三岁进孔门开始学习生活。在孔门诸弟子中,孔子对颜回称赞最多,不仅赞其"好学",而且还以"仁人"相许。因此其又被后人称为"复圣"。颜回是孔子最得意的弟子,极富学问。《雍也》说他"一箪食,一瓢饮,在陋巷,人不堪其忧,回也不改其乐"。为人谦逊好学,"不迁怒,不贰过"。他异常尊重老师,对孔子无事不从无言不悦。以德行著称,孔子称赞他"贤哉回也","回也,其心三月不违仁"。颜回严格按照孔子关于"仁""礼"的要求,"敏于事而慎于言"。故孔子常称赞颜回具有君子四德,即强于行义,弱于受谏,怵于待禄,慎于治身。"曾子也曾说'吾无颜氏之言''吾无颜氏之才'。因此,颜回是'内省的人生',他起于贫寒,仁于心,贤于世,秉承了儒家思想中高尚德行的真谛,是孔学之内圣境界空前绝后的典型示范者,对儒家思想的发展起到巨大的推动作用。"

颜回处于乱世,却安贫乐道,注重修身养性,深得孔子的称赞。子曰:"回也其庶乎,屡空。"颜回在物质上追求甚少,但他在精神上的追求却是富足的,他学不知止,且对待学问精益求精,一丝不苟。颜回淡泊名利,安贫乐道,他没有过高的生活物质追求,只把学问和道德作为一生的追求。因此孔子对此感到非常欣慰,他说:"自吾有回,门人益亲。"(《史记·仲尼弟子列传》)"回之为人也,择乎中庸,得一善,则拳拳服膺而弗失之矣。"(《礼记·中庸》)可见,颜回为学的态度是非常诚恳的。孔子有发自灵魂深处的感叹:"贤哉,回也!一箪食,一瓢饮,在陋巷,人不堪其忧,回也不改其乐。贤哉,回也!"(《论语·雍也》)孔子感叹颜回的修养之高,只单单一竹筐饭,一瓢水,住在简陋的小巷子里,颜回就满足了,并且能不改变他的快乐,可见颜回真正做到了"不以物喜,不以己悲"。颜回即使在艰苦的环境下也能够不改其乐,去忙于学习,从学习中获得乐趣,这种精神的高度,是后人望尘莫及的。这就和孔子所说的"饭疏食饮水,曲肱而枕之,乐亦在其中"(《论语·述而》)的观点是一致的了。颜回聪明勤奋,才识渊博,在当时,如果他想求得功名富贵,是完全可以的,然而颜回却坚持自己的志向,穷研孔子之道,不主张"独占富贵",提倡共同富裕,他认为只有这样,人民才能安居乐业,社会才能安定。这就是颜回,一个把理想之道看得比个人生命的贫富更重要的人。宁愿自己处于贫困之中也不肯丢弃政治理想,不放弃自我原则。颜回的安贫乐道,淡泊名利的精神是一般人难以企及的。

颜回一生师从孔子,始终尊师重道,勤奋好学。在学习的道路上,不管前面的路途多么曲折,多么艰难,颜回总是百折不挠地坚持走下去,这种毅力是绝无仅有的。相传,颜回虽然只有二十九岁,但却头发全白了,他潜心研究孔子之道,并且认为道不明则难行,道不行更难明,于是他投入终身的时间和精力去揣摩老师的思想。在颜回的心目中,孔子的地位是非常高的,从颜回的语录里可以发现颜回对孔子的景仰,对孔子之道的遵循和信奉。他对孔子之道感叹说:"仰之弥高,钻之弥坚。瞻之在前,忽焉在后。夫子循循然善诱人,博我以文,约我以礼,欲罢不能。既竭吾才,如有所立卓尔。虽欲从之,末由也已。"(《论语·子罕》)老师之道,抬头仰望,越望越觉得高;努力钻研,越钻研越觉得不可穷尽。看着它好像在前面,忽然又像在后面。孔子善于循循善诱,引经据典,并且用各种礼节来约束学生的言行,使他们不断地学习,修养德行。孔子的"仁"道,是颜回最信奉的,他努力地钻研孔子的"仁"道,严格践行老师所提倡的仁义礼智信。孔子说:"语之而不惰者,其回也与!"(《论语·子罕》)最能理解孔子思想境界的人是颜回,颜回对于孔子之言,触类旁通,心解力行,自然不懈,可见颜回之聪明,高深。当孔子和颜回在匡地失散后,颜渊去看孔子,孔子惊喜地说:"吾以女为死矣。"颜回说:"子在,回何敢死!"(《论语·先进》)孔子以为颜回死了,但颜回告诉他,您还活着,我怎么敢死呢?颜回说这句话,一是因为孔子尚在,明道传道之责任大,不敢轻死。二是因为弟子事师如事父,父母在,子不敢轻死。连孔子本人都讲:"回也视予犹父也"。(《论语·先进》)孔子和颜回虽然只是师生,但因为他们有着三十岁的年龄差,犹如父子,又因为他们都重道,心灵上息息相通,所以他们又是忘年交。颜回非常尊师重道,因此,作为孔子的弟子,他必须担当起传播"仁"的重任,首先,颜回做到的是以身作则,修炼自身的道德行为,给世人树立榜样。只有全社会树立起尊重教师的风尚,才能形成良好社会风气,只有人人接受教育,才能提高整体素质,也才能安居乐业,和谐共处,早日实现老师的理想。因此,颜回不畏艰难,担当起"仁"的责任。

颜回的品德非常高尚,为后人树立了榜样。首先,颜回的勤奋好学不只在学习上,更在于他的好学不止。孔子说颜回学习"吾见其进也,未见其止也。"(《论语·子罕》)孔子着力赞扬颜回的自强不息,努力前进,永不停滞的精神。无论什么时候谈到颜回,孔子总是对他的好学不止大力褒扬。有一次,季康子问:"弟子孰为好学?"孔子几乎不假思索地回答道:"有颜回者好学,不幸短命死矣! 今也则亡。"(《论语·先进》)颜渊是一个十分勤奋刻苦的人,他在生活方面几乎没有什么要求,而是一心用在学问和道德修养方面。但他却不幸死了。对于他的死,孔子自然十分悲痛。他经常以颜渊为榜样要求其他学生。其次,颜回有着不迁怒、不贰过、乐道之乐的高尚品格。颜回善于自我反省,发现犯了错误,先不要迁怒别人,而从自身去找原因。每个人都会遇到不开心的事情,都会有生气的时候,控制好自己的情绪,不迁怒别人是每个人都应该加强的修养。不贰过,每个人都会犯错误,犯错不要紧,不重复犯相同的错误,是颜回的优点。他善于认真地总结教训,这样才能不断地提高自己的能力。在孔子对颜回的评价中,他尤其赞赏颜回的"不迁怒,不贰过"的品格,也可以从中看出孔子教育学生,重在培养他们的道德情操。颜回不仅乐于学习,而且学以致用,孔子的仁道思想及对弟子的道德要求,颜回都能够遵从。

颜回处在逆境,而不愿做官,以所学孔子之道作为行为规范,保持自己内在的理想与志向,就会体会到人生的安适与快乐,而不会丧失意志,无所作为。关键原因是颜回处在逆境中善于内心调适,保持独立人格,不忘社会责任,在任何情况下都能守道、弘道,因而不论遇到怎样的艰难困苦,都不会悲观失望。正如扬雄所说的:"纤朱怀金者之乐,不如颜氏之子之乐。颜氏子之乐也,内;纤朱怀金之乐也,外。"(《法言·学行》)颜回一箪食,一瓢饮,在陋巷,人不堪其忧,而不改其乐,夫富贵,人所爱者也,颜子不爱、不求而乐乎贫者。他这种安贫乐道的精神甚为后人称颂。

二、俭以养德的诸葛亮

诸葛亮(181—234),字孔明,是三国时期著名的政治家、军事家。他躬耕垄亩,但关心天下大事。刘备三顾茅庐时,他在著名的《隆中对》中提出了切实可行的进取方略,帮助刘备缔造了三分天下的蜀汉政权。诸葛亮以"复兴汉室"经世济民为己任,不畏强敌,不惧艰险,五次北伐,矢志不移。他"鞠躬尽瘁,死而后已"(《后出师表》),用自己的生命实践了生前的誓言。孔明壮志未酬而赍恨以殁,在当时以及后世都一再引起人们的惋惜和感叹。"其人虽已没,千载有余情",直到今天,人们还深深地怀念这位名相和哲人。

诸葛亮以其统军治国的盖世智慧谋略,"鞠躬尽瘁,死而后已"的高尚人格品德名垂青史。他在修身治德方面具有独特的见解,在待人接物方面所表现出来的忠贞、敬业、自强、公正、廉明、勤劳、淡泊等优秀品质,是对中华民族优秀文化素质的继承和发展,因而成为中华民族传统文化的组成部分,是中华民族共有的精神财富。诸葛亮崇高的精神,值得后人学习和借鉴。

(一)淡泊明志,宁静致远

诸葛亮在《诫子书》中提出"非淡泊无以明志,非宁静无以致远",意思是说:

没有恬淡无为的思想就不足以表明自己不汲汲于名利的志向,没有安定平静的心情则无法实现远大的理想。淡泊,指的是不追求名利,能安贫而乐道。宁静,在这里主要是指心情安宁,不焦虑、不烦躁。在诸葛亮看来,淡泊是砺志的磨刀石,宁静是实现远大志向的主要内心条件。

在中国哲学史上,道家学派主张清静无为,把"静"作为修身养性的准则,以期摒除凡尘杂念的干扰,完全顺应自然的变化。老子说"至虚极,守静笃",(《老子》第十六章)即对客观事物的认识,目之所寓,均应以纤尘不染极度虚静的态度加以对待,从而使自己进入"无为自化,清静自正"(《史记·老子韩非列传》)的境界。这种境界也就是老子所说的"清静为天下正"(《老子》第四十五章),诸葛亮在修身养德方面是深受道家思想影响的。"君子之行,静以修身,俭以养德。"(《诫子书》)这句话的核心是一个"静"字。以静思反省来使自己尽善尽美,以俭朴节约财物来培养自己高尚的品德。不清心寡欲就不能使自己的志向明确坚定,不安定清静就不能为实现远大理想而长期刻苦学习。要学得真知,就必须使身心在宁静中研究探讨,人们的才能是从不断的学习中积累起来的;如果不下苦功夫学习,就不能增长与发扬自己的才干;如果没有坚定不移的意志,就不能使学业成功。纵欲放荡、消极怠慢就不能勉励心志使精神振作;冒险草率、急躁不安,就不能陶冶性情使节操高尚。如果年华与岁月虚度,志愿时日消磨,最终就会像枯枝败叶般一天天衰老下去。这样的人不会为社会所用,不会有益于社会,只是悲伤地困守在自己的穷家破舍里,到那时再后悔也来不及了。这既是诸葛亮对其一生经历的自我总结,更是对他儿子及子孙后代的严格要求。"淡泊明志,宁静致远",寥寥八字,作为诸葛亮的座右铭,贯穿了他的一生。

(二)俭以养德

老子说:"我有三宝,持而保之:一曰慈,二曰俭,三曰不敢为天下先。"(《老子》第六十七章)节俭可清心寡欲,避免浪费,要求人们的内心世界始终保持宁静,不会为贪图丰厚的物质享受而分神劳力。孔子提出了"俭以养德"的主张,就修身而言,不要刻意追求锦衣美食;就治国而言,则应约己爱民。然而如何培养俭德呢? 诸葛亮在这方面有深刻的见解,是"俭以养德"的典范。

诸葛亮一生奉行节俭的生活方式,并以此来治国。身为宰辅、"相父",专决朝政十余年,却"蓄财无余,妾无副服"(诸葛亮《又与李严书》),力求死后"不使内有余帛,外有赢财",死时又遗命薄葬,他就是这样清清白白地飘然而去,简简单单地长眠在青山之中,其俭约实在罕见。据《三国志·蜀志·诸葛亮传》记载:"亮自表后主曰:'成都有桑八百株,薄田十五顷,子弟衣食自有余饶。至于臣在外任,无别调度,随身衣食,悉仰于官,不别治生,以长尺寸。若臣死之日,不使内有余帛,外有赢财,以负陛下。'及卒,如其所言。"从这段话我们可以看出,诸葛亮生前家里所有家产仅"有桑八百株,薄田十五顷"。就是这么一点田产,诸葛亮一家的生活还"自有余饶",可见他们平时是多么节俭。不但如此,本来家里就没有什么,可诸葛亮却嘱咐死后要"不使内有余帛,外有赢财",财帛一点都不留,廉洁到这种程度,对于封建时代的相国来说,的确少见。

诸葛亮不但生前节俭,死后还要求薄葬。他在死前的遗嘱中说:"葬汉中定军山,因山为坟,冢足容棺,殓以时服,不须器物。"(《三国志·蜀志·诸葛亮传》)古代的坟墓是有级别的,皇帝与官吏不同,官吏与百姓不同。《水经注》的"渭水"条有这样的记载:"秦名天子冢曰山,汉曰陵,官吏称墓,百姓为坟。"可见在汉代,"坟"是老百姓死后的葬制,而诸葛亮要求将本属于自己的"墓"做成"坟",且"冢足容棺""不须器物",这就简单得不能再简单了。诸葛亮作为一国丞相,却连葬礼都要求节俭,不铺张浪费,可见他是多么无私。

终其一生,如其所言,清正廉洁,字字浩然,垂范千古。在诸葛亮大力提倡和以身作则的影响下,蜀汉形成了以节俭为荣、奢华为耻的社会舆论和社会风气,很多蜀汉官员都做到了居官清廉,不尚奢华。如董和"躬率以俭,恶衣蔬食""死之日家无儋石之财"(《三国志·蜀志·董和传》),费祎"家不积财。儿子皆令布衣素食,出入不从车骑,无异凡人"。(《三国志·蜀志·费祎传》)

诸葛亮虽身为宰相,在治国理政、戎马倥偬的百忙之中,从没忘掉治家和对后辈的教育,在齐家上他同样要求他的子孙们养成节俭的习气,从而以成大器。

他不以财产遗子孙,却留下了《与兄谨言子乔书》《与兄谨言子瞻书》《诫子书》《又诫子书》《诫外甥书》等一批精神财富,以告诫后辈。其教育子女的佳作《诫子书》中:"夫君子之行,静以修身,俭以养德,非淡泊无以明志,非宁静无以致远。夫学须静也,才须学也,非学无以广才,非志无以成学。淫慢则不能励精,险躁则不能治性。年与时驰,意与日去,遂成枯落,多不接世,悲守穷庐,将复何及!"这段话谆谆教诲,给后辈留下了"淡泊致学,俭以养德""养心莫善于寡欲"的修身治性思想,至今仍闪烁着智慧的光芒。诸葛亮的婚姻也体现其修身之状。在对待自己配偶选择的大事上,诸葛亮是重才而不重貌,个人的私生活完全服从于事业的需要。他能冲破世俗见解,不娶仕宦之家如花似玉的千金小姐,却偏偏出乎意料,要娶外貌极丑、内才非凡的黄承彦之女为妻。"时人以为笑乐,乡里为之谚曰:'莫作孔明择妇,止得阿承丑女。'"(《三国志·诸葛亮传》裴注引《襄阳记》)倒是理学大师朱熹认为诸葛亮娶丑女为妻,不贪美色,"寡欲养心",然后才"智虑之所以日益精明,威望之所以日益隆重者,则寡欲养心之助,与为多焉"。事实上,黄夫人不但是诸葛亮生活中的忠实伴侣,而且是他事业上的得力助手。据说她善习文练字,吟诗作赋,又巧于酬思。诸葛亮发明的"木牛流马",就是从其夫人那里受到启发的。

(三)立志高远

诸葛亮以天下事为己任,因任重而道远,故需确立"高远"之志。至于如何实现自己的政治理想,诸葛亮提出"夫志当存高远,慕先贤,绝情欲,弃凝滞,使庶几之志,揭然有所存,恻然有所感"。(《诸葛亮集·诫外甥书》)要求晚辈仰慕先贤,学习先贤,确立并保持高尚而远大的志向,真正能像先贤那样为人做事。不少先贤往哲所树立的志在兼济天下的光辉典范,都是自己潜心学习的对象。

诸葛亮智谋超群却隐居茅庐不愿做官。对于一般人来说,恨之不能求得一官半职。诸葛亮才华横溢、满腹诗书,后人称赞他"上知天文下知地理",既然诸葛亮如此有才,为什么他不愿做官呢,这实在让人难以理解。其中的原因可从他在当丞相后,献给后主的《出师表》探析,他说以前在隆中的时候追求的是"苟全性命于乱世,不求闻达于诸侯"。而后刘备三顾茅庐去请他出山当军师,他起初也是不愿意的,这说明诸葛亮不求显达不愿做官。据《三国志·诸葛亮传》记载"先主(刘备)遂诣亮,凡三往,乃见""刘备以亮有殊量,乃三顾亮于草庐之中"。刘备亲自前往拜访,去了三次才见到诸葛亮,与诸葛亮相见后,刘备便叫其他人避开,问他天下局势:"汉室倾颓,奸臣窃命,主上蒙尘。孤不度德量力,欲信大义于天下,而智术短浅,遂用猖獗,至于今日。然志犹未已,君谓计将安出?"诸葛亮遂向他陈说了三分天下之计,分析了曹操不可取,孙权可作援的形势;又详述了荆、益二州的州牧懦弱,有机可乘,而且只有拥有此二州才可争胜天下;更向刘备讲述了攻打中原的战略。这篇论说后世称为《隆中对》。刘备这样的英雄人物,亲自去请诸葛亮,请了三次才出山,说明诸葛亮的确是不愿出来做官。后来之所以出山了,是出于对刘备的感激之情。对此,他在《出师表》中还有说明,他说:"臣本布衣,躬耕于南阳,苟全性命于乱世,不求闻达于诸侯。先帝不以臣卑鄙,猥自枉屈,三顾臣于草庐之中,由是感激,遂许先帝以驱驰"。

诸葛亮的眼光比一般人更长远,因而志向也高远。孔子强调"士志于道""志于仁"(《论语·里仁》),他所说的"道"与"仁",是指先王之道,圣贤之德,包括德治、仁政,旨在治国平天下。诸葛亮在《诫外甥书》中开宗明义地提出"志当存高远"。史书有载:"琅邪诸葛亮寓居襄阳隆中,每自比管仲、乐毅"。(《资治通鉴·汉纪五十七》)诸葛亮渴望能像帮助齐桓公完成春秋霸业的齐国上卿管仲和率燕军连克七十余城攻破齐国的战国燕将乐毅那样,辅佐刘备成就一番安邦定国的历史伟业。这就表明诸葛亮有高远之志,他才华横溢又心忧天下,想用毕生所学来实现抱负,助明主成就伟业。

(四)鞠躬尽瘁、死而后已

诸葛亮以毕生的经历实践了"鞠躬尽瘁","生而治蜀,死犹护蜀"是诸葛亮忠君爱国思想的总体现。诸葛亮此举,一是为了报答刘备三顾茅庐的知遇之恩,二是为了完成刘备托孤之重任。诸葛亮表示要"竭股肱之力,效忠贞之节,继之以死"。(《三国志·诸葛亮传》)因此,诸葛亮忠贞不渝,为了蜀汉政权而出生入死,在第一次北伐失败之后,群臣都反对再次北伐,而诸葛亮向后主阐明北伐不仅是为实现先帝的遗愿,也是为了蜀汉的生死存亡,不能因为群臣的反对就放弃北伐,他在《后出师表》中举出了六个"未解"来反驳群臣,争取第二次北伐的机会。诸葛亮对于蜀汉,可谓功德如山。"一是'受命于败军之际',毅然出山,帮助刘备集团实现'匡扶汉室'的伟大战略目标。二是在刘备新败于当阳时,他不顾个人安危出使东吴,舌战群儒,促成孙刘联盟,取得赤壁之战役的胜利,并婉拒孙权挽留,坚决地返回到刘备身边。三是三气周瑜,运筹帷幄,帮助刘备取得荆州,建立了蜀汉政权的根据地。四是收复西川,后又取得汉中,建立了蜀汉霸业。作为一国丞相,他担负起了政治、经济、军事等方面的重担。刘备白帝城托孤时,对诸葛亮说:'君才十倍曹丕,必能安国,终定大事。若嗣子可辅,辅之;如其不才,君可自取。'诸葛亮则诚惶诚恐,泣拜于地曰:'臣敢竭股肱之力,效忠贞之节,继之以死!'从此,诸葛亮便牢记托孤之重,忠于职守,辛勤谋划。五是五月渡泸,深入不毛,七擒孟获,平定南中;以法治蜀,足食足兵。六是六出祁山,北伐中原,以完成刘备的未竟事业,终因积劳成疾,命伤五丈原。"后人写了许多古诗词来歌咏诸葛亮的生平和精神,如唐代杜甫的《蜀相》,其中说"三顾频烦天下计,两朝开济老臣心。出师未捷身先死,长使英雄泪满襟",抒发了对诸葛亮才智品德的景仰和功业未遂,英年早逝的感慨。

诸葛亮在《出师表》中说:"臣本布衣,躬耕于南阳,苟全性命于乱世,不求闻达于诸侯。先帝不以臣卑鄙,猥自枉屈,三顾臣于草庐之中,咨臣以当世之事,由是感激,遂许先帝以驱驰。"这番陈说是诸葛亮的肺腑之言。在封建时代,所有深受儒家传统文化影响的知识分子,都想得到朝廷的重用,能够用自己的学识去兼济天下,诸葛亮对刘备的"三顾茅庐"的知遇之恩和委以"托孤"的重任,是非常感激的,以至于作出"臣敢竭股肱之力,效忠贞之节,继之以死"的表态,这些都是诸葛亮"鞠躬尽瘁,死而后已"的表现。

(五)诸葛亮高尚品德的现实意义

诸葛亮的高尚品德,成为中华民族的传统美德,他的大仁大义、大智大勇为后人所称赞。他虽然没能够实现"匡扶汉室"的政治理想,但他为理想"鞠躬尽瘁,死而后已"的精神,鼓舞了后代的仁人志士。诸葛亮有强烈国家使命感,他自强不息、百折不挠、至死不渝,为国家的复兴而艰苦奋斗,这种精神和信念,是一种强大的正能量,具有无穷的感召力。尤其是在国家民族面临逆境苦难,遭受外侮等危难的时候,诸葛亮的精神就成为民族复兴振兴的动力,他自身的经历也容易引起志士的共鸣。南宋抗金名将岳飞曾率领军队奋勇杀敌,他就是把诸葛亮当作自己的榜样,以诸葛亮的精神作为自己的精神支柱。史载,岳飞常读诸葛亮的《出师表》,每读必为之鼓舞震撼,并常常抄录《出师表》文,至今尚存,成为千古名迹。又如南宋宰相文天祥,他在抗元兵败后,被元军所俘,元军各种劝说利诱,文天祥都不为所动,选择了忠于先主,宁死不屈,最后在大都英勇就义;他在被囚禁的时候,写了很多诗词来表达自己的忠贞之志,其中也有谈及诸葛亮的诗句,如著名的《正气歌》,其中有一句"或为出师表,鬼神泣壮烈"就是写诸葛亮"鞠躬尽瘁,死而后已"的壮烈精神。

"任何杰出人物都是时代的产物,都会受历史的局限。诸葛亮作为中国封建时代的杰出政治家与军事家,他只能感受到他那个时代的脉搏,站在他那个时代的高度,提出他的主张,施展他的宏图。"而当代的年轻人应该比古代的贤哲站得更高看得更远,立下宏愿远志,为自己的理想去努力奋斗。诸葛亮关于立志言论的现实意义就在于,他能够看到立志、学习和成才的关系,把拥有淡泊的心与立志相联系,认为人可以发挥主观能动性,用立志去督促自己的学习,让学者在追求理想的道路上更加有动力,这种主观能动性对于人的成长发展、学业成就、事业成功具有重大作用。一个人的志向越明确,那么他的奋斗动力就越大,就越能够经受住各种挑战和考验,那么他在人格、学识方面的进步就更大,就越能够接近成功。诸葛亮的立志教育,对后人的鼓舞性是非常大的。它能够激励当代的一些年轻人,去认清国家的前途和命运,激发他们的民族责任感和历史使命感,思考自己的人生和未来,能够通过立志教育,确定自己的人生目标,从而为实现人生目标而艰苦奋斗。

历史上勤学苦读又不慕功名的人物还有很多,如东晋大诗人陶渊明,陶渊明生性淡泊,在家境破落、入不敷出的情况下仍然沉醉于读书作诗。他关心百姓疾苦,有着"猛志逸四海,骞翮思远翥"(《杂诗·其五》)的志向,怀着"大济苍生"的愿望,出任江州祭酒。由于看不惯官场上的那一套恶劣作风,不久就辞职回家了,随后州里又来召他作主簿,他也辞谢了。后来,他陆续做过一些官职,但由于淡泊功名,为官清正,不愿与腐败官场同流合污,而过着时隐时仕的生活。陶渊明最后一次做官,是义熙元年(405 年)。那一年,已过"不惑之年"(四十一岁)的陶渊明在朋友的劝说下，再次出任彭泽县令。到任八十一天，碰到浔阳郡派遣督邮来检查公务，浔阳郡的督邮刘云，以凶狠贪婪远近闻名，每年两次以巡视为名向辖县索要贿赂，每次去必是满载而归，否则栽赃陷害。县吏说："当束带迎之。"就是应当穿戴整齐、备好礼品、恭恭敬敬地去迎接督邮。陶渊明叹道："我岂能为五斗米向乡里小儿折腰。"意思是我怎能为了县令的五斗薪俸，就低声下气去贿赂这些小人献殷勤。说完，挂冠而去，辞职归乡。此后，他一面读书为文，一面躬耕陇亩。陶渊明淡泊名利，表现了一种豁达的人生态度和超脱的人生境界。

翻开浩瀚中华五千年文明史，一大批淡泊名利不计功名的文人贤士展现在我们面前：颜回、孔明、陶渊明、李白、陆游、王维、孟浩然……他们都学会了拒绝名利与金钱的诱惑，归隐田园或另有所求，因此流芳千古，他们是值得学习的楷模。拥有淡泊，才能在物欲横流中神凝气静，冷眼相观。不以物喜，不以己悲，不做功利的奴隶，不为无谓烦恼所羁绊。"任天空云卷云舒，看庭前花开花落"，淡泊是一种宠辱不惊的淡然与豁达，一种屡经世事变迁后的成熟与从容，一种大彻大悟的宁静心态。拥有淡泊，才能在失败面前不气馁、成功面前不自满，始终保持淡泊平和，豁达乐观，积极进取。

三、中国现代化史·经世致用

"经世致用"思潮的兴起与西学东渐①

"经世致用"思想就其本身来说，并不是新东西，它是中国文化的一种传统精神。经世致用的核心精神是面向现实，注重实效。与偏重修身养性、道德自律的"内圣"之学相对应，经世致用观念主要体现了治国安邦、讲求建功立业的"外王"精神，两者相辅相成，是构成以儒学为主体的伦理——政治型文化传统的两大支流。一般而言，当社会稳定、王朝强盛之时，往往是"内圣"之学兴旺，而当治世转衰、政治秩序出现危机之时，经世致用精神就会崛起。经世思想更多地体现了中国文化传统的实用精神，这种精神使中国文化保持着一种生命力和再生力，每每使陷于危机的社会由乱而治，重新恢复王朝秩序。

清朝嘉庆、道光年间，以英国为首的西方国家向中国倾销鸦片，以致中国在鸦片战争中战败，使清朝统治处在风雨飘摇之中。现实的危难促使一些士人从玄学思辨和古籍考据中惊醒过来，他们举起"经世致用"的旗帜，谋求为现实的危机寻

---

① 许纪霖，陈达凯主编. 中国现代化史(1800－1949 第1卷)[M]. 上海：学林出版社，2006：47－52.

找出路。在19世纪30、40年代，出现了以龚自珍、魏源、林则徐、姚莹、包世臣、张际亮等为代表的"经世"派士人。他们原来大都致力于旧学，但在时势的驱动之下，他们认识到，空疏的理学和琐屑的考据都是于世无补之学，于是转而研求农政、刑名、典章制度、河工、漕运、盐法、币制、战守、边防、舆地等实学，以求"经世致用"。在他们的影响下，一些开明的文人学士也纷纷转向经世实学，士林中遂形成了一股"经世致用"的新思潮和讲求实学的新学风。这些经世派士人或撰写政论时文批评时政，或研求兵农漕盐等治国实政，或潜心于舆地术数。士林中出现了思想活跃、各类实学振兴的局面。

经世派士人面对现实政治的衰敝，主张变革、"更法"。他们批判当时的统治者一味师承祖法，因循成例，以致事事因循，有名无实，造成吏治腐败，兵备废弛，有人比喻清政府犹如一具五官四肢犹存而关窍不能运转的僵尸。经世派士人认为，"天下无数百年不弊之法，无穷极不变之法"（魏源《筹鹾篇》），因此，不能固守前人的成例旧法，而应当因时审势，予以变通。他们认为，"变"是历史的必然，"自古及今，法无不改，势无不积，事例无不变迁，风气无不移易"（龚自珍《上大学士书》），每一代新兴者，都必须"革前代之败"，并指出"小更革则小效，大更革则大效"。（魏源《御书印心石屋诗文录叙》）经世派士人以一种立足现实的理性精神，主张从实际效力出发，进行合理的改革。他们提出了整吏治、严兵备、清漕运、理盐政、改币制、改田制、改科举等一系列增强国力、财力的实际改革措施。

经世派士人还批判空谈性理纲常，否定世俗价值的理学说教，一反"儒者不言利"的传统观念，提倡"兴利""致富强"。包世臣毫不讳言"好言利"，并自豪地声称"所学大半在此"。他们摈弃传统的"重本抑末"观念，主张"本末皆富"，"重本"而"不抑末"，应使农商并举。他们提出的改革措施，有许多就是直接开利源、增财富的。他们一反文人空谈义理，以"脱俗"为高的学风，致力于国计民生的实际学问，也反映了这种注重功利的思想。

经世派士人还批判了清统治者奉行的文化保守和禁锢政策。他们指出，这种政策使得社会上上下下没有人才，不但"左无才相，右无才史，阃无才将，庠序无才士"，而且"陇无才民，廛无才工，衢无才商"（龚自珍《乙丙之际箸议第九》），整个社会死气沉沉，找不到一个显露才能的"才士""才民"。即便有这样的人，其一旦出现，也会被上上下下的不才之人"督之缚之，以至于戮之"。正有鉴于此，龚自珍才喊出了"我劝天公重抖擞，不拘一格降人才"的肺腑之声。

经世派以上这些思想虽然表现出一些新的趋向，但大部分还是来源于中国的传统文化。从思想渊源上看，除了传统的"经世致用"精神之外，还可以看到《周易》的变易观念，《左传》和《孟子》的民本思想，今文经学的历史进化论，历代改革家的变法方略,以至清初的尚武精神等传统文化中有积极意义的成分。他们的思想虽然从总体上还未脱出伦理——政治型观念框架,但他们以现实精神和理性态度,对旧制度、旧传统、旧观念所进行的批判和否定,是具有现代的意义的。他们不仅开启了社会变革之门,而且在广博浩瀚的传统文化中,发掘出了与现代化趋向相通的因素,从而为中国传统文化向现代化的转化沟通了渠道。这当是确然之论。

从经世派的批判精神和改革思想来看,其新趋向还只是些萌芽,同传统的经世思想还没有根本性的区别。然而,这时的经世派所面对的现实,所遭遇的时势,已大不同于以往。他们正值中国历史上前所未有的千古奇变——即西人东来,西学东渐,中国被迫开始与现代西方世界接触,再也不是自成天下的封闭王国了。这使他们不同于以往的经世改革派。

从19世纪初开始,欧洲商人、冒险家、传教士等纷纷来到东南亚及中国东南沿海,并随之带来了西方文化。特别是传教士,为了向这些地区传播基督教文化,在所到之处用中、西文字创办报刊,编印书籍,积极进行文化活动。传教士们编印的书籍中,除了大量宣传宗教的内容外,也有一些非宗教性的、介绍并夸耀西方科技文化的书籍。据统计,1810至1867年,在中国的新教教士出版的非宗教书籍共达108种。这些非宗教性书籍,主要是关于西方历史、地理、政情、风俗及科学技术等方面的知识。

1840年前后,出现了一批中国人编写的西学书籍。首先是介绍西方和世界地理、历史等情况的书。如林则徐在广东主持禁烟抗英期间,就组织编译了《四洲志》《华事夷言》;后来魏源编撰了《海国图志》;此外还有李兆洛的《海国图记》、姚莹的《英吉利图志》、萧令裕的《英吉利记》、杨炳的《海录》、徐继畬的《瀛环志略》、梁廷枏的《海国四说》等。据统计,这一时期出现的此类书籍至少有22部。

这些介绍西方及世界地理、历史情况的书籍,为中国人打开了一扇通向外部世界的窗口,使一直陶醉于"中央王国""天朝上国""中国即天下"的中国人如梦初醒。所以,这些书籍一经刊行,便迅速流传开来,尤其像《海国图志》《瀛环志略》等综合性著作更是受到世人的欢迎。

这些书籍的作者们,由于怀着"经世致用"的目的,所以,他们不单纯是介绍新奇的知识,而是注意认识西方不同于中国之处,希望寻求有益于经世致用、经邦治国的新知识。

这些书籍以确证可信的地图地理知识,表明了地球的形状、世界各国的地理位置;证明英、法等并非围绕中国周边的蛮夷下国,而是远隔重洋,久被隔绝在地球另一端的文明强国。虽然西方的地理地图知识从明末就被耶稣会士传入中国,但当时却被中国的士大夫们当作荒诞不经的海外奇谈而不屑一顾。而这时,当西方人操纵着坚船利炮打上国门的时候,经世派士人则不再像明末士人那样固守于旧观念,而是以现实的理性态度接受了西方人对世界的解释。这种新的世界观念,打破了中国人千百年来的中华为天下中心,自以为居"天下之中央"的华夏中心观念,中国人第一次不得不面对列强林立,充满竞争和威胁的现代世界。

经世派士人在力图更多地了解西方的同时,西方使他们感触最直接、最深的,还是其靠坚船利炮取得战争胜利的事实。坚船利炮所代表的西方先进、神奇的科学技术,吸引了经世派士人的注意。他们开始了解它,研究它。西方蒸汽机的神力,轮船、火车的神速,机器技艺的奇巧,无不使他们惊叹不已。魏源在《海国图志》中称赞蒸汽机的威力:"今西方各国,最奇巧有益之事,乃是火蒸水气,舟车所动之机关,其势若大风无可挡也。"梁廷枏在《贸易通志》中盛赞火车是"无马无驴,如翼如飞",轮船是"翻涛喷雷,溯波浪,其速如飞"。曾参观过英国军舰的台湾道台姚莹不无感慨地赞叹:西洋人推算之密、工匠制作之巧,实逾前古。他们痛切地认识到,西方人之所以能渡海远来,敢于侵略中国并取胜,就是凭藉着船坚炮利,靠着这些先进的科学技术所创造出来的神奇威力,而这正是中国所远不能及的,是西方独有的"长技"。因而,他们主张学习它,变西人独恃的"长技"为我所有。魏源在《海国图志》中提出"师夷长技以制夷"的口号,代表了经世派士人的这一愿望。早在鸦片战争前后,就有不少士人开始研究西方轮船、枪炮武器的造法,出现了一批这方面的书籍。如丁拱宸于1841年写成《演炮图说》,其中有根据西人资料编写的"铸造洋炮图说"和"西洋火轮车、火轮船图说"。后来又有郑复光写成《镜镜詅痴》,其中有"火轮船图说",画有轮船和汽机制图。另有汪仲洋编写的《仿铸洋炮说》,丁守存编写的《西洋自来火铳制法》及戴煦的《船机图说》等。魏源在《海国图志》中,就广为辑录了当时流传的这方面的书籍资料,予以详细介绍。据统计,在鸦片战争及以后的一二十年间,中国人编写的有关西方轮船机器、武器制造方面的书籍至少有30多部。这充分反映了中国士人对研究和学习西方技术的热情和愿望。魏源"师夷长技"的口号,确实代表了当时经世派士人的普遍要求,因此,此论一出,便在开明士人中广为流行,被奉为至论。当然,这时一般所谓"长技",主要还是指西方用于军事的先进技术,然而,有识者也已看到了先进科学技术的更广泛用途。魏源凭藉其对西方的广泛了解和认真研究,深刻地指出:西方机器日巧,技术日进,"无非竭耳目心思之力,以利民用"。因此,他不仅主张设厂仿造西洋轮船枪炮,而且认为,"凡有益民用者,皆可于此造之"。魏源已朦胧地意识到科学技术对于社会经济生活的潜在作用,他的这一看法使"师夷长技"具有了更深刻的内容。

西方先进的科学技术,是集中代表现代工业化的核心因素,它指向经济生产的实用性质,与经世派士人讲求"实学",力求学以致用的知识价值观念正相吻合,因此,他们首先将其纳入"致用之学"的"实学"范畴予以接受,科学技术成了中国文化接受西学的突破口。

鸦片战争前后的经世派士人,正是从睁眼看世界,了解西方,接受西学开始,走出了封闭的文化传统,开始走向现代的新世界,也使中国文化体系从封闭走向开放。虽然他们的"师夷长技",接受西方实学,还没能完全突破"经世致用"的传统思想框架,但是,他们毕竟已把代表现代科技文化的"西学",纳入了丰富自我,提高自我的文化视野之内。而学习西方,这正是像中国这样的后发外生型国家开始走上现代化路程的第一步。正是"经世致用"的精神,使中国的一部分有识之士抓住了时势造就的时代契机;而新的时势,又使得"经世致用"思想注入了新时代的因素,因而与传统的经世思想有了根本性区别,成为中国文化观念向现代化转变的桥梁。

然而,这一时期的经世思潮主要还是在东南沿海的一部分中下层士人中流行,从整个社会来看,他们还是少数,而且尚未对上层决策集团发生影响,因此,他们的思想主张还只是停留在书本上和口头上,还没能对当时的政治、社会发生有效的影响。但是,随着后来的内忧外患的日益加剧,经世派思想也为越来越多的士人所接受。60年代后兴起的洋务思潮,就是在经世思潮的基础上发展而来的,当时的洋务人物,从曾国藩、左宗棠、李鸿章等洋务大官僚,到冯桂芬、王韬、薛福成、郑观应等洋务思想家,无不从经世派思想中受到过启迪。经世思潮为中国文化接受西学,开始向现代化转变谱出了前奏曲。

★ 课后练习与思考

1.《礼记·大学》篇提出的三纲领、八条目是什么? 如何理解三纲八目之间的关系?

2.试比较诸葛亮前后《出师表》的异同。

3.搜集一位你感兴趣的中国历史英雄人物资料,不限古今,谈谈儒家"修齐治平"经邦济世思想对他有哪些影响。

第十二章

钱财"穷通"与社会定位

钱,在经济学中,称作货币,是促进社会经济发展的一种工具,它在经济和社会中的作用是显而易见的。钱在普通人生活中的重要性是人尽皆知的。"穷通"是困厄与显达的意思,出自《庄子·让王》:"古之得道者,穷亦乐,通亦乐,所乐非穷通也;道德于此,则穷通为寒暑风雨之序矣。"《吕氏春秋·高义》:"然则君子之穷通,有异乎俗者也。"贫穷与富有虽以人们对财富的拥有为标准,但往往也与人生的穷与通密切关联。

第一节　穷善其身与达济天下

（课堂讲解,2 学时）

人生难免有困厄的时候,人在穷途的时候应该怎么办呢? 先人们提出"穷则独善其身,达则兼济天下",成为中国知识分子的座右铭。杜甫被称为诗圣,著有"穷年忧黎元,叹息肠内热"。范仲淹"先天下之忧而忧,后天下之乐而乐"则更为古往今来仁人志人所推崇。

一、白居易《与元九书》（节选）

仆数月来,检讨囊帙中,得新旧诗,各以类分,分为卷目。自拾遗来,凡所遇所感,关于美、刺、兴、比者;又自武德至元和[1],因事立题,题为"新乐府"者,共一百五十首,谓之"讽谕诗"。又或退公独处,或移动病闲居,知足保和,吟玩性情者一百首,谓之"闲适诗"。又有事物牵于外,情理动于内,随感遇而形于叹咏者一百首,谓之"感伤诗"。又有五言、七言、长句、绝句,自一百韵至两百韵者四百余首,谓之"杂律诗"。凡为十五卷,约八百首。异时相见,当尽致于执事。

微之,古人云:"穷则独善其身,达则兼济天下。"[2]仆虽不肖,常师此语。大丈夫所守者道,所待者时。时之来也,为云龙,为风鹏,勃然突然,陈力以出;时之不来也,为雾豹,为冥鸿,寂兮寥兮,奉身而退。进退出处,何往而不自得哉? 故仆志在兼济,行在独善,奉而始终之则为道,言而发明之则为诗。谓之讽谕诗,兼济之志也;谓之闲适诗,独善之义也。故览仆诗者,知仆之道焉。其余杂律诗,或诱于一时一物,发于一笑一吟,率然成章,非平生所尚者,但以亲朋合散之际,取其释恨佐欢,今铨次之间,未能删去。他时有为我编集斯文者,略之可也。

微之,夫贵耳贱目,荣古陋今[3],人之大情也。仆不能远征古旧,如近岁韦苏州歌行[4],才丽之外,颇近兴讽;其五言诗,又高雅闲淡,自成一家之体,今之秉笔者谁能及之? 然当苏州在时,人亦未甚爱重,必待身后,然后人贵之。今仆之诗,人所爱者,悉不过杂律诗与《长恨歌》已下耳。时之所重,仆之所轻。至于讽谕者,意激而言质;闲适者,思淡而词迂。以质合迂,宜人之不爱也。今所爱者,并世而生,独足下耳。然千百年后,安知复无如足下者出,而知爱我诗哉? 故自八九年来,与足下小通则以诗相戒,小穷则以诗相勉,索居则以诗相慰,同处则以诗相娱。知吾罪吾[5],率以诗也。

如今年春游城南时,与足下马上相戏,因各诵新艳小律,不杂他篇,自皇子陂归昭国里[6],迭吟递唱,不绝声者二十里余。樊、李在旁[7],无所措口。知我者以为诗仙,不知我者以为诗魔。何则? 劳心灵,役声气,连朝接夕,不自知其苦,非魔而何? 偶同人,当美景,或花时宴罢,或月夜酒酣,一咏一吟,不觉老之将至。虽骖鸾鹤、游蓬瀛者之适[8],无以加于此焉,又非仙而何? 微之,微之! 此吾所以与足下外形骸、脱踪迹、傲轩鼎、轻人寰者[9],又以此也。

当此之时,足下兴有余力,且欲与仆悉索还往[10]中诗,取其尤长者,如张十八古乐府,李二十新歌行[11],卢、杨二秘书律诗,窦七、元八绝句[12],博搜精掇,编而次之,号为《元白往还诗集》。众君子得拟议于此者,莫不踊跃欣喜,以为盛事。嗟乎! 言未终而足下左转[13],不数月而仆又继行[14],心期索然[15],何日成就? 又可为之太息矣!

仆常语足下,凡人为文,私于自是[16],不忍于割截,或失于繁多。其间妍媸[17],益又自惑。必待交友有公鉴无姑息者,讨论而削夺之,然后繁简当否,得其中矣。况仆与足下,为文尤患其多。己尚病之,况他人乎? 今且各纂诗笔[18],粗为卷第,待与足下相见日,各出所有,终前志焉。又不知相遇是何年,相见是何地,溘然[19]而至,则如之何? 微之微之知我心哉!

浔阳腊月,江风苦寒,岁暮鲜欢,夜长少睡。引笔铺纸,悄然[20]灯前,有念则书,言无铨次。勿以繁杂为倦,且以代一夕之话言也。

注释：

[1]武德：唐高祖年号(618—626)。元和，唐宪宗年号(806—820)。

[2]"穷则独善其身"二句：语出《孟子·尽心上》，意指仕途不顺利的时候，要保持个人的品格；有了地位后，应该把天下治理好。

[3]贵耳贱目，荣古陋今：典出张衡《东京赋》："若客所谓，末学肤受，贵耳而贱目者也。苟有胸而无心，不能节之以礼，宜其陋今而荣古矣！"谓贵其所闻，贱其所见，尊古而卑今，为人情所不免。

[4]韦苏州：指韦应物，贞元初为苏州刺史，故称韦苏州，所作五言诗最有名。

[5]知吾罪吾：原文作"知吾最要"，据《全唐文》《旧唐书》改。

[6]皇子陂：长安城南的一个名胜地。《长安志》引《十道志》曰："秦葬皇子，起冢陂北原上，故名皇子陂。昭国里：在长安朱雀门街东的第三街永崇里南，白居易曾住在这里。

[7]樊、李：樊宗师和李绅，都是白居易的好友。

[8]骖(cān)鸾鹤：以鸾鹤为坐骑，神话中登仙的意思。蓬瀛，蓬莱和瀛洲，传说中的两座仙山。

[9]外形骸：把形体看作外物。脱踪迹，摆脱世俗礼法的约束。轩，古时大夫所乘的高车。鼎，贵族所用的食器，轩鼎代指权贵。人寰，人世，这里实指官场生活。

[10]还往：指交往的朋友。

[11]张十八：张籍。李二十，李绅。

[12]卢、杨：指卢拱、杨巨源。窦七、元八，指窦巩、元宗简。

[13]左转：降职。古代以右为尊以左为卑，被降职即称左转或左迁。元稹这时被贬为江陵府士曹参军。

[14]仆又继行：白居易接着又被贬为江州司马。

[15]心期索然：心中的期望落空。指编集《元白往还诗集》的心愿成空。

[16]私于自是：偏向于自己的爱好。

[17]妍媸(chī)：美丑。

[18]诗笔：诗歌和散文。

[19]溘然：忽然，指死。

[20]悄然：冷清的意思。

简析：

本文是白居易写给好友元稹的一封信，作于元和十年(815 年)，即刚被谪贬江州司马之时。白居易从 29 岁进士及第后，经过十多年的宦海沉浮，如今被贬到江州当一名有职无权的司马，对他来说是一次沉重的打击，他内心充满愤慨和忧伤，思想上的矛盾难以解决，于是诉之笔墨，将真挚的感情用浅白的语言向好友诉说，以求得到慰藉和解脱。

　　本文在简要地交代了他写作这封信的目的之后,大篇幅列举文学史上大量作家和作品。用十分简洁的语句,梳理了历代诗歌发展变化的概况。之后又从自己的勤学苦读,谈到仕宦之后潜心诗歌创作,以及作品的巨大影响,在总结创作经验时,着重谈到文学创作与现实的关系,得出"文章合为时而著,歌诗合为事而作"的结论。诗人还谈到了自己"苦学为文"的过程,举例说明自己不畏当时的政治斗争和社会现实,贯彻自己的诗歌理论创作。此处原文未录。

　　白居易把自己创作的诗歌分为四类:"讽喻诗""闲适诗""感伤诗""杂律诗"。其中有关"美刺兴比"的篇章,编为《新乐府》一百五十首,称为"讽喻诗",将诗歌和政治、和人民生活密切结合,这是白居易诗论的核心,体现他现实主义诗歌理论的成果。白居易以儒家的"穷则独善其身,达则兼济天下"的说教为准则,说明他写"讽喻诗"是表达"兼济之志",其目的还是"惟歌生民病,愿得天子知"(《寄唐生》)。他曾在《新乐府序》中说过他的写作目的:"为君、为臣、为民、为物、为事而作,不为文而作也。"他的这种观点与他的儒家正统思想是分不开的。白居易的思想比较复杂,带有浓厚的儒、释、道三家杂糅的色彩,但主导思想则是儒家的兼济思想。他说:"仆虽不肖,常师此语。"又说:"仆志在兼济,行在独善,奉而始终之则为道,言而发明之则为诗。谓之讽喻诗,兼济之志也;谓之闲适诗,独善之义也。"可见儒家思想不仅支配了他的政治态度,同时也支配了他的创作方向。白居易强调诗歌的政治功能,认为诗歌要负起"补察时政""泄导人情"的政治使命,从而达到"救济人病,裨补时阙"的政治目的。也正因白居易强调诗歌应为政治服务,其诗歌具有巨大感染力。

　　白居易写"闲适诗",是表现"独善之义",尤其是贬谪江州之后,他在政治思想上由积极转入消极,写了大量的"闲适诗"。所谓"志在兼济,行在独善"的人生观,正是反映他思想上的矛盾,也正是这种思想矛盾,使他的晚年创作走上消极颓放的道路。

二、嵇康《与山巨源绝交书》(节选)

　　吾昔读书,得并介之人[1],或谓无之,今乃信其真有耳。性有所不堪,真不可强。今空语同知有达人,无所不堪,外不殊俗,而内不失正,与一世同其波流,而悔吝不生耳。老子、庄周,吾之师也,亲居贱职;柳下惠、东方朔,达人也,安乎卑位,吾岂敢短之哉!又仲尼兼爱,不羞执鞭[2];子文无欲卿相,而三登令尹,是乃君子思济物之意也。所谓达能兼善而不渝,穷则自得而无闷。以此观之,故尧、舜之君世,许由[3]之岩栖,子房之佐汉,接舆之行歌,其揆[4]一也。仰瞻数君,可谓能遂其志者也。故君子百行,殊途而同致,循性而动,各附所安。故有处朝廷而不出,入山林而不反之论。且延陵高子臧之风[5]，长卿慕相如之节，志气所托，不可夺也。吾每读尚子平、台孝威传[6]，慨然慕之，想其为人。少加孤露，母兄见骄，不涉经学。性复疏懒，筋驽肉缓，头面常一月十五日不洗，不大闷痒，不能沐也。每常小便而忍不起，令胞中略转乃起耳。又纵逸来久，情意傲散，简与礼相背，懒与慢相成，而为侪类见宽，不攻其过。又读《庄》《老》，重增其放，故使荣进之心日颓，任实之情转笃。此犹禽鹿，少见驯育，则服从教制；长而见羁，则狂顾顿缨[7]，赴蹈汤火；虽饰以金镳，飨以嘉肴，愈思长林而志在丰草也。

阮嗣宗口不论人过，吾每师之而未能及；至性过人，与物无伤，唯饮酒过差耳。至为礼法之士所绳，疾之如仇，幸赖大将军保持之耳[8]。吾不如嗣宗之资，而有慢弛之阙；又不识人情，暗于机宜；无万石之慎，而有好尽之累。久与事接，疵衅日兴[9]，虽欲无患，其可得乎？又人伦有礼，朝廷有法，自惟至熟，有必不堪者七，甚不可者二：卧喜晚起，而当关呼之不置，一不堪也。抱琴行吟，弋钓草野，而吏卒守之，不得妄动，二不堪也。危坐一时，痹[10]不得摇，性复多虱，把搔无已，而当裹以章服[11]，揖拜上官，三不堪也。素不便书，又不喜作书，而人间多事，堆案盈机，不相酬答，则犯教伤义，欲自勉强，则不能久，四不堪也。不喜吊丧，而人道以此为重，已为未见恕者所怨，至欲见中伤者；虽瞿然自责，然性不可化，欲降心顺俗，则诡故不情[12]，亦终不能获无咎无誉如此，五不堪也。不喜俗人，而当与之共事，或宾客盈坐，鸣声聒耳，嚣尘臭处，千变百伎，在人目前，六不堪也。心不耐烦，而官事鞅掌[13]，机务缠其心，世故繁其虑，七不堪也。又每非汤、武而薄周、孔，在人间不止，此事会显[14]，世教所不容，此甚不可一也。刚肠疾恶，轻肆直言，遇事便发，此甚不可二也。以促中小心之性[15]，统此九患，不有外难，当有内病，宁可久处人间邪？又闻道士遗言，饵术黄精[16]，令人久寿，意甚信之；游山泽，观鱼鸟，心甚乐之；一行作吏，此事便废，安能舍其所乐而从其所惧哉！

……故四民[17]有业，各以得志为乐，唯达者为能通之，此足下度内[18]耳。不可自见好章甫[19]，强越人以文冕也[20]；已嗜臭腐，养鸳雏以死鼠也[21]。吾顷学养生之术，方外[22]荣华，去滋味[23]，游心于寂寞，以无为为贵。纵无九患，尚不顾足下所好者。又有心闷疾，顷转增笃[24]，私意自试，不能堪其所不乐。自卜已审，若道尽途穷则已耳。足下无事冤之[25]，令转于沟壑也[26]。

……今但愿守陋巷，教养子孙，时与亲旧叙阔，陈说平生，浊酒一杯，弹琴一曲，志愿毕矣。足下若嬲[27]之不置，不过欲为官得人，以益时用耳。足下旧知吾潦倒粗疏，不切事情，自惟亦皆不如今日之贤能也。若以俗人皆喜荣华，独能离之，以此为快；此最近之，可得言耳。然使长才广度[28]，无所不淹[29]，而能不营，乃可贵耳。若吾多病困，欲离事自全，以保余年，此真所乏耳，岂可见黄门[30]而称贞哉！若趣欲共登王途^[31]，期于相致，时为欢益，一旦迫之，必发其狂疾。自非重怨^[32]，不至于此也。

野人有快炙背而美芹子者^[33]，欲献之至尊^[34]，虽有区区^[35]之意，亦已疏矣。愿足下勿似之。

注释：

[1]并介之人：兼济天下而又耿介孤直的人。

[2]执鞭：指执鞭赶车的人。《论语·述而》："子曰：'富而可求也，虽执鞭之士，吾亦为之。'"

[3]许由：尧时隐士。

[4]揆(kuí)：原则，道理。

[5]延陵：名季札，春秋时吴国公子。居于延陵，人称延陵季子。子臧：一名欣时，曹国公子。曹宣公死后，曹人要立子臧为君，子臧拒不接受，离国而去。季札的父兄要立季札为嗣君，季札引子臧不为曹国君为例，拒不接受。风：风概。指高尚情操。

[6]尚子平：东汉时人。《文选》李善注引《英雄记》说他："有道术，为县功曹，休归，自入山担薪，卖以供食饮。"《后汉书·逸民传》作"向子平"，说他在儿女婚嫁后，即不再过问家事，恣意游五岳名山，不知所终。台孝威：名佟，东汉时人。隐居武安山，凿穴而居，以采药为业。

[7]狂顾：疯狂地四面张望。顿缨：挣脱羁索。

[8]大将军：指司马昭。保持：保护。

[9]疵(cī)：缺点。衅(xìn)：争端。

[10]痹(bì)：麻木。

[11]章服：冠服。指官服。

[12]诡故：违背自己本性。不情：不符合真情。

[13]鞅(yāng)掌：职事忙碌。

[14]此事：指非难成汤、武王，鄙薄周公、孔子的事。会显：会当显著，为众人所知。

[15]促中小心：指心胸狭隘。

[16]饵(ěr)：服食。术、黄精：两种中草药名，古人认为服食后可以轻身延年。

[17]四民：指士、农、工、商。

[18]度内：意料之中。

[19]章甫：古代一种须绾在发髻上的帽子。

[20]强：勉强。越人：指今浙江、福建一带居民。文冕(miǎn)：饰有花纹的帽子。《庄子·逍遥游》："宋人资章甫而适诸越，越人断发文身，无所用之。"

[21]鹓鶵(chú)：传说中像凤凰一类的鸟。《庄子·秋水》中说：惠子做了梁国的相，害怕庄子来夺他的相位，便派人去搜寻庄子，于是庄子就往见惠子，并对他说："南方有鸟，其名

为鸳雏……非梧桐不止,非练实不食,非醴泉不饮。于是鸱得腐鼠,鸳雏过之,仰而视之,曰:'赫!'"

[22]外:疏远,排斥。

[23]滋味:美味。

[24]增笃:加重。

[25]无事:不要做。冤:委屈。

[26]转于沟壑:流转在山沟河谷之间。指流离而死。

[27]嬲(niǎo):纠缠。

[28]长才广度:指有高才大度的人。

[29]淹:贯通。

[30]黄门:宦官。这里指官府、朝廷。

[31]趣(cù):急于。王途:仕途。

[32]自非:若不是。重怨:大仇。

[33]野人:居住在乡野的人。快炙(zhì)背:对太阳晒背感到快意。美芹子:以芹菜为美味。

[34]至尊:指君主。以上两句原本出于《列子·杨朱》:"宋国有田夫,常衣缊黂,仅以过冬。暨春东作,自曝于日,不知天下之有广厦陾室,绵纩狐狢,顾谓其妻曰:'负日之暄,人莫知者,以献吾君,将有重赏。'里之富者告之曰:'昔人有美戎菽、甘枲茎芹萍子者,对乡豪称之;乡豪取而尝之,蜇于口,惨于腹,众哂而怨之,其人大惭。子此类也。'"

[35]区区:形容感情恳切。

作者简介:

　　嵇康(223—262),字叔夜,三国谯国铚(今安徽宿县)人。官至中散大夫。文学成就主要是散文。主要作品《与山巨源绝交书》《难自然好学论》《管蔡论》等,论证严密,逻辑性与形象性有机结合。内容多与礼俗相违,表现对当时社会现实的不满,言辞激切,锋芒毕露。诗以四言见长,代表作《幽愤诗》表现被系入狱后的忧郁愤慨情绪。著有《嵇中散集》。

简析:

　　嵇康与山涛同是"竹林七贤"中人,二人本来十分友好,但时值魏晋易代之际,嵇康不与司马氏集团合作,隐居不仕,但山涛做了晋官,为选曹郎,并欲举嵇康代其原职。嵇康因此作此书与他绝交。书中明言"非汤武而薄周孔",又称自己秉性疏懒,不称吏职,有所谓七不堪、二甚不可。据说嵇康就此惹下了杀身之祸。本文陈说作者的旨趣、好恶,居高临下,旁若无人,嬉笑怒骂处,涉笔而成趣,集中体现了嵇文的"清峻"风格。

第二节　钱的名声:浮云富贵

[课下阅读资料]

　　一提起钱,似乎总令人下意识地想到它是一种丑恶的、卑鄙的东西。然而钱是一种无知无欲的东西,既不会因为爱谁便奔入谁的怀抱,也不会因为恨谁而与谁闹别扭。自从钱在这个世界上诞生以来,爱它者爱得死去活来,恨它者恨得咬牙切齿。拜金者把钱当上帝膜拜,认为"有钱万事通";清廉者却视金钱如粪土,认为"金钱万恶"。然而钱财总归身外之物,如浮云般生不带来死不带去。诙谐的萧伯纳曾说:"金钱对于我不过是安全和自由的工具,如果社会能把这两件东西给我,我就把所有的钱抛到窗外去。"然而,古今中外,许多人不堪金钱的压迫,向其发动一轮又一轮的攻击,有些攻击金钱的语言,十分精彩。

一、仇富之人朱载堉

　　朱载堉(1536—1610),字伯勤,号句曲山人。他是明太祖朱元璋的九世孙,明宗室郑恭王朱厚烷的儿子,朱载堉 10 岁时被封"郑藩世子"。所以,朱载堉小小年纪就遍尝人间荣华,享尽富贵人生,这一点,他和《红楼梦》的作者曹雪芹极其相似,只不过,曹雪芹是豪门富家子孙,而朱载堉则是正宗皇亲子弟。

　　朱载堉虽然贵为王世子,但他的生活道路并不平坦,15 岁时,其父朱厚烷因上疏直谏,"请帝修德讲学……以神仙、土木为规谏,语切直"。龙颜震怒;又因皇族内讧而被诬告叛逆,其父被削去爵位,囚禁于安徽凤阳。朱载堉全家也就一下子败落。一切就灰飞烟灭了,朱载堉便筑土屋于宫门外独居十九年,《明史》记载:"世子载堉笃学有至性,痛父非罪见系,筑土室宫门外,席蒿独处者十九年。"朱载堉原来住的是王府大院,如今,15 岁的他只能住在一个简陋的土屋里面。15 岁,是朱载堉人生的一道坎儿,15 岁之前,荣华享尽,15 之岁后,如坠深渊,和曹雪芹的人生经历颇为相似。在大起大落的人生里,才会有大彻大悟,朱载堉品味了人世间的贫富两极之后,对统治阶级内部的腐朽黑暗和世事炎凉有较深体会,多有感叹人间冷暖和荣辱无常之作。

　　朱载堉隐居茅山期间,没有人敢与他亲近,只有佛门向他敞开着,少林寺传法宗师松谷长老出现在他的视野里。历史上许多出家之人都很有学问,与宫廷里面那些一心钻营的人,埋头在地里刨食的人不同,他们有时间、也有机会来琢磨"学问",幸运的是松谷长老本来就与朱载堉的父亲是至交,两人对历算、音律都有研究,并精通于此。朱载堉长期与松谷长老为伴,自然接过了他们的衣钵。在他24岁那年,朱载堉写出了中国第一部研究古代乐器的著作《瑟谱》。

十九年之后,朱载堉的父亲被隆庆皇帝赦免,34岁的朱载堉又重新回到了王府,拥有荣华富贵,但此时的朱载堉已经不是15岁的朱载堉了,他的钱财价值观已大为改变,虽已拥有荣华富贵,但他却视钱财如粪土,成为中国文学史上的仇富第一人。他本可承继王位,但他曾七次上书皇帝,自愿放弃继承王位。但有司人提出,"载堉虽深执让节,然嗣郑王已三世,无中更理,宜以载堉子翊锡嗣"。即使如此,朱载堉也不答应,他"累疏恳辞",执意让爵,从他父亲卒年起,直到万历三十四年(1606年),经十五年七疏之后,神宗皇帝才予以允准,"以祐橏之孙载玺嗣,而令载堉及翊锡以世子、世孙禄终其身,子孙仍封东垣王"。让爵之后,他自称道人,迁居怀庆府(现河南省焦作一带),潜心著书,过着纯粹学者的生活。

朱载堉没有成为一个皇家世子,却成了中国历史上伟大的音乐家、物理学家、数学家、天文学家和散曲作家,是和徐霞客、李时珍齐名的一代科学和文化巨匠。他是世界上第一个创立了"十二平均律"的人,也是第一个精确计算出北京的地理位置的人,被西方赞誉为"东方百科艺术全书式的人物"。据《明史·艺文志》载,他的一生共著有《乐律全书》四十卷、《嘉量算经》三卷、《律历融通》四卷、《音义》一卷、《万年历》一卷、《万年历备考》二卷、《历学新说》二卷等。只是他的著作没有得到皇帝的认可,便不能公开发行,一直封存于史馆,无人问津。

朱载堉在文学方面享誉最高,他写的散曲脍炙人口。一个辞爵让国的人,对于人生的认识应该比常人更深刻,所以他用散曲来表明自己的心志,表达他对功名利禄的看法。"种几亩薄田,栖茅屋半间"是他的平生所愿。他归隐山林,摒弃富贵,淡泊名利,他这样谩骂金钱:

《南商调·黄莺儿·骂钱》曲曰:

孔圣人怒气冲,骂钱财:狗畜生! 朝廷王法被你弄,纲常伦理被你坏,杀人仗你不偿命。有理事儿你反复,无理词讼赢上风。俱是你钱财当车,令吾门弟子受你压伏,忠良贤才没你不用! 财帛神当道,任你们胡行,公道事儿你灭净! 思想起,把钱财刀剁、斧砍、油煎、笼蒸!

明散曲从字面上很好理解,通俗易懂。此曲借孔圣人之口,骂尽封建社会有钱能使鬼推磨、多少罪恶皆因钱财而起的现象。孔子主张"罕言利""君子居无求安,食无求饱""君子喻于义,小人喻于利"。但到了明代中后期,由于商品经济的发展、城市商业活动的频繁,传统的价值观受到冲击,"钱"的作用越来越大,表现出巨大的能量,作者有感于此,遂以曲的形式加以批评。朱载堉认为钱败坏了政治和道德秩序,"朝廷王法被你弄,纲常伦理被你坏",弄法律,坏纲常,通过用钱,能让人在自己有道理的官司里吃亏,让人在没理的官司里占上风,以拜金主义为核心价值观的社会,呈现出"公道事儿灭净"的一片人文惨象。因此,朱载堉提出要把钱财刀剁、斧砍、油煎、笼蒸!中国文学史上,淡泊名利的人不少,轻钱财的人也不是少数,但是,像朱载堉这样直接批评富人,用"刀剁、斧砍、油煎、笼蒸"这样激烈直白的语言批判金钱,还真是极其少见,他堪称中国历史"仇富"第一人。

朱载堉以别样的视角、巧妙的构思,大骂金钱,痛斥其恶,骂尽封建社会有钱能使鬼推磨、多少罪恶皆因钱财而起的现象。儒家《骂钱》名为斥钱,实则斥人,即鞭笞崇拜金钱之人,为富不仁之人,仗钱作恶之人。朱载堉出身明皇宗室,能有此识此情,实属难能可贵。对金钱恨之入骨的神态,跃然纸上,令人叫绝。

在命途多舛的朱载堉的曲作中,鲜有荣辱皆忘、远离尘俗的优雅意境,也体味不到旧酒新醅、不食人间烟火的隐逸情趣,而是与之相对的世俗情调。朱载堉一生命运坎坷,大起大落,从皇族世子转变为平民庶人,从衣食无忧到食不果腹,他深刻体会到了人世无常,世态炎凉,他对王朝和权利漠不关心,关心的更多的是与实际生活密切相关的衣食之忧。贫富生活的悬殊,加深了他对金钱本质的认识,使他认识到钱的神通,于是他又作《南商调·山坡羊·钱是好汉》:

世间人睁眼观看,论英雄钱是好汉。有了他诸般趁意,没了他寸步也难。拐子有钱,走歪步合款;哑巴有钱,打手势好看。如今人敬的是有钱,蒯文通无钱也说不过潼关。实言,人为铜钱,游遍世间。实言,求人一文,跟后擦前。

此曲以幽默的语言,描述"钱"在社会生活中的巨大魔力,在描述中透露出,作者对"钱能神通"的社会现象的愤懑和不平。作者采用对比手法,来揭露社会上种种不合理现象。这种对比具体表现在"世间人睁眼观看,论英雄钱是好汉。有了他诸般趁意,没了他寸步也难"。有钱"诸般趁意",无钱"寸步也难"的描写之中,这正是朱载堉十九年至贫至贱生活的写照。又通过谐谑的语言,以达到愉悦的目的,故全曲带有强烈的喜剧色彩,使人读了忍俊不禁。

朱载堉,不仅骂钱,而且,还骂有钱人,不仅批评有钱,而且批评有钱人,真是让人意想不到。有曲为证,还有一首《南商调·山坡羊·富不可交》:

劝世人休结交有钱富汉,结交他把你下眼来看。口里挪肚里僣,与他送上礼物只当没见;手拉手往下席安,拱了拱手再不打个照面。富汉吃肉他说天生福量,穷汉吃肉他说从来没见。似这般冷淡人心,守本分切不可与他高攀。羞惭,满席飞盏转不到俺眼前;羞惭,你总有钱俺不稀罕!

　　作者劝人们不要结交"有钱富汉",因为他总会把你"下眼来看"。朱载堉潦倒时,曾遭富人轻视,他的自尊心受到了伤害。一次,朱载堉去参加一位富豪举办的酒宴,对方看朱载堉是个穷人,就没正眼看他的礼物,并且直接就把他安排在下座了。身处下座,无酒无肉,"穷汉吃肉他说从来没见""满席飞盏转不到俺眼前",这位有钱富汉不给穷朋友上酒肉。作者朱载堉目睹满桌人们交杯换盏,自己的眼前无酒无肉,冷冰冰的贫富差别和人情冷淡,让他感到"羞惭"。曲中的最后一句,道出了作者的观点:"你总有钱俺不稀罕!"富人穷人,阳关大道,各走一边,人穷志不能穷,操守不能穷,守本分不高攀,他有钱自己不稀罕。透过这种形象的描述及逼真生动的细节,我们似乎看到作者与富者结交时的尴尬与铮铮骨气。

　　金钱在人们生活中的巨大影响力,人们敬有钱、弃穷汉,钱财成为衡量一切的标准。在这个以金钱为上的社会里,人们的情感趋向也发生了扭曲、变形,不仅交朋友都是一些虚情假意,就算是世间最牢固的亲情,在金钱冲击之下也是那么不堪一击。朱载堉的《叹人敬富》如是说:

　　劝人没钱休投亲,若去投亲贱了身。
　　一般都是人情理,主人偏存两样心。
　　年纪不论大与小,衣衫整齐便为尊。
　　恐君不信席前看,酒来先敬有钱人!

　　金钱决定了一切,做官、交友离不开金钱的疏通,甚至至亲血脉也是靠金钱来维系。"投了亲"反而贱了身。而且主人对待有钱的亲戚和没钱的亲戚态度上也不一样,连宴席上的酒也是先敬有钱人。朱载堉在《亲戚难靠》中还写道:"有钱的不相干来来往往,无钱的亲骨肉如同陌路。"金钱成为维系亲情的必要条件。

　　在父亲被囚的岁月,他免不了四处求告,正是在这个过程中,他体会到了求人之难。《南商调·黄莺儿·求人难》:

　　跨海难虽难犹易,求人难难到至处,亲骨肉深藏远躲,厚朋友绝交断义。相见时项扭头低,问着他面变言迟,俺这里未曾开口,他那里百般回避。锦上花争先填补,雪里炭谁肯送去? 听知,自己跌倒自己起,指望人扶耽搁了自己!

所有的一切都因金钱而起,作者开头写到求人比跨海还难,接着逼真地描绘了求人时亲友那种躲藏回避的表现,以无奈的口吻揭露了金钱腐蚀下社会人的那种趋炎附势的丑恶嘴脸。体现了唯金钱是崇,所谓"患难时刻见真情",然而朱载堉在患难时刻看到的却是世态炎凉、人情淡薄的景象,不知在朱父雪冤,朱家重获荣华富贵后,这帮亲友是否又去巴结作者,当然,这已是后话。作者最后得出结论:自己跌倒就自己爬起,指望别人来扶反而耽误了自己。不求人,这是朱载堉一生奉行的人生观,也是他的出世原则。朱载堉不爱钱财、自强不息的铮铮铁骨再一次得到了体现。

由于朱载堉对功名利禄的厌弃、对人生的反思以及对田园生活的喜爱之情,他最终选择放弃权位归隐山林,潜心于科学研究和散曲创作。他是荣辱遍尝、坎坷历尽,不爱钱财、自强不息的男人,是中国历史上少有的百科全书式的科学伟人,是中国的伏尔泰。曹雪芹和朱载堉,两个同命相怜的年轻人,一个在文化领域,一个在自然科学领域,为我们的中华民族赢得了全世界莫大的尊敬。

"你总有钱俺不稀罕!""思想起,把钱财刀剁、斧砍、油煎、笼蒸!""自己跌倒自己起,指望人扶耽搁了自己!"这就是自强不息的布衣王子朱载堉,他以自己一生的经历创作了《醒世词》,从官场腐败到世人之间的人情淡薄,全面揭示了金钱腐蚀下晚明社会的芸芸众生相。他从愤世、骂世,到劝世、警世,最后独自隐于山林避世、遁世;这就是一位明散曲作家的人格魅力,这也是明曲独有的、饱满的、激情的励志力量。

二、扩展阅读:骂钱文选

(一)莎士比亚《雅典的泰门》

金子!黄黄的、发光的,宝贵的金子!……这东西,只这一点点儿,就可以使黑的变成白的,丑的变成美的,错的变成对的,卑贱变成尊贵,老人变成少年,懦夫变成勇士。

这黄色的奴隶可以使异教联盟,同宗分裂;它可以使受诅咒的人得福,使害着灰白色癞病的人为众人所敬爱;它可以使窃贼得到高爵显位,和元老们分庭抗礼;它可以使鸡皮黄脸的寡妇重做新娘,即使她的尊容会使那身染恶疮的人见了呕吐,有了这东西也会恢复三春的娇艳。

啊!你可爱的凶手,帝王逃不过你的掌握,亲生父子被你离间!……啊!你有形的神明,你会使冰炭化为胶漆,仇敌互相亲吻!你会说任何的方言,使每一个人唯命是从!

(二)《老子·九章》

持而盈之[1]，不如其已[2]；揣而锐之[3]，不可长保[4]。金玉满堂，莫之能守。富贵而骄，自遗其咎[5]。功遂身退[6]，天下之道[7]。

注释：

[1]持而盈之：持，手执、手捧。此句意为持执盈满，自满自骄。

[2]不如其已：已，停止。不如适可而止。

[3]揣而锐之：把铁器磨得又尖又利。揣，捶击的意思。

[4]长保：不能长久保存。

[5]咎：过失、灾祸。

[6]功成身退：功成名就之后，不再身居其位，而应适时退下。"身退"并不是退隐山林，而是不居功贪位。

[7]天之道：指自然规律。

述评：

此章论述的重点是"盈"和"功成身退"。贪慕权位利禄的人，往往得寸进尺；恃人傲物的人，总是锋芒毕露，耀人眼目，这些是应该引以为戒的。否则，富贵而骄，便会招来祸患。就普通人而言，建立功名是相当困难的，但功成名就之后如何去对待它，那就更不容易了。老子劝人功成而不居，急流勇退，结果可以保全天命。

(三)左丘明《左传·桓公十年》

初，虞叔[1]有玉，虞公求旃[2]。弗献。既而悔之。曰："周谚有之：'匹夫无罪，怀璧其罪[3]。'吾焉用此，其以贾害[4]也？"乃献。又求其宝剑。叔曰："是无厌也。无厌，将及我[5]。"遂伐虞公。故虞公出奔共池[6]。

注释：

[1]虞叔：虞公的弟弟。虞公是春秋时代姬姓的公爵诸侯，是周皇室的后裔。

[2]旃(zhān)："之焉"的合音。

[3]"匹夫"二句：百姓本没有罪，因身藏璧玉而获罪。原指财宝能致祸。后亦比喻有才能、有理想而受害。

[4]贾(gǔ)害：得祸。

[5]将及我：言由物而害及我的生命。

[6]共池：在今山西平陆县西。

简析：

这则讲述的是关于虞叔的一个故事，告诉人们贪图财宝会招来祸患的道理。当初，虞叔有块宝玉，虞公想要得到，虞叔没有给他，然后，虞叔为此而感到后悔，说："周这个地方有句谚语说：'一个人本来没有罪，却因为拥有宝玉而获罪。'"于是就把宝玉献给了虞公。可是，虞公又来索要虞叔的宝剑，虞叔说："这实在是贪得无厌。如此贪得无厌，将会给我带来杀身之祸。"于是就发兵攻打虞公。所以，虞公出奔到共池那个地方去了。显而易见，这句话的意思是，贪图财宝会招来祸患。在这段故事中，虞叔因为担心贪图财宝招来祸患，所以，把宝玉献出去了；但是，虞公得到了宝玉仍不知满足，最终因为贪得无厌而被打败。也就是说，一个人去炫耀或者贪图财宝、才华、美貌的时候，常常会招来祸患，财宝、才华、美貌本身都没有罪过，但是，以此来炫耀或者贪图这些的时候，就可能引来灾祸了。

三、顾炎武"天下兴亡，匹夫有责"

（一）"天下兴亡，匹夫有责"释义

"天下兴亡，匹夫有责"出自明末清初思想家顾炎武的思想与哲学著作《日知录》，这句名言在中国几乎是家喻户晓，当国家处于危急关头，这一名言成为一个具有深远意义的嘹亮口号，激励无数志士仁人"执干戈以卫社稷"，其影响之大是不言而喻的。《汉语大词典》对这句话的解释："国家兴盛或衰亡，每个普通的人都有责任。"也就是说，即使是普通百姓也有责任和义务来关心国家的大事，这里的"责"并不是要人人挺身而出保卫国家民族，而是人人有关注国家大事、维护国家安全统一的责任和义务。这种诠释是具有现代意义的，顾炎武的本义却具有其所在社会的时代性。顾炎武在《日知录》卷十三《正始》一文中，专论"天下兴亡，匹夫有责"：

有亡国，有亡天下，亡国与亡天下奚辨？曰：改姓易号，谓之亡国；仁义充塞，而至于率兽食人，人将相食，谓之亡天下。魏、晋人之清谈何以亡天下？是《孟子》所谓杨、墨之言，至于使天下无父无君，而入于禽兽者也。昔者嵇绍之父康，被杀于晋文王，至武帝革命时，而山涛荐之入仕。绍时屏居私门，欲辞不就。涛谓之曰："为君思之久矣。天地四时，犹有消息，而况于人乎？"一时传颂，以为名言而不知其败义伤教，至于率天下而无父者也。夫绍之于晋，非其君也，忘其父而事其非君，当其未死三十馀年之间，为无父之人亦已久矣，而荡阴之死，何足以赎其罪乎！且其入仕之初，岂知必有乘舆败绩之事，而可树其忠名以盖于晚也？自正始以来，

而大义之不明遍于天下。如山涛者，既为邪说之魁，遂使嵇绍之贤且犯天下之不韪，而不顾夫邪正之说不容两立。使谓绍为忠，则必谓王裒为不忠而后可也。何怪其相率臣于刘聪、石勒，观其故主青衣行酒，而不以动其心者乎？是故知保天下，然后知保其国。保国者，其君其臣，肉食者谋之；保天下者，匹夫之贱与有责焉耳矣。

从顾炎武的原文可以看出，其并没有直接指出"天下兴亡，匹夫有责"，而是由"是故知保天下，然后知保其国。保国者，其君其臣，肉食者谋之；保天下者，匹夫之贱与有责焉耳矣！"几经演变被概括为"天下兴亡，匹夫有责"八个字。首先，顾炎武指出"亡国"和"亡天下"是两个不同的概念。亡国是指改朝换代，改姓易号，亡国的问题，只要君臣和肉食者们去关心；而亡天下是指民族的沦亡，出现不仁不义、无父无君、败义伤俗、率兽食人等浇薄世风。杨国荣《简明中国思想史》说："他（顾炎武）认为民族兴亡是大事，任何人都有责任。而朝代的更换却是小事，只是有职守的人去负责就可以了。"其次，"保国"和"保天下"也是两个不同的内涵。顾炎武指出"知保天下，然后知保其国"。这句话具有重要意义，是正确理解保国与保天下的关键，其深刻阐明了保天下和保国的关系：保天下是保国的前提和基础。由此可见，保国并非与匹夫无关，只要匹夫认识到保天下的重要性才会自觉投入保家的行列中去。为保国出谋划策指点江山当然是"肉食者"（君臣）的责任，但对国家民族具有忧患意识，自觉投入到国家民族的保卫战中，则是每个普通民众该承担的历史责任。最后，"保天下"与"亡天下"的关系。顾炎武说："仁义充塞，而至于率兽食人，人将相食，谓之亡天下。""率兽食人"出自《孟子·梁惠王上》："庖有肥肉，厩有肥马，民有饥色，野有饿莩，是率兽而食人也。"比喻统治者虐害人民。结合顾炎武当时说这句话的背景，"亡天下"有两层含义：一是指清朝军事贵族灭绝人性的暴行；二是指大批汉族士大夫丧尽天良，投靠清政府，帮助清朝军队屠杀汉族人民。顾炎武所说的亡天下，并不仅仅指明亡于清，而是就丧失民族气节而言的，正是由于"亡天下"才导致"亡国"。其所谓的"保天下"也不仅仅是反清复明，而是挽救民族气节和匹夫的爱国意识。因此，从上述顾炎武所说的"国"与"天下"的关系来看，二者是相互依存的，亡国是由亡天下所导致的，保国是保天下的前提，国尚不存，天下又将安在？只有正确理解了"天下兴亡，匹夫有责"的深刻含义，才能明白顾炎武"拯斯人于涂炭，为万世开太平"的宏大胸怀及"君子之为学，以明道也，以救世也"的爱国精神。

（二）顾炎武对"天下兴亡匹夫有责"的践行

顾炎武（1613—1682），本名绛，字忠清，学名继坤，出生于苏州府昆山（今江苏省昆山市)一个名门望族之家,是明末清初的爱国主义学者、思想家,与黄宗羲、王夫之并称为"明末清初三大思想家"。青年时发愤致力经世致用之学,并参加昆山抗清义军,败后漫游南北。知识渊博,其学以博学于文,行己有耻为主,合学与行、治学与经世为一。"天下兴亡,匹夫有责"是其爱国思想的名言,并且他用毕生的经历去践行爱国忠君的爱国主义思想。

顾炎武从小受岳飞、文天祥、方孝孺等历史上爱国名臣将相、英雄人物人格的熏陶和影响,立志要做有益于国家和民族的人。虽然他14岁考中秀才,但没有通过乡试,也就断了做官的梦。因此他看透了封建社会科举制度的弊端:"感四国之多虞,耻经生之寡术"(《天下郡国利病书序》),也看清了明王朝的腐败及国家民族的重重危机,于是他看淡功名利禄,断然弃绝科举。顾炎武16岁参加"重气节、轻生死、严操守、辨是非"的江南士大夫政治团体——"复社",经常与名士畅谈治国济民之术,寻求安邦治国的良策。且博学于文,遍览史志兵书,尤其注重政治文集、章奏之类,呕心沥血撰述了《天下郡国利病书》和《肇域志》两本巨著,企图以此来探索挽救民族危机、缓解各种矛盾的方法,表现了强烈的爱国思想,抱负十分远大。

1645年清兵入关后,民愤沸腾,顾炎武弃笔从戎,投入南明朝廷,参加抗清义军。顺治二年(1645年)五月,顾炎武取道镇江赴南京就职,尚未到达,南京即为清兵攻占,弘光帝被俘,南明军崩溃,清军铁骑又指向苏、杭。其时,江南各地抗清义军纷起。顾炎武和挚友归庄、吴其沆(字同初,上海嘉定人)投笔从戎,参加了金都御史王永柞为首的一支义军。诸义军合谋,拟先收复苏州,再取杭州、南京及沿海,一时"戈矛连海外,文檄动江东"(《千里》);惜乎残破之余,实不敌气焰正炽的八旗精锐,义军攻进苏州城即遇伏而溃,松江、嘉定亦相继陷落。顾炎武潜回昆山,又与杨永言、归庄等守城拒敌;不数日昆山失守,死难者多达4万。不幸的是,清兵血洗了他的家乡,杀害了他的两个弟弟,其母亲的胳膊被砍断,又拒食清军派发的粮食,绝食殉国。其母临终前告诫他:"深念国恩和祖宗遗训,不做异国臣子。"嗣母爱国言行的影响,国破家亡的民族痛楚,坚定了他的抗清意志。顾炎武谨遵先妣"无仕异代"的遗言,决心忠于明朝,于是把"忠清"的名号改为炎武,后又改名为蒋山佣,因为明皇朱洪武陵墓在蒋山,以此表明爱国心迹。亡国之后,他严词拒绝入清朝廷做官的邀请,不为保他人之国效劳。他牢记母亲遗言,"愁看京口三军溃,痛说扬州七日围"。(《赠朱监纪四辅》)爱国抗清之情,溢于言表。

顾炎武与清军有不共戴天的民族仇恨,从未向清政府妥协。顾炎武的世仆陆恩背叛顾炎武,勾结官僚地主方恒企图侵吞顾炎武家产,诬告顾炎武有通海大罪(死罪),顾炎武被关押。好友归庄四处奔波营救无果,只好向钱谦益求助,钱谦益言:"如果宁人是我门生,我就方便替他说话了。"也就是要顾炎武送一张门生帖子承认他是钱谦益的门生。归庄不愿失去钱谦益的救助,但又深知顾炎武具有崇高的民族气节,即使饿死也决不会变节向清政府低头。于是他伪造了一张帖子代顾炎武送上。顾炎武知道后,怒气冲天,急忙派人去要回归庄代送的门生帖子,钱谦益不给,他便写通告贴在街口,申明并无此事。谦益大为尴尬,解嘲道:"宁人忒性急了!"

他血气方刚时如此,晚年更是爱国志坚。康熙十年(1671年),顾炎武游京师,住在外甥徐干学家中,熊赐履设宴款待炎武,请他为清纂修明史,炎武拒绝说:"果有此举,不为介之推逃,则为屈原之死矣!"(《蒋山佣残稿·记与孝感熊先生语》)拒不为清朝服务。康熙十七年(1678),清廷开设"博学鸿儒"科,招致明朝遗民,了解和崇拜他的朝野人士争相荐举,又说"七十老翁何所求? 正欠一死! 若必相逼,则以身殉之矣!"累拒仕清。他外甥徐干学在朝做官,特意为他买田置地修书院,以度晚年,他执意不从。他坚定地写信告诉外甥:"故国不复,故里不归。"

自从国破家亡后,顾炎武开始了长达二十五年"足迹半天下"的弃家远游。"往来曲折二三万里,所览书又得万余卷"(《书杨彝万寿祺为顾宁人征天下书籍启后》),孑然一身,行踪不定,结识了许多抗清的名人名士,考察了灭清复国的军事关隘,并且在章丘大桑庄买进田地千亩,作为北方抗清活动据点,他还筹办钱庄,为抗清活动供应资金。他以"勾践栖山中"勉励自己"勠力事神州",反映了他图谋恢复、力主抗清的精神。他虽年迈力薄,图谋不成,但他独居异乡,自饮艰辛,为抗清奔走呼号,忘我的斗志不减当年。

康熙二十一年(1682年),他年近七旬,坠马身亡,尽管爱国事业未尽,壮志未酬,但他对天下兴亡、民族兴衰的忧虑与爱国之情,永盛不衰。

四、钱的别称(课下学生自己搜集资料并解释别称)
阿堵物、青蚨、孔方兄、邓通、没奈何、货泉、鹅眼……

★ 课后练习与思考

1. 结合杜甫《茅屋为秋风所破歌》,比较白居易和杜甫在"穷善其身,达济天下"方面有何不同?

2. 钱有哪些别称? 请解释搜集到的三种以上的别称。

3. 结合自己的阅读和人生经验,谈谈我们应该树立怎样的金钱观,或者应该如何对待人生的穷与通。

第十三章

发明创造与物质生活

古往今来,人类靠着自己的智慧发明了许多东西,这些发明丰富了人类的物质生活,提高了人类的物质生活水平,说没有这些发明就不会有现在的生活,一点也不夸张。生存是第一要素,只有生存下去才有资格谈精神文明。但是不能过多地追求物质生活,如果只重物质,轻视精神,一味地追求金钱,想着做有钱人,就会如行尸走肉,没有前途。再好的物质生活,没有了精神追求都会枯燥无味。

第一节　从伏羲到沈括

（课堂讲解,2 学时）

中华民族是一个智慧的民族,包括四大发明在内的许多发明发现都是我们这个民族为世界进步做出的突出贡献。先民们还有许多的发明创造,如结网捕鱼、钻木取火、婚丧嫁娶等,都曾经融入或者依然留存于日常生活中。

一、司马贞《三皇本纪·伏羲传》

太皞[1]庖羲氏,风姓,代燧人氏[2]继天而王。母曰华胥。履大人迹于雷泽,而生庖羲于成纪[3]。蛇身人首。有圣德。仰则观象于天,俯则观法于地,旁观鸟兽之文,与地之宜[4],近取诸身,远取诸物。始画八卦,以通神明之德,以类万物之情。造书契以代结绳之政。于是始制嫁娶,以俪皮[5]为礼。结网罟以教佃渔[6],故曰伏羲氏。养牺牲以庖厨,故曰庖羲。有龙瑞,以龙纪官,号曰龙师[7]。作三十五弦之瑟[8]。木德王[9]。注春令[10]。故《易》称"帝出乎震"[11],月令孟春[12],其帝太皞[13]是也。都于陈[14]。东封太山。立一百一十一年崩。其后裔,当春秋时,有任、宿、须、句、颛臾,皆风姓之胤也。

注释：

[1]太皞：又称太昊，后人追加给伏羲氏的帝号。出《国语》。

[2]燧人氏：使用火的氏族，早于伏羲氏。一般认为，有巢氏、燧人氏、伏羲氏、神农氏，为人类社会进入母系氏族社会发展的四个阶段。

[3]雷泽：泽名，为舜渔之地，在济阴，今山东菏泽东北。成纪：羲皇故里。古成纪县在今甘肃天水。

[4]文：文采，指鸟兽皮毛斑斓的纹理。奥地之宜：宜于生长大地的各种植物。

[5]俪皮：两张鹿皮，作为男女定情的信物。

[6]罟：网。《抱朴子》："太昊师蜘蛛而结网。"佃：通畋，狩猎。

[7]本句意思为以龙来作为各种官职的总称。

[8]瑟：一种手弹的木制弦乐器。

[9]木德王：木为五行之"木"，战国时代的五行德运说认为，伏羲是木德。木生于春，春为东方，日出东方，这些均与太皞的名号相关联。

[10]注春令：主持春天万物生长之令。注：集中，引申为主持。

[11]"帝出乎震"：见《易经说卦》卦辞。震为东，此指伏羲位在东方。

[12]月令孟春：指伏羲制历，年历起首之月为孟春正月。月令，《礼记》篇名，讲一年十二个月的时令，这里指年历。

[13]太皞：司马贞自注："按位在东方，象日之明，故称太皞，皞，明也。"

[14]陈：古邑名。西周时封虞舜之后于陈，都宛丘，战国时为楚所灭。秦汉时置陈县，在今河南省淮阳县。今有伏羲冢遗存。

述评：

司马贞所写"伏羲传"，语言精练，字字玑珠，全文仅两百零四字，而内容极其丰富。不仅记载了伏羲氏族的活动范围，伏羲不凡的身世、怪异神奇的形象，风姓后裔，一代传说帝王的世系，首尾完具，而且重点写出了伏羲不平凡的贡献。司马贞所写，计其大端有八项：第一，始作八卦；第二，创造书契；第三，制嫁娶，以俪皮为礼；第四，结网罟，教民渔猎；第五，钻木取火，烹饪熟食；第六，设官理民，号曰龙师；第七，制瑟作乐；第八，造历法，定节气。

伏羲的八个贡献，分三种类型。第一种类型，伏羲发扬前人的成就。如燧人氏已掌握了火的使用，有了火就可以进食熟食，这是人类文明的一大进步，所以燧人氏代表了一个时代。伏羲改进了钻木取火的技术，人们熟练掌握，运用于每一天的生活中，改进了烹饪技术，提高了先民的生活质量，所以人们尊他为庖羲。

第二种类型，是萌芽状态的发明，开启后人思路。如伏羲造书契、伏羲制历、伏羲以龙纪官等，这些发明应是十分朴素的，只能是萌芽状态。伏羲时代不可能有四季八节、二十四节气分明的历法,也不可能有系统的文字,所以《世本·作篇》说黄帝时大挠作甲子,沮诵、仓颉作书。像伏羲以木德王,以龙纪官,都带有后世五行家的创作。

第三种类型,是伏羲的发明,如制网罟,教民渔猎,所以称伏羲。伏羲制嫁娶之礼,造瑟作曲,这些发明都具有划时代的贡献。伏羲结束了蒙昧的原始社会,开启了对偶婚时代,已临近父系制的大门了。当然,伏羲最大的发明是始画八卦,载于《易经》,司马贞引用成为传文的重彩之笔。伏羲认识了天地分阴阳,用阳爻、阴爻简单的符号,表达了一生二,二生三,三生万物的玄理。近代科学家莱布尼茨从中受到启发,创作了二进制数理,应用于计算机,改变了世界科技史的进程,莱布尼茨被誉为"计算机之父"。由八卦衍生的《易经》,至今仍是热门话题,而且玄妙无穷,没有人能穷尽其理。阴阳八卦所蕴含的自然科学知识,还有待于开发。由此,伏羲是上古至圣,当之无愧。

二、沈括《梦溪笔谈·技艺》(节选)

版印[1]书籍,唐人尚未盛为之,自冯瀛王[2]始印五经,已后[3]典籍[4]皆为版本[5]。庆历中,有布衣[6]毕昇,又为活版[7]。其法用胶泥刻字,薄如钱唇[8],每字为一印,火烧令坚。先设一铁板,其上以松脂、腊和[9]纸灰之类冒之。欲印则以一铁范[10]置铁板上,乃密布字印。满铁范为一板,持就火炀之,药[11]稍熔,则以一平板按其面,则字平如砥[12]。若止印三、二本,未为简易;若印数十百千本,则极为神速。常作二铁板,一板印刷,一板已自布字。此印者才毕,则第二板已具。更互用之[13],瞬息可就。每一字皆有数印,如"之""也"等字,每字有二十余印,以备一板内有重复者。不用则以纸贴之[14],每韵为一贴,木格贮之。有奇字素[15]无备者,旋刻之,以草火烧,瞬息可成。不以木为之者,木理[16]有疏密,沾水则高下不平,兼与药相粘,不可取。不若燔土[17],用讫再火令药熔,以手拂之,其印自落,殊不沾污。昇死,其印为余群从所得,至今保藏。

注释:

[1]版印:雕版印刷,即在成块的木板上按镜像雕刻好文字、图案,再用这样的板子进行印刷。一般认为这种方法起源于隋代。

[2]冯瀛王:冯道(882—954),五代时瀛州景城(今河北沧州西)人,后唐、后晋时历任宰相,后汉时任太师,后周时又任太师、中书令,死后被追封为瀛王。

[3]已后:以后。已,通"以"。

[4]典籍:经典和古籍。

[5]版本:用雕版法印制而成的书籍,相对于抄本而言。五经等儒家经典过去只有手抄本,自冯道组织人用雕版法印制后,才有了区别于抄本的版本。

[6]布衣:平民。

[7]活版:即活字板。唐代雕版印刷已经很发达,但都是用整块的木板整页雕刻。活版则不同,是用一个个字模临时拼组而成。活版的出现,标志着印刷术又经历了一次革命,是中国古代重大发明之一。

[8]钱唇:铜钱的边。毕昇的泥活字,是用胶泥制成块后刻出的反体凸字,"薄如钱唇"是说所刻反体凸字的厚度与铜钱边缘的厚度差不多。

[9]和:混合。

[10]铁范:铁框子。范:模子。

[11]药:上文"松脂、腊和纸灰之类",有黏性,遇热熔化,冷却后会凝固。

[12]如砥:意思是说像磨刀石一样平。

[13]更互:交替,轮流。

[14]贴:贴上标签,用标签标示。

[15]素:往常,平常。

[16]木理:木材的纹理。

[17]燔(fán):烧。

述评:

本篇节选自沈括《梦溪笔谈》卷十八"技艺"。沈括(1031—1095),字存中,杭州人,北宋科学家、政治家。他的《梦溪笔谈》内容涉及天文、地理、数学、物理、化学、生物、医学、文艺、历史等各个方面,被英国著名学者李约瑟誉为"中国科技史上的坐标"。

这是一篇介绍"活板印刷"工艺的说明性文字。文章抓住特点,以平实的语言说明工艺程序,给人以明晰、完整的印象。写活字板印刷,紧扣"活"字,在说明时又主要按照工艺制作使用的顺序进行说明,并且通过与雕版的比较,体现活版的优越性。写制板是按照刻字、设版、排字、炀版、平模的顺序加以说明的。写印刷常用二板,"一板印刷,一板布字,此印者才毕,则第二板已具,更互用之,瞬息可就"。写拆板是附带说明,但是胶泥字模的优越性,也在与木头刻字的对比中,其灵活方便得以充分显示。

全文着重说明活板的制作、印刷的整个过程,包括最后拆板的过程,一整套工艺,不用修饰性词语,只用平实而准确的语言一一道来。整篇文章只用三百多字,便将印刷书籍的历史、活字板的创造、发明、用法、功效以及胶泥活字的优点解释得清楚明白。

中国是最早发明印刷术的国家。早期的印刷方法是把图文刻在木板上用水墨印刷的,称"刻板印刷术"。刻板印刷在我国唐代已开始盛行,影响到非洲和欧洲。宋代庆历年间(1041 年—1048 年),毕昇首创泥活字板,使书籍印刷更为方便。之后,又陆续出现用木、锡、铜和铅等金属制成活字板印刷书籍。1450 年左右,德国用铅合金制成活字板,用油墨印刷,为现代金属活字印刷术的发展奠定了基础。

三、青蒿素——中医药给世界的一份礼物

12 月 7 日下午,屠呦呦——中国首位诺贝尔生理学或医学奖得主在瑞典卡罗林斯卡医学院发表演讲(图 10),介绍了自己获奖的科研成果。

图 10　屠呦呦在卡罗林斯卡学院

演讲全文如下:

尊敬的主席先生,尊敬的获奖者,女士们,先生们:

今天我极为荣幸能在卡罗林斯卡学院讲演,我报告的题目是:青蒿素——中医药给世界的一份礼物。

在报告之前,我首先要感谢诺贝尔奖评委会,诺贝尔奖基金会授予我 2015 年生理学或医学奖。这不仅是授予我个人的荣誉,也是对全体中国科学家团队的嘉奖和鼓励。在短短的几天里,我深深地感受到了瑞典人民的热情,在此我一并表示感谢。

谢谢威廉姆·坎贝尔和大村智二位刚刚所做的精彩报告。我现在要说的是

四十年前,在艰苦的环境下,中国科学家努力奋斗从中医药中寻找抗疟新药的故事。

青蒿素的发现过程

关于青蒿素的发现过程,大家可能已经在很多报道中看到过。在此,我只做一个概要的介绍。这是中医研究院抗疟药研究团队当年的简要工作总结,其中蓝底标示的是本院团队完成的工作,白底标示的是全国其他协作团队完成的工作。蓝底向白底过渡标示既有本院也有协作单位参加的工作。

中药研究所团队于 1969 年开始抗疟中药研究。经过大量的反复筛选工作后,1971 年起工作重点集中于中药青蒿。又经过很多次失败后,1971 年 9 月,重新设计了提取方法,改用低温提取,用乙醚回流或冷浸,而后用碱溶液除掉酸性部位的方法制备样品。1971 年 10 月 4 日,青蒿乙醚中性提取物,即标号 191#的样品,以 1.0 克/公斤体重的剂量,连续 3 天,口服给药,鼠疟药效评价显示抑制率达到 100%。同年 12 月到次年 1 月的猴疟实验,也得到了抑制率 100%的结果。青蒿乙醚中性提取物抗疟药效的突破,是发现青蒿素的关键。

1972 年 8 至 10 月,我们开展了青蒿乙醚中性提取物的临床研究,30 例恶性疟和间日疟病人全部显效。同年 11 月,从该部位中成功分离得到抗疟有效单体化合物的结晶,后命名为"青蒿素"。

1972 年 12 月开始对青蒿素的化学结构进行探索,通过元素分析、光谱测定、质谱及旋光分析等技术手段,确定化合物分子式为 $C_{15}H_{22}O_5$,分子量 282。明确了青蒿素为不含氮的倍半萜类化合物。

1973 年 4 月 27 日,经中国医学科学院药物研究所分析化学室进一步复核了分子式等有关数据。1974 年起,与中国科学院上海有机化学研究所和生物物理所相继开展了青蒿素结构协作研究的工作。最终经 X 光衍射确定了青蒿素的结构。确认青蒿素是含有过氧基的新型倍半萜内酯。立体结构于 1977 年在中国的科学通报发表,并被化学文摘收录。

1973 年起,为研究青蒿素结构中的功能基团而制备衍生物。经硼氢化钠还原反应,证实青蒿素结构中羰基的存在,发明了双氢青蒿素。经构效关系研究:明确青蒿素结构中的过氧基团是抗疟活性基团,部分双氢青蒿素羟基衍生物的鼠疟效价也有所提高。

这里展示了青蒿素及其衍生物双氢青蒿素、蒿甲醚、青蒿琥酯、蒿乙醚的分子结构。直到现在,除此类型之外,其他结构类型的青蒿素衍生物还没有用于临床的报道。

1986 年,青蒿素获得了卫生部新药证书。于 1992 年再获得双氢青蒿素新药证书。该药临床药效高于青蒿素 10 倍,进一步体现了青蒿素类药物"高效、速效、低毒"的特点。

青蒿素引起世界关注

1981 年,世界卫生组织、世界银行、联合国计划开发署在北京联合召开疟疾化疗科学工作组第四次会议,有关青蒿素及其临床应用的一系列报告在会上引发热烈反响。我的报告是"青蒿素的化学研究"。上世纪 80 年代,数千例中国的疟疾患者得到青蒿素及其衍生物的有效治疗。

听完这段介绍,大家可能会觉得这不过是一段普通的药物发现过程。但是,当年从在中国已有两千多年沿用历史的中药青蒿中发掘出青蒿素的历程却相当艰辛。

目标明确、坚持信念是成功的前提

1969 年,中医科学院中药研究所参加全国"523"抗击疟疾研究项目。经院领导研究决定,我被指令负责并组建"523"项目课题组,承担抗疟中药的研发。这一项目在当时属于保密的重点军工项目。对于一个年轻科研人员,有机会接受如此重任,我体会到了国家对我的信任,深感责任重大,任务艰巨。我决心不辱使命,努力拼搏,尽全力完成任务!

学科交叉为研究发现成功提供了准备

这是我刚到中药研究所的照片,左侧是著名生药学家楼之岑,他指导我鉴别药材。从 1959 年到 1962 年,我参加西医学习中医班,系统学习了中医药知识。化学家路易·帕斯特说过"机会垂青有准备的人"。古语说:凡是过去,皆为序曲。然而,序曲就是一种准备。当抗疟项目给我机遇的时候,西学中的序曲为我从事青蒿素研究提供了良好的准备。

信息收集、准确解析是研究发现成功的基础

接受任务后,我收集整理历代中医药典籍,走访名老中医并收集他们用于防治疟疾的方剂和中药、同时调阅大量民间方药。在汇集了包括植物、动物、矿物等2000 余内服、外用方药的基础上,编写了以 640 种中药为主的《疟疾单验方集》。正是这些信息的收集和解析铸就了青蒿素发现的基础,也是中药新药研究有别于一般植物药研发的地方。

关键的文献启示。当年我面临研究困境时,又重新温习中医古籍,进一步思考东晋(公元 3—4 世纪)葛洪《肘后备急方》有关"青蒿一握,以水二升渍,绞取汁,尽服之"的截疟记载。这使我联想到提取过程可能需要避免高温,由此改用低沸点溶剂的提取方法。

关于青蒿入药,最早见于马王堆三号汉墓的帛书《五十二病方》,其后的《神农本草经》《补遗雷公炮制便览》《本草纲目》等典籍都有青蒿治病的记载。然而,古籍虽多,却都没有明确青蒿的植物分类品种。当年青蒿资源品种混乱,药典收载了2个品种,还有4个其他的混淆品种也在使用。后续深入研究发现:仅 Artemisia annua L. 一种含有青蒿素,抗疟有效。这样客观上就增加了发现青蒿素的难度。再加上青蒿素在原植物中含量并不高,还有药用部位、产地、采收季节、纯化工艺的影响,青蒿乙醚中性提取物的成功确实来之不易。中国传统中医药是一个丰富的宝藏,值得我们多加思考,发掘提高。

在困境面前需要坚持不懈

七十年代中国的科研条件比较差,为供应足够的青蒿有效部位用于临床,我们曾用水缸作为提取容器。由于缺乏通风设备,又接触大量有机溶剂,导致一些科研人员的身体健康受到了影响。为了尽快上临床,在动物安全性评价的基础上,我和科研团队成员自身服用有效部位提取物,以确保临床病人的安全。当青蒿素片剂临床试用效果不理想时,经过努力坚持,深入探究原因,最终查明是崩解度的问题。改用青蒿素单体胶囊,从而及时证实了青蒿素的抗疟疗效。

团队精神,无私合作加速科学发现转化成有效药物

1972 年 3 月 8 日,全国 523 办公室在南京召开抗疟药物专业会议,我代表中药所在会上报告了青蒿 No.191 提取物对鼠疟、猴疟的结果,受到会议极大关注。同年 11 月 17 日,在北京召开的全国会议上,我报告了 30 例临床全部显效的结果。从此,拉开了青蒿抗疟研究全国大协作的序幕。

今天,我再次衷心感谢当年从事 523 抗疟研究的中医科学院团队全体成员,铭记他们在青蒿素研究、发现与应用中的积极投入与突出贡献。感谢全国 523 项目单位的通力协作,包括山东省中药研究所、云南省药物研究所、中国科学院生物物理所、中国科学院上海有机所、广州中医药大学以及军事医学科学院等,我衷心祝贺协作单位同行们所取得的多方面成果,以及对疟疾患者的热诚服务。对于全国 523 办公室在组织抗疟项目中的不懈努力,在此表示诚挚的敬意。没有大家无私合作的团队精神,我们不可能在短期内将青蒿素贡献给世界。

疟疾对于世界公共卫生依然是个严重挑战

WHO 总干事陈冯富珍在谈到控制疟疾时有过这样的评价,在减少疟疾病例与死亡方面,全球范围内正在取得的成绩给我们留下了深刻印象。虽然如此,据统计,全球 97 个国家与地区的 33 亿人口仍在遭遇疟疾的威胁,其中 12 亿人生活在高危区域,这些区域的患病率有可能高于 1/1000。统计数据表明,2013 年全球疟疾患者约为 19800 万,疟疾导致的死亡人数约为 58 万,其中 78% 是 5 岁以下的儿童。90% 的疟疾死亡病例发生在重灾区非洲。70% 的非洲疟疾患者应用青蒿

素复方药物治疗(Artemisinin – based Combination Therapies，ACTs)。但是，得不到 ACTs 治疗的疟疾患儿仍达 5600 万到 6900 万之多。

疟原虫对于青蒿素和其他抗疟药的抗药性

在大湄公河地区，包括柬埔寨、老挝、缅甸、泰国和越南，恶性疟原虫已经出现对于青蒿素的抗药性。在柬埔寨 – 泰国边境的许多地区，恶性疟原虫已经对绝大多数抗疟药产生抗药性。请看今年报告的对于青蒿素抗药性的分布图，红色与黑色提示当地的恶性疟原虫出现抗药性。可见，不仅在大湄公河流域有抗药性，在非洲少数地区也出现了抗药性。这些情况都是严重的警示。

世界卫生组织 2011 年遏制青蒿素抗药性的全球计划

这项计划出台的目的是保护 ACTs 对于恶性疟疾的有效性。鉴于青蒿素的抗药性已在大湄公河流域得到证实，扩散的潜在威胁也正在考察之中。参与该计划的 100 多位专家们认为，在青蒿素抗药性传播到高感染地区之前，遏制或消除抗药性的机会其实十分有限。遏制青蒿素抗药性的任务迫在眉睫。为保护 ACTs 对于恶性疟疾的有效性，我诚挚希望全球抗疟工作者认真执行 WHO 遏制青蒿素抗药性的全球计划。

中医药学是一个伟大的宝库

在结束之前，我想再谈一点中医药。"中国医药学是一个伟大宝库，应当努力发掘，加以提高。"青蒿素正是从这一宝库中发掘出来的。通过抗疟药青蒿素的研究经历，深感中西医药各有所长，二者有机结合，优势互补，当具有更大的开发潜力和良好的发展前景。大自然给我们提供了大量的植物资源，医药学研究者可以从中开发新药。中医药从神农尝百草开始，在几千年的发展中积累了大量临床经验，对于自然资源的药用价值已经有所整理归纳。通过继承发扬，发掘提高，一定会有所发现，有所创新，从而造福人类。

最后，我想与各位分享一首我国唐代有名的诗篇，王之涣所写的《登鹳雀楼》：白日依山尽，黄河入海流，欲穷千里目，更上一层楼。请各位有机会时更上一层楼，去领略中国文化的魅力，发现蕴涵于传统中医药中的宝藏！

衷心感谢在青蒿素发现、研究和应用中做出贡献的所有国内外同事们、同行们和朋友们！

深深感谢家人的一直以来的理解和支持！

(来源：人民网 – 国际频道，2015 年 12 月 7 日。)

屠呦呦在演讲中介绍了自己获奖的科研成果，回顾了青蒿素发现的艰辛过程,赞扬了中国科学家的团队合作和在科学征途上不畏艰难坚持不懈的精神,并呼吁全球科学家对疟疾病毒已经对青蒿素产生了抗药性多加关注并研究解决方案。最后,在阐述自己的医学发现来源于传统中医典籍的基础上,她还呼吁要重视传统中医药这座宝藏,这无疑是对二十世纪以来中医存废之争的一个有力回应。

第二节　发明创造与科教兴国

(课下阅读资料)

中华民族历来是勤劳勇敢、富有创新精神的民族,在长达5000多年的中华文明发展史上,创造了许多令整个人类叹为观止的科技成就,既有造纸术、火药、印刷术、指南针四大发明,也有十进位制、二十四节气、赤道坐标系等重大发明与发现,还有一些发现虽然并不惊天动地,却与人们的日常生活息息相关,它们的出现提高了生活的质量,扩大了审美范畴,推动了社会的进步,如酒、茶、铜镜、漆器等。

一、四大发明

中国是世界文明古国之一,对人类的发展贡献极大,四大发明表明了我国古代科技走在世界的前列。

大约公元前4世纪,中国人发明了指南针,最早的指南针是司南,它是用磁铁矿石打磨出来的,呈长条形,以巧妙的方式支撑起来,它的轴线会自动指向南方,古人称之为"司南",不过磁铁矿石的硬度高,不容易打磨,用它做成的指南针转动不灵活。东汉思想家王充的《论衡》中提到"司南之杓,投之于地,其柢指南",这项发明对人类的航海事业有着巨大的意义,可以使水手在指南针的帮助下飘摇于茫茫大海而不迷失方向,也可以使水手全天候航海成为可能。后来,古代人又发明了两种制造轻便而且实用的方法。一种是使烧红的薄铁片急剧冷却,沿着地磁场方向被磁化成磁体;另一种是以自然界的磁体摩擦钢针,使其成为磁针。指南针在公元12世纪通过阿拉伯人传到欧洲,极大地推进了欧洲的航海事业,从15世纪起,指南针引领西方船队,相继发现、占领了无数的海外殖民地,打开了西方资本主义的世界市场,改变了世界的政治格局,沟通了居住在地球上不同地方的人们。

公元7世纪,中国发明了火药,这种火药打破了世界的宁静。唐代孙思邈《丹经》中有论述伏硫黄法的篇章,北宋曾公亮主编《武经总要》中第一次发表了真正的火药配方,它们是硝石、硫黄和木炭。硝石具有能溶化多种矿石的特性,在温度不高的情况下由结晶体变为液体,还能治疗某些疾病;硫黄在自然界中以元素状态存在,加热后由固体变成气体,冷却之后以固体状态出现;木炭被古代人认为是火与木相遇留下的精华,形状和色泽千年不变。火药中,硝石的成分是硝酸钾,受热分解产生氧,硫黄在常温下化学性质稳定,温度升高达到木炭的燃点,木炭与硝酸钾分解产生的氧一旦发生化学反应,就释放出更多的热量,使硝酸钾分解,氧化反应更剧烈。火药的发明源于人们对"长生不老"的期盼,与古代的炼丹术有着密切的联系,在汉代,道家已经开始炼丹。火药提供了一种能够在时间上加以控制的巨大爆发力,这种巨大的力量可以破坏物体的原有结构,瞬间改变它们的空间位置。火药的发明,对人类来说,忧大于喜。火药做成的兵器可以远距离杀伤敌人,在古代战场上,使用火药兵器的一方具有绝对的优势,这种诱惑使人们探寻更猛烈的爆炸物。13世纪,火药随着蒙古人传到阿拉伯世界,经阿拉伯人传到欧洲与西方的兵器技术结合,成为征服海外殖民地的强大武器。

印刷术的发明与纸的批量生产是相互联系的,纸的生产推动了印刷术的发明,中国又是雕版印刷术的发祥地,唐朝出现了雕版印刷术,是在道教和佛教的影响下产生的。明代邵经邦的《弘简录》是较早记述雕版印制起源的,日本的《陀罗尼经》是现存最早的木刻印本。活字印刷术也是中国发明的,毕昇发明了胶泥刻字,并用于活字印书,13世纪出现了锡活字。

纸出现得以使用之前,古埃及人曾用纸莎草,古巴比伦人用泥砖,古罗马人用蜡板,古印度人用贝树叶。在中国,商代用甲骨,西周用青铜器,春秋用竹简、木牍等作为记事材料,还用制取丝棉时残絮的薄片用于书写。但是这些材料笨重,有的来源较少,有的昂贵,不适合大众的使用,也不利于文化的传播和发展。公元114年,东汉蔡伦改进造纸术,人称蔡侯纸,是现代纸的来源。他使用树皮、旧渔网和丢弃的短麻绳等为原料,把这些原料放置水中浸泡,用碱除去油脂和胶质,捣碎,使绒毛纤维分散在水中,形成浆状悬浮物;然后,用细竹丝编成的滤网从水底由下而上轻轻把悬浮物捞出,沉积在滤网上的纤维便相互勾连在一起;最后,经压榨脱水烘干,便成为厚薄均匀、表面平整的纸。纸的发明和利用对于知识的记载和保存以及文化的交流和传承,起到巨大作用。公元3世纪,造纸术传到朝鲜;7世纪传入日本;8世纪传入阿拉伯;12世纪传入法国;15世纪末传入英国;17世纪传入美国。

二、农业发明

中国的传统农业曾经长期领先于世界其他文明古国,之所以会出现这种情况是因为我们的祖先创造了一整套精耕细作的技术体系,其中的精华部分值得现在乃至整个世界借鉴和发扬。古代农业实践所创造的技术成果,可以与古代的"四大发明"相媲美,也可以把它们称为农业史上的"四大发明",即物候历法、水利工程、传统农具和农作物育种技术。日常工作生活中的水稻、蚕丝、大豆也是中国影响世界的食物。

相传原始社会晚期就已经出现天文历。黄帝时,"迎日推策";颛顼时,"载时以象天";帝尧时,"数法日月星辰,敬爱民时",这表明在黄帝、尧舜时,中国人就可以根据日月来判定季节了。甲骨文中,天干纪年法已经形成,大禹时代有过"颁夏时于邦国",春秋时代有"行夏之时"的说法,孔子也曾说过"吾得夏时焉",可以推测,在夏代已经诞生了中国最古老的由政府颁布的历法。在现存的历书《夏小正》中明确记载,把一年分为 12 个月,每个月都以一定的明显的星象出没来表示节候,还要标明当月的主要农事活动,这说明历法的出现最开始是为农事服务的。《吕氏春秋·十二纪》《礼记·月令》在星象、物候和农事方面的记载比《夏小正》详尽,它们奠定了后来二十四节气的基础。战国的《逸周书·时则训》系统介绍了二十四节气的名称、对应的月份和相关的物候,形成了比较完整的气候概念。

人类的治水活动与农业的发明和发展是相伴而生的。在前农业时代,人们对旱涝灾害总是采取消极逃避的方法来应对,农业出现以后,人类对固定的家园以及农耕场所都有了较高水平的要求,便对居住环境和农田进行改造和利用,使其更好地为人类所用。各族人民为抵御旱涝灾害,因地制宜地发明了众多水利工程技术,成为中华文明的重要组成部分。在中国的水利工程上,留下了许多著名的故事,西门豹治邺就是其中的一个。战国初期,地处华北平原的魏国是当时北方地区实力较强的诸侯列国之一,它是最早大力推行农战政策的诸侯国。魏文侯二十五年,西门豹受命任邺令,他深入民间调查,发现邺地经常大旱大涝,影响农业生产的稳定和发展,百姓生活困苦不堪,当地的乡官恶霸与巫婆相互勾结,横征暴敛,愚弄乡民。每年还要大搞迷信活动,把年轻貌美的女子活活投入漳河中,现场惨不忍睹。西门豹深知要把邺地治好,必须把兴修水利与破除迷信放在一起进行。《史记·河渠书》中记载"西门豹引漳水溉邺,以富魏之河内";《汉书·沟洫志》中记载了一首赞扬漳河水利工程的民歌,说明漳河有利于灌溉,也有利于治理改良盐碱地。西门豹引漳水灌溉民田,就是著名的引漳灌溉工程。战国末年,李冰在灌县岷江上修建了大型的都江堰,成为世界水利工程史上的一项杰作,唐宋以来,成都平原的灌溉体系日益完善,农业生产也呈现出繁荣的景象。古代众多水利工程的实践创造了一整套有效的水利工程技术,大致可以分为以下三类:勘测技术、工程技术、组织与施工。

工欲善其事，必先利其器，对于农业来说就是农具在农业发展史上占有极其重要的地位，有些传统农具不仅在中国文明发展中起过重要作用，还流传到周边国家甚至西欧，对世界农业文明也做出了重要贡献。犁是古代重要的农业工具之一，在犁的发展史上分别出现了金属犁、青铜犁、铁犁。春秋时代，牛耕有了历史记载，它的出现是农业发展史上的一次大变革，不亚于拖拉机的出现。耧车是继耕犁之后又一种播种器，它已经具有播种机的某些原理和雏形，用它播种，能做到行距一致、深度一致、疏密均匀，播种时既提高了播种质量，又提高了效率。

水稻是世界第一大农作物，也是我国古代最重要的粮食作物之一。中国是亚洲水稻原产地之一。魏晋之前，中国粮食生产一般是北粟南稻，全国的经济中心一直在北方。北宋元丰三年(1080年)，南方人口达5600多万，已经占到全国总人口的69%，这一重要的变化与南方稻作的生产发展有着密切的关系。唐宋以后，南方成为全国稻米的供应基地，根据《天工开物》记载，明末时粮食的供应中，大米约占70%，可见稻米在国家经济与社会发展中有着十分重要的地位。如果说"丝绸之路"是"贵族之路"的话，"稻米之路"就是"生命之路"，对人类生存和发展有着重要的意义。中国稻作技术在公元前15世纪传到印度；公元2世纪传到尼罗河平原；距今4000年，传到菲律宾、泰国等东南亚国家；距今3400年至2800年，传到印度尼西亚岛屿、波利尼西亚；距今2300年前后，传入日本和朝鲜；距今约1200多年，传至复活岛；距今约500年，向西，到马达加斯加。现在，稻米已经成为全球30多个国家的主食，仅在亚洲，就有20亿人食用大米及其产品。

中国是世界上最早发明养蚕缫丝的国家，据考证，距今5000年前，中国的原始居民已经掌握了养蚕缫丝的技术。在中西文化交流史上，丝绸起了极其重要的作用，西方人也正是通过丝绸之路认识了中国。张骞出使西域后，中国的丝绸便通过"丝绸之路"传到西域各国。现在普遍认可的是丝绸之路主要有两条，一条是从中国沿海到非洲东南一带，另一条是从长安到罗马。这两条丝绸之路在1000多年的时间里，把延边的几个国家联结起来，彼此展开频繁的交流，丰富了各国的物质文化生活，促进了社会的发展。唐天宝年间，朝廷收绢帛数占全国赋税总收入的三分之一左右。宋元以后，太湖流域已是全国主要的商品蚕丝产区。2200年前，中国的蚕种和养蚕技术传向朝鲜、日本；1600年前，传入越南、缅甸、泰国等地。波斯在五六世纪学到养蚕技术。7世纪，养蚕方法传到阿拉伯和埃及，八世纪传到西班牙。19世纪中期以前，中国生丝对欧洲出口长期占据整个西方市场的生丝出口的百分之七十以上。今天，世界约有40多个国家和地区进行蚕丝生产，最重要的是中国、印度、乌兹别克斯坦、泰国和巴西，中国仍是世界上最大的蚕丝生产国。

中国是大豆之乡，大豆在我国已经有4000年的驯化栽培历史。全世界的大豆主要有 9 个品种,分布在非洲、澳洲以及亚洲,其中中国的野生大豆是公认的栽培大豆的祖先。由于大豆保存不易,因此考古发掘中发现较少。目前几处较早的发现地点有黑龙江省宁安市大牡丹屯遗址、牛场遗址和吉林省永吉县乌拉街遗址,经鉴定距今 3000 年左右。战国时,大豆与粟都是主食。汉代以后,长城内外、大江南北都开始种植大豆。康熙二十四年(1685 年),东北豆每年运输到上海千余万石。2500 年前,中国大豆传入朝鲜;2000 年前,传入日本;1300 年前,传入印支国家;300 年前,传入菲律宾、马来西亚和印度尼西亚;1793 年,传入法国;1898 年,俄国从我国的东北带走大豆种子,开始在俄国的中部和北部推广。20 世纪,传到非洲。从此,中国的大豆传播四方。豆腐的发明,是大豆利用的一次革命性变革。从唐代开始,我国的制豆腐技术就开始外传,首先传到日本。大约在 20 世纪初传到欧美,古老的中国豆腐,便成了世界性食品。

三、工业发明

工业水平代表了一个国家发展的总体水平,古时的中国工业文明也有相当高的水平,有些对现在还有很深的影响。

公元前 6 世纪,中国人发明了液态生铁冶炼技术,这就解决了人类步入铁器时代之后面临的最大难题,此前人们一直沿用赫梯人发明的冶炼技术,但是这种原始技术生产率很低,做出的器形不多,并且十分浪费材料。液态生铁冶炼技术的发明,全面更新了中国古代的工具、农具和兵器,促使了众多领域的技术进步,由于中国古代当权者严禁技术外传,液态生铁冶炼技术到公元 15 世纪才在西方出现。

新的铁器制造技术的出现,使人们可以全新的方式干预自然,公元前 5 世纪初,中国开始大规模地开凿运河、修建水利工程。长江中下游相继开凿了从太湖东面到达杭州湾、从太湖西面到达长江,以及从苏州到达江阴连通长江的运河,还有连通黄河与淮河的运河。公元前 3 世纪,战国时期秦国的水利专家李冰主持修建了引岷江水灌溉成都平原的都江堰水利工程,这项工程使 2000 万亩土地年年丰产,使生活在那里的人们受益 2000 多年,四川由此成为名副其实的"天府之国"。

公元前 3 世纪,中国人发明了最早的深井钻探技术,人类从此开始了获取地下的矿产资源,四川盆地有着丰富的食盐,但是由于地下水位高,泥土潮湿,打深井十分困难,秦国蜀郡太守、水利专家李冰十分关注宜宾地区的食盐采集问题。长期生活在关中盆地的李冰指导人们采用黄土高原打深井取水技术,一边向下挖掘,一边放入中间开有圆孔的石圈。随着深度的不断增加,很多石圈摞在一起,便形成了坚固竖直的管道,到地下岩层后,用竹缆悬吊铸铁锤反复推敲砸岩石,打通岩层,到达丰富盐水的地方,再用竹竿到达打通的岩层汲取盐水。四川省自贡市地名便与早年的采盐技术有关,"自"指有能够自流的盐井,"贡"指把珍贵的盐作为贡品奉献给皇家。宜宾地区还有丰富的天然气,人们采用同样的办法点燃后用来加热盐水,让水分蒸发,留下食用盐。这项发明使内陆获得了稳定的食盐供应,也为日后的地质勘探活动与矿产资源开采提供了技术方案。直到17世纪,欧洲人才从荷兰商人中得知中国人的这种技术。1834年欧洲人用这种技术打盐井,1841年,欧洲人用来钻油井。

中国古代漆器有着悠久而丰富的历史,在原始社会中国人的祖先就懂得用漆树的汁液涂抹在木器和陶器的表面来增加它们的美观。漆器的发明创造与生活息息相关,是人民利用自然、改善生活的体现,最初以实用性为出发点,后来在制造的过程中赋予其美的内涵。中国是漆树的原产地,也是漆器手工业的发祥地,古代漆器发展史出现过三个鼎盛时期,一是战国到西汉,二是宋元时期,三是明清时期。这三个时期的漆器工艺在历史上虽有一定的继承关系,但是却各有特色,折射出不同时代的文化内涵。战国到西汉是中国漆器发展史上第一个繁荣时期,此时期的漆器产量多,品种优,分布广,都远远超过前代。汉代的漆器制作已完全社会化,融入人们的日常生活。宋元时期是漆器发展史上第二个鼎盛时期,宋代漆器工艺得益于当时商品经济的发展,官府设有专门机构制造御用漆器,民用漆器工业也普遍发展。明清时期是漆器发展的又一个黄金期。官办漆器作坊占统治地位,民间制漆技术发展也很迅速,扬州成为全国漆器制造的中心。中国漆器技术从汉唐开始走出国门,最先传到日本、朝鲜、蒙古,后经中亚、波斯、阿拉伯向西传到欧洲的一些国家,世界上一切制造漆器的国家,或多或少都受到中国漆器的影响。

四、中国科学技术在近代落后的原因①(节选)

探讨近现代科学何以不能在中国产生的原因,是李约瑟巨著《中国科学技术史》所要讨论的重点课题之一。李约瑟曾经表示在其尚未完成的《中国科学技术史》的最后一卷(第7卷)中,将详细探讨经济、社会等因素是如何影响中国科学技术发展的,即是要解答如下的问题:为什么传统的中国科学技术比西方进步,但现代科学却不出自中国。可惜的是在他生前,他的《中国科学技术史》第7卷未能问世,人们不得窥其全貌。毫无疑问,这个问题已不仅是中国科学技术史上的重大

---

① 杜石然主编:中国科学技术史·通史卷[M]. 北京:科学出版社,2003:959-964.

问题,因为近代科学为何未能在中国产生的问题,以及它又何以会必然地在欧洲产生的问题,可以说是一个总问题的两个方面,所以正确阐述前一个问题,也是研究世界科学技术发展历史的重大课题之一。因此,它理所当然地要引起全世界各国学者们的共同关注。

很多人以为近代科学之所以未能在中国产生,是因为中国缺乏像古希腊哲学中的那种形式逻辑体系,如著名的欧几里得几何学那样的体系;还因为中国也缺乏文艺复兴以来所提倡的那种经过系统实验以找出自然现象得以发生的因果关系的精神。例如,20世纪最著名的科学家爱因斯坦就曾经对中国古代科学家在上述两项比较重要的东西同时阙如的情况下,依然取得辉煌成就一事表示不理解,他曾经说过如下一段著名的话:"西方科学的发展是以两个伟大成就为基础,那就是希腊哲学家发明的形式逻辑(在欧几里得几何学之中),以及通过系统的实验发现有可能找出因果关系(在文艺复兴时期)。在我看来,中国的贤者没有走上这两步,那是用不着惊奇的。令人惊奇的倒是这些发现(在中国)全都做出来了。"这个论断当然是有一定道理的,但却不很全面。因为它并不能解释更多的问题。例如,众所周知,欧几里得几何学在中世纪的阿拉伯国家很受重视,阿拉伯数学家曾作过不少研究和注释,包括欧氏几何在内的许多古希腊的各种著作,大多是经过阿拉伯国家再转入欧洲的。阿拉伯人也努力在天文学、化学等方面作过不少工作。即就方法论而言,阿拉伯人与欧洲有许多的共同点,但是为什么近代科学也并没有诞生在阿拉伯国家? 又如,明末清初,欧几里得几何已部分译成中文,特别是到鸦片战争以后以及进入20世纪以来,不能说中国人仍然没有掌握这两种思想武器,但是中国科学却在落后了400年之后,仍然需要大力追赶。由此可见,这些方法论上的武器似乎只能是近代科学产生的必要条件,而不一定同时也是充分条件。

像这些涉及数百年之久,而且是在科学技术相当广的范围内发生的社会现象,有必要从社会整体,即从社会的经济、政治、文化、思想等各方面进行综合的考虑。在本书的一些章节以及本结语前此数节中,我们已经反复阐述过我们的观点,即近代中国科学技术长期落后的根本原因是由中国长期的封建制度束缚所造成的,而近代科学之所以能在欧洲产生,其根本原因也是由于新兴的资本主义社会制度首先在欧洲兴起的结果。

正如有人早已指出的那样"资本主义生产第一次在相当大的程度上为自然科学创造了进行研究、观察、实验的物质手段",而且也只有在资本主义生产方式下"才第一次产生了只有用科学方法才能解决的实际问题。只有现在,实验和观察——以及生产过程本身的迫切需要——才第一次达到使科学的应用成为可能和必要的那样一种规模"。"因此,随着资本主义生产的扩展,科学因素第一次被有意识地和广泛地加以发展、应用,并体现在生活中,其规模是以往的时代根本想象不到的。"我们认为这几段话已经把近代科学何以只能产生在资本主义发展的欧洲这个问题,讲得比较清楚。

同样,近代科学之所以不能在中国产生,不能单纯地从中国古代科学技术体系的内部原因去寻找。这个问题归根结底是和资本主义何以在中国始终得不到发展紧密联系在一起的。换言之,即不能不对中国的封建社会对中国科学技术发展的影响进行一定的分析。

如前所述,中国是世界上最早完成了由奴隶制度向封建制度转化的国家,而且又是在世界上封建社会经历时间最长的国家。在古代的中国社会,封建主义得到长足的发展,从经济基础到上层建筑,都逐渐具备了一整套使封建社会得以延续下去的种种功能,时至今日,我们仍可以感受到这种功能的顽固力量。这就对生产力的发展,对任何新的社会制度,包括资本主义的产生,形成了严重的障碍;同时,对近代科学的产生,也形成了极大的障碍。

首先,以一家一户为单位的、农业和手工业相结合自给自足的小农经济,一直是中国封建社会的经济基础。商品经济虽有一定程度的发展(这在整个中世纪世界史上可能还是首屈一指的),但统治阶级为了巩固自己的统治,需要牢固地把农民固定在土地上而不希望像商人那样流动。再加上人口增加的压力越来越大等历史的和其他地理的原因,使中国的封建统治者一直采取了重农抑商的政策。到了明清时期,随着工农业生产和商品经济的发展,出现了资本主义生产方式的萌芽。这时,封建统治阶级比以前任何时候都更加感觉到,它具有足以促使封建社会经济基础——小农经济解体的危险性。于是传统的"重农抑商""重本抑末"的政策进一步得到加强。主要表现在对商业、手工业的掠夺、摧残和压制,其后果是严重地限制了商业资本的发展和手工业进一步向工场手工业的转化,使萌芽的资本主义不能成长到足以冲破封建主义的重压,新的资本主义的生产方式一再被扼杀在摇篮之中,社会生产就无由得到发展,对科学技术发展也提不出迫切的要求,近代科学技术的发展也就得不到适于生长的土壤。这就是说,近代科学技术的发展失去了最根本的推动力,它只能在日趋腐朽没落的封建制的旧轨道上蹒跚而行。

其次,封建专制的思想统治,对科学技术的发展一直是阻碍的因素。秦始皇的焚书坑儒,汉武帝的"罢黜百家、独尊儒术",汉光武帝颁图于天下,等等,对于人们的思想都起着禁锢的作用。这种思想的严厉统治到封建制社会的晚期愈演愈烈。明初,把程、朱理学奉为不可侵犯的正统哲学,而且对于知识分子的摧残和迫害,达到了令人发指的地步。一方面,统治阶级以功名利禄为诱饵,把大批知识分子引入了钻研儒家经典的死胡同,这固然是整个封建社会的通病,而到明清以后,按八股文取士,以朱熹所注的四书五经为辨别是非优劣的标准,更进一步取消了士人自由思考的余地,禁锢了知识分子的思想,不知埋没、摧残了多少有用之才。另一方面,统治者为使知识分子就范而采取的镇压措施,史不乏书。尤其到清代,屡兴文字狱,不知杀了多少无辜。清代乾嘉学派的兴起,正是这种高压政策的产物。知识分子潜心古籍,埋头于注疏、考据,可以免于灭门之祸。同时把学术界引入脱离生产、脱离实际、脱离对自然界的观察研究和厚古薄今的歧途。这样对于科学技术问题的研究,就只有那些离经叛道者偶尔为之了。而这时的西方却是另一番景象,思想解放的浪潮方兴未艾,他们一方面如饥似渴地学习和吸收古代希腊、罗马、阿拉伯(其中包含有印度和中国的成就)的科技文化,一方面以高度的热忱去探索新的社会问题和自然界的奥秘。教育事业也已开始从教会的垄断中挣脱出来,得到很大的发展,特别是专门的科学技术和教育机构的出现与发展,对科学技术的进步更注入了新的活力。如果说中国封建社会的教育较中世纪的欧洲还多少高明一些的话,但到这时,中国封建教育依然如故,其劣根性甚至有增无减,当然不能同先进的西方教育同日而语了。而且真正的科学技术教育比西方要晚数百年,比日本也晚了半个世纪。两相对比,了了分明。反动、没落的封建制度造成的教育落后,以及知识分子备受摧残和思想僵化的状况,是近代科学技术未能在中国产生的重要原因之一。

又次,在封建社会的中国,像对盐、铁、铜、矿山、外贸等大都实行官办一样,中国历史上的科学和技术大多数也都是官办的。封建的官办事业,可以集中大规模的人力、物力,因此对科技发展有它有利的一面。但是,官办的科学技术也有很大的弊病。最主要的是,这种官办的科学技术是以满足封建统治者的需要为目的的。这就在很大程度上限制了科学技术成果对整个社会生产发展的促进作用。而且在封建社会的官办科学技术事业中,领衔的多是大官僚,本身又多数不懂科学技术,却班门弄斧,或以此为例行公事,而科学技术人员(多数人同时也是封建官僚)也多是把工作视为敷衍官差。探索自然奥秘和发明新技术的职责被受禄任事的封建官僚体制所冲淡。如《盐铁论》就披露了铁官粗制滥造铁器的事实。又如沈括《梦溪笔谈》中所记载的司天监工作马虎,涂改或编造假的观测记录的事,在宋代就屡见不鲜。这种情况在封建末世更得到恶性发展,明清之际的司天监竟无人知晓大统历(实即授时历)的缘由,对交食的推算连连失误,束手无策。在清末洋务运动时期的许多官办厂矿中,可以看到不少这种例子。耗资亿万,不计成本,官僚式的管理,贪污腐败成风。在这种情况下,近代科学技术又如何能够得以发展呢!

天文历法一向都被认为是历史上科技官办事业中比较好的典型。但是《史记》作者司马迁的看法却是"文史星历,近乎卜祝之间,固主上所戏弄,倡优畜之"(《报任安书》)而已。《新五代史·第58卷·司天考》也说:"历者有常之数也。以推寒暑,以先天道,以勉人事,其法信于天下。术有时而用,法不可一日而差。差之毫厘,则乱天人之序,乖百事之时。盖有国之所重也。然自尧命羲、和见于《书》,中星闰余,略存其大法。而三代中间千有余岁,遗文旷废,六经无所述,而孔子之徒,亦未尝道也。至于后世,其学一出于阴阳之家,其事则重,其学则末。夫天人之际,远哉微矣。"天文历法当为"有国之所重",但实际情况却是"其事则重,其学则末",近乎是"主上所戏弄"用来粉饰太平的饰物。

再次,封建统治阶级由于自身的阶级局限性,使他们不可能像资产阶级那样把科学技术看成是反对封建主义的思想武器、谋取更大利润的手段以及巩固自己统治的工具。中国的封建统治者,即使是其中较为爱好科学和技术的人,如清代的康熙,在这个问题上也没有能够站到普通资产阶级的高度。不用说和后来的拿破仑不能相比,就是和与康熙同时的法王路易十四、俄国沙皇彼得大帝等西方肯于提倡科学技术的帝王君主也不能相比。可以说,对科学技术推动社会的作用,中国历代的封建统治者始终没能认识。直到19世纪末的洋务运动时期,虽然已经认识到应该向先进的西方科学技术学习,但对科学技术在社会发展中的作用,却依然认识不足。反对学习的顽固派自不待言,他们一直认为"立国之道尚礼义不尚权谋,根本之图在人心不在技艺";就是主张向西方科学技术学习的洋务派所提出的口号也不过是"中学为体,西学为用",想用西方的科学技术来巩固封建主义的统治,而不是推动社会进步。因此在漫长的封建社会中,科学技术完全是为了满足封建统治者的需要。统治阶级除了用科学技术来制造供自己享乐用的玩物之外,在更多的情况下是把它看作粉饰太平的点缀。如此,科学技术怎能不落后呢?!

最后,虽然在我国文化发展史上确实是在不断地吸取世界其他国家和地区的先进成就。但不可否认,延续2000余年的封建大国,也产生了一种天朝大国思想。认为向邻邦外国学习,似乎有损尊严,尤其是在封建社会的末期,当西方近代科学技术已经有较大进步之后,西方列强对东方大肆扩张的时候,这种故步自封、妄自尊大、以天朝大国自居的思想,显得尤为突出,形成了学习先进科学技术的严重的思想障碍。同时,它又是清代曾奉行的长达百余年的闭关自守政策的思想基础。这一政策使中西方科学技术的交流陷于中断,人们对欧洲科学技术的新进展,以及科学思想、科学方法的新潮流、新手段,茫然无知,完全堵塞了可能给中国近代科学技术的发展提供外部刺激的渠道。天朝大国的思想也好,闭关自守的政策也好,都是封建的保守性与反动性的表现。因此可以说,垂死的封建制度不但极大地消磨着中国近代科学技术产生的内在潜力,而且还力拒外部的积极因素于国门之外。既然内乏"粮草",又外拒"援兵",中国近代的科学技术又何由产生呢!

这里还要指出,中国古代科学技术体系一经产生,就形成一个无形的壁垒,具有一定的独立性、保守性与排他性的问题。随着体系本身的充实与发展,这个问题也愈加突出,它使得与该体系相左的科学成果、科学思想的出现成为很困难的事,即要突破原有体系的框框是很难的。另一方面,它对外来的科学技术知识的吸收具有很大的选择性和局限性。如数学方面笔算的方法早随佛教而传入,但由于筹算法的高度发展,没有为人所重视;三角函数表早在唐代已传入,但由于代数法的高度发展,也被湮没在浩瀚的史籍中。这些对我国古代数学和天文学的进一步发展,不能不说是很大的憾事。当然,如果外来的东西不影响到体系本身,如农作物、药物的引入等,可以顺利地被接受,并融化在原有的体系之中,但与原体系迥然异趣的理论,就难以吸收了。由于科学技术本身的这一特点,当明末清初传入的西方科学技术知识,在中国的知识界面前展示了与中国原有体系不同的新东西时,原体系的保守性与排他性就显然成为较快地吸收这些新知识的一种障碍了,这也许是近代科学技术在中国迟迟未能兴起的原因之一。

总之,上述种种原因,大都与封建社会先天的缺陷有关。其种种弊端,到封建社会的末世,愈演愈烈,积重难返。再加上帝国主义的外来侵略,它又和上述中国内部的原因汇合在一起,形成了科学技术向前发展的严重阻碍,是近代科学技术未能在中国产生的根本原因。

科学技术发展的迅速和滞缓,从长远的时间和整个社会的范围来观察,起决定性作用的依然是社会的经济基础和社会的政治制度。这是古往今来世界各国科学技术发展的历史所反复证明了的,中国科学技术发展的历史也充分证明了这一点。

自觉地从历史与现实的经验教训中认识这一事物发展的客观规律,必将大大增强我们发展科技事业和建设社会主义强国的信心与决心。现在,科学技术的重要作用已经越来越为人们所认识,加之科教兴国战略的实施,深信经过全体中国人的努力奋斗,中国的科学和技术和新世纪中的中国一样,一定能够以历史上前所未有的速度飞速前进。

★**课后练习与思考**

1.科学技术是推动人类社会前进的动力。结合本章内容和自己的读书思考,从个人和国家两个层面谈谈如何促进科技创新?

2.结合自己的专业和学习兴趣,选择一项中国古代的发明(发现),查阅相关资料,向同学描述其发展历史及社会意义。

3.从本章第一节所选三篇文章中选一篇,分析其语言特点。

第十四章

中国制造与幸福生活

华夏民族不仅有闻名于世的四大发明,还有发轫筚路的中国制造。这些制造或者是对各种发明的光大改造,或者本身就是基于日常生活方式、工具的改革创新。大国工匠的圣贤思维开拓实践,使得我们的先人最早享受着整个人类向往的幸福生活。

第一节 物质生产与文化传承

(课堂讲解,2 学时)

中国制造始于上古。"有巢氏""燧人氏"虽然起于传说,但是在精英记载中言之凿凿。翻检典籍,随处可见覆盖衣食住行的制造心得与物质形态,这些制造工艺和制造产品,饱含着先民的智慧,提供了当时"百姓日用"的便利,成为留给后人的物质文化遗产与非物质文化遗产,绳绳不绝传承到今天,成为华夏民族文化传承的物化形态宝贵财富。

一、文章选读

(一)《韩非子·五蠹》(节选)

上古之世,人民少而禽兽众,人民不胜禽兽虫蛇。有圣人作,构木为巢以避群害,而民说之,使王天下,号曰有巢氏。民食果蓏[1]蚌蛤,腥臊恶臭而伤害腹胃,民多疾病。有圣人作,钻燧[2]取火以化腥臊,而民说[3]之,使王天下,号之曰燧人氏[4]。

注释:

[1]蓏(luǒ):草本植物的果实。

[2]燧(suì):取火器。

［3］说(yuè)：喜悦。

［4］燧人氏：古代传说钻木取火的发明者，教人熟食。

参考译文：

在远古时代，人口稀少而禽兽众多，人们敌不过禽兽蛇虫等野生动物。这时，圣人出现了，他教人们架起木头搭成像鸟巢一样的住处，来避免各种禽兽的伤害，人民就高兴了，让他统治天下，称他为有巢氏。人民食用瓜果河蚌蛤蜊等动植物，腥臭难闻而且伤害肠胃，因此经常生病。这时圣人出现了，用钻木、磕碰燧石的方法取得火种，烧熟食物来除去腥臭臊气，人民就高兴了，让他统治天下，称他为燧人氏。

(二)《周易·系辞下》(节选)

古者包牺[1]氏之王天下也……作结绳而为网罟，以佃[2]以渔……。包牺氏没，神农氏作，斫木为耜，揉木为耒，耒耨之利，以教天下……黄帝、尧、舜……刳木为舟，剡[3]木为楫，舟楫之利，以济不通，致远以利天下……服牛乘马，引重致远，以利天下……断木为杵，掘地为臼，杵臼之利，万民以济……弦木为弧，剡木为矢，弧矢之利，以威天下……上古穴居而野处，后世圣人易之以宫室，上栋下宇，以待风雨……古之葬者，厚衣之以薪，葬之中野，不封不树，丧期无数。后世圣人易之以棺椁……。

注释：

［1］包牺：即伏羲。

［2］佃：后代写作畋，畋猎。这里指用网罟猎取禽兽。

［3］剡(yǎn)：刮削。

参考译文：

伏羲成为部落首领的时候，发明了用绳子编织的方法做捕鱼、套鸟兽的网，用来围猎和打鱼。伏羲氏之后，神农氏砍伐树木做成翻土农具，使木材弯曲成为耕地用的犁耙，以便耕地锄草，教导人民，使人们获得好处。

黄帝、尧、舜时代将木材的中间刨空做成船，将木材削平滑做成划船用具，船和划船用具的好处，是能够用来渡过不容易穿过的河流，能够使人们达到更远的目的地。用牛马驾车，带着装载达到远处。

将树木砍断做成舂米或捶衣的木棒，挖地用作舂米的地方，舂米或捶衣的木棒和舂米器具，使百姓获得生活的便利。在木棍两端系上线绳做成木弓，削修木棍做成箭,木弓和箭的使用增强了人的力量,树立了人类在自然界的权威。过去人们都住在荒野之地的坑洞里,后来圣人用房屋改换了坑洞,上面是屋脊下面是房檐,用来防备刮风下雨,这使得人们身体强健不怕风寒。

过去下葬死者,都用烧柴包裹(焚烧),骨灰散失在荒野之内,不去掩埋不设立墓碑,当然不起坟墓,墓地也谈不上种树作为标志。因此无所谓丧葬的期限,造成逝去的时间不能够确定,后来圣人用棺材外套椁来埋葬死者,既维护了死者的尊严,也让生者有了守丧、祭典的便利。

(三)《墨子·鲁问》(节选)

公输子自鲁南游楚焉,始为舟战之器,作为钩强之备[1],退者钩之,进者强之,量其钩强之长,而制为之兵。楚之兵节[2],越之兵不节,楚人因此若势,亟败越人。

……

公输子削竹木以为鹊,成而飞之,三日不下。公输子自以为至巧。子墨子谓公输子曰:"子之为鹊也,不如匠之为车辖,须臾刘[3]三寸之木,而任五十石(dàn)之重。故所为功,利于人谓之巧,不利于人谓之拙。"

注释:

[1]钩强:钩镶(xiāng),古兵器。用作名词只能钩镶连读。

[2]节:义同"适"。

[3]古注:"刘,斲(斫)之形误",非。其实"刘"的本义是杀,后延伸至用斧钺刮削。

参考译文:

公输盘从鲁国南游到了楚国,于是开始制造船战用的武器,他造了叫作"钩镶"的兵器,敌船后退就用钩钩住它,敌船进攻就用镶推拒它。计算钩与镶的长度,制造了合适的兵器。楚国人的兵器适用,越国人的兵器不适用。楚国人凭着这种优势,屡次打败了越国人。

……

公输盘削竹、木做成鹊,做成了就让它飞起来,三天不从天上落下来。公输盘自己认为很精巧。墨子对公输盘说:"你做的鹊,不如匠人做的车轴上的销子,用小小的刮削器具削成一块三寸的木头,可以担当五千斤(五十石,每石100斤)重的东西。所以,平常所做的事,有利于人,可称作精巧;不利于人,就叫作拙劣了。"

(四)《韩非子·外储说左上》(节选)

墨子为木鸢(yuān),三年而成,蜚[1]一日而败。弟子曰:"先生之巧,至能使木鸢飞。"墨子曰:"吾不如为车辖[2]者巧也。用咫尺之木,不费一朝之事,而引三十石(dàn)之任,致远力多,久于岁数。今我为鸢,三年成,蜚一日而败。"惠子闻之曰:"墨子大巧,巧为辖,拙为鸢。"

注释:

[1]蜚:飞。

[2]辖:音 ní。车辕与衡轭联结处插上的销子。辖用于大车(牛车),軏(yuè)用于小车(马车)。

参考译文:

墨子用木头制作了一只飞鸢(木鹰),经过三年才制成,飞了一天就坏了。弟子说:"先生手艺真巧,竟能达到让木鸢高飞的境界。"墨子说:"我比不上制造车辖的人手艺高超。他们用细小的木头,不费一天工夫,就能牵引一千三百斤的重量,走很远的路,出很大的力,并且可以用很多年。现在我做了木鸢,三年做成,才飞了一天就坏了。"惠子听到后说:"墨子真精明——他知道做车辖是精明的,做木鸢是笨拙的。"

二、扩展阅读

(一)班固《汉书·卷三十六》

上复兴神仙方术之事,而淮南有《枕中鸿宝苑秘书》。书言神仙使鬼物为金之术,及邹衍重道延命方,世人莫见,而更生父德武帝时治淮南狱得其书。更生幼而读诵,以为奇,献之,言黄金可成。上令典尚方铸作事,费甚多,方不验。上乃下更生吏,吏劾更生铸伪黄金,系当死。更生兄阳城侯安民上书,入国户半,赎更生罪。

小知识:皇家制造局——尚方作坊

古代制造帝王所用器物的官署。秦置,属少府。汉末分中、左、右三尚方。唐称"尚署"。元惟置中尚监。明废。

秦、汉少府所属有尚方令及丞,令秩六百石,掌制造供御刀剑等珍贵器物。《通典》谓汉末分为中、左、右。而出土文物表明,武帝时已有中尚方,所造多钟、鼎、壶等用器,宣帝初已有右尚方,三尚方之分至晚始于武帝时。魏、晋沿置,东晋仅置一尚方。南朝宋、齐有左、右尚方,各设令、丞,并造军器。梁分左、中、右三尚方署。北朝魏孝文帝改少府为太府。北齐因之,三尚方均隶太府寺。隋炀帝分设太府寺与少府监,三尚方署(隋改"中"称"内")又属少府。唐沿置,称"尚署"。中尚署掌供郊祀圭璧、天子器玩、后妃服饰之制,并制造赐给百官的鱼袋;左尚署掌供扇伞车辇等;右尚署供十二闲(厩)马之辔。唐以后,金少府监亦有尚方署,掌造金银器物、车舆、床榻、鞍辔、伞扇等物。元惟置中尚监。明废。后泛称为宫廷制办和掌管饮食器物的官署、部门。

（二）宋应星《天工开物·珠玉》

凡玉初剖时,冶铁为圆盘,以盆水盛沙,足踏圆盘使转,添沙剖玉,逐忽划断。中国解玉沙,出顺天玉田与真定邢台两邑,其沙非出河中,有泉流出,精粹如面,藉以攻玉,永无耗折。既解之后,别施精巧工夫,得镔铁刀者,则为利器也。（镔铁亦出西番哈密卫砺石中,剖之乃得。）

小知识:中国制造的百科全书——《天工开物》

《天工开物》初刊于明崇祯十年（1637 年）,共三卷十八篇,全书收录了农业、手工业,如机械、砖瓦、陶瓷、硫黄、烛、纸、兵器、火药、纺织、染色、制盐、采煤、榨油等生产技术。

《天工开物》是世界上第一部关于农业和手工业生产的综合性著作,是中国古代一部综合性的科学技术著作,有人也称它是一部百科全书式的著作,作者是明朝科学家宋应星。外国学者称它为"中国 17 世纪的工艺百科全书"。

作者在书中强调人类要和自然相协调、人力要与自然力相配合。这部著作是中国科技史料中保留最为丰富的一部,它更多地着眼于手工业,反映了中国明朝末年出现资本主义萌芽时期的生产力状况。

附:《天工开物》作品目录

乃粒:关于粮食作物的栽培技术;乃服:衣服原料的来源和加工方法;彰施:植物染料的染色方法;粹精:谷物的加工过程;作咸:介绍盐的生产方法;甘嗜:种植甘蔗及制糖、养蜂的方法;陶埏:砖、瓦、陶瓷的制作;冶铸:金属物件的铸造;舟车:船舶、车辆的结构、制作和用途;锤锻:用锤锻方法制作铁器和铜器;燔石:石灰、煤炭等非金属矿的生产技术;膏液:植物油脂的提取方法;杀青:造纸的方法;五金:金属的开采和冶炼;佳兵:兵器的制造方法;丹青:墨和颜料的制作;曲蘖:做酒的方法;珠玉:珠宝玉石的来源。

三、中国制造那些人和事

（一）术士:最早的中国制造工程师群体

术士是多义词,战国时指法术之士。《韩非子·人主》:"且法术之士,与当途之臣,不相容也。"汉代用来指儒生,也特指儒生中讲阴阳灾异的一派人。权威典籍中经常出现这种用法。如《史记·淮南衡山列传》："昔秦绝圣人之道,杀术士,燔《诗》《书》,弃礼义,尚诈力,任刑罚,转负海之粟致之西河。"王符《潜夫论·贤难》："故德薄者,恶闻美行;政乱者,恶闻治言。此亡秦之所以诛偶语而坑术士也。"《汉书·夏侯胜传》："曩者地震北海、琅琊,坏祖宗庙,朕甚惧焉。其与列侯、中二千石博问术士,有以应变,补朕之阙,毋有所讳。"牟融《理惑论》："牟子常以五经难之,道家术士,莫敢对焉。"这些记载在典籍中俯拾皆是。

到了三国把谋士冠以术士之名,魏刘劭在《人物志·八观》中说"术士乐计策之谋",说明术士是活跃在乱世的社会焦点人物之一。北宋继承了这一用法,如《宋史·太宗纪二》："术士刘昂,坐谋不轨,弃市。"宋明之后,专用于以占卜、星相等为职业的人。如《资治通鉴·晋武帝泰始八年》："吴主……使术士尚广筮取天下"到了清代纪昀《阅微草堂笔记·滦阳消夏录二》："密延术士,镇以符箓,梦语止而病渐作。"《老残游记续集遗稿》第一回："慧生道:'……以他们这种高人,何以取名又同江湖术士一样呢?'"作为一类人物形象进入文学作品名著,可见社会认知度之高。

其实术士还有一个意义,是指医药炼丹的方术之士,和现在的医药化学工作者差不多,如晋代的葛洪,其遗留的著作除了名著道教(文学)作品《抱朴子》《神仙传》之外,还有《肘后方》等药学专著。就是其道教著作中,药学化学内容也比比皆是。后代人们往往点赞其弃官炼丹,而少有强调其所弃之官的金贵,他是封侯(东晋关内侯)之后弃官炼丹的。所以现在医药保健品牌往往消费葛洪,葛洪养生苑、葛洪桂龙药膏、葛洪养生馆等皆是。

据说淮南王刘安有《枕中鸿宝苑秘书》,说的就是神仙能够使用罕见的材料提炼黄金,称为"为金之术",这本书和战国邹衍的《重道延命方》,世人难以见到。刘向的父亲刘德在汉武帝时负责审查淮南王的案子,在抄家时发现了这两本书,没有上交据为己有。刘向年幼时读到这些书,就感到非常好奇,等入朝做官时献给了皇帝,说是黄金可以用提炼的方式得到而不必沙里淘金费时费力。皇上命令刘向主持"尚方铸作",花了很多钱费了不少功夫,按书中开列的方子炼不出黄金。皇上就把刘向交给司法机关治罪,司法部门给刘向定了一个"铸伪黄金,系当死"的罪,刘向的哥哥阳城侯刘安民打报告,申请用自己一半的封地交公,赎刘向的死罪。(事见《汉书·楚元王传》)说明淮南王包括刘德刘向父子也是术士票友。而刘向则和社会上那些术士一样,是标准的早期中国制造(锻炼、冶炼)工程师。

(二)鸡毛蒜皮、虎虎生风与"风向标"制造

风云雷电是天象的主体,在《淮南万毕术》中被表述为"虎啸则谷风生""欲致

疾风焚鸡羽""梧桐成(出)云""铜瓮雷鸣"等。

风和虎的关系好理解,从字形上看,繁体字風是"冂"和"虫"的组合,禹也是"冂"和"虫"的组合,所以说大禹是风姓。而"冂虫"風和"冂鸟"鳳的撞脸则是虫鸟互幻的结果,是龙凤图腾的生发源之一。至于虎插在龙凤之间"虎啸生风",则是民族融合过程中的一个人类学现象。

问题是鸡毛和风的关系,就有些让人摸不着头脑。其实这种观念在典籍中也有记载,只不过人们没有重视罢了。《礼记·月令》"前有尘埃,则载鸣鸢。"注:鸢鸣则风生;这里的鸣鸢近似于现代的风筝。《春秋纬考异邮》"八风杀生以节翱翔",能够翱翔的肯定是鸟类;晋庾阐《杨都赋》"云虎之门,双竿内启,祥乌司飚,丹墀竞陛",这祥乌就是"金鸡独立"的金鸡。

这种俗信还保存在边地少数民族中。如火把节的第三天,彝语举行叫作"朵哈"或"都沙"的活动,意思是送火。这是整个彝族火把节的尾声。这天夜幕降临时,祭过火神吃毕晚饭,各家各户陆续点燃火把,手持火把走到约定的地方,聚在一起,搭设祭火台,举行送火仪式,念经祈祷火神,祈求祖先和菩萨,赐给子孙安康和幸福,赐给人间丰收和欢乐。……这时还要带着第一天宰杀的鸡翅鸡羽等一起焚烧,……然后找一块较大的石头,把点燃的火把、鸡毛等一起压在石头下面,喻示压住魔鬼,保全家人丁兴旺,五谷丰登,牛羊肥壮。

在传世典籍记载中还有一种叫作相风的禽类,南北朝《三辅黄图》(撰者不详)记载:"长安宫南有灵台……(张衡所制)又有相风铜乌,遇风乃动。"《观象玩占》(旧本题唐李淳风撰):"凡候风必于高平远畅之地,立五大竿。于竿首作盘,上作三足乌,两足连上外立,一足系下内转,风来则转,回首向之,乌口衔花,花施则占之。"这相风也属于金鸡一类。

还有人们耳熟能详的"翰(鶾)林"的爻辞都是例证。《易经·中孚·上九》:"翰音登于天。"《逸周书·王会》:"蜀人以文翰;文翰者,若皋鸡。"《礼记·曲礼》:"鸡曰翰音。又与鶾同。"《说文》:"鶾,雉肥鶾者也。"《尔雅·释鸟》:"鶾,天鸡。郭注:鶾鸡赤羽。"《逸周书》:"文鶾若彩鸡……《疏》鸟有文彩者也。"《尔雅·释鸟》还说:"鶾雉,雉。《疏》鶾即鶾也。"《博古辨》:"古玉多刻天鸡纹,其尾翅轮如鸳鸯,即锦鸡。"《玉篇》:"鸡肥貌。今爲翰。"

至于"梧桐成(出)云""铜瓮雷鸣",在《淮南万毕术》中有这样的记载:"取梧木置十硕(石)瓦罂中气尽则出云;取十石瓦罂,满水中,置桐罂中,盖之三四日气如云作。"罂一般认为同"罂",大腹小口的酒器,在这里不合文义。扬雄《方言》:"赵魏之郊谓之瓮,或谓之罂。"所以刘伶《酒德颂》有"先生于是方捧罂承槽"的夸张。

琴,最早是依凤身形而制成,其全身与凤身相应,有头,有颈,有肩,有腰,有尾,有足。中国古代传说中的四大名琴中有蔡邕的"焦尾"。据说蔡邕在"亡命江海、远迹吴会"(《后汉书·蔡邕传》)时,曾于烈火中抢救出一段尚未烧完、声音异常的梧桐木。他依据木头的长短、形状,制成一张七弦琴,果然声音不凡。因琴尾尚留有焦痕,就取名为"焦尾"。"焦尾"以它悦耳的音色和特有的制法闻名四海。这是梧桐的神奇。

在《续晋阳秋》中,记载了一个故事:桓玄的母亲外出散步,"有铜瓮水在其侧,见一流星堕瓮中……星正入瓢中,便饮之。既而若有感焉,俄而怀桓玄。"这个故事在《搜神后记》中也有记载而文字稍异。桓玄是东晋名将史称"短命皇帝"桓温的儿子(其实代晋未遂)。这是名人故事中铜瓮的神奇。《荷马史诗·伊利亚特·第五卷》:"阿洛欧斯之子奥托斯和埃菲阿特斯,/用绳索绑住了阿瑞斯,后者不得不忍受苦头,/带着长索,在铜瓮里足足待了十三个月。/若非阿洛欧斯的后妻,美貌的埃埃里波亚/向赫尔墨斯捎去口信,后者才把战神偷了出来,/那吃尽了苦头,身壮力强的好战的战神/很有可能遭到毁灭。"这是世界名著中铜瓮的神奇。

辽东半岛沓氏县有战国时期的铜瓮棺出土,虽然中原出土的汉代铜瓮用途尚不明,但是同时期或稍前的云南少数民族铜瓮(西汉)、越南铜瓮(公元前5世纪—公元1世纪,春秋战国至西汉),都是作为葬具用于盛放尸骨的。

淮南王把屈原《卜居》中的"黄钟毁弃,瓦釜雷鸣"演绎为"铜瓮雷鸣"应当是一种愤愤于世道(应该是汉武帝独尊儒术,使得淮南王信奉的黄老之学被边缘化之类)的发声,当然其中也蕴含殷殷的热望。

第二节　课下阅读资料

一、《淮南万毕术》与中国制造①

淮南王刘安主编的传世名著《淮南万毕术》,历来被认为是谈论"神仙黄白"的方术著作,用现代表述则称之为中国古代有关物理、化学方面的文献。因此,一般研究者均承认该书具有一定的实用价值。

---

① 选自吕书宝.《淮南万毕术》民俗信仰的文化解读[J]中国民俗学网:
　　[https://www.chinesefolklore.org.cn/web/index.php? NewsID=10470]

（一）术士风流的深层含义

至今在学术界关于《淮南万毕术》的研究成果还分布在其实用价值、甚至具体化到物理、化学价值方面。至于该书中显而易见的浪漫特质，一般被认定为内容中的荒唐成分所导致。这大概是因为这些成果的持有者大都是不喜欢务虚的科技界学者。

其实从人文社会科学角度观照该书，起码从事宗教学研究的道教研究专家，应在对该书宗教价值的研究中发现其浪漫特质，就像研究方士葛洪的《肘后方》那样，遗憾的是在这方面至今也没有发现可供阅读的论著出现。这其中的原因，应当是该书太关注"术"的描述，而不太注重"道"的表述造成的。

据《汉书·楚元王传》记载，刘向12岁出道做官，到风光起来官至领护三辅都水、光禄大夫跻身副省级干部，已经是33年之后的45岁高龄了。其间全靠汉成帝提拔。多亏此公长寿。活到古稀之年，算是享了些官福。而作为代价，便是元帝时期下狱贬为庶民，和宣帝时期的几乎掉脑袋。而那次死里逃生却与其先辈刘安有直接瓜葛："淮南有《枕中鸿宝苑秘书》。书言神仙使鬼物为金之术，及邹衍重道延命方，世人莫见，……"引文中的《枕中鸿宝苑秘书》就是后世称为《淮南万毕术》的早期完整文本。这说明此书确实是被淮南王"秘之"，直到刘向的父亲刘德发现据为己有，却没有注意儿童不宜差点让儿子送命。

近年来人们往往从物理学、化学角度解读《淮南万毕术》，甚至和公元初的汉宣帝一样把该书作为物理化学"试验手册"，试验成功的推崇备至、试验失败就诬之曰"荒诞""荒唐"等，[①]其实是对刘安等著作者的误读。细读文本我们起码可以看到作者的醉翁之意不在酒，如其中对大气层形成的种种天象的表述就很浪漫，和《庄子·齐物论》中子綦所说的"夫大块噫气，其名为风"相比，都不算不靠谱——作者用的是比《庄子》更文学的表述方式。

风云雷电是天象的主体，在《淮南万毕术》中被表述为"虎啸则谷风生""欲致疾风焚鸡羽""梧桐成（出）云""铜瓮雷鸣"等。

（二）虎啸生谷风鸡羽致疾风

虎和风的关系链接好理解，它始于《周易·乾·文言》"云从龙，风从虎"，前后文就包含"同声相应，同气相求""圣人作而万物睹"的华夏政治观念在其中。从引文看，就知道风从虎只是一种比喻，在人与自然关系方面，秉持可持续科学发

---

① 如洪震寰.《淮南万毕术》及其物理知识[J]. 北京：中国科技史料，1983（3）；康辉，柯资能.《淮南万毕术》夏造冰之新解——兼与厚宇德先生商榷[J]. 南宁：广西民族学院学报（自然科学版），2006（3）等文章论说的那样。

展观的圣人出现，就能使得生态环境不被破坏，形成万物生机蓬勃的大气象；如果比喻人与人之间的政治关系，就是同心同德的人经过"求"和"应"的寻找过程，最终凝聚在一起开拓清明政治局面。这种神秘化外衣笼罩下饱含合理因素的政治取向，是否暗含《易经》成书当时的民俗心理，虽然时过境迁我们不得而知，但是这之后确实据此形成了"风云际会"之类的华夏名片，以至于中唐名相李绛在政治形式"大不如前"，难以重现贞观、开元、天宝之治的情况下拍宪宗马屁时，直接引用《淮南万毕术》原文"虎啸则谷风生"（《李相国论事集·上问德贤兴化事对》），不但没有影响交流，就连后代也据此将这对君臣视为中兴盛世的代表。

关键是风和鸟类的关系链接，如《淮南万毕术》的"欲致疾风焚鸡羽"之类，就令人费解了。此类意象，起码可以追溯到《庄子》之前，如"北溟有鱼，其名曰鲲。化而为鸟，其名曰鹏。抟扶摇而上者九万里"（司马彪注释说："扶摇，上行风也。"引文见《庄子·逍遥游》）；"前有尘埃，则载鸣鸢"（注：鸢鸣则风生。引文见《礼记·月令》）；"八风杀生以节翱翔"（《春秋纬考异邮》，此书近年已经被学者和《淮南子》捆绑研究。有成果问世①）；"云虎之门，双竿内启，祥乌司飔，丹墀竞陛"（庾阐《杨都赋》）等皆其显证。

在这方面比较密集的意象群，见于魏晋之后关于"相风"的资料中：

> 车驾出入，相风已前侍御史、令史。——《晋令》
> 长安宫南灵台，上有相风铜乌，或云此乌遇千里风乃动。
> ——郭缘生《述征记》
> 司风乌，夏禹所作。
> ——崔豹《古今注》
> 帝与娥皇泛於海上，以桂枝为表，结芳茅为旌，刻玉为鸠，置於表端，言知四时之候。今之相风，此遗像也。
> ——王嘉《拾遗记》
> 《周礼》辨载法物，莫不详究，然无相风、罼旌头之属。此非古制明矣。愚谓战国并争，师旅数出，县乌之设，务察风裖，疑是秦制矣。
> ——沈约《宋书·舆服志》

---

① 曾史.《淮南子》和《春秋考异邮》[J].咬文嚼字，2002（10）.另，《吕氏春秋》：何谓八风？东北曰焱风，（一曰融风。）东方曰滔风，（一曰庶风。）东南曰薰风，（一曰清明，《淮南子》作景风）。南方曰巨风，（一曰凯风。）西南曰凄风，（《淮南子》作凉风。）西方曰飂风，（一曰阊阖。）西北方曰厉风。（一曰不周风。）；《礼纬》："八风象八卦也。"（清惠士奇《礼说》同）

废帝初即位,有野雉集於相风,后为桓温所废。

——房玄龄《晋书》

长沙王懿孙孝俨,字希庄。射策甲科,除秘书郎、太子舍人。从幸华林园,於坐献《相风乌》《华光殿》《景阳山》等颂,其文甚美,帝深赏之。

——姚察、姚思廉《梁书》

从以上引文中可以看出,这鸟的名字叫相风,那意思或者是把鸟作为风的形象大使(辅佐即"相"风),或者鸟的飞翔要依靠风,总之和风的关系是密不可分的。最后一段引文提到梁代有"颂"曰《相风乌》,是纯粹的文学作品了。其实相风进入文学殿堂自东汉始,大学者郑玄竟然有《相风赋》存世,"赋""颂"属于六艺骨干,同科同类响当当文学创作。郑玄"赋"比兴的应该是上引"长安宫南灵台,上有相风铜乌":

昔之造相风者,其知自然之极乎,其达变通之理乎?上稽天道阳精之运,表以灵鸟物象。……乃构相风,因象设形……栖神鸟於竿首,候祥风之来征。

之后,起码还有张华和傅咸的《相风赋》,特别是傅咸《相风赋》,竟然提到了鸡:"其上颇有枢机,插以鸡毛,于以占事知来,与彼无异,斯乃简易之至,有殊太史相风。"而陈寿《益都耆旧传》中记载风和鸡的关系更明确:

蜀杨由善风云占候,文学令丰持鸡酒以奉由。时有客不言,客去,丰起欲取鸡酒。由止之曰:"向风吹削柿,当有持鸡酒来者,度是二人。"丰曰:"实在外,须客去乃取尔。"

晋朝承接东汉道家思想宗教化,道教观念大肆扩衍,以至于闻名天下的前期华夏"仙人"包括"鸡"犬升天的仙人刘安,大部分产生于这个时代。这之后鸡的宗教功用被称道,不是傅咸、陈寿无事生非,而是《易经》成为道教顶级经典的宗教思维规范化的结果。

如《易经·中孚·上九》"翰音登于天",虽然没有什么宗教意绪包蕴在"天"中,天只是地上方的一个存在罢了。但是那"翰"是有宗教色彩的:那意义看似是在于鸡不该飞到天上像老鹰似的,怪模怪样让人担心,似乎不是好征兆。如果是"鸡栖于埘""鸡栖于桀"(《诗·王风·君子于役》),得其所哉,人们就不会大惊小怪了。但是经过魏晋王弼、韩康伯等人对《易经》的推演,到了唐代李鼎祚《周易集解》反而引用了更权威更早期的、东汉末三国时期虞翻的说法,依《说卦》训《中孚》外卦巽为鸡。再往前推,战国、西汉之间的《礼记·曲礼下》有"凡祭宗庙之礼……鸡曰翰音"的记载,训翰音为鸡之充祭品者,因而后人多以"翰音登于天"为以鸡祭天,礼薄故而"贞凶"(中孚卦上九爻辞)、故而"何可长也"(中孚卦上九爻小象)等。

这些把《淮南万毕术》夹在中间的观念,或者是刘安前后的圣人们直接解读《易经》得到的启发亦未可知。我们如果非要从巫术意义上解读"翰音登于天",倒不如从《尔雅·释鸟》"鶾,天鸡"把鶾解说为赤羽或彩羽野鸡,再加上《小过·卦辞》的"飞鸟遗之音,不宜上,宜下",如果那飞鸟偏要上的话,那就是"登于天",便是"飞鸟以凶"(小过初六爻辞),这样不是更顺吗?①

至此,我们在揣摩《淮南万毕术》关于"欲致疾风焚鸡羽"的观念时就不会一头雾水了。这些观念来自前代的民俗积淀和思维定式,在这里因为表述的突兀神秘,反而增加了其浪漫色彩,成为一种文学表述。看来,宗教灵气和文学浪漫的气息相通是古已有之的。

(三)梧桐出云铜瓮雷鸣

云雷屯是《易经》卦象,作为大气层形成的重要天象在上古民俗中已经承载了相当沉重的意绪。在《淮南万毕术》文本中有"梧木成云"和"桐木成云"的记载。也就是梧桐出云。注释说:取梧木置十硕(按:应同下文,为"十石")瓦罃中气尽则出云;取十石瓦罃,满水中,置桐罃中,盖之三四日气如云作。罃一般认为同"罂",是古代大腹小口的酒器,这个意义在这里不和文义。还是扬雄《方言》的解说靠谱:"赵魏之郊谓之瓮,或谓之罃。"所以刘伶《酒德颂》有"先生于是方捧罃承槽,衔杯漱醪"的夸张。这种民俗信仰的扩衍,很快就形成了一些文学名著。

如南朝梁的丘迟,就有《题琴材奉柳吴兴》的五言诗传世:"边山此嘉树,摇影出云垂。"那"琴材""嘉树"就是梧桐;"柳吴兴",则是吴兴(今浙江湖州)太守柳恽。他妙善琴音的琴艺连梁武帝萧衍、齐竟陵王萧子良都慨然称道,被称为"良质美手"。浙江一带多产美桐,以梧桐为琴材而说到"出云",则应当是《淮南万毕术》思维的衍化了。上引《周易·乾·文言》说"云从龙",这里梧桐出云,和龙什么关系?都说华夏文化是龙文化,准确说应当是龙凤文化,刘安家乡华东沿海直

---

① 关于这个问题,可参看吕书宝.民族特色文化与行为心理定位[M].长春:吉林大学出版社,2006:173.

至江淮之间正是风文化的发祥地①，梧桐凤凰的链接早在《庄子》之前，到庄周就成了骂人的俗语了。所以，梧桐招凤凰，出云引飞龙，龙凤呈祥，自然是龙飞凤舞一片吉祥景象。作为《淮南万毕术》的本义，应当是对龙凤祥和的企盼，这种企盼和民族心理积淀共振，梧桐和凤凰、和云的关联就成立，并且浸润于民俗心理扩衍为文学表述，就像丘迟这首五言诗和《淮南万毕术》的情感共振一样。

而关于雷电的记载，所弥漫的民俗信仰因子更浓，因而在文学作品中形成的意象更丰富。"铜瓮雷鸣"在文本中被解说为"取沸汤着铜瓮中，塞坚密，内之井中，则雷鸣闻数十里"；"取沸汤置瓮中，沈之井里则鸣数十里"。这瓮一般解说为瓦器相当于今天的粗陶(外面有时也上一层低等黑釉)，是保存谷物等需要防潮防霉东西的器具。所以在典籍中这瓮大多不登大雅之堂："井谷射鲋，瓮敝漏"(《易经·井》)，是木头或砖瓦砌的井壁；"桑以为枢，而瓮牖二室"(《庄子·让王》)，注释说是"破瓮为牖"，《礼记·儒行》中说的"蓬户瓮牖"，也被后代疏解为"瓮牖者，谓牖牕圆如瓮口也。又云：以败瓮口为牖"；而葛洪《抱朴子》所谓"四渎之浊，不方瓮水之清"，无非是指日用器物大水缸而已。至于《庄子·天地》"抱瓮(释文："瓮，字亦作瓮。")而出灌"、《礼·檀弓》"醯醢百瓮"之类，也就是日用的坛坛罐罐。非但如此，从这里还引发出"瓮㼜大瘿说齐桓公，桓公说之"(《庄子·德充符》)的变态"审丑"，把瓮㼜来比喻颈项肿瘤(甲状腺肿大即粗脖根)的体积(那注释更不负责任，竟然直接说："瓮㼜，大瘿貌")，就更难以让人恭维了。

但如果是铜器(铜瓮)，那就值得商榷了。这就需要我们抛开冬烘先生对典籍的僵化侵夺和味同嚼蜡的字书，看看瓮在具有浪漫色彩的文学或准文学作品中的意义。

李斯在《谏逐客疏》中说："夫击瓮叩缶、弹筝搏髀，而歌呼呜呜快耳目者，真秦之声也。"这里可不是夸赞"秦声"，因为紧接着李斯就说："郑、卫、桑间，韶虞、武象者，异国之乐也。今弃击瓮而就郑、卫，退弹筝而取韶虞，若是者何也？快意当前，适观而已矣。"李斯是在笑话秦国音乐落后、风情低俗、文明程度低。但同样是瓮，换了制作材料如青铜如何呢？与《淮南万毕术》时隔不久的《搜神后记·卷三》(题陶渊明撰)、南朝宋檀道鸾《续晋阳秋》等典籍中，出现了短命皇帝桓温的儿子桓玄出生和铜瓮的关系(《续晋阳秋》："有铜瓮水在其侧，见一流星堕瓮中

---

① 《左传·昭公十七年》："我高祖少皞挚之立也，凤鸟适至，故纪於鸟，为鸟师而鸟名……"《汉书·百官公卿表序》："少昊鸟师鸟名。"《后汉书·张衡传》："人各有能，因蓺受任，鸟师别名……"。关于这一点，可以参看吕书宝.满眼风物入卜书[M].北京：民族出版社，2005年2月版.P79-80的分析.

……星正入瓢中，便饮之。既而若有感焉，俄而怀桓玄。"《搜神后记》文字稍异)。

之后，唐代总章年间，释道世《法苑珠林》有"更复观看其下。更见一赤铜瓮。亦满中金"的神秘兮兮；宋代《东京梦华录·卷十·驾诣郊坛行礼》："又两人共携一铜瓮就地击者"的恭敬祭祀仪式；王怀隐、陈昭遇《太平圣惠方》的"神仙饵漆方"(好漆等盛一铜瓮子中)玄机等。到了明代，侍郎马汝骥《西苑诗十首·兔园山》在把兔园山描写为仙境(云梯盘石迥，水洞穴山深。龙壑春雷斗，鲛宫昼日临。……)之前，竟然也有铜瓮的影子在其中："布甃皆陶埏云龙之象。砌上设数铜瓮，灌水注池。池前玉盆内作盘龙，昂首而起……"

从以上引述看，这瓮一旦材质为铜的，就和《淮南万毕术》一样总是和仙佛道化神秘主义相关联显得云雾缭绕。原因在哪里？在于铜瓮曾经是人类的灵魂归宿，就像战神阿瑞斯一旦被扔进铜瓮即面临死亡一样。[①]

根据考古成果，中国辽东半岛沓氏县有战国时期的铜瓮棺(近年在文物市场上若隐若现的辽代大铜瓮应当是它的嫡传)出土，虽然中原出土的汉代铜瓮用途尚不明，但是同时期或稍前的云南少数民族铜瓮(西汉)、越南铜瓮(公元前5世纪—公元1世纪，春秋战国至西汉)，都是作为葬具用于盛放尸骨的。越南风俗的遗存，还见于魏征《隋书·卷八十二·列传第四十七·南蛮·林邑》(记载汉末交阯女子徵侧之割据中越边境地区之后，日南人范文由仆隶夺权自立为王所建立的"林邑"国风俗)的文献记载："……收其余骨，王则内金瓮中，沉之于海，有官者以铜瓮，沉之于海口；庶人以瓦，送之于江。"《隋书》记载的林邑风俗是源自西汉的。《淮南万毕术》的记载，正是反映了西汉时期这种铜瓮葬习俗的蔓延。

谈到丧葬习俗，要提到华夏文化的名片"堪舆"(堪舆五法中包括"葬法")，这个词的民俗表述被后世叫作"风水"，这风水的词义正是《淮南万毕术》作者在其名著《淮南子》中首次表述的(天文训："堪舆徐行"[②]，李善注引许慎注："堪：天道也；舆，地道也")。这之后，虽然经过郭璞把堪舆术神秘化，但是文化精英却从屈原那里继承了用"卜居"寻求精神寄托的情愫：面对"竭知尽忠，而蔽鄣于谗，心烦虑乱，不知所从"、连巫师詹尹都自认陷于"智有所不明""龟策诚不能知此事"的

---

① 《荷马史诗·伊利亚特·第五卷》阿洛欧斯之子奥托斯和埃菲阿特斯，/用绳索绑住了阿瑞斯，后者不得不忍受苦头，/带着长索，在铜瓮里足足呆了十三个月。/若非阿洛欧斯的后妻，美貌的埃埃里波亚 /向赫尔墨斯捎去口信，后者才把战神偷了出来，/那吃尽了苦头，身壮力强的好战的战神/很有可能遭到毁灭。

② 之前，在《尚书·召诰》有"使召公先相宅""太保朝至于洛，卜宅"的说法，不叫堪舆；《史记·日者列传》虽然有"堪舆家曰不可"的说法，但堪舆只是巫师即"日者"之一种，没有"徐行"之类的谓语，所以不能像许慎那样解说为天地。

迷茫,屈原只能慨叹"黄钟毁弃,瓦釜雷鸣"——甚至连铜瓮雷鸣都做不到。

郭璞之后,唐代杜甫、白居易(《洛下卜居》)、许浑(《客有卜居不遂薄游沔陇因题》)都有以卜居题名或者包含卜居字样题名的诗作,其中白居易的诗虽然算是旷达之作,也有"池畔多竹阴,门前少人迹"的落寞心绪在其中,而"许浑千首湿,杜甫一生愁"(南宋佚名《桐江诗话》)更是屈原精神的显现。宋代苏轼、苏辙、陆游都有卜居为题的诗赋存世,苏轼"一肚皮不合时宜"(见宋人费衮《梁溪漫志》、明人曹臣《舌华录》等记载)自不用说,陆游的终生遗恨表述为"自信前缘与人薄,每求宽地寄吾狂""傥有把茅端可老,不须辛苦念还乡"。(《卜居》)并不比"家祭勿忘告乃翁"(《示儿》)稍差;苏辙和其兄比似乎仕途顺畅,但是就在其《卜居》中也透出了其心中荦砮:"囊资只数腰金在,归计长遭鬓雪催。欲就草堂终岁事,落成邻舍许衔杯。"

刘安是为汉武帝做过《离骚传》的人,并且"旦受诏,日食时上"。(《汉书·淮南王传》)旦即平旦,是寅时,相当于现在的早上3—5点;食时即辰时,也就是上午7—9点,"传"就是注释。以《离骚》洋洋三千多字的篇幅,能两三个小时完成诠释解说,说明刘安对屈原的作品早已烂熟于心并且心得颇多。因此说淮南王把屈原《卜居》中的"黄钟毁弃,瓦釜雷鸣"演绎为"铜瓮雷鸣",总是比单纯看作雷电天象描述要靠谱吧——因为刘安毕竟不是辞职"下海"炼丹的专职道士葛洪。更不用说据此,我们更有理由对现代"真空实验大气压力加上水压就会将铜瓮压破,产生爆炸""水的沸点随之降低,水再次沸腾作响"之类物理学揣测不以为然了。

二、葛洪《抱朴子·内篇·黄白》(节选)

黄者,金也。白者,银也。古人秘重其道,不欲指斥,故隐之云尔。或题篇云庚辛,庚辛亦金也。

……

夫变化之术,何所不为。盖人身本见,而有隐之之法。鬼神本隐,而有见之之方。能为之者往往多焉。水火在天,而取之以诸燧。铅性白也,而赤之以为丹。丹性赤也,而白之而为铅。云雨霜雪,皆天地之气也,而以药作之,与真无异也。至於飞走之属,蠕动之类,禀形造化,既有定矣。及其倏忽而易旧体,改更而为异物者,千端万品,不可胜论。

……

又俗人以刘向作金不成,便云天下果无此道,是见田家或遭水旱不收,便谓五谷不可播殖得也。成都内史吴大文,博达多知,亦自说昔事道士李根,见根煎铅锡,以少许药如大豆者投鼎中,以铁匙搅之,冷即成银。大文得其秘方,但欲自作,百日斋便为之，而留连在官，竟不能得，恒叹息言人閒不足处也。又桓君山言汉黄门郎程伟，好黄白术，娶妻得知方家女。伟常从驾出而无时衣，甚忧。妻曰，请致两端缣。缣即无故而至前。伟按枕中鸿宝，作金不成。妻乃往视伟，伟方扇炭烧筒，筒中有水银。妻曰，吾欲试相视一事。乃出其囊中药，少少投之，食顷发之，已成银。伟大惊曰，道近在汝处，而不早告我，何也？妻曰，得之须有命者。於是伟日夜说诱之，卖田宅以供美食衣服，犹不肯告伟。伟乃与伴谋挝笞伏之。妻辄知之，告伟言，道必当传其人，得其人，道路相遇辄教之；如非其人，口是而心非者，虽寸断支解，而道犹不出也。伟逼之不止，妻乃发狂，裸而走，以泥自涂，遂卒。

近者前庐江太守华令思，高才达学，洽闻之士也，而事之不经者，多所不信。后有道士说黄白之方，乃试令作之，云以铁器销铅，以散药投中，即成银。又销此银，以他药投之，乃作黄金。又从此道士学彻视之方，行之未百日，夜卧即便见天文及四邻了了，不觉复有屋舍篱障。又妾名瑶华者已死，乃见形，与之言语如平生。又祭庙，闻庙神答其拜，床似动有声。令思乃叹曰，世间乃定无所不有，五经虽不载，不可便以意断也。然不闻方伎者，卒闻此，亦焉能不惊怪邪？

又黄白术亦如合神丹，皆须斋洁百日已上，又当得闲解方书，意合者乃可为之，非浊秽之人，及不聪明人，希涉术数者所辨作也。其中或有须口诀者，皆宜师授。又宜入於深山之中，清洁之地，不欲令凡俗愚人知之。而刘向止宫中作之，使宫人供给其事，必非斋洁者，又不能断绝人事，使不来往也，如此安可得成哉？桓谭新论曰：史子心见署为丞相史，官架屋，发吏卒及官奴婢以给之，作金不成。丞相自以力不足，又白傅太后。太后不复利於金也，闻金成可以作延年药，又甘心焉，乃除之为郎，舍之北宫中，使者待遇。宁有作此神方可於宫中，而令凡人杂错共为之者哉？俗閒染缯练，尚不欲使杂人见之，见之即坏，况黄白之变化乎？

凡事无巨细，皆宜得要。若不得其法，妄作酒酱醋羹臛犹不成，况大事乎？余曾谘於郑君曰："老君云，不贵难得之货。而至治之世，皆投金於山，捐玉於谷，不审古人何用金银为贵而遗其方也？"郑君答余曰："老君所云，谓夫披沙剖石，倾山漉渊，不远万里，不虑压溺，以求珍玩，以妨民时，不知止足，以饰无用。及欲为道，志求长生者，复兼商贾，不敦信让，浮深越险，乾没逐利，不吝躯命，不修寡欲者耳。至於真人作金，自欲饵服之致神仙，不以致富也。故经曰，金可作也，世可度也，银亦可饵服，但不及金耳。"

余难曰："何不饵世閒金银而化作之，作之则非真，非真则诈伪也。"郑君答余曰："世閒金银皆善，然道士率皆贫。故谚云，无有肥仙人富道士也。师徒或十人或五人，亦安得金银以供之乎？又不能远行采取，故宜作也。又化作之金，乃是诸药之精，胜於自然者也。仙经云，丹精生金。此是以丹作金之说也。故山中有丹砂,其下多有金。且夫作金成则为真物,中表如一,百炼不减。故其方曰,可以为钉。明其坚劲也。此则得夫自然之道也。故其能之,何谓诈乎? 诈者谓以曾青涂铁,铁赤色如铜;以鸡子白化银,银黄如金,而皆外变而内不化也。夫芝菌者,自然而生,而仙经有以五石五木种芝,芝生,取而服之,亦与自然芝无异,俱令人长生,此亦作金之类也。

雉化为蜃,雀化为蛤,与自然者正同。故仙经曰,流珠九转,父不语子,化为黄白,自然相使。又曰,朱砂为金,服之升仙者,上士也;茹芝导引,咽气长生者,中士也;餐食草木,千岁以还者,下士也。又曰,金银可自作,自然之性也,长生可学得者也。玉牒记云:天下悠悠,皆可长生也,患於犹豫,故不成耳。凝水银为金,可中钉也。铜柱经曰:丹沙可为金,河车可作银,立则可成,成则为真,子得其道,可以仙身。黄山子曰:天地有金,我能作之,二黄一赤,立成不疑。龟甲文曰:我命在我不在天,还丹成金亿万年。古人岂欺我哉? 但患知此道者多贫,而药或至贱而生远方,非乱世所得也。

若戎盐卤咸皆贱物,清平时了不直钱,今时不限价直而买之无也。羌里石胆,千万求一斤,亦不可得。徒知其方,而与不知者正同,可为长叹者也。有其法者,则或饥寒无以合之,而富贵者复不知其法也。就令知之,亦无一信者。假令颇信之,亦已自多金银,岂肯费见财以市其药物,恐有弃系逐飞之悔,故莫肯为也。又计买药之价,以成所得之物,尤有大利,而更当斋戒辛苦,故莫克为也。且夫不得明师口诀,诚不可轻作也。"夫医家之药,浅露之甚,而其常用效方,便复秘之。故方有用后宫游女,僻侧之胶,封君泥丸,木鬼子,金商芝,飞君根,伏龙肝,白马汗,浮云滓,龙子丹衣,夜光骨,百花醴,冬邹斋之属,皆近物耳,而不得口诀,犹不可知,况於黄白之术乎?

近易之草,或有不知,玄秘之方,孰能悉解? 刘向作金不成,无可怪之也。及得其要,则复不烦圣贤大才而后作也,凡人可为耳。刘向岂顽人哉,直坐不得口诀耳。今将载其约而效之者,以贻将来之同志焉。当先取武都雄黄,丹色如鸡冠,而光明无夹石者,多少任意,不可令减五斤也。捣之如粉,以牛胆和之,煮之令燥。以赤土釜容一斗者,先以戎盐石胆末荐釜中,令厚三分,乃内雄黄末,令厚五分,复加戎盐於上。如此,相似至尽。又加碎炭火如枣核者,令厚二寸。以蚓蝼土及戎盐为泥,泥釜外,以一釜覆之,皆泥令厚三寸,勿泄。阴乾一月,乃以马粪火煴之,三日三夜,寒,发出,鼓下其铜,铜流如冶铜铁也。乃令铸此铜以为筒,筒成以盛丹砂水。又以马屎火煴之,三十日发炉,鼓之得其金,即以为筒,又以盛丹砂水。又以马通火煴三十日,发取捣治之。取其二分生丹砂,一分并汞,汞者,水银也,立凝成黄金矣。光明美色,可中钉也。

★课后练习与思考

1.从第一节选文中选取两篇以上熟读成诵,并对节选的篇目进行扩展阅读。

2.在中国古代科学著作中体现了怎样的文化思想?

3.中国古代许多记录制造工艺的书籍如今只留下了一些残篇,而有世界性影响的《天工开物》一书也是命运坎坷。请选择一本中国古代科学典籍著作,考察其传播历史。

第十五章

应用文写作实训指导

应用文写作重在应用,本章内容包含两个方面:一是应用文写作的理论指导,一是应用文的写作实训。理论指导采用课堂讲授方式,实训指导通过第二课堂的"读研写演"工程解决。

第一节　应用文概说

（课堂讲解,2 学时）

一、应用文的概念

应用文是指单位和个人在日常生活、学习工作和社会交往中普遍使用的、格式相对固定的文体的总称。我们所称的应用文写作主要指现代应用文写作活动。

与第五章主要学习为抒发主观感情、反映现实生活、追求艺术美感的创意写作不同,应用文是一种在现实生活中为了处理事务、达到特定目的、解决现实问题而撰写的实用文章,主要包括各类公务、事务文书以及行业专用文书和日常应用文,也包括其他一些习惯上称为应用文的新闻文体、理论文体、史传方志文体等。秦董陶在 1946 年出版的《应用文》一书中指出,"文以达意为主,无论抒情之文、说理之文、记事之文、实用之文,均达意也",即把文章分为艺术之文和实用之文两类。

二、应用文写作的历史与现状

应用文自产生至今,发展嬗变经历了漫长的历史时期。研究应用文的发展轨迹,追本溯源,探索规律,对提高写作水平,具有积极意义。

（一）应用文的产生及变革

应用写作历史悠久,最早的文字应该说都是为应用而写作的。产生于中国殷商时期的甲骨文,是我们现在见到的最早的规范文字。这种文字始于占卜,所以由甲骨文字组成的章句称为甲骨卜辞。这些卜辞,多则一百多字,最短则只有几个字,但已经有了较为固定的内部结构,一篇完整的卜辞,包括署辞、前辞、贞辞、兆辞、果辞、验辞六部分。卜辞涉及的内容十分广泛,记录了殷商王室的天象、食货、征伐、畋猎等档案或公务,这就是我们今天看到的最古老的应用文了。

商周时代的钟鼎铭文,其主要作用是宣扬王者的美德、天命和称颂祖先的德行、功勋,以名传后世。钟鼎铭文中不仅有公牍文书,还有私人信约凭证。其内容较之甲骨文已经宽泛得多,表现形式上也有了进步。

《尚书》是我国最早的应用写作专集,是殷周时期的历史文告汇编,有祝词、誓词、诰言、法令等。大多是训下告上之词。如《盘庚》三篇是殷王盘庚迁都前后对世族百官和百姓的讲话,要求臣民服从迁都至殷的行动;《牧誓》是武王伐纣誓师之词;《无逸》是周公告诫成王要懂得、感念稼穑之艰难,不要贪图安逸的重要谈话。可见,应用文在中国源远流长,而且一开始就在人们生活中发挥着重要的作用。

春秋以后,历代封建王朝相继建立,于是产生了盟约文书。稍后又产生了"书"。如乐毅的《与燕昭王书》等。

秦汉时期,是公务文书分类制度正式确立的时期。这个时期,第一次确立了下行文与上行文的区别和各自的文体。下行文有制、诏、策、戒,只有皇帝才能使用。应用文格式的正式确立也始自秦汉。特别是秦始皇时期,作了许多规定,如上行文的开头称"臣某言";结尾称"臣某诚惶诚恐,顿首顿首,死罪死罪";公文中还出现了避讳制度。秦时只有皇帝才能称"朕",表示至尊无二;文首遇到"皇帝"字样时要顶格书写,谓之"抬头";文中遇到皇帝之名,甚至连同音字都必须回避,否则就是对皇帝不敬。秦汉时期所确立的应用文格式,有着明显的封建等级观念。它的基本模式被以后历代王朝沿用。汉承秦制,出现了一些应用文佳作,文辞缜密严谨。如贾谊的《论积贮疏》、晁错的《论贵粟疏》、桓宽的《盐铁论》、司马迁的《报任安书》等。另外,蔡邕的《独断》对汉代公文的种类、功用、作法和格式等作了较为详细的论述,是一部总结汉代公文文体的著作,有了对应用写作进行研究的意识。他把当时的公文分为两类:一是天子言群臣之文,二是群臣上天子之文。

唐代,由于经济发达,政治开明,文化繁荣,应用写作进入了成熟阶段:一是应用文撰写更加规范,文书制度更加严格。不管是官府公文还是通用文书,都有严格的体式要求,形成了一整套文书工作制度,如一文一事制度。另外,公文的折叠、批制、誊写、签押、用印、编号、收发、登记、催办等都有严格规定,基本完善了公文的处理程序。二是细化行文方向,创造了许多新文种。唐朝在上行文和下行文的基础上,又分出了平行文。三是文学家丰富和发展了应用写作。唐代韩愈等人掀起的"古文运动",对应用文的内容、形式和文风都产生了巨大的影响。宋代文坛盟主欧阳修提出了"信事言文"的主张,并以自己的写作实践倡导人们把应用文写得真实、平易、自然而有文才。故而唐宋应用文的写作达到了历史高峰,锦章佳篇大量涌现。如魏征《谏太宗十思疏》、骆宾王的《为徐敬业讨武曌檄》、韩愈的《论佛骨表》。这些出自著名文学家之手的谏文正气凛然、立论鲜明,且文辞优美。

元、明、清为应用文的稳定期。元代重武轻文,文治不如武功。应用文体式、章法沿袭前朝,变化不大。明代初期曾有改革公牍应用文的尝试,因受八股文的影响,并未出现崛起之势。但公牍应用文从撰写到管理已形成了一套较为严格的制度。清承明制,公牍文章平直呆板,毫无创新。元、明、清私人应用文的品类虽多,但与唐、宋相比,锦章佳作实不丰盛。太平天国初期,对公私应用文都做过一番变革,终因时间短暂,没有产生深远影响。这个时期写作理论有了一定的发展。如明朝徐师曾的《文体明辨》和清代姚鼐的《古文辞类纂》等,对应用文的各种体式有了更深入细致的研究。特别是到了清代,刘熙载在文章学史上第一次提出了"应用文"的概念:"辞命体,推之即可为一切应用文,应用文有上行,有平行,有下行。重其辞乃所以重其实也。"[1]

辛亥革命后,应用文体在名称上做过一些改革,如南京临时政府曾发布明文规定,废除几千年封建王朝所使用的制、诏、告、敕、题、奏、表、笺等字眼,确定了令、咨、呈、示、状等五种名目。但由于国民党政府在政治上日趋腐朽、反动,官僚习气弥漫于各级政府机构,应用写作亦表现为僵化,只重形式,不重内容,照抄照搬,失去权威性。

(二)现代应用文的崛起

中华人民共和国成立以后,应用文才真正成为人民所掌握、为人民服务的工具。与历史上任何时期相比,种类更多,使用范围更广,更加实用、规范。为适应国内管理、国际交往的需要,党和政府多次发布行政公文处理办法。1951年,政务院颁布了《公文处理暂行办法》,对公文的种类、体式、写作要求和处理作了比较全面具体的规定,规定公文种类为7类12种,即报告、签报;命令;指示;批复;通报、通知;布告、公告、通告;公函、便函。此后,经过1957年、1982年、1987年、1993年多次适时修订后,2000年8月24日,国务院以国发〔2002〕23号文件发布了修订

---

[1] 清·刘熙载. 艺概[M]. 上海:上海古籍出版社,1978.44.

的《国家行政机关公文处理办法》(简称"新《办法》")。1989 年,中共中央办公厅印发了《中国共产党各级领导机关文件处理条例(试行)》,作为各级党的机关、军事机关、群团机关公文处理的依据,1996 年 5 月 3 日,中共中央办公厅又印发了修订后的《中国共产党机关公文处理条例》。

2012 年 4 月 6 日,中共中央办公厅、国务院办公厅联合发布《党政机关公文处理条例》(简称"新《条例》"),要求从 2012 年 7 月 1 日起施行。同时宣布《中国共产党机关公文处理条例》和《国家行政机关公文处理办法》废止。新《条例》把公文用纸由 16K 和 A4 两种纸型统一为 A4 纸型,方便了中国公文与世界各国政府公文的接轨。并且对文件名称、体式、撰写,行文关系和办理程序等都作了全面具体的规定,建立了新的全国统一的文书工作制度。这样,就逐步使中国公文写作和处理走上了规范化、制度化和现代化的道路。同时,随着中国特色社会主义经济建设的迅猛发展,改革开放的不断深入,应用文在人们的现实生活与网络生活中的应用越来越广泛,其普及程度前所未有,应用写作能力成为衡量一个人业务能力的一项重要指标,受到了越来越多的重视。

三、应用文的分类和特征

(一)应用文的分类

随着社会经济的发展,社会分工越来越细,为适应各行各业的具体需要,各种应用文文体应运而生。应用文因性质、适用范围、内容、特点等的不同而形成了不同文种,写作者必须从其应用性和规律性方面加以把握,使应用文的写作规范而科学,在实际生活中发挥应有的功用。应用文文种繁多,分类方法、标准也较多,如依据应用文的特点和功用,应用文可分为公文性应用文、事务性应用文、一般性应用文;依据性质不同,应用文可以分为公务性应用文和私务类应用文;依据内容和使用范围,应用文可分为行政文书、事务文书、经济文书、社交礼仪文书、法律文书、传播文书和学业文书等。依据应用文的作用,还可以将应用文分为三类:指导性应用文、报告性应用文和计划性应用文。

指导性应用文,指具有指导作用的应用文,一般用于上级对下级的行文,如命令(令)、决定、决议、指示、批示、批复等。

报告性应用文,指具有报告作用的应用文,一般用于下级对上级的行文,如请示、报告、简报、总结等。

计划性应用文,指具有各种计划性质和作用的应用文,常用于对某件事情或某项工程等开始前的预计,如计划、规划、设想、意见、安排等。

（二）应用文的特征

无论以何种标准划分应用文种类,所有应用文都应该具备如下几个特征。

1. 实用性

应用文十分重视实用性,它是用来办理事务、解决实际问题的一种文章,有事而发,无事不发。因此,应用文的语言也要务实,简洁明白、准确规范,便于理解执行。

2. 真实性

真实是应用文的生命。应用文写作必须真实、客观地反映情况、阐述问题和叙述事实,不允许像文学创作那样进行艺术虚构和加工,也不能发挥主观想象、夸大其词,要真实客观。否则就会偏离实际,不可能达到解决实际问题的目标。

3. 针对性

应用文的写作都有非常明确的要解决的实际问题,所以要根据不同的领域、具体的业务及不同的行文目的,选择正确的文种。文学作品一般写给不特定对象阅读,但应用文都有非常明确的对象,如通知谁? 借条给谁打? 合同签订对象是谁? 即使一些广告、启事等,也有其针对的读者对象设定,如潜在消费群体或者特定范围(性别、年龄段、职业范畴等)内的读者对象。

4. 时效性

一般来说,应用文都是在特定的时间为解决特定的问题而写作的,这就要求所传达的信息一定要具有时效性,信息不及时会使应用文失去其"应用性"价值,如规章制度文件一定要有开始执行的时间规定,当新修订的规章制度开始执行时,之前的旧规章就会失去效用。

5. 程式性

程式性是指应用文的写作一般具有特定的、惯用的格式和主体风格。有不少格式是社会长期约定俗成的,也有的是由国家、有关部门统一制定的。遵循这些格式写作应用文,就能够提高办事效率,发挥应用文的作用。但应用文的格式并非一成不变,随着社会经济的发展和人们生活习惯、观念的变化,应用文写作格式也会适时调整和变化。

四、应用文的写作意义与方法

伴随人类进入知识经济时代,知识化、信息化、全球化已成为不可阻挡的历史潮流。应用文作为信息载体,是人们工作中交流交际的工具;而应用文写作是提高个人职业与人文素质中不可或缺的内容。著名教育家叶圣陶先生曾说:"大学毕业不一定能写小说诗歌，但是一定要写工作和学习中实际的文章，而且非写得既通顺又扎实不可。"在当今社会中，人与人的交往日趋频繁和密切，应用写作更是成了信息生产、储蓄、传递、实现交往必不可少的重要工具。应用写作这种突出的工具性质，决定了不管什么专业的学生都要学好应用文，写好应用文。

（一）应用文写作的意义

1. 提升个人素质的基本要求

听、说、读、写能力是现代人才应该具备的四大基本素养，随着社会经济的发展，应用文写作在生活中使用得越来越广泛，在个人素养中的位置越来越重要。在当今社会环境中生活、工作，应用写作能力日益成为衡量一个人工作能力的重要标准，越来越多的用人单位将应用写作能力和素质，作为接纳人才的重要考量之一。

2. 应用文写作是成功的基石

应用文的文种牵涉面广，涉及领域多。在课堂教学和写作实训的各个环节中，通过各种成功与失败的案例分析，可以开阔学生的视野、拓展学生的知识面，使同学们的知识能力结构更合理，真正掌握写作的基础理论和基本技巧。这一切，都可能为今后的成才、成功奠定基础。

3. 提高个人竞争优势

进行应用文写作训练，可以提高写作者在言语交际、文字表达、遣词造句、思维训练方面的能力，因而，在就业形势日趋严峻的今天，同学们可以凭借应用写作能力的优势在求职、交际以及处理公私事务方面表现得更加出色。

（二）学习应用文写作的方法

1. 端正写作态度

现代社会对人们的要求越来越高，不仅要求人们掌握某项专业技术，同时还要求人们在其他方面有相关的能力。应用文写作能力就是衡量一个人综合素质的重要标志，因此，要端正学习态度，积极主动地学习和训练，掌握写作应用文的基本方法并且争取在认知和能力方面上升到一定层次。

2. 掌握文体知识，阅读应用文范文

应用写作自身的特殊性，使得应用文逐渐形成了一种约定俗成的或法定的基本模式。这些模式经过人们的反复实践使用，也日趋规范和稳定，并被总结出来供人们写作时参考借鉴。因此，要在学习过程中根据自己的实际情况，积极主动地去掌握相关文体的写作模式。

阅读和借鉴范文是提高应用写作能力的一条重要途径。诗歌创作中有"熟读唐诗三百首,不会作诗也会吟"之说,其实从事应用写作学习,阅读和借鉴的价值似乎比诗歌创作更直接、更明显。比如,写一封求职信,针对招聘条件多看几篇例文,就会受到启迪,增加对求职信写作的感性认识,就能够明确求职信的基本格式和写作要求,甚至在应急时可以模仿与自身情况比较吻合的文本去写作。

3.多读多练,以用导学

现代社会信息量很大,需要学习的知识很多,据不完全统计,应用文的文种就有 270 种之多。我们不可能熟练掌握所有应用文的写法,因此要根据自己的专业成长和职业发展需要,重点掌握一些常用的应用文写作方法和技巧。语言的功底和听说读写的基本能力需要我们在日常的生活中多读多练,在日积月累中才能有所进步。

五、《党政机关公文处理工作条例》(课后阅读材料之一)

党政机关公文处理工作条例

第一章　总　　则

第一条　为了适应中国共产党机关和国家行政机关(以下简称党政机关)工作需要,推进党政机关公文处理工作科学化、制度化、规范化,制定本条例。

第二条　本条例适用于各级党政机关公文处理工作。

第三条　党政机关公文是党政机关实施领导、履行职能、处理公务的具有特定效力和规范体式的文书,是传达贯彻党和国家的方针政策,公布法规和规章,指导、布置和商洽工作,请示和答复问题,报告、通报和交流情况等的重要工具。

第四条　公文处理工作是指公文拟制、办理、管理等一系列相互关联、衔接有序的工作。

第五条　公文处理工作应当坚持实事求是、准确规范、精简高效、安全保密的原则。

第六条　各级党政机关应当高度重视公文处理工作,加强组织领导,强化队伍建设,设立文秘部门或者由专人负责公文处理工作。

第七条　各级党政机关办公厅(室)主管本机关的公文处理工作,并对下级机关的公文处理工作进行业务指导和督促检查。

第二章　公文种类

第八条　公文种类主要有:

(一)决议。适用于会议讨论通过的重大决策事项。

（二）决定。适用于对重要事项作出决策和部署、奖惩有关单位和人员、变更或者撤销下级机关不适当的决定事项。

（三）命令(令)。适用于公布行政法规和规章、宣布施行重大强制性措施、批准授予和晋升衔级、嘉奖有关单位和人员。

（四）公报。适用于公布重要决定或者重大事项。

（五）公告。适用于向国内外宣布重要事项或者法定事项。

（六）通告。适用于在一定范围内公布应当遵守或者周知的事项。

（七）意见。适用于对重要问题提出见解和处理办法。

（八）通知。适用于发布、传达要求下级机关执行和有关单位周知或者执行的事项，批转、转发公文。

（九）通报。适用于表彰先进、批评错误、传达重要精神和告知重要情况。

（十）报告。适用于向上级机关汇报工作、反映情况，回复上级机关的询问。

（十一）请示。适用于向上级机关请求指示、批准。

（十二）批复。适用于答复下级机关请示事项。

（十三）议案。适用于各级人民政府按照法律程序向同级人民代表大会或者人民代表大会常务委员会提请审议事项。

（十四）函。适用于不相隶属机关之间商洽工作、询问和答复问题、请求批准和答复审批事项。

（十五）纪要。适用于记载会议主要情况和议定事项。

第三章　公文格式

第九条　公文一般由份号、密级和保密期限、紧急程度、发文机关标志、发文字号、签发人、标题、主送机关、正文、附件说明、发文机关署名、成文日期、印章、附注、附件、抄送机关、印发机关和印发日期、页码等组成。

（一）份号。公文印制份数的顺序号。涉密公文应当标注份号。

（二）密级和保密期限。公文的秘密等级和保密的期限。涉密公文应当根据涉密程度分别标注"绝密""机密""秘密"和保密期限。

（三）紧急程度。公文送达和办理的时限要求。根据紧急程度，紧急公文应当分别标注"特急""加急"，电报应当分别标注"特提""特急""加急""平急"。

（四）发文机关标志。由发文机关全称或者规范化简称加"文件"二字组成，也可以使用发文机关全称或者规范化简称。联合行文时，发文机关标志可以并用联合发文机关名称，也可以单独用主办机关名称。

（五）发文字号。由发文机关代字、年份、发文顺序号组成。联合行文时，使用主办机关的发文字号。

（六）签发人。上行文应当标注签发人姓名。

（七）标题。由发文机关名称、事由和文种组成。

（八）主送机关。公文的主要受理机关,应当使用机关全称、规范化简称或者同类型机关统称。

（九）正文。公文的主体,用来表述公文的内容。

（十）附件说明。公文附件的顺序号和名称。

（十一）发文机关署名。署发文机关全称或者规范化简称。

（十二）成文日期。署会议通过或者发文机关负责人签发的日期。联合行文时,署最后签发机关负责人签发的日期。

（十三）印章。公文中有发文机关署名的,应当加盖发文机关印章,并与署名机关相符。有特定发文机关标志的普发性公文和电报可以不加盖印章。

（十四）附注。公文印发传达范围等需要说明的事项。

（十五）附件。公文正文的说明、补充或者参考资料。

（十六）抄送机关。除主送机关外需要执行或者知晓公文内容的其他机关,应当使用机关全称、规范化简称或者同类型机关统称。

（十七）印发机关和印发日期。公文的送印机关和送印日期。

（十八）页码。公文页数顺序号。

第十条 公文的版式按照《党政机关公文格式》国家标准执行。

第十一条 公文使用的汉字、数字、外文字符、计量单位和标点符号等,按照有关国家标准和规定执行。民族自治地方的公文,可以并用汉字和当地通用的少数民族文字。

第十二条 公文用纸幅面采用国际标准 A4 型。特殊形式的公文用纸幅面,根据实际需要确定。

第四章 行文规则

第十三条 行文应当确有必要,讲求实效,注重针对性和可操作性。

第十四条 行文关系根据隶属关系和职权范围确定。一般不得越级行文,特殊情况需要越级行文的,应当同时抄送被越过的机关。

第十五条 向上级机关行文,应当遵循以下规则:

（一）原则上主送一个上级机关,根据需要同时抄送相关上级机关和同级机关,不抄送下级机关。

（二）党委、政府的部门向上级主管部门请示、报告重大事项,应当经本级党委、政府同意或者授权;属于部门职权范围内的事项应当直接报送上级主管部门。

（三）下级机关的请示事项,如需以本机关名义向上级机关请示,应当提出倾向性意见后上报,不得原文转报上级机关。

(四)请示应当一文一事。不得在报告等非请示性公文中夹带请示事项。

(五)除上级机关负责人直接交办事项外,不得以本机关名义向上级机关负责人报送公文,不得以本机关负责人名义向上级机关报送公文。

(六)受双重领导的机关向一个上级机关行文,必要时抄送另一个上级机关。

第十六条 向下级机关行文,应当遵循以下规则:

(一)主送受理机关,根据需要抄送相关机关。重要行文应当同时抄送发文机关的直接上级机关。

(二)党委、政府的办公厅(室)根据本级党委、政府授权,可以向下级党委、政府行文,其他部门和单位不得向下级党委、政府发布指令性公文或者在公文中向下级党委、政府提出指令性要求。需经政府审批的具体事项,经政府同意后可以由政府职能部门行文,文中须注明已经政府同意。

(三)党委、政府的部门在各自职权范围内可以向下级党委、政府的相关部门行文。

(四)涉及多个部门职权范围内的事务,部门之间未协商一致的,不得向下行文;擅自行文的,上级机关应当责令其纠正或者撤销。

(五)上级机关向受双重领导的下级机关行文,必要时抄送该下级机关的另一个上级机关。

第十七条 同级党政机关、党政机关与其他同级机关必要时可以联合行文。属于党委、政府各自职权范围内的工作,不得联合行文。

党委、政府的部门依据职权可以相互行文。

部门内设机构除办公厅(室)外不得对外正式行文。

第五章 公文拟制

第十八条 公文拟制包括公文的起草、审核、签发等程序。

第十九条 公文起草应当做到:

(一)符合党的理论路线方针政策和国家法律法规,完整准确体现发文机关意图,并同现行有关公文相衔接。

(二)一切从实际出发,分析问题实事求是,所提政策措施和办法切实可行。

(三)内容简洁,主题突出,观点鲜明,结构严谨,表述准确,文字精练。

(四)文种正确,格式规范。

(五)深入调查研究,充分进行论证,广泛听取意见。

(六)公文涉及其他地区或者部门职权范围内的事项,起草单位必须征求相关地区或者部门意见,力求达成一致。

（七）机关负责人应当主持、指导重要公文起草工作。

第二十条　公文文稿签发前,应当由发文机关办公厅(室)进行审核。审核的重点是:

（一）行文理由是否充分,行文依据是否准确。

（二）内容是否符合党的理论路线方针政策和国家法律法规;是否完整准确体现发文机关意图;是否同现行有关公文相衔接;所提政策措施和办法是否切实可行。

（三）涉及有关地区或者部门职权范围内的事项是否经过充分协商并达成一致意见。

（四）文种是否正确,格式是否规范;人名、地名、时间、数字、段落顺序、引文等是否准确;文字、数字、计量单位和标点符号等用法是否规范。

（五）其他内容是否符合公文起草的有关要求。

需要发文机关审议的重要公文文稿,审议前由发文机关办公厅(室)进行初核。

第二十一条　经审核不宜发文的公文文稿,应当退回起草单位并说明理由;符合发文条件但内容需作进一步研究和修改的,由起草单位修改后重新报送。

第二十二条　公文应当经本机关负责人审批签发。重要公文和上行文由机关主要负责人签发。党委、政府的办公厅(室)根据党委、政府授权制发的公文,由受权机关主要负责人签发或者按照有关规定签发。签发人签发公文,应当签署意见、姓名和完整日期;圈阅或者签名的,视为同意。联合发文由所有联署机关的负责人会签。

第六章　公文办理

第二十三条　公文办理包括收文办理、发文办理和整理归档。

第二十四条　收文办理主要程序是:

（一）签收。对收到的公文应当逐件清点,核对无误后签字或者盖章,并注明签收时间。

（二）登记。对公文的主要信息和办理情况应当详细记载。

（三）初审。对收到的公文应当进行初审。初审的重点是:是否应当由本机关办理,是否符合行文规则,文种、格式是否符合要求,涉及其他地区或者部门职权范围内的事项是否已经协商、会签,是否符合公文起草的其他要求。经初审不符合规定的公文,应当及时退回来文单位并说明理由。

（四）承办。阅知性公文应当根据公文内容、要求和工作需要确定范围后分送。批办性公文应当提出拟办意见报本机关负责人批示或者转有关部门办理;需要两个以上部门办理的,应当明确主办部门。紧急公文应当明确办理时限。承办部门对交办的公文应当及时办理,有明确办理时限要求的应当在规定时限内办理完毕。

(五)传阅。根据领导批示和工作需要将公文及时送传阅对象阅知或者批示。办理公文传阅应当随时掌握公文去向,不得漏传、误传、延误。

(六)催办。及时了解掌握公文的办理进展情况,督促承办部门按期办结。紧急公文或者重要公文应当由专人负责催办。

(七)答复。公文的办理结果应当及时答复来文单位,并根据需要告知相关单位。

第二十五条　发文办理主要程序是:

(一)复核。已经发文机关负责人签批的公文,印发前应当对公文的审批手续、内容、文种、格式等进行复核;需作实质性修改的,应当报原签批人复审。

(二)登记。对复核后的公文,应当确定发文字号、分送范围和印制份数并详细记载。

(三)印制。公文印制必须确保质量和时效。涉密公文应当在符合保密要求的场所印制。

(四)核发。公文印制完毕,应当对公文的文字、格式和印刷质量进行检查后分发。

第二十六条　涉密公文应当通过机要交通、邮政机要通信、城市机要文件交换站或者收发件机关机要收发人员进行传递,通过密码电报或者符合国家保密规定的计算机信息系统进行传输。

第二十七条　需要归档的公文及有关材料,应当根据有关档案法律法规以及机关档案管理规定,及时收集齐全、整理归档。两个以上机关联合办理的公文,原件由主办机关归档,相关机关保存复制件。机关负责人兼任其他机关职务的,在履行所兼职务过程中形成的公文,由其兼职机关归档。

第七章　公文管理

第二十八条　各级党政机关应当建立健全本机关公文管理制度,确保管理严格规范,充分发挥公文效用。

第二十九条　党政机关公文由文秘部门或者专人统一管理。设立党委(党组)的县级以上单位应当建立机要保密室和机要阅文室,并按照有关保密规定配备工作人员和必要的安全保密设施设备。

第三十条　公文确定密级前,应当按照拟定的密级先行采取保密措施。确定密级后,应当按照所定密级严格管理。绝密级公文应当由专人管理。

公文的密级需要变更或者解除的,由原确定密级的机关或者其上级机关决定。

第三十一条　公文的印发传达范围应当按照发文机关的要求执行;需要变更的,应当经发文机关批准。

涉密公文公开发布前应当履行解密程序。公开发布的时间、形式和渠道,由发文机关确定。

经批准公开发布的公文,同发文机关正式印发的公文具有同等效力。

第三十二条　复制、汇编机密级、秘密级公文,应当符合有关规定并经本机关负责人批准。绝密级公文一般不得复制、汇编,确有工作需要的,应当经发文机关或者其上级机关批准。复制、汇编的公文视同原件管理。

复制件应当加盖复制机关戳记。翻印件应当注明翻印的机关名称、日期。汇编本的密级按照编入公文的最高密级标注。

第三十三条　公文的撤销和废止,由发文机关、上级机关或者权力机关根据职权范围和有关法律法规决定。公文被撤销的,视为自始无效;公文被废止的,视为自废止之日起失效。

第三十四条　涉密公文应当按照发文机关的要求和有关规定进行清退或者销毁。

第三十五条　不具备归档和保存价值的公文,经批准后可以销毁。销毁涉密公文必须严格按照有关规定履行审批登记手续,确保不丢失、不漏销。个人不得私自销毁、留存涉密公文。

第三十六条　机关合并时,全部公文应当随之合并管理;机关撤销时,需要归档的公文经整理后按照有关规定移交档案管理部门。

工作人员离岗离职时,所在机关应当督促其将暂存、借用的公文按照有关规定移交、清退。

第三十七条　新设立的机关应当向本级党委、政府的办公厅(室)提出发文立户申请。经审查符合条件的,列为发文单位,机关合并或者撤销时,相应进行调整。

第八章　附　则

第三十八条　党政机关公文含电子公文。电子公文处理工作的具体办法另行制定。

第三十九条　法规、规章方面的公文,依照有关规定处理。外事方面的公文,依照外事主管部门的有关规定处理。

第四十条　其他机关和单位的公文处理工作,可以参照本条例执行。

第四十一条　本条例由中共中央办公厅、国务院办公厅负责解释。

第四十二条　本条例自 2012 年 7 月 1 日起施行。1996 年 5 月 3 日中共中央办公厅发布的《中国共产党机关公文处理条例》和 2000 年 8 月 24 日国务院发布的《国家行政机关公文处理办法》停止执行。

来源：中华人民共和国中央人民政府，2013 年 2 月 22 日。

六、常用应用文的写作（课后阅读材料之二）

（一）怎样写计划

1. 计划的含义、特点和类型

计划的含义。作为文体，计划是指党政机关、企事业单位、社会团体对今后一段时间的工作、活动作出预想、设计、安排的一类文书。

计划的特点。一是预见性，计划最明显的特点就是预见性。它是在行动之前对行动的任务、目标、方法、措施所作出的预见性确认。这种预想是以上级部门的规定和指示为指导，以本单位的实际条件为基础，以过去的成绩和问题为依据，对今后的发展趋势作出科学预测之后作出的。可以说，预见是否准确，决定了计划写作的成败。

二是针对性。计划总是针对具体的工作制定的。计划的内容，首先要根据党和国家的方针政策、上级部门的工作安排和指示精神而确定；其次是要针对本单位的工作任务、主客观条件和相应能力而确定。总之，从实际出发制定出来的计划，才是有意义、有价值的计划。

三是可行性。可行性是和预见性、针对性紧密联系在一起的，预见准确、针对性强的计划，在现实中才真正可行。

四是约束性。计划一经通过、批准或认定，在其所指向的范围内就具有了约束作用，在这一范围内无论是集体还是个人，都必须按计划的内容开展工作和活动，不得违背和拖延。

计划的基本类型。按照不同的分类标准，计划可分为多种类型。按其所指向的工作、活动的领域，可分为工作计划、学习计划、生产计划、教学计划、销售计划、采购计划、分配计划、财务计划等。按适用范围的大小，可分为国家计划、地区计划、单位计划、班组计划等。按适用时间的长短，可分为长期计划、中期计划、短期计划三类，具体还可以称为十年计划、五年计划、年度计划、季度计划、月份计划等。按其指挥性的强弱不同，可分为指令性计划、指导性计划。按其涉及面的大小，可分为综合性计划、专题性计划。

2. 计划的写法

计划的标题。计划标题的常规写法是由单位名称、适用时间、指向事务、文种四个要素组成的。如《××组织部(单位名称)2007年(适用时间)工作(指向事务)计划(文种)》。除常规写法外,还有一些变通的写法。如要素的省略和文体名称的变化等。

计划的正文。一是前言。前言是计划的开头部分,简明扼要地表达出制订计划的背景、根据、目的、意义、指导思想等,一般一两个自然段即可。前言的详略长短,要根据工作的重要程度、内容的多少来确定,总体上以精练简洁为原则。二是主体。主体部分要一一列出准备开展的工作、任务,并提出步骤、方法、措施、要求。这是计划最重要的内容,也是篇幅最大的一部分。通常主体部分由于内容繁多,需要分层、分条撰写。常见的结构形式:用"一、二、三……"的序码分层次,用"(一)(二)(三)……"加"1.2.3.……"的序码分条款。具体如何分层递进,依内容的多少及其内在的逻辑性而定。三是结尾。结尾可以用来提出希望、发出号召、展望前景、明确执行要求等,也可以在条款之后就结束全文,不写专门的结尾部分。计划在结尾之后,还要署明单位名称和制订计划的具体时间,如果以文件的形式下发,还要加盖公章。①

(二)怎样写总结

1. 总结文种的特征

总结是针对以往工作进行回顾、检查、分析、研究,从中提炼出规律性的经验,用以指导今后工作的一个文种。总结有如下几个特征:一是客观性。即总结的观点和结论是从客观实践中归纳和提炼的,离开了客观实践,总结就成了无源之水、无本之木。二是过程性。总结工作时,必须把工作过程再现出来。起码但不限于包括工作内容、工作过程、工作成效等。三是经验性。总结既能上报,又能下发,还能横向交流。所以总结往往带有经验性,有实用价值。四是理论性。总结不是一种简单地再现以往情况的实践活动,而是建立在实践活动基础上的一种理论升华,对以往工作中的经验、教训,经过分析研究,上升到理论高度,从中提炼出规律性的认识。

最常见的规律性总结,是什么情况(措施、行为、活动等)往往、甚至总是导致某种结果,不似逻辑学、哲学领域的"规律性"那么深奥。

---

① 参看:丁显.机关事务文书基本知识(一)——怎样写计划[J].新长征,2007(03):58.

2. 总结的结构和格式

总结的基本结构,由标题、正文、落款及成文时间四部分组成。

标题。总结的标题可根据内容的不同,采用几种写法。一是由发文机关名称、年度或事由、文种三部分组成;二是由发文机关名称、内容针对的时间、事由、文种四部分组成;三是由事由、文种两部分组成;四是如不以正式公文格式制发,可以采用概括揭示文章中心思想的一般性文章标题形式;五是内容比较复杂的,可设正、副标题式标题。

正文。一般由开头、主体、结尾三部分组成。

开头部分,也叫导语、前言,有以下几种方法可供选择:概述式,即概括地介绍基本情况;结论式,即先提出结论;提示式,即简要提示主题;提问式,即先提出问题,引起读者注意;对比式,即先就有关情况进行对比,显示优劣,说明成绩等。

主题部分,是总结的核心,一般包括四个方面的内容:一是开展工作的基本情况,即在特定的阶段做了什么工作,采取了哪些措施和办法,取得了哪些成绩,存在哪些问题,重点是说明"做了什么"。二是归纳经验和体会,分析取得成绩的主客观原因,提炼出规律性认识。三是找出失误和教训,分析其产生的原因和规律,提出改进意见与途径。四是明确今后努力方向,即今后工作中如何发扬成绩,克服缺点,力争工作再上新台阶。

落款和成文日期。在正文之后标明机关名称,也可以采用在标题之下注明的方法。成文时间,标明具体的年、月、日,或在标题之下注明。①

(三)怎样写调查报告

1. 调查报告的定义与文体特点

调查报告是针对某一现象、某一事件或某一问题进行深入细致的调查,对获得的材料进行认真分析研究,发现本质特征和基本规律之后写成的书面报告。它是一种在新闻领域和机关应用文领域中都可采用的常用文体。具体讲调查报告有三个明显特点:一是有较强的针对性。必定是某一情况、某一社会问题、某一成功经验,引起了社会公众或者特定"报告阅读对象"一定程度的注意,为了进一步得到它的详情、真相,认识它的性质,才需要有人专门对它进行调查、研究,向有关机关提供报告。二是材料丰富翔实。调查报告需要列举大量的相关事例、统计数字和各方意见,以便在此基础上进行考察分析并提出作者自己的意见。三是提供规律性认识。调查报告确切地说应该叫调查研究报告,它的价值不仅在于调查和

---

① 顾铭新,顾骧. 当代公文基本知识(十六)——怎样写总结[J]. 新长征,2007(02):59.

报告,更在于研究。研究的结果就是得出规律性的认识,并把这些规律性认识提供给读者。

2. 调查报告的结构

查报告由标题、前言、主体、结语四个部分组成。

标题可分为单标题和双标题两种。单标题通常有两种写法。一是公式化写法。就是按照"调查对象＋调查课题＋文体名称"的公式拟制标题。二是常规文章标题写法。比如,用问题作标题(《流动党员怎样管理?》);在标题中显示作者自己的观点(《棚户区改造,一项民生工程》);在标题中突出要在报告中叙述事实(《民营企业党建工作亟待加强》)等。双标题则由正副标题组成,其中正标题一般采用常规文章标题写法,具体手段如上所述。副标题则采用公式化写法,由调查对象、调查课题、文体名称组成。如《社会主义新农村建设(调查课题)的一面红旗——对红嘴集团(调查对象)的调查(文体名称)》。

调查报告的前言,一般要根据主体部分组织材料的结构顺序来安排,常用的有以下几种类型:一是提要式,就是把调查对象最主要的情况进行概括后写在开头,使读者一入篇就对它的基本情况有一个大致的了解。二是交代式,在开头简单地交代调查的目的、方法、时间、范围、背景等,使读者在入篇时就对调查的过程和基本情况有所了解。三是问题式,在开头提出问题,引起读者对调查课题的关注,促使读者思考。这样的开头可以采用提问的方式引出问题,也可以直接将问题摆出来。

前言之后、结语之前的文字,都属于主体。这部分的材料丰富、内容复杂,在写作中最主要的问题是结构的安排。其主要结构形态有三种。

一是用观点串联材料。由几个从不同方面表现基本观点的层次组成主体,以基本观点为中心线索将它们贯穿在一起。

二是以材料的性质归类分层。课题比较单一、材料比较分散的调查报告,可采用这种结构形式。作者经分析、归纳之后,根据材料的不同性质,将它们梳理成几种类型,每一个类型的材料集中在一起进行表达,形成一个层次。每个层次之前可以加小标题或序号,也可以不加。

三是以调查过程的不同阶段自然形成层次。事件单一、过程性强的调查报告,可采用这种结构形式。它实际上是以时间为线索来谋篇布局的,类似记叙文的时间顺序写法。

调查报告常在结尾部分表明作者的观点,对主体部分的内容进行概括、升华。常见的写法有下述三种:一是概括全文,明确主旨。在结束的时候将全文归结到一个思想的立足点上。二是指出问题,启发思考。如果一些存在的问题还没有引起人们的注意,并且因为限于各种因素的制约,作者也不可能提出解决问题的办法,那么,只要把问题指出来,引起有关方面的注意,或者启发人们对这一问题的思考,也是很有价值的。三是针对问题,提出建议。在揭示有关问题之后,对解决问题提供一些可行的建议。①

（四）活动方案

活动方案,是指为某一次活动所制订的书面计划,包括具体行动的实施办法、细则、步骤等。设计、书写活动方案的目的,是通过对每一具体事项进行详细分析、部署,用以保证活动的顺利、圆满进行,取得预期的实施效果。

活动方案被广泛用于各种公务活动中,国家各级公务人员在活动实施前拟订活动方案,不仅是其组织、协调和控制公务活动顺利推进的首要前提,也是活动能否取得良好实效的关键。

开展一项活动,必须有其明确的主题,围绕该主题设定形式多样的活动内容,鼓励参与人员竭尽所能地按照要求完成活动设定的目标,从而传达出活动背后隐含的深远意义。

起草一份优秀的活动方案,需要将活动内容和活动目标紧密衔接,分析拟定活动形式与活动主题、目标之间的契合度,人、财、物资源之间的整合度,实施过程的难易程度等,保证活动顺利推进,并达到良好的实施效果。

活动方案的写作要注意以下三个方面:

一是结构要求。

首先是格式正确,内容全面。一份完整的活动方案通常包括标题和正文两部分。标题要简明扼要说明活动名称,正文部分要写明活动主要信息。如下面这一则活动方案,就设计合理、撰写准确、简洁标准。

×社区全民学习周活动方案

为营造浓厚的学习氛围,推动创学工作全面深入地开展,根据镇党委统一安排,开展全民学习周活动,具体方案如下:

一、活动主题

我文明、我快乐。

二、活动时间

2019 年 4 月 18—22 日。

---

① 石楠.机关事务文书基本知识(二)——怎样写调查报告[J].新长征,2007(04):58－59.

三、活动地点

社区大礼堂。

四、参与人员

社区全体工作人员、党员代表、小区负责人、居民代表。

五、活动内容

4月18日：文明礼仪知识讲座。主讲人：居委会主任×××。

4月19日：法律知识讲座（"三农"法规政策）。主讲人：总支委员×××。

4月20日：电脑基础知识讲座。主讲人：居委委员×××。

4月21日：卫生与健康知识讲座。主讲人：四零三队×××院长。

4月22日：交谊舞、歌唱比赛。组织者：总支副书记×××。

其次是要条理清晰。条理清晰是针对正文部分所提出的明确要求，开展一项活动通常应包括活动目的、活动主题、活动时间、活动地点、参与人员、活动内容等基本要素。方案要分别对每一项内容进行清晰地说明，具体可操作。还要注意安排事项的全面。拟写活动方案，除了要明确交代活动的一般要素外，还应该根据活动本身的特点，如活动类型、复杂程度、持续时间的不同，以及可能遇到的其他问题，灵活选择一些必要事项，使设计的活动方案更加全面、合理，减少活动实施环节的阻碍因素。值得特别注意的是，方案策划要契合活动主题，如果在方案中嵌进脱离活动主题的内容，会造成活动过程中出现尴尬场面，干扰活动进程、贬抑活动的严肃性。契合主题是针对活动内容的要求。活动内容的设置要合理，并与活动主题紧密相关，具有较强的针对性。此外贯穿节约资源的原则，致力于提高策划方案的可操作性等，也是为活动目标的实现提供充分支持的重要元素节点。

活动方案的写作，大体可以分为三个步骤：

明确活动主题—申明活动目的—设置活动事项。①

七、典籍两则：我国修改文章的传统（课后阅读材料之三）

子曰：为命，裨谌草创之，世叔讨论之，行人子羽修饰之，东里子产润色之。

——《论语·宪问》

子产之从政也，择能而使之。冯简子能断大事；子大叔美秀而文；公孙挥能知四国之为……而又善为辞令；裨谌能谋，谋于野则获，谋于邑则否。郑国将有诸侯

---

① 可参看：李永新主编. 湖南省公务员录用考试专业教材 申论［M］. 北京：人民日报出版社，2016：129 – 134.

之事,子产乃问四国之为于子羽[公孙挥],且使多为辞令。与裨谌乘以适野,使谋可否。而告冯简子,使断之。事成,乃授子大叔使行之,以应对宾客。是以鲜有败事。北宫文子所谓有礼也。

——《左传·襄公三十一年》

第二节　读研写演

(第二课堂)

一、阅读指定文种应用文相关理论(通过任课教师指定的搜索引擎资料)

二、研究该体裁应用文相关知识、规定

三、撰写讲演文稿;制作 PPT

四、分小组讲演

五、提供撰写的该文种纸质文稿

★课后练习与思考

1.结合自己的学习体验,谈谈如何才能写好应用文。

2.和文学作品相比较,谈谈应用文的语言特点。

3.根据总结的写作要求,写一份大学语文学习总结。

附录

外国文学名著精选简介

第一节　欧美文学

1.《荷马史诗》(荷马)

《荷马史诗》是由古希腊行吟歌手荷马创作的两部长篇史诗——《伊利昂纪》和《奥德修纪》的总称。严格来讲,《荷马史诗》的真正作者应该是古希腊民众,荷马只是编辑整理者,他把古希腊地区流传的关于特洛伊战争的短歌编辑整理成具有统一情节、中心人物的长篇史诗作品。《伊利昂纪》记述的是十年特洛伊战争的故事,《奥德修纪》记述的是特洛伊战争结束后,木马计的设计者奥德修斯在海上十年的漂泊历程。《荷马史诗》塑造了一系列栩栩如生的人物形象,如具有烈火般易怒性格的阿喀琉斯,以大局为重的赫克托耳,足智多谋的奥德修斯,这些都是被赞美的英雄;《荷马史诗》情节集中,叙事凝练,同时在历史、地理、考古学和民俗学方面也给后世提供了诸多资料。

2.《埃涅阿斯纪》(维吉尔)

《埃涅阿斯纪》又译作《伊尼特》《伊尼德》,作者是古罗马诗人维吉尔。维吉尔是古罗马皇帝屋大维的麦喀纳斯御用文学集团的成员,《埃涅阿斯纪》是一部秉承屋大维意志的文学作品,据说公元前26年左右,屋大维建议维吉尔为罗马写作史诗,歌颂罗马民族的光荣历史,就像荷马歌颂希腊的光荣历史那样。维吉尔感屋大维的知遇之恩,竭尽全力,历时11年,终于写成了《埃涅阿斯纪》。《埃涅阿斯纪》取材于古希腊罗马神话传说,叙述了特洛伊王室成员埃涅阿斯在特洛伊城被希腊联军攻破后,率众来到意大利拉丁姆地区,成为罗马开国之君的经历,是一部罗马帝国的"史记";《埃涅阿斯纪》在体裁上模仿的是《荷马史诗》,分为上下两部,上部描写埃涅阿斯在海上的漂泊历程,下部描写埃涅阿斯在拉丁姆平原的战斗历程。《埃涅阿斯纪》是第一部由文人独立完成创作的史诗作品。

3.《变形记》(奥维德)

《变形记》的作者是古罗马诗人奥维德,奥维德是古罗马黄金时代三位伟大的诗人之一,作品有《爱的教育》《变形记》等。《变形记》以编年体的形式,从创世写到恺撒之死,奥古斯都继位,以变形的方式记叙了近二百五十个神话故事。全诗分为序诗、引子(天地的开创、四大时代、洪水的传说)、神的故事、男女英雄的故事、"历史"人物的事迹、尾声几部分,故事人物有神话中的神,男女英雄和历史人物。《变形记》集希腊罗马神话之大成,每一个故事都生动有趣,穿插巧妙,而所有故事都始终围绕"变形"的主题,以阐明"世界一切事物都在变易中形成"的哲理。

4.《贝奥武甫》

《贝奥武甫》是流传迄今英国最早而又最为完整的一部史诗,讲述的是英国古代英雄贝奥武甫的英勇事迹。盎格鲁－撒克逊人于公元5、6世纪由大陆向不列颠岛迁移时带来了这个传说,经过200多年的口头流传,于8世纪用中古英语写成,反映的是北欧人民氏族社会阶段在大陆的生活。

5.《罗兰之歌》

《罗兰之歌》是法兰西民族的史诗作品,形成于11世纪末,全诗共4002行,记叙法兰西国王查理大帝出兵西班牙,征讨异教徒阿拉伯人。史诗中的罗兰是爱国忠君、立下不朽功勋的英雄,当自己的生命遇到威胁时也不肯屈服,与敌人浴血奋战到生命的最后一刻。

6.《神曲》(但丁)

《神曲》原题为《喜剧》,中世纪的欧洲把以喜悦方式结局的作品均称为喜剧作品。《神曲》分为《地狱》《炼狱》《天堂》三部,加上开头的序曲,表现了基督教"三位一体"的神学观念,写人的思想如何完善和如何认识终极真理过程。诗人但丁利用中世纪流行的梦幻文学的方式,描写了人到中年的自己漫游地狱、炼狱和天堂。地狱分为九层,呈漏斗形状,越往下越小,每一层都住着生前犯有罪恶的灵魂;炼狱山也分为九层,除山脚及山顶乐园外,其余七层也住着生前犯有罪恶的灵魂,其罪恶较地狱的灵魂轻;天堂亦分为九层,生前行善,有德行的人在这里享福。但丁在古罗马诗人维吉尔带领下游历了地域、炼狱,在炼狱山的最高处山上乐园涤荡了身上的全部罪恶之后,在梦中情人贝阿特丽采的引导下游历了天堂,在天堂的最高处,灵光一闪,但丁见到了上帝。《神曲》是中世纪的最后一部作品,亦是新时代的第一部作品,具有新旧两个时代的双重特征。

7.《坎特伯雷故事集》(乔叟)

乔叟是英国文艺复兴时期的作家,被称为"英国文学之父",其代表作品是《坎特伯雷故事集》。《坎特伯雷故事集》是一部诗体短篇小说集,讲述去坎特伯雷朝圣的旅客在泰巴旅店不期而遇,这些朝圣者有骑士、僧尼、商人、手工艺者、医生、律师、学者、农夫、家庭主妇等,来自英国社会各个阶层,旅店店主爱热闹,自告奋勇为他们担任向导,并提议在往返圣地的途中每人来回讲两个故事,以解旅途中的寂寥,店主做裁判,选出讲故事最好的人,回到旅店后大家合起来请他吃饭,众人接受了店主的建议,于是次日一同踏上朝圣之途,并开始讲故事。这些故事大抵是揭露僧侣的欺骗、教会的罪恶,也表达了作者对爱情和婚姻的思考,具有鲜明的人文主义色彩。

8.《歌集》(彼特拉克)

意大利诗人彼特拉克被称作欧洲"人文主义之父",其代表作品《歌集》主要歌咏他对女友劳拉的爱情,也包括少量政治抒情诗,诗中赞颂祖国,号召和平与统一,揭露教会的腐化。诗人在劳拉身上寄托他关于美和精神品质的理想,同时也对她的形体之美一再加以歌颂。彼特拉克对于自然之美也很敏感,有些诗把歌颂劳拉和描绘自然结合起来,《清、凉、甜蜜的水》这首诗就是显著的例子。彼特拉克善于记录叙述内心的变化和抒写爱情的经验,《歌集》反映出诗人内心的矛盾,一方面诗人热爱生活和自然,渴望人间的幸福,追求爱情和荣誉,但不能和宗教传统及禁欲主义思想决裂;另一方面,诗人有爱国热情和民族意识,而又脱离人民,轻视群众。这些矛盾正是从中古过渡到新时代的人文主义者的矛盾。《歌集》中占大部分的十四行诗达到艺术上的完美,成为欧洲诗歌中一个重要诗体。

9.《十日谈》(薄伽丘)

《十日谈》是意大利文艺复兴时期的作家乔万尼·薄伽丘创作的短篇小说集,讲述1348年意大利佛罗伦萨瘟疫流行时,十位青年男女在教堂不期而遇,他们彼此之间皆是邻居、亲属、朋友的关系,遂商议结伴去一所乡村别墅里避难。期间,他们终日游玩欢宴,每人每天讲一个故事,共住了十几天,讲了一百个故事(祈祷日不讲故事),这些故事批判天主教会,嘲笑教会传授黑暗和罪恶,赞美爱情是才华和高尚情操的源泉,谴责禁欲主义,无情暴露和鞭挞封建贵族的堕落和腐败,体现了人文主义思想。《十日谈》是欧洲文学史上第一部现实主义巨著。意大利近代评论家桑克提斯曾把《十日谈》与但丁的《神曲》并列,称为"人曲"。

10.《巨人传》(拉伯雷)

拉伯雷是法国文艺复兴时期的作家,其代表作品是《巨人传》。《巨人传》原名《高康大和庞大固埃》,共五卷,于1532—1564年间先后出版。这是一部讽刺小说,讲述两位巨人国王高康大及其儿子庞大固埃的神奇事迹:高康大不同凡响的出生;庞大固埃在巴黎求学时的奇遇;庞大固埃和高康大对婚姻问题的探讨;庞大固埃和好友巴汝日远渡重洋,寻访智慧源泉——"神瓶",寻求"该不该结婚"的答案,并最终如愿以偿找到神瓶,此时空中传来声音"喝吧,畅饮知识,畅饮爱情"。《巨人传》鞭挞了16世纪的法国社会,批判教会的虚伪和残酷,特别痛斥了天主教毒害儿童的经院教育,充分体现了对人、人性和人的创造力的肯定。

11.《堂吉诃德》(塞万提斯)

《堂吉诃德》是西班牙作家塞万提斯的代表作品。塞万提斯一生坎坷,曾是西班牙的战斗英雄,也曾被海盗俘获沦为苦役,做过军队征粮员、收税员,也坐过牢,广泛地接触了社会现实,进一步认清了社会的黑暗和宗教势力的残暴,体验到了劳动人民生活的悲惨和痛苦。《堂吉诃德》写的是拉·曼却地方的穷乡绅吉哈达因阅读骑士小说入了迷,企图仿效古代游侠骑士外出漫游,改名为堂吉诃德·台·拉·曼却,聘请邻居桑丘·潘沙做侍从。小说围绕主仆二人游侠冒险的经历,广泛地反映了17世纪初期西班牙社会的现实。堂吉诃德是一个身穿古代甲胄、将幻想当现实的喜剧人物,同时又是受到历史嘲弄的悲剧英雄;桑丘·潘沙是一个以侍从身份出现的西班牙贫苦农民的典型,在他身上,既有劳动人民的优秀品质,也有小私有者的心理特点。塞万提斯最初的写作宗旨是"把骑士小说的那一套扫除干净",然而,小说的意义却远远超过了对骑士文学的嘲讽和攻击。小说深刻地揭露了西班牙统治阶级的残暴腐朽和社会黑暗,对广大劳动人民的悲惨命运表示了深刻的同情。作品曲折巧妙地宣扬了人文主义思想,主张建立没有剥削压迫的"太古盛世",鼓吹自由,宣扬人与人之间的平等。

12.《麦克白》(莎士比亚)

《麦克白》是英国剧作家莎士比亚的四大悲剧之一,讲述了因野心和贪婪而造成的悲剧。故事取材于古英格兰史学家拉斐尔·霍林献特的《苏格兰编年史》,讲述苏格兰大将麦克白从战场上凯旋,因贪婪的野心、妻子的怂恿,弑杀国王邓肯,篡夺王位,从此为猜忌和恐惧所折磨愈发凶残,走上了一条不归路,并最终战败,被邓肯之子杀死。

13.《李尔王》(莎士比亚)

《李尔王》是英国剧作家莎士比亚的四大悲剧之一,讲述了因刚愎自用而造成的悲剧。故事来源于英国的一个古老传说,讲述年事已高的国王李尔王决定将国土一分为三,分给自己的三个女儿,但是需要女儿表达一下对自己的深厚感情和忠心,长女儿高纳里尔和次女里根信誓旦旦、巧言令色地一诉衷肠,唯独小女儿考狄利娅据实回答对李尔王的感情是"女儿对父亲的爱,一分也不多,一分也不少";李尔王一气之下取消了小女儿考狄利娅的财产继承权,将国土和财产一分为二,自己只保留一百个随身侍卫过上太上皇的生活,后来李尔王身边的侍卫被逐渐裁减干净,连李尔王自己也被长女和次女扫地出门,流浪在荒郊野外;成为法兰西皇后的小女儿考狄利娅率军救父,兵败被杀,死在李尔王的怀里;李尔王抱着考狄利娅的尸体伤心而死。

14.《奥瑟罗》(莎士比亚)

《奥瑟罗》是英国剧作家莎士比亚的四大悲剧之一,讲述了因嫉妒和猜忌而造成的悲剧。奥瑟罗是摩尔人,为威尼斯公国效命,骁勇善战、豪气冲天,与元老的女儿苔丝狄蒙娜相爱,二人冲破种族的差异、勇敢地走到了一起并最终修得正果;骑官伊阿古因升迁不成,怀恨在心,故意编造奥瑟罗副将凯西奥与苔丝狄蒙娜的奸情,奥瑟罗怒火中烧,在嫉妒与愤怒中掐死了苔丝狄蒙娜,在听到伊阿古夫人说出的实情后,奥瑟罗拔剑自刎。

15.《哈姆雷特》(莎士比亚)

《哈姆雷特》是英国剧作家莎士比亚的四大悲剧之一,讲述了因犹豫和延宕而造成的悲剧。《哈姆雷特》取材于 12 世纪的《丹麦史》,讲述深受人文主义思想影响的丹麦王子哈姆雷特在德国留学时突遇家庭变故,父亲在花园被毒蛇咬死,母亲迅速改嫁哈姆雷特的叔父克劳迪,而克劳迪篡取了王位,哈姆雷特又遭遇初恋情人奥菲利亚的背叛,在查明自己的父亲是被叔父杀死的真相后,哈姆雷特因行动上的犹豫不决和延宕,误杀奥菲利亚的父亲,以致奥菲利亚精神失常落水身亡,最终哈姆雷特在与奥菲利亚的哥哥雷欧提斯决斗的过程中被奸王克劳迪算计中毒,临死前,哈姆雷特杀死了克劳迪。《哈姆雷特》是莎士比亚最负盛名的剧本,代表着整个西方文艺复兴时期文学的最高成就。

16.《失乐园》(弥尔顿)

《失乐园》是英国政治家、诗人约翰·弥尔顿创作的史诗作品,取材于《旧约·创世纪》。作品讲述天使长鲁希弗不满上帝委任自己的儿子为天使、天军的首领,遂起义反抗上帝的权威,起义失败后被打入地狱,他却毫不屈服、自立为王并建造"万魔殿",成为魔鬼撒旦,后撒旦为复仇寻至伊甸园,化身为长着翅膀的蛇,引诱夏娃、亚当偷吃智慧果;上帝到伊甸园知悉情况后,将撒旦及其同伙变成蛇,终其一生都只能依靠摩擦腹部在地上匍匐行走;上帝又将违背禁令的亚当与夏娃逐出伊甸园,让亚当终其一生辛苦劳作才能养家糊口,而夏娃要承担生育的痛苦;亚当、夏娃携手,勇敢地离开伊甸园,踏上人世的艰辛旅程。《失乐园》与《荷马史诗》、但丁的《神曲》并称为"西方三大诗歌"。

17.《伪君子》(莫里哀)

《伪君子》是法国古典主义喜剧作家莫里哀的代表作品。作品讲述了圣体会成员答丢夫伪装成圣洁虔诚的宗教信徒,在得到富商奥尔恭的信任后混进奥尔恭家中,企图勾引奥尔恭的妻子,夺取其家财,真相败露后,以掌握的奥尔恭的秘密要挟奥尔恭一家;贤明君主早已洞察一切,答丢夫锒铛入狱,奥尔恭幡然醒悟,一家人皆大欢喜。《伪君子》不仅是戏剧史上的巅峰之作,同时也开启了莫里哀以手中之笔批判社会现实问题、反抗宗教统治的全盛时期。

18.《悭吝人》(莫里哀)

《悭吝人》是17世纪法国古典主义作家莫里哀的代表作品。作品讲述以放高利贷为生的老鳏夫阿巴贡爱财如命、丧失人性的故事,阿巴贡为了省钱强迫自己的女儿嫁给一位老鳏夫,因为对方不要嫁妆,又为了赚钱,强迫自己的儿子娶一位富有的寡妇为妻,而他自己却要不花钱地迎娶年轻姑娘玛丽雅娜;阿巴贡为了防止别人算计他的钱财把一万金币埋在花园里,后来发现埋在花园里的金币丢了,伴随着金币的丢失,阿巴贡彻底丧失人性,后来金币找回来,阿巴贡的人性也得到了复苏。这部作品表现了金钱对人性的毁灭。英国剧作家莎士比亚《威尼斯商人》中的夏洛克、法国剧作家莫里哀《悭吝人》中的阿巴贡、法国作家巴尔扎克《欧也妮·葛朗台》中的老葛朗台、俄国作家果戈理《死魂灵》中的泼留希金被称为西方文学史上的"四大吝啬鬼"形象。

19.《弃儿汤姆·琼斯的历史》(菲尔丁)

《弃儿汤姆·琼斯的历史》是英国作家菲尔丁的代表作品。作品讲述乡绅奥尔华绥外出归来,发现家里多了一个来历不明的婴儿,奥尔华绥家的女仆珍妮和乡村教师庞立支被认为是这个婴儿的生身父母,但二人均不承认并离家出走,奥尔华绥只得收养这个弃婴,为其取名为"汤姆·琼斯"。汤姆·琼斯长大后真诚善良又轻率鲁莽,他喜欢上了乡绅威士特恩的独生女索菲亚;而奥尔华绥的外甥布立非也在追求索菲亚,同时布立非为了继承奥尔华绥的财产一再陷害汤姆·琼斯;被逼婚的索菲亚只得离家出走伦敦,汤姆·琼斯去伦敦寻找索菲亚,二人经历种种危险;在伦敦,汤姆·琼斯再一次被布立非陷害入狱,在乡村教师庞立支、已经沦为妓女的珍妮的帮助下洗脱冤情,其真实身份也被揭穿,原来他是奥尔华绥妹妹的私生子,是布立非同母异父的哥哥;最终奥尔华绥立汤姆·琼斯为自己的财产继承人,乡绅威士特恩也同意把女儿索菲亚嫁给他。《弃儿汤姆·琼斯的历史》通过讲述汤姆·琼斯的成长历程,记录了英国18世纪的现实生活,具有史诗的规模与气势,标志着18世纪英国现实主义小说的最高成就。

20.《新爱洛依丝》(卢梭)

《新爱洛依丝》是法国启蒙主义思想家、文学家卢梭的代表作品。作品取材于公元12世纪法国神学家阿贝拉尔和他的女弟子爱洛依丝的爱情悲剧,展现18世纪法国青年人因阶级差距导致的爱情悲剧。圣·普乐是平民知识分子,年轻英俊、知识渊博,在担任贵族小姐尤丽的家庭教师期间,和尤丽不顾世俗的眼光和法律对阶级界限的规定产生真挚而纯洁的感情;这段感情最终被尤丽的父亲切断,圣·普乐出走异乡,尤丽嫁给五十岁的大贵族伏勒玛。尤丽的婚姻生活平静幸福,在丈夫伏勒玛的允许下邀请圣·普乐回来担任他们儿子的家庭教师。重逢的尤丽与圣·普乐再度陷入感情漩涡,尤丽在家庭伦理与感情面前痛苦不堪,一日,为救落水的儿子染病去世。这是一部用书信体的方式写成的小说作品,控诉了18世纪法国社会的阶级偏见与束缚。

21.《少年维特的烦恼》(歌德)

《少年维特的烦恼》是德国作家歌德的代表作品。维特是18世纪深受启蒙思想影响的青年,才华出众,热情奔放,与品性单纯善良的少女绿蒂相爱,但是绿蒂已有未婚夫且不愿意违背礼俗只能牺牲爱情,维特只得出走,到异地工作,寻求新生;在工作中,维特因平民身份在参加同事组织的聚会时,遭到贵族出身的同事的羞辱,受辱的维特再一次回到绿蒂身边,绿蒂依然不肯违背世俗道德,维特看不到生活的希望,绝望自杀身亡。《少年维特的烦恼》以书信体的方式写成,鞭挞了德国丑恶的社会现实。这部作品为当时年仅25岁的歌德带来巨大声誉。

22.《浮士德》(歌德)

《浮士德》是德国作家歌德的代表作品。浮士德本是德国16世纪民间传说中的一位人物,他懂得占星术、炼金术、占卜等,把自己的灵魂卖给魔鬼,以换取有生之年漫游世界、享受生活。歌德在童年时代就熟识浮士德的传说故事,立志要把浮士德的故事写出来,后来歌德与席勒交往,在席勒的鼓励下,歌德开始执笔创作《浮士德》,可以说,《浮士德》这部作品的创作贯穿歌德的一生。作品中的浮士德是一位饱读诗书的博士,无意中成为上帝和魔鬼靡菲斯特的赌注。上帝与魔鬼靡菲斯特打赌,上帝认为人是向善的、不断进取的,魔鬼靡菲斯特认为人类是堕落的。魔鬼靡菲斯特来到人间,与浮士德进行交易:在浮士德的有生之年,靡菲斯特尽己所能满足浮士德的一切需求,如果有一天浮士德得到了满足,说出"停下来吧,太美了",那么浮士德的灵魂归魔鬼所有。全剧贯串着辩证的精神,浮士德追求至善至美,体现肯定的精神,是"善";而靡菲斯特的本质是"经常否定的精神",就是"恶";靡菲斯特阻碍浮士德向上,但是,他的恶也从反面起了推动作用。浮士德和靡菲斯特是人的一分为二,是人的两种精神,是发展过程的两个方面。浮士德经历的知识悲剧、爱情悲剧、政治悲剧、古典美的悲剧、改造大自然的悲剧,恰恰是西方知识分子自文艺复兴以来三百多年思想与精神的探求历程。《浮士德》这部诗剧作品被认为是德国迄今为止最伟大的作品,与《荷马史诗》、但丁的《神曲》、莎士比亚的《哈姆雷特》被称为欧洲文学史的四部里程碑式的作品。

23.《阴谋与爱情》(席勒)

《阴谋与爱情》是德国作家席勒的代表作品,也是德国"狂飙突进"运动优秀的代表作品之一。作品讲述德国某公国宰相之子费迪南爱上了宫廷乐师的女儿露伊斯,宰相为了控制公爵却要求费迪南娶公爵的英国情妇为妻;费迪南不愿意放弃与露伊斯的感情,父子之间由此产生了矛盾;秘书伍尔牧帮助宰相策划阴谋,一方面让费迪南误以为露伊斯背叛了自己和他人有奸情,另一方面又抓走露伊斯的父亲来要挟露伊斯;费迪南怒火中烧,毒死了露伊斯;露伊斯在临死前说出全部事情,费迪南也殉情而死,在临死前向他的父亲忏悔。《阴谋与爱情》通过费迪南和露伊斯的爱情悲剧表现了德国18世纪的社会矛盾,具有强烈的批判精神。

24.《抒情歌谣集》(华兹华斯、柯勒律治)

《抒情歌谣集》是英国19世纪初浪漫主义诗人华兹华斯与柯勒律治的诗集,诗歌作品以宗法制的农村生活和自然风景为主,甫一出版即在英国产生巨大影响,在《抒情歌谣集》第二版时,华兹华斯写了一篇序言,序言中详细阐述了浪漫主义新诗的理论,华兹华斯提出诗是"强烈感情的自然流露",强调诗人用民间的淳朴语言写"微贱的田园生活",这篇序言被誉为浪漫主义诗歌的宣言。

25.《堂璜》(拜伦)

《堂璜》是英国积极浪漫主义诗人拜伦的代表作品,也是一部未完成之作。堂璜本是16世纪西班牙传说中的人物,传说中的堂璜好色成性,为了满足自己的淫欲欺男霸女无恶不作。拜伦为了向伪善的旧道德宣战,对堂璜形象进行了改写,把堂璜塑造成了一位"拜伦式英雄",高傲而倔强、忧郁而孤独、神秘而痛苦、与社会格格不入,从而对之进行彻底反抗的叛逆者英雄性格——烫烙着拜伦的思想个性气质,是孤傲的反叛者,心怀人间悲哀同整个社会抗争。拜伦笔下的堂璜在青年时代为有夫之妇引诱从而受到威胁不得不逃离故乡,遭遇海上沉船后,流浪到希腊和海盗的女儿相爱,被海盗抓住贩卖到君士坦丁堡的奴隶市场,又被卖到苏丹后宫成为男宠,从苏丹后宫逃出后,堂璜参加俄军围攻伊斯迈尔城的战役,获得战功后得到俄国女皇叶卡捷琳娜的召见,从此作为俄国女皇的使者出访英国。拜伦最初的创作设想是通过堂璜的出访对欧洲各国的社会状况进行抨击,并让堂璜直接参加法国民众攻占巴士底狱的行动,遗憾的是拜伦英年早逝壮志未酬。拜伦通过堂璜形象,批评欧洲各国腐朽没落的社会现实、伪善的社会道德,讴歌自由、民主的精神。

26.《胡桃夹子和老鼠王国》(霍夫曼)

《胡桃夹子和老鼠王国》是德国作家霍夫曼的代表作品,霍夫曼的著作风格怪异,写下了许多异想天开的讽刺剧。《胡桃夹子和老鼠王国》写的是小姑娘玛丽收到教父送的圣诞礼物"一个咬核桃小人",玛丽把它与一队玩具兵一起锁在玻璃柜里;玛丽夜里梦见老鼠国王率大群老鼠来攻打玩具兵,咬核桃小人指挥士兵作战受伤;玛丽情急,用自己的鞋子击中老鼠国王,救了咬核桃小人的命,但因用力过度,自己昏倒在地。玛丽因此病倒,这时,教父前来探病,还给她讲故事。《胡桃夹子和老鼠王国》曾被大仲马和柴可夫斯基改编成芭蕾舞剧,成为圣诞节的必备剧目,流行至今,亦多次被改编为动画片和电影。

27.《艾凡赫》(司各特)

《艾凡赫》是英国作家沃尔特·司各特创作的长篇历史小说。小说主人公艾凡赫是撒克逊人,因违背父意与异族统治者交往,并参加了狮心王理查一世率领的十字东征军,被逐出家门,回国后他借助罗宾汉的帮助挫败了理查一世的弟弟发动的政变图谋。重新登上王位的理查一世成全了艾凡赫与贵族小姐罗文娜的婚姻。当时撒克逊人民同统治贵族之间的矛盾很尖锐,艾凡赫辅佐理查,调和冲突,缓解尖锐的民族矛盾,成为一个历尽艰险、勇敢、忠诚、智勇双全的英雄人物。作家司各特在民族和社会矛盾的宏伟历史画面下,把目光从苏格兰的历史转向英国以至整个欧洲的历史,巧妙地把个人命运与历史重大事件结合在一起,结构宏伟,叙事巧妙。

28.《红与黑》(司汤达)

《红与黑》是19世纪法国批判现实主义作家司汤达的代表作品。"红"是拿破仑军队所穿的红色军装,"黑"是宗教神父所穿的黑色衣服,"红"与"黑"象征作品的主人公于连走的两条道路,普通市民出身的青年于连仰慕拿破仑希望在拿破仑麾下效力,希望凭借自己的努力平步青云,却生不逢时。为了实现往上爬的人生目标,于连凭着聪明才智,以宗教为阶梯到贵族出身的市长家当家庭教师,与市长夫人勾搭成奸,事情败露后逃离市长家,进了神学院,经神学院院长举荐,到巴黎给极端保王党中坚人物拉莫尔侯爵当私人秘书,很快得到侯爵的赏识和重用;为了继续往上爬,于连欲擒故纵引诱侯爵的女儿马蒂尔德小姐,逼迫侯爵就范,得到了自己想要的一切。而此时,在教会的策划下,市长夫人被逼写了一封告密信揭发于连;愤怒中的于连乘坐三天三夜的马车赶回故乡,射杀在教堂做礼拜的市长夫人,并拒绝马蒂尔德小姐、市长夫人对他的救助,在法庭慷慨陈词,控诉等级社会的不公,最终接受死刑,义无反顾地上了断头台。

29.《巴黎圣母院》(雨果)

《巴黎圣母院》是法国作家维克多·雨果人道主义三部曲之一。该作品通过美丑对照原则,以离奇手法写了一个发生在15世纪法国的故事:吉卜赛女郎爱斯梅拉尔达在巴黎圣母院前的广场上卖艺为生,她的美貌吸引了巴黎圣母院副主教弗罗洛的注意,弗罗洛强迫自己的养子——巴黎圣母院的畸形敲钟人卡西莫多去绑架爱斯梅拉尔达以满足自己的淫欲,爱斯梅拉尔达被贵族出身的年轻英俊的护卫队队长法比救下,故事由此展开。人物形象在美与丑、善与恶的对比中愈加鲜明,"丑就在美的旁边,畸形靠近着优美,丑怪藏在崇高的背后,恶与善并存,黑暗与光明相共"。弗罗洛道貌岸然、蛇蝎心肠,面目丑陋的敲钟人卡西莫多心地善良,贵族青年法比年轻英俊却没有担当且污秽不堪,此外还有乞丐王国的民众,他们善良、真诚、有爱,年轻诗人脱离生活好高骛远。《巴黎圣母院》揭露了宗教的虚伪,宣告禁欲主义的破产,歌颂了底层劳动人民,反映了雨果的人道主义思想。

30.《悲惨世界》(雨果)

《悲惨世界》是法国作家维克多·雨果的人道主义三部曲之一。作品的原意是"受苦的人们",围绕冉·阿让的个人经历,揭示当时法国社会的三个迫切问题,即"贫困使男子潦倒,饥饿使妇女堕落,黑暗使儿童羸弱",冉·阿让、芳汀、珂赛特就属于这些不幸的人。冉·阿让本是修剪树枝的工人,帮助姐姐抚养孩子,失业后因偷了一块面包而入狱,因惦念姐姐几次越狱,皆不成功,最后坐牢19年才出狱,在米里哀主教的感化下一心向上,成为富甲一方的工厂主,做慈善救助困难民众;芳汀为人诱骗,未婚生女,被社会唾弃,失业后只能出卖身体才能支付女儿的抚养费;珂赛特幼年失怙,在寄养的家庭里受尽折磨,幸好得到冉·阿让的抚养才健康成长。《悲惨世界》描绘这个悲惨世界,分析造成这个悲惨世界的根本原因,目的在于找到消灭世界的悲惨的方式,即以仁爱精神去抗恶,实现共和。

31.《海上劳工》(雨果)

《海上劳工》是法国作家维克多·雨果的人道主义三部曲之一,也是雨果流亡海岛期间创作的一部重要小说。《海上劳工》主要描写了主人公吉利亚特对船主勒蒂埃利的侄女戴吕施特深沉纯洁的爱,为抢救杜朗德的机器表现出的勇敢与才能,以及为了成全戴吕施特与埃伯纳兹尔·柯德莱神父的婚姻而作出的自我牺牲,表现了主人公与偏见、迷信及自然力的英勇斗争,塑造了一个集"约伯与普罗米修斯"于一身的海上劳工代表形象。

32.《九三年》(雨果)

《九三年》是法国作家维克多·雨果创作的最后一部长篇小说。雨果在小说中塑造了旺代叛军首领朗特纳克侯爵及其侄孙、镇压叛乱的共和军司令郭文,以及郭文的家庭教师、公安委员会特派员西姆尔丹这三个中心人物,围绕他们展开了错综复杂的情节,描绘了资产阶级和封建势力在1793年进行殊死搏斗的历史场面。雨果在小说中提出了"在绝对正确的革命之上,还有一个绝对正确的人道主义"的观点。1793年是法国大革命的恐怖时代,纷繁复杂的阶级斗争极为激烈。

法国封建王朝被推翻后,保王党在法国的布列塔尼地区和旺代地区率领十万农民发动叛乱,前侯爵朗特纳克成为叛乱的首领,企图占据一个海边据点引英国军队登岸。国民公会派遣教士出身的西姆尔丹作为共和国政府代表前往旺代的一支平叛部队督战。这支共和国军队的年轻司令郭文是被作者赋予美好理想的人道主义者,他是朗特纳克的侄孙。共和国军队与叛乱的农民军发生数次激战,后来,朗特纳克被围困,他劫持三个小孩作人质,要求换取自由,被郭文断然拒绝。由于偶然原因,朗特纳克得以逃脱,共和国军为搜捕他而放火烧了一座城堡,城堡有很厚的铁门,钥匙在朗特纳克手中。当看到三个小孩困于火海中的惨况时,人性使他回来解救孩子而自愿落入共和国军队手中。郭文震惊于朗特纳克的人道主义精神,经过激烈的思想斗争,将他放走,自己承担全部责任。作为郭文童年时代的老师,西姆尔丹视郭文如己出,他理解郭文放走朗特纳克的人道冲动,但国民公会的铁的纪律和他执行革命纪律的坚强意志战胜了私人感情。西姆尔丹最终下令处死郭文,在郭文人头落地的一刹那,他承受不住沉重的打击,举枪自尽。这部跌宕起伏、摄人心魄的作品寄寓了作者的人道主义理想,被认为是雨果毕生追寻人道主义的自我总结。

33.《欧也妮·葛朗台》(巴尔扎克)

《欧也妮·葛朗台》是法国19世纪批判现实主义作家巴尔扎克的代表作品。巴尔扎克通过"人物再现法",把90多部长、中、短篇小说收集为《人间喜剧》。《人间喜剧》把作品分为"风俗研究""哲学研究""分析研究"三大类。《欧也妮·葛朗台》有三条叙事线索,即因葛朗台家庭内专制所掀起的阵阵波澜,家庭外银行家和公证人两户之间的明争暗斗,欧也妮对夏尔·葛朗台倾心相爱而夏尔背信弃义的痛苦的人世遭遇,通过这三条叙事线索,巴尔扎克讲述了一个金钱毁灭人性、造成家庭悲剧的故事。巴尔扎克曾说过"金钱控制法律,控制政治,控制风俗到前所未有的程度",《欧也妮·葛朗台》是一幅法国19世纪前半期外省的色彩缤纷的社会风俗画,揭露了金钱对人的思想灵魂腐蚀和摧残。

34.《高老头》(巴尔扎克)

《高老头》是法国作家巴尔扎克创作的长篇小说。作品通过到巴黎读书的青年大学生拉斯蒂涅的视角展示了波旁王朝时期法国社会的面貌,高老头是法国大革命时期起家的面粉商人,中年丧妻,他把自己所有的爱都倾注在两个女儿身上,为了让她们挤进上流社会,从小给她们良好的教育,且出嫁时给了她们每人80万法郎的陪嫁,可他的两个女儿生活放荡,挥金如土,他的爱轻而易举就被金钱至上的原则战胜了,最后死于贫困。拉斯蒂涅在安葬高老头之后,决定放手一搏,在巴黎闯出一番天地。作品围绕着高老头的故事,着重揭露批判人与人之间赤裸裸的金钱关系;通过鲍赛昂夫人的命运,形象地描绘了资产阶级暴发户如何打败贵族阶级并取而代之这一历史过程;通过拉斯蒂涅所走过的道路和他的心理变化,细致地揭示了资本主义社会中金钱对人们灵魂的巨大腐蚀作用。《高老头》是最能代表巴尔扎克文学特点的作品。

35.《包法利夫人》(福楼拜)

《包法利夫人》是法国作家福楼拜创作的长篇小说。作品讲述的是一个受过贵族化教育的农家女爱玛的故事,爱玛自小在修道院长大,远离现实生活,幻想传奇式的浪漫爱情,她瞧不起当乡镇医生的丈夫包法利,精神空虚的她两度寻求婚外情,但婚外情并没有给她带来幸福,却使她自己成为高利贷者盘剥的对象。最后包法利夫人积债如山,走投无路,在高利贷者的盘剥下只好服毒自尽。包法利夫人去世后,她唯一的女儿被送到工厂做了一名普通女工。福楼拜在创作《包法利夫人》时提出了"客观而无动于衷"的创作原则,要求作品展示真实的社会生活,爱玛的死不仅仅是她自身的悲剧,更是那个时代的悲剧,福楼拜用细腻的笔触描写了包法利夫人情感堕落的过程,寻找造成这种悲剧的社会根源。爱玛认为"爱情应当骤然来临,电光闪闪,雷声隆隆,仿佛九霄云外的狂飙,吹过人世,颠覆生命,席卷意志,如同席卷落叶一般,把心整个带往深渊",这种不切实际、想入非非的品性被称为"包法利主义",与爱玛形象一起成为一个专有名词。"包法利主义"是平庸卑污的现实与渴望理想爱情、超越实际的幻想相冲突的产物,是七月王朝和第二帝国时期享乐生活盛行的恶浊风气孕育而成的一种精神现象,福楼拜对此痛加针砭。

36.《恶之花》(波德莱尔)

《恶之花》是法国象征主义诗人波德莱尔的一部诗集,它是一本有逻辑、有结构、有头有尾、浑然一体的书,被誉为法国"伟大的传统业已消失,新的传统尚未形成"的过渡时期里开放出来的一丛奇异的花,兼具浪漫主义、象征主义和现实主义的特征。《恶之花》中的诗不是按照写作年代先后来排列,而是根据内容和主题分属六个诗组,分别有《忧郁和理想》《巴黎即景》《酒》《恶之花》《叛逆》和《死亡》等标题,其中《忧郁和理想》分量最重;六个诗组以集中的主题思想,表现孤独、病态的诗人,在光明与黑暗、现实与虚幻、灵与肉之间的痛苦挣扎,上下求索,不断追求美与理想的曲折历程和悲痛的内心感受,刻画出了诗人忧郁和理想冲突交战的轨迹。

37.《驿站长》(普希金)

俄国作家普希金被高尔基赞誉为"俄国文学之父"。《驿站长》是普希金的一篇短篇小说,收录于小说集《别尔金小说集》中。小说主人公维林是一个驿站的站长,为人忠厚善良,但由于身处社会底层,备受压迫和屈辱,女儿杜尼亚是他悲苦生活中唯一的精神寄托。杜尼亚年轻貌美,聪明伶俐,深受过往旅客喜爱,跟随一个年轻的骠骑兵大尉明斯基离开驿站,维林虽尽力寻找,但苦于对方的权势和阻碍,始终无法和女儿团聚,最终苦闷而死。杜尼亚并没有如父亲所想的那样被明斯基抛弃,而是过上了富足的生活,但等她重归驿站,迎接她的不再是父亲的拥抱,而是一座凄凉的孤坟。普希金以满腔的同情写出了生活在社会底层的俄国百姓的艰难,开启俄国文学描写"小人物"的先河。维林是俄国文学史上的第一个"小人物"形象。

38.《上尉的女儿》(普希金)

《上尉的女儿》是俄国作家普希金的一部长篇小说作品。作品取材于俄国18世纪的普加乔夫起义,采用第一人称的叙述方式,以贵族青年军官格里尼奥夫和上尉的女儿玛丽娅之间曲折而动人的爱情故事为主要线索,把格里尼奥夫的个人命运与普加乔夫领导的农民起义紧密地结合在一起。这部作品的意义在于描绘了丰富的历史画面和社会内容,刻画了各种不同阶层人物的性格,揭示了他们的心理活动,尤其塑造了农民起义领袖普加乔夫热爱自由、宁死不屈的英雄形象。《上尉的女儿》是俄国文学史上第一部描写农民起义的现实主义作品。

39.《叶甫盖尼·奥涅金》(普希金)

《叶甫盖尼·奥涅金》(也译作《欧根·奥涅金》)是俄国作家普希金创作的长篇诗体小说。作品描写的是彼得堡贵族青年奥涅金厌倦了上流社会生活,空虚无聊,又找不到人生的方向和意义,一次为继承叔父财产到了俄国的乡村,在那里,他结识了地主拉林家的长女达吉雅娜。达吉雅娜对奥涅金一见钟情,经过激烈的思想斗争,她给奥涅金写了一封深表爱慕之情的信;而奥涅金却根本不能理解达吉雅娜的真挚情意,冷淡地拒绝,说什么自己不宜享受家庭幸福等。奥涅金在继承的庄园里尝试进行各种改革,但是一无所获。后来,奥涅金在舞会上调戏达吉雅娜的妹妹奥丽加,导致奥丽加的未婚夫同时也是自己的好友连斯基与自己决斗,在决斗中杀死了连斯基,离开了乡村。几年之后,奥涅金在彼得堡上流社会的一次交际活动上又遇见达吉雅娜,此时的达吉雅娜已从一个纯朴的农家少女出落成上流社会"女神"般的贵妇人;奥涅金为虚荣心所驱使,为她神魂颠倒,拼命追求达吉雅娜;而达吉雅娜真诚地告诉奥涅金:此刻她仍然爱他,却不能属于他,因为她要忠于自己的丈夫。普希金在奥涅金身上准确地概括了当时俄国社会一部分受到进步思想影响但最终又未能跳出其狭小圈子的贵族青年的思想面貌和悲剧命运,他们是"思想上的巨人,行动上的矮子",奥涅金是俄国文学中的第一个"多余人"形象。作品通过对叶甫盖尼·奥涅金日常生活的描写,广泛地反映了19世纪初俄国社会生活面貌,揭露了俄国贵族阶级的腐朽、荒淫、无聊、无情。作品在塑造奥涅金的同时,提出了当时贵族知识分子脱离人民的社会问题。别林斯基评价《叶甫盖尼·奥涅金》为"俄罗斯生活的百科全书和最富有人民性的作品"。

40.《三个火枪手》(大仲马)

《三个火枪手》又译作《三剑客》《侠隐记》,是法国19世纪浪漫主义作家大仲马的代表作之一。这部历史小说以法兰西国王路易十三时期的历史为背景,描写贵族青年达达尼昂加入国王路易十三的火枪手卫队,与其他三个火枪手阿多斯、波尔朵斯、阿拉宓斯成为好朋友,他们忠于国王,与黎塞留斗争,为了保护法国王后的名誉,解除黎塞留设置的重重障碍,挫败了黎塞留挑拨国王和王后关系的阴谋。这部历史小说反映出路易十三时期统治阶级内部钩心斗角的种种情况。

41.《基督山伯爵》(大仲马)

《基督山伯爵》是法国作家大仲马的长篇小说作品。作品讲述19世纪法国皇帝拿破仑"百日王朝"时期,法老号大副爱德蒙·邓蒂斯受船长委托,为拿破仑党人送了一封信,遭到两个卑鄙小人和法官的陷害,被打入黑牢。狱友法利亚神甫向他传授各种知识,并在临终前把埋于基督山岛上的一批宝藏的秘密告诉了他。邓蒂斯越狱后找到了宝藏,成为巨富,从此化名"基督山伯爵"(水手辛巴德、布索尼神父、威尔莫勋爵),经过精心策划,报答了恩人,惩罚了仇人。作品以基督山扬善惩恶、报恩复仇为故事发展的中心线索,主要情节跌宕起伏,迂回曲折,从中又演化出若干次要情节,小插曲紧凑精彩,却不喧宾夺主,情节离奇却不违反生活真实。

42.《嘉尔曼》(梅里美)

《嘉尔曼》是法国作家梅里美的代表作品。梅里美的中短篇小说在法国文坛领域独树一帜,堪称大师,代表作有《嘉尔曼》《高龙芭》等,塑造了一系列特立独行的女性形象。嘉尔曼是一名吉卜赛女郎,能歌善舞,容貌漂亮,性格泼辣、桀骜不驯,她以在纺织厂做工、算命、卖艺为掩护,充当走私强盗的耳目。唐何塞对嘉尔曼情有独钟,但他霸占、据为己有的行径遭到嘉尔曼的厌恶。最终求而不得、因爱生恨的唐何塞杀死了嘉尔曼。嘉尔曼不是西方文学史中的传统的女性形象,是一个追求人生自由的恶之花,形象深入人心。《嘉尔曼》被改编成歌剧《卡门》,成为西方歌剧舞台上的经典之作。

43.《名利场》(萨克雷)

《名利场》是英国批判现实主义作家威廉·梅克比斯·萨克雷创作的长篇小说。作者以圆熟泼辣的手笔,通过艾米丽亚、蓓基·夏泼两位女性一生的生命轨迹,淋漓尽致地描绘了一幅19世纪英国贵族社会骄奢淫逸、勾心斗角的生活图景,无情地揭露了贵族荒淫无耻、腐朽堕落的本质和资产阶级追名逐利、尔虞我诈的虚伪面目,也写出了维多利亚时代女性所受到的道德、伦理束缚。

44.《匹克威克外传》(狄更斯)

《匹克威克外传》是英国作家查尔斯·狄更斯的代表作品。作品讲述的一位独身老绅士匹克威克先生,是一位"名流",也是一位"学者",组建了一个以他的姓氏命名的社团"匹克威克社",他带着几个"匹克威克派"人士坐四轮大马车从伦敦匹克威克俱乐部出发到外地游历,一路碰到了种种滑稽可笑的人和事。经过大约两年,匹克威克先生的追随者和他自己都觉得游历够了,"匹克威克社"也宣告解散了,匹克威克先生实行了"退隐",故事也就此结束。狄更斯以幽默风趣的笔法反映了广阔的生活画面,揭露了英国社会种种不合情理、荒诞可笑的社会现象。

45.《雾都孤儿》(狄更斯)

《雾都孤儿》是英国作家狄更斯的一部长篇小说,作品以雾都伦敦为背景,讲述了一个孤儿悲惨的身世及遭遇。主人公奥利弗是一位富商的私生子,在孤儿院长大,经历学徒生涯,艰苦逃难,误入贼窝,又被迫与狠毒的凶徒为伍,饱尝生活的艰辛,最后在善良人的帮助下,查明身世并获得了幸福。狄更斯少年时代经历坎坷,曾经沦为童工,承担养家的重担,后凭借自己的努力,在文学创作中取得成就。狄更斯因难以忘怀自己童年时代的不幸遭遇,塑造了一系列"可以教化的孤儿"形象,《雾都孤儿》中的奥利弗、《大卫·科波菲尔》中的大卫都有作者本人童年时代的影子。

46.《双城记》(狄更斯)

《双城记》是英国作家狄更斯以法国大革命为背景所写成的长篇历史小说。梅尼特医生目睹厄弗里蒙地侯爵的暴行,写信向朝廷告发,自己反被诬陷入狱,被关在巴士底狱 18 年。梅尼特医生家的管家得伐石的妻子也是当年厄弗里蒙地侯爵暴行的受害者,多年来通过纺线的方式记录其罪行。法国爆发大革命时,梅尼特医生的女婿代尔那——厄弗里蒙地侯爵的儿子赶回巴黎营救无辜的管家,被起义者抓住,面临绞刑,最终被好友卡尔登代替走上了断头台。书名中的"双城"指的是巴黎与伦敦,狄更斯在故事中通过梅尼特医生一家人的生活将巴黎、伦敦两个大城市联结起来,描写了罪恶贵族对百姓的残害,人民心中积压对贵族的刻骨仇恨,导致不可避免的法国大革命。狄更斯提出"在绝对的暴力之上,还有绝对正确的人道主义",也批判了法国大革命残忍的暴力行为。

47.《死魂灵》(果戈理)

《死魂灵》是俄国作家尼古莱·瓦西里耶维奇·果戈理·亚诺夫斯基创作的

长篇小说,出版于1842年。作品描写做投机生意的六等文官乞乞科夫利用俄国人口普查与税收政策上的漏洞,到某偏僻省城收购已经死去但是还未注销户口的农奴("死魂灵"),"趁新的人口调查没有进行之前,买进一千个死魂灵,每个魂灵二百卢布,足可以赚二十万",通过买空卖空的方式,牟取暴利。作品通过乞乞科夫游走各地,购买死魂灵的过程,记录了俄国城乡生活的真实画面。《死魂灵》中的地主泼留希金与莎士比亚《威尼斯商人》中的夏洛克、莫里哀《悭吝人》中的阿巴贡、巴尔扎克《欧也妮·葛朗台》中的老葛朗台并称为西方文学史上的四大吝啬鬼形象。

48.《猎人笔记》(屠格涅夫)

《猎人笔记》是俄国作家屠格涅夫的一部随笔集,通过猎人的狩猎活动记述19世纪中叶俄国农村生活,包括25篇特写。作品通过一个猎人在俄国中部山村打猎,记录见闻,描写了地主、磨坊主、医生、牧童、知识分子等不同类型的人物形象,对俄国聪明能干、心地善良的农民的悲惨境遇表达同情,反对农奴制。《猎人笔记》反农奴制的倾向触怒了当局,当局以屠格涅夫发表追悼果戈理文章违反审查调理为由,将其拘捕、放逐。

49.《卡拉马佐夫兄弟》(陀思妥耶夫斯基)

《卡拉马佐夫兄弟》是俄国作家陀思妥耶夫斯基创作的长篇小说作品。《卡拉马佐夫兄弟》最初在《俄罗斯信使》杂志上连载了将近两年(自1879年第1期至1880年第11期),并于1881年出版了第一个单行本。该书通过一桩真实的弑父案,描写老卡拉马佐夫同三个儿子两代人之间的尖锐冲突,记述"偶然组合的家庭"分崩离析的历史。老卡拉马佐夫贪婪好色,独占妻子留给儿子们的遗产,并与长子德米特里为一个风流女子争风吃醋。一天黑夜,德米特里疑心自己的情人去跟老头儿幽会,便闯入家园,一怒之下,差点把老头儿砸死。他仓惶逃离后,躲在暗中装病的老卡拉马佐夫的私生子斯麦尔加科夫悄然杀死老爷,造成了一桩震惊全俄的扑朔迷离的血案,从而引发了一连串惊心动魄的事件。作品塑造的卡拉马佐夫一家父子几人具有共同的精神气质,即卑鄙无耻、自私自利、放荡堕落、野蛮残暴,文学史上称之为"卡拉马佐夫性格"。

50.《草叶集》(惠特曼)

惠特曼是现代美国诗歌之父,其代表作品是诗集《草叶集》。"草叶"是最普通、最富于生命力的东西,是普通人的象征,是发展中的美国的象征,是诗人惠特曼关于民主、自由的理想、希望的象征。《草叶集》是"通过一个普通美国人的生活、情感和思想,去表现他的国家和他的时代的一般人民",这个普通美国人就是《草叶集》中的"我"。《草叶集》中的诗歌以美国内战为界分为两部分,一部分创作于美国内战前,有150多首,在这些诗中,惠特曼赞美美国普通民众、赞美大自然,歌颂民主和自由;一部分诗歌创作于美国内战爆发后,这些诗作鼓舞士气,抨击妥协分子。惠特曼的《草叶集》雄浑有力、质朴自然,是美国精神和时代精神的体现者。

51.《小酒店》(左拉)

《小酒店》是法国作家爱弥尔·左拉的代表作品。左拉受实证主义哲学的影响,提出以科学实验的方法、客观记录的态度、侧重生理分析的手法进行文学创作,发展自然主义的文学理论,并成为自然主义文学的代表。左拉模仿巴尔扎克《人间喜剧》的结构特点,创作《卢贡－马卡尔家族》作品集。《卢贡－马卡尔家族》记录"第二帝国时代一个家族的自然史和社会史",在创作过程中,左拉有着明确的创作目的,即"第一,研究一个家族的血统和环境的问题;第二,研究整个第二帝国时代"。《小酒店》是《卢贡－马卡尔家族》中的第7部,小说从主人公绮尔维丝22岁写起,直到她死去,共写了20年间发生的故事(1850—1869)。作品真实地表现了法兰西第二帝国时期手工业工人贫困、堕落的生活。《小酒店》的意义不在于它的革命性,而在于它真实地描绘了在社会发展的特定历史阶段中,尚未觉醒的底层工人的消极、麻木的悲惨生活。

52.《德伯家的苔丝——一个纯洁的女人》(哈代)

托马斯·哈代是英国维多利亚时代的最后一位作家,他也是横跨两个世纪的作家,以"威塞克斯小说"系列闻名于世。威塞克斯是英国的一个古老的地名,哈代很多作品的故事背景都是威塞克斯,他把这些作品连成一体分为"罗曼史和幻想""爱情阴谋小说""性格和环境小说",表现工业文明对英国传统的宗法制农村生活的冲击。"威塞克斯小说",与巴尔扎克的"人间喜剧"、左拉的"卢贡－马卡尔家族"的总题名相同,不同的是巴尔扎克和左拉用人物再现法把各部小说串联在一起,哈代用威塞克斯的同一背景把各部独立的小说联系在一起。他的人物都只在一部小说中出现,但威塞克斯的乡村环境却在不同的小说中出现。《德伯家的苔丝》是"威塞克斯系列"中的一部。小说的女主人公苔丝生于一个贫苦小贩家庭,因生活所迫父母要她到一个富老太婆家去攀亲戚,结果她被少爷亚雷诱奸,后来她与牧师的儿子克莱尔恋爱并订婚,在新婚之夜她把昔日的不幸向丈夫坦白,却没能得到原谅,两人分居,丈夫去了巴西。几年后,苔丝再次与亚雷相遇,这次苔丝又一次因为家境窘迫不得不与亚雷同居。不久,克莱尔从国外回来,对自己以往的冷酷无情向妻子表示悔恨;苔丝痛苦地觉得她的不幸都是亚雷造成的,便愤怒地杀死亚雷,然后与克莱尔逃亡,在森林里过了五天幸福生活,最后被捕并被处以绞刑。哈代在小说的副标题中称女主人公为"一个纯洁的女人",公开地向维多利亚时代虚伪的社会道德挑战。

53.《还乡》(哈代)

《还乡》是英国作家托马斯·哈代"威塞克斯小说"系列中的一部,属于"性格与环境"类型小说。作品以英国西南部威塞克斯"一片苍茫万古如斯"的爱敦荒原为背景,以悲观的手法描写了宗法制社会的必然灭亡。作品的女主人公游苔莎骄傲任性,富于幻想,向往巴黎大都市的生活,而她的丈夫姚伯却因厌倦城市生活回到故乡,游苔莎失望之余和人私奔,希望到巴黎享受"城市快乐的余沥残渣",却在途中与情人一起溺水身亡。爱敦荒原是一种永恒精神的象征,板着千年不变、万古如斯的面孔,冷漠地注视着变化的乡村和生活在那里的人们;爱敦荒原又是威塞克斯社会的传统和秩序的象征,它代表的威塞克斯宗法制社会,在资本主义冲击下,已成为桎梏人们思想和生活的枷锁。《还乡》是一部描写威塞克斯人在外部世界的影响下不安于环境和命运的悲剧,记述普罗米修斯盗火式的叛逆,理想与现实的矛盾。

54.《玩偶之家》(易卜生)

《玩偶之家》是19世纪后半期挪威戏剧家亨利克·易卜生社会问题剧的代表作品,以一位女性的真实经历写成。女主人公与丈夫海尔茂已经生育了三个孩子,夫妻恩爱、家庭和美,娜拉被丈夫海尔茂视作"小心肝""小麻雀"。一次,担任银行经理的海尔茂要开除一位银行职员柯洛克斯泰,而柯洛克斯泰知道娜拉多年前为了筹钱送生病的海尔茂去海边疗养而假冒父亲笔迹、以父亲的名义借贷的事情,柯洛克斯泰以此要挟海尔茂。海尔茂知道后很生气,指责娜拉。在被指责的过程中,娜拉看出了海尔茂的虚伪、自私、大男子主义,个人意识逐渐苏醒,与海尔茂决裂,摔门而去。作品主要围绕女主人公娜拉的觉醒展开,最后以娜拉的出走结束,给读者留下一个开放式的结尾。《玩偶之家》通过女主人公娜拉与丈夫海尔茂之间由相亲相爱转为决裂的过程,探讨了婚姻问题,暴露了男权社会与妇女解放之间的矛盾冲突,鼓励妇女为挣脱传统观念的束缚、为争取自由平等而斗争。《玩偶之家》在五四新文化运动时被译介到国内,在国内引起巨大反响和讨论。

55.《道林·格雷的画像》(王尔德)

《道林·格雷的画像》是英国唯美主义作家奥斯卡·王尔德的代表作品。唯美主义思潮发挥康德"纯粹美"的思想,提倡"为艺术而艺术""艺术除了表现自身之外,不表现任何别的东西",反对"附庸美",反对"为人生而艺术"。王尔德是唯美主义思潮在英国的杰出代表,其文学创作涉及童话、戏剧、小说。《道林·格雷的画像》讲述的道林·格雷是一名长在伦敦的贵族少年,相貌极其俊美,并且心地善良。道林·格雷见了画家霍尔沃德为他所作的画像,发现了自己惊人的美,在画家朋友亨利勋爵的蛊惑下,他向画像许下心愿:美少年青春永葆,所有岁月的沧桑和少年的罪恶都由画像承担。道林·格雷开始时不以为然,但当他玩弄一个女演员的感情致其自杀之后,发现画像中的道林·格雷发生了邪恶的变化。恐惧的道林·格雷没有克制,反而更加放纵自己的欲望,从此,道林·格雷美貌依旧,画像却一日日变得丑陋不堪。十八年后,基于对画家作品的憎恶以及对自己丑陋灵魂的厌恶,道林·格雷谋杀了画家霍尔沃德。之后,那位女演员的弟弟前来寻仇,被道林·格雷巧言欺骗,最终死于非命。正是女演员弟弟的死亡唤醒了道林·格雷的良知,他举刀向丑陋的画像刺去,结果自己离奇死亡,死后,道林·格雷的面容变得丑恶苍老,而画像却年轻如初。王尔德通过怪诞的情节描写道林·格雷的堕落过程,表现唯美主义思想。

56.《安娜·卡列尼娜》(托尔斯泰)

《安娜·卡列尼娜》是俄国伟大的批判现实主义作家列夫·托尔斯泰(1828—1910)创作的长篇小说,也是其代表作品,作品讲述俄国贵族对人生的两种探寻道路,由此构成作品的两条线索,一条线索是贵族妇女安娜追求爱情幸福,却在卡列宁的虚伪、渥伦斯基的冷漠和自私面前碰得头破血流,最终落得卧轨自杀的下场;另外一条线索是作者笔下的自传性人物列文,庄园主列文反对土地私有制,抵制资本主义制度,同情贫苦农民,却又无法摆脱贵族习气而陷入无法解脱的矛盾之中。该作品通过女主人公安娜追求爱情的悲剧、列文在农村面临危机而进行的改革与探索这两条线索,描绘了俄国从莫斯科到外省乡村广阔而丰富多彩的图景,先后描写了150多个人物,是一部社会百科全书式的作品。

57.《战争与和平》(托尔斯泰)

《战争与和平》是俄国作家列夫·托尔斯泰创作的长篇小说,也是其代表作。该作品以俄国1812年的卫国战争为中心,以鲍尔康斯、别祖霍夫、罗斯托夫和库拉金四大贵族的经历为主线,在战争与和平的交替描写中把众多的事件和人物串联起来,反映1805年—1820年的重大历史事件,将"战争"与"和平"的两种生活、两条线索交叉描写,构成一部百科全书式的壮阔史诗。在《战争与和平》这部作品中,托尔斯泰虽然歌颂了俄国人民的爱国主义、集体主义,但他从人类和平出发,以人类理性的眼光来审视拿破仑的侵俄战争,对战争的残酷性、盲目性、荒谬性和非理性,做了深刻的理性批判。

58.《复活》(托尔斯泰)

《复活》是俄国作家列夫·托尔斯泰创作的长篇小说,是其代表作品。该书取材于一件真实事件,主要描写贵族青年聂赫留朵夫引诱姑妈家的女仆玛丝洛娃,使她怀孕并被赶出家门;后来,玛丝洛娃沦为妓女,因被指控谋财害命而受审判;

聂赫留朵夫以陪审员的身份出庭,见到从前被他引诱的女人,深受良心谴责,道德"复活";聂赫留朵夫为玛丝洛娃奔走申冤,并请求同她结婚,以赎回自己的罪过。上诉失败后,聂赫留朵夫陪玛丝洛娃流放西伯利亚,他的行为感动了玛丝洛娃,使玛丝洛娃的精神"复活"。玛丝洛娃为了不损害聂赫留朵夫的名誉和地位,最终没有和聂赫留朵夫结婚而同一个革命者结为伉俪。聂赫留朵夫的道德复活反映了托尔斯泰"勿以暴力抗恶""道德自我完善"的宗教思想,概括了进步贵族知识分子的精神状态;玛丝洛娃的复活一是受到聂赫留朵夫的感化,二是受流放中的革命者的影响,她在流放中宽恕了聂赫留朵夫,在爱的教育中找到了归宿,精神复活。作品具有流浪汉小说的特点、旅程史诗结构,通过玛丝洛娃的苦难遭遇和聂赫留朵夫的上诉经过,广泛而深刻地抨击了法庭、监狱、官僚机关的腐败、黑暗,揭露了封建统治阶级骄奢淫逸的生活和反动官吏的残暴昏庸、毫无人性,撕下了官办教会的伪善面纱,反映了农村的破产和农民的极端贫困,勾画了一幅已经走到崩溃边缘的农奴制俄国的社会图画。《复活》是托尔斯泰最后一部长篇小说,是作家一生探索和思想的总结,被誉为俄国批判现实主义发展的高峰。

59.《母亲》(高尔基)

《母亲》是苏联作家高尔基最重要的代表作品。作品取材于1902年高尔基的家乡诺夫戈罗德附近的索尔莫夫镇的"五一"游行,游行的领导人扎洛莫夫等被捕,同年10月被判处终身流放。高尔基在游行前就听说过扎洛莫夫,游行以后,高尔基和继续儿子事业的扎洛莫夫的母亲安娜有了交往。《母亲》就是以扎洛莫夫的事迹为基础写成。母亲尼洛夫娜是作品的中心人物,深受政权、夫权和神权压迫,生活的重压与不幸使她养成了胆小怕事、逆来顺受的性格。在儿子巴维尔的影响下,母亲尼洛夫娜的思想情感也发生变化,她亲眼看到警察搜捕革命者的暴行、儿子的被捕,最终迈出了革命的第一步。《母亲》标志着高尔基思想和艺术上的成熟,是苏联社会主义现实主义文学的奠基作品,在世界文学史上开辟了无产阶级文学的新纪元。

60.《儿子与情人》(劳伦斯)

《儿子与情人》是英国作家戴维·赫伯特·劳伦斯的一部长篇小说,也是作家的半自传性作品,是作家早年生活的再现。作品描述了主人公保罗从出生到成年的整个过程,矿工瓦尔特与妻子葛楚德感情不睦,葛楚德把爱转向儿子们;长子死后,次子保罗取代哥哥的位置,与母亲葛楚德形成畸形的母子关系,保罗的感情生活受到影响,人格发展也因此失去平衡;葛楚德去世后,保罗精神恍惚。这部作品是与弗洛伊德"俄狄浦斯情结"学说相契合的心理探索主题,也是从属于弗氏学说的社会批判主题,劳伦斯强调人的原始本能,把理智作为压抑天性的因素加以摒弃,主张充分发挥人的本能,同时对英国生活中工业化物质文明和商业精神进行了批判。

61.《虹》(劳伦斯)

小说通过汤姆·布朗文一家三代人的感情纠葛来表现对完美自然、和谐家庭关系的追寻。这个家族的第一代的代表人物是布朗文,他带着对遥远的异国气息的憧憬,娶一位波兰妻子,开始了他的家庭生活。这个家族的第二代代表人物是安娜、威尔,安娜几乎贯穿整部作品的始终,其主导性格是追求独立和自由,威尔推崇教堂穹顶上华丽的彩虹,而安娜则认为那不是真实的彩虹,她更向往自然的天空中出现的彩虹。这个家族的第三代的代表人物是厄休拉,她是现代女性,经过三次理想破灭后,清楚地看到表面繁荣的资本主义工业社会,不过像一个被灯光照亮的圆圈,在这圆圈之外,是一片黑暗。厄休拉对爱情的追求不是单纯感官肉体的满足,而是精神与肉体的关系的统一。作品通过对布朗文一家人的记述,描绘工业化深入英国农村以后对长期生活在古老宁静的村庄里的农民的心灵的激烈撞击,展示了他们处在激烈变动时期的复杂心态。

62.《鲁滨逊漂流记》

《鲁滨逊漂流记》是英国作家笛福的代表作品,是笛福根据当时一个真实故事创作的。1704 年 9 月,一名叫亚历山大·塞尔柯克的苏格兰水手与船长发生争吵,被船长遗弃在大西洋中的一个荒岛上,在荒岛上生活 4 年 4 个月之后,塞尔柯克被伍兹·罗杰斯船长救下、重返文明社会。笛福便以塞尔柯克的传奇故事为蓝本,把自己多年来的海上经历和体验倾注在人物身上,并充分运用自己丰富的想象力进行文学加工,使冒险者"鲁滨逊"经历了一系列的冒险,最终开天辟地,征服了荒岛,还用宗教感化、控制了土著星期五。鲁滨逊不仅成为当时中小资产阶级心目中的英雄人物,而且成为西方文学中第一个理想化的新兴资产者。《鲁滨逊漂流记》具有浓郁的殖民主义思想,鲁滨逊定居在荒岛上,殖民着这片荒岛,同时用宗教控制着星期五,这是当时社会思想的一种表现。

63.《汤姆·索亚历险记》(马克·吐温)

《汤姆·索亚历险记》是美国作家马克·吐温的代表作之一。"马克·吐温"是笔名,原意是"水深 12 米",是密西西比河水手使用的表示在航道上所测水的深度的术语。《汤姆·索亚历险记》的故事发生在 19 世纪上半叶美国密西西比河畔的一个普通小镇上,中心内容是主人公汤姆·索亚,他天真活泼、敢于探险、追求自由,不堪忍受束缚个性、枯燥乏味的生活,幻想干一番英雄事业。作品通过主人公汤姆·索亚的冒险经历,对美国虚伪庸俗的社会习俗、伪善的宗教仪式和刻板陈腐的学校教育进行了讽刺和批判,以欢快的笔调描写了少年儿童自由活泼的心灵。《汤姆·索亚历险记》的姐妹篇《哈克贝利·费恩历险记》同样是写这些孩童的冒险,但是在主题上更加深刻,对种族压迫进行了揭示和批判。

64.《一个陌生女人的来信》(茨威格)

《一个陌生女人的来信》是奥地利作家斯蒂芬·茨威格的代表作,茨威格的文学创作以心理描写尤其是女性心理描写见长。他的小说多写人的下意识活动和人在激情驱使下的命运际遇,以描摹人性化的内心冲动,如骄傲、虚荣、妒忌、仇恨等朴素情感著称,作品张力十足,情节突转有戏剧性的效果。但茨威格不是以情节的曲折、离奇去吸引读者,而是在生活的平淡中烘托出使人流连忘返的人和事。《一个陌生女人的来信》讲述的是一个陌生的女人,在她生命的最后时刻,饱蘸着一生的痴情,写下了一封凄婉动人的长信,向一位著名的作家袒露了自己绝望的爱慕之情。茨威格把这位女性内心的痛苦、绝望表现得淋漓尽致。《一个女人一生中的二十四小时》亦是茨威格女性心理描写的杰作。

65.《月亮与六便士》(毛姆)

《月亮与六便士》是英国作家萨默赛特·毛姆的代表作品。《月亮和六便士》以法国后印象派画家保罗·高更的生平为素材,描述了一个原本平凡的伦敦证券经纪人斯特里克兰德,抛妻弃子,放弃旁人看来优裕美满的生活,执着于绘画的理想,不为世俗社会认可,最终奔赴南太平洋的塔希提岛,用画笔谱写出自己的生命,把生命的价值全部注入绘画事业的故事。毛姆并未把斯特里克兰德写成一位伟大的人物,反而故意刻画他的自私自利、以怨报德、残忍无情,就是这样一个不为世俗社会容纳、文明社会接受的人,却对艺术有着持久而炙热的爱恋,甚至为艺术献出了自己的生命。毛姆以看客的嘲讽与幽默,表现斯特里克兰德所代表的天才、个性与物质文明以及现代婚姻、家庭生活之间的矛盾,作品有着广阔的生命视角,引人深思。

66.《变形记》(卡夫卡)

《变形记》是奥地利作家弗兰兹·卡夫卡的代表作。《变形记》中主人公格里高利·萨姆沙在一家公司任旅行推销员,长年奔波在外,苦苦承担着抚养整个家庭的重担。当格里高利还能以微薄的薪金供养他的家人时,他是家中受到尊敬的长子,父母夸奖他,妹妹爱戴他;当有一天格里高利变成了甲虫,丧失了劳动力,对这个家再也没有物质贡献时,家人一反之前对他的尊敬态度,逐渐显现出冷漠、嫌弃、憎恶的面孔,父亲恶狠狠地用苹果打他,母亲吓得晕倒,妹妹厌弃他。渐渐地,格里高利远离了社会,最后孤独痛苦地在饥饿中默默地死去。卡夫卡以自己独特的艺术笔调,用象征、细节描写等手法对"人变成甲虫事件"进行艺术再造,使作品呈现出荒诞、不可思议的基调,讽刺了人与人之间冷漠的亲情关系。

67.《洛丽塔》(纳博科夫)

《洛丽塔》的作者弗拉基米尔·纳博科夫是美籍俄裔小说家和文体学家。《洛丽塔》又译作《洛莉塔》《洛丽泰》《罗莉泰》,是纳博科夫的代表作品。作品绝大部分篇幅是死囚亨伯特的自白,亨伯特13岁时爱上了12岁的小姑娘阿娜贝尔,后阿娜贝尔死于伤寒,亨伯特养成了一种畸形病态的爱好,即只喜欢9岁至14岁之间的某一类小女孩。亨伯特37岁时遇到了12岁的洛丽塔,为了接近洛丽塔,娶了洛丽塔的母亲为妻。洛丽塔的母亲发现真相后,意外出车祸死亡,而亨伯特成为洛丽塔的监护人,开始了对洛丽塔的引诱导致洛丽塔的堕落。该部作品最初未获准在美国发行,于1955年首次被欧洲巴黎奥林匹亚出版社出版,1958年才在美国正式出版。《洛丽塔》问世半个多世纪以来,评论界对其一直众说纷纭,褒贬不一,这也是后现代主义文学的突出特征。"小萝莉"一词即源于《洛丽塔》。

68.《第二十二条军规》(海勒)

《第二十二条军规》是美国"黑色幽默"小说代表作家海勒的代表作品。《第二十二条军规》运用了独特的幽默手法,"我要让人们先畅怀大笑,然后回过头去以恐惧心理回顾他们所笑的一切",借用了戏剧中的"人物展览式"的艺术结构,通过扭曲变形等手法,荒诞的情节,描绘了战争中的小丑们:卡斯卡特上校是官僚机构中滥用职权谋取私利的典型象征,联队司令官德里德尔将军、特种警备队司令官佩克姆将军是官僚之间尔虞我诈的象征,谢司科普夫少尉是美国军界僵化与混乱的象征,布莱克上尉是借庄严的名义实施愚民政策的象征,只有"反英雄"的尤索林言行虽不乏卑微,但多少保留一些个人的意志。"第二十二条军规"代表了一种捉弄人的乖戾的社会力量,是灭绝人性的官僚机构的象征,它无处不在,成为弱小人物的命运之网;它更是离开具体社会条件的存在,具有支配一切的神奇力量,人无法逃避它,只能消极地受其捉弄;"第二十二条军规"达到了象征高度,成为美国社会"有组织的混乱"和"制度化的疯狂"的绝妙概括。"无处不在的第二十二条军规"传达作者对战争以及社会现实的理解。

69.《在路上》(凯鲁亚克)

《在路上》是美国第二次世界大战后"垮掉的一代"的代表作品,也是一部自发式写作的作品。作家凯鲁亚克花了20天时间,在服用安非他命(兴奋剂)后,坐在打字机旁疯狂写作,用一卷30米长的打字纸写出了《在路上》手稿。作品主要写萨尔同朋友们四次横穿美国大陆的故事,延续了美国文学自省、对人生意义积极探求的主题,对惠特曼、马克·吐温等人作品中反复提出的"我是谁?""我在哪里?""我在干什么?"这些哲学问题做出了符合时代的呼应。在小说主人公看似毫无意义的琐碎生活中,在他们不停地在东西部之间游荡、与女人鬼混和吸毒的过程中,主人公不停地叩问"我是谁?"以寻求生命的意义。书中的主人公萨尔·帕拉迪斯就是凯鲁亚克本人的写照,书中其他人物原型都是现实生活中"垮掉一代"的成员:狄安·莫里亚蒂是尼尔·卡萨迪的化身,老布尔·李是威廉·巴勒斯的化身,卡罗·马克斯是现实中的金斯伯格。在一片对传统文化、主流社会的道德观、价值观的反叛声中,《在路上》的出版具有格外重要的意义。

70.《生命不能承受之轻》(米兰·昆德拉)

《生命不能承受之轻》的作者是法籍捷克裔作家米兰·昆德拉。该作品描写了托马斯与特丽莎、萨丽娜之间的感情生活,但这不是简单的一个男人和两个女人的三角性爱故事,它是一部哲理小说,小说从"永恒轮回"的讨论开始,把读者带入了对一系列问题的思考中,比如轻与重、灵与肉、媚俗等。

71.《哈利·波特》(罗琳)

《哈利·波特》是英国作家 J. K. 罗琳于 1997—2007 年间所写的魔幻文学系列小说,共 7 部,分别是《哈利·波特与魔法石》《哈利·波特与密室》《哈利·波特与阿兹卡班囚徒》《哈利·波特与火焰杯》《哈利·波特与凤凰社》《哈利·波特与混血王子》《哈利·波特与死亡圣器》。其中前六部以霍格沃茨魔法学校为主要舞台,描写主人公——年轻的巫师学生哈利·波特与赫敏·格兰杰、罗恩·韦斯莱前后六年的学习生活和冒险故事;第七部描写的是哈利·波特在第二次魔法界大战中在外寻找魂器并消灭伏地魔的故事。《哈利·波特》系列小说获得了全球读者的喜爱。

72.《纳尼亚传奇》(刘易斯)

《纳尼亚传奇》的作者是英国作家 C. S. 刘易斯,刘易斯也是公认的 20 世纪重要的基督教作家之一,他毕生研究文学、哲学、神学,对中古及文艺复兴时期的英国文学造诣尤深,被誉为"最伟大的牛津人",也是《魔戒》作者托尔金的挚友。《纳尼亚传奇》于 1950—1956 年间出版,全书由七个分册组成,按照故事的时间顺序,分别是《魔法师的外甥》《狮子、女巫与魔衣橱》《能言马与男孩》《凯斯宾王子》《黎明踏浪号》《银椅》和《最后一战》。作为一部儿童游历冒险小说,《纳尼亚传奇》最大的特点是将神话奇幻巧妙地融入其中,同时它还是一部将种种神话元素、基督教思想和现代精神融为一体的魔幻小说。

第二节　东方文学

1.《吉尔伽美什》

《吉尔伽美什》(又称《基尔麦什史诗》)是目前已知世界最古老的英雄史诗。早在四千多年前就已在苏美尔人中流传,经过千百年的加工提炼,终于在古巴比伦王国时期(公元前 19 世纪—前 16 世纪)用文字形式流传下来。"吉尔伽美什"的含义是"火与斧的人",赫罗兹尼认为他是普罗米修斯的原型,是最古老的"灵智英雄"。吉尔伽美什生性聪明,但是残暴异常,诸神打造了半人半兽的恩启都去制衡吉尔伽美什,结果二人打了几天几夜,胜负难分,成为好友。恩启都在吉尔伽美什的帮助下,经过神妓的驯化成为文明人,与吉尔伽美什一起创造了一系列的丰功伟绩。恩启都死后,吉尔伽美什历经千难万险寻得长生不死仙草,却在归途中被蛇吞食。《吉尔伽美什》是巴比伦文学的精华,对后世的东方文学、西方文学都影响深远。19 世纪 70 年代英国考古学家乔治·史密斯成功地译读了公元前 2000年写成的巴比伦史诗《吉尔伽美什》。这部伟大作品由 12 块泥板文书组成,每块泥板文书大约 300 行。

2.《旧约》

《旧约》是古希伯来民族的历史典籍与宗教文化典籍。《旧约》通常分类为"摩西五经""历史书""诗歌智慧书""先知书"四部分,内容上包括神话、传说、史诗、史传、小说、诗篇、智慧文学、先知文学。从神话来讲,希伯来神话集中记载于《创世记》第 1 至 11 章,其中最著名的是创造宇宙、伊甸园和大洪水神话。从传说来讲,《创世记》第 12 至 50 章生动繁详地记载了希伯来早期族长亚伯拉罕、以撒、雅各和约瑟的动人传说。从史诗来讲,《出埃及记》《民数记》《申命记》等卷的摩西率众出埃及是希伯来人的宏伟史诗。从史传来讲,在征服迦南、建立王国的漫长年代中,希伯来民族涌现出无数著名人物,如约书亚、以笏、底波拉、基甸、耶弗他、参孙、撒母耳、扫罗、大卫、所罗门、以利亚、以利沙等,他们的事迹经艺术加工后载入《约书亚记》《士师记》《撒母耳记》《列王记》等卷,形成一类风格独特的史传文学。从小说来讲,包括《路得记》《以斯帖记》《约拿书》。从诗篇来说,希伯来人富于宗教感情,千百年中创作了大量情真意挚的抒情诗,其中规模最大的诗集是《诗篇》,《诗篇》收入 150 首作品,大多表现希伯来人的宗教和情感生活。从智慧文学来讲,希伯来人善于总结人生和历史的经验,千百年中创作了大量智慧文学作品,代表作是《箴言》《约伯记》和《传道书》。从先知文学来讲,包括《以赛亚书》《耶利米书》《以西结书》《何西阿书》《阿摩司书》《弥迦书》等 14 卷先知书。

3.《摩诃婆罗多》

关于《摩诃婆罗多》的作者,印度传统的说法是毗耶娑(广博仙人)。《摩诃婆罗多》的书名意思是"伟大的婆罗多族的故事",全书共分 18 篇,以列国纷争时代的印度社会为背景,叙述了婆罗多族两支后裔俱卢族和般度族争夺王位继承权的斗争,是世界上已有写本的最长的史诗,包括三种内容,一是史诗中心故事——婆罗多后裔俱卢族与般度族之间的战争;二是许多插话,有 200 个左右,主要出现在《初篇》和《森林篇》;三是关于政治、法制、哲学、宗教风俗和道德规范等非文学性诗体著述,是说教内容,主要出现在《毗湿摩篇》《和平篇》和《教诫篇》,其中的《薄伽梵歌》最重要,出现在第六篇即史诗的核心《毗湿摩篇》中。这部史诗的基调是颂扬以坚战为代表的正义力量,谴责以难敌为代表的邪恶势力。在史诗中,坚战公正、谦恭、仁慈,而难敌则贪婪、傲慢、残忍,他的倒行逆施不得人心,连俱卢族内的一些长辈也袒护般度族。在列国纷争时代,广大臣民如果对交战双方有权选择的话,自然希望由比较贤明的君主,而不是希望由暴虐的君主统一天下。《摩诃婆罗多》正是这种希望的形象化表达。

4.《罗摩衍那》

史诗《罗摩衍那》的主要情节取自《摩诃婆罗多》的一个插话《罗摩传》,它所表达的思想与《摩诃婆罗多》是完全一致的。《罗摩衍那》的成书年代在公元前三四世纪至公元二世纪之间。全诗共分 7 篇,一般认为其中的第 1 篇和第 7 篇是晚出的。《罗摩衍那》的书名意思是"罗摩的游行"或"罗摩传"。全诗以罗摩和悉多的悲欢离合为故事主线,描写印度古代宫廷内部的斗争。全诗共分七篇:童年篇(序曲)、阿逾陀篇(宫廷阴谋,罗摩被流放)、森林篇(林中生活,悉多被十首魔王罗波那劫走)、猴国篇、美妙篇、战斗篇、后篇(补叙罗波那、哈奴曼的事迹,悉多入地,罗摩归天),内容主要包括三种,一是阿逾陀城宫廷阴谋的传说;二是罗摩因悉多被劫而与十首魔王罗波那大战的故事;三是一些自然神话。在《罗摩衍那》这部史诗中,作者塑造了一系列理想的人物,如罗摩、悉多。《罗摩衍那》的成书年代正处在印度由奴隶社会过渡到封建社会的时期,随着封建制日益取得优势,罗摩的形象也日益被神化,这在《罗摩衍那》作品本身中就有反映。在一般认为属于原始部分的第 2 至第 6 篇中,罗摩基本上是人间英雄的形象,而在属于晚出部分的第 1 和第 7 篇中,罗摩被写成大神毗湿摩的化身。从此,罗摩成了印度教崇拜的主要偶像之一。

5.《源氏物语》

紫式部,被誉为"大和民族之魂"。她的长篇巨著《源氏物语》是杰出的古典名著。《源氏物语》广泛展示了平安时代日本贵族社会的情景,历三朝四代,70余年,是一部卷帙浩繁的"长河小说",全书54回,一百余万字,可分为前后两部分,前为源氏的故事,后为薰军的故事。源氏才貌出众、秉性仁慈、多情多爱、一生坎坷,他是整部作品的灵魂,是平安时期贵族的理想人物,源氏具有古代天子的姿色和才能,他是一个不"爱名尚利"的"仁者",在爱情方面,源氏"任情而动",对女子用情不专,源氏贵为皇子,却一生坎坷。作者选取日常男女私情而不是政治斗争这样一个角度表现人物的命运,作品从最细微处着手,详尽细腻地刻画人物的性格,表现他们的可悲结局,不对人情作道德伦理的善恶评价,在日常情感生活中表现"物哀"。紫式部在作品里反复强调"作者女流之辈,不敢侈谈天下大事",表示专写宫廷里风花雪月,儿女情长的风流韵事。

6.《五卷书》

《五卷书》是印度的民间故事集,被称作"王子教科书"。故事的起因是国王有三个蠢儿子,大臣请来一位婆罗门来教育三位王子;婆罗门通过讲故事的方式教育王子,其中大都是以动物为主的寓言故事,在六个月里,将"利论""正道论"教会王子。《五卷书》分为《朋友的决裂》《朋友的获得》《乌鸦和猫头鹰从事于和平与战争等等》《已经得到的东西的失去》和《不思而行》五卷,讲述的故事涉及君臣关系、团结就是力量、策略权谋、交友之道、谨慎行事等内容,书中出现的动物有狮子、老虎、大象、猴子、鹰、龟、蛇、虾等。《五卷书》包容修身、齐家、治国法则,为人、处世、交友等人生智慧,哲言警句俯拾皆是,不仅是印度王子教科书,也因其趣味浓郁的内容获得普通人民的喜爱,并用于学习为人处世之道,是一座智慧宝库。

7.《沙恭达罗》

《沙恭达罗》是中古印度作家迦梨陀娑的戏剧代表作品,描写净修女郎沙恭达罗和国王豆扇陀的恋爱故事。该故事最早见于史诗《摩诃婆罗多》中的插话《沙恭达罗传》和巴利文《佛本生故事》中的《捡柴女本生》。沙恭达罗在梵语中是孔雀女的意思。迦梨陀娑成功地塑造了一个不可企及的具有印度古典美的女性形象,沙恭达罗形象丰满、性格完整,她生长在大自然中,和大自然融为一体,具有自然质朴的美,没有世俗的虚伪,也不知人心的险恶和国王的朝三暮四,她天真无邪、温柔多情、敦厚善良;然而,一旦受到不公正的对待,她又表现出疾恶如仇,敢于犯上的刚强性格。席勒曾高度评价《沙恭达罗》:"在古代希腊,竟没有一部书能够在美妙的女性温柔方面或者在美妙的爱情方面与《沙恭达罗》相比于万一。"

8.《一千零一夜》

英译多叫作《阿拉伯之夜》(Arabian Nights),中译本根据英译本转译为《天方夜谭》。《一千零一夜》(Tales From the Thousand and One Nights)是阿拉伯民间故事集。该作讲述相传古代印度与中国之间有一萨桑国,国王山鲁亚尔生性残暴嫉妒,因王后行为不端,将其杀死,此后每日娶一少女,翌日晨即杀掉,以示报复。宰相的女儿山鲁佐德为拯救无辜的女子,自愿嫁给国王,用讲述故事的方法吸引国王,每夜讲到最精彩处,天刚好亮了,使国王不忍杀她,允她下一夜继续讲。她的故事一直讲了一千零一夜,国王终于被感动,与她白首偕老。因其内容丰富,规模宏大,故被高尔基誉为世界民间文学史上"最壮丽的一座纪念碑"。《一千零一夜》实际上并没有讲了一千个故事。按阿拉伯人的习惯,在一千或一百之后加上一,以强调其多。据阿拉伯原文版统计,全书共有大故事 134 个,每个大故事又包括若干小故事,组成一个庞大的故事群。《一千零一夜》故事来源有三个,一是波斯和印度,《一千零一夜》的基础原是波斯故事集《赫佐尔·艾夫萨乃》(意为"一千个故事");二是伊拉克,即以巴格达为中心的阿拔斯王朝(公元 750—1258 年)时期流行的故事;三是埃及麦马立克王朝(公元 1250—1517 年)时期流行的故事。

9.《蔷薇园》(萨迪)

《蔷薇园》是一本"教谕体"的箴言式的故事集,全书共 8 章,共计 77 则故事。这部著作的重要内容,是歌颂理想的贤明君主,寄托百姓的美好愿望;谴责无恶不作的暴君,鞭挞丑恶虐政;赞美商人市民的聪明才智和进取精神,讽刺教士的伪善和欺骗;表现了对贫苦人民的深厚同情,对知识和正义的赞颂,对爱情、婚姻的推崇;揭露社会黑暗,批判人类的劣根性;讲述立身处世、待人交友的道理。作者在作品中一再表达了对仁政的企求,呼吁人和人应当是平等的;也强调教育的作用,强调学以致用的重要性,强调人格的正直和尊严,推崇富贵不能淫、贫穷不能屈的气节。

10.《罗生门》(芥川龙之介)

《罗生门》是日本作家芥川龙之介的短篇小说代表作,情节取材于日本古典故事集《今昔物语》。作品讲述一个被主人赶出来的仆人,在做强盗和被饿死之间苦苦挣扎,碰巧走到一个到处都堆满死尸的地方,也就是叫作罗生门的地方,他壮起胆子,想进去找到一些财物,竟然发现有一个衣衫褴褛的老妇人正在从一个年轻女子的尸体头上拔头发,他冲上去指责老妇人的辱尸行为。老妇人解释说她只是想用这些头发做个头套谋生罢了,并且说"曾经这个妇人,将蛇肉晒干当作鱼干来卖,吃了鱼干的人们觉得很好吃,妇人得以维持生计。我并不觉得这妇人做错了,她跟我一样都是为了生存啊"。仆人大悟,既然是为了生存,还有什么不可以的?于是,他就抢了老太婆的衣服逃走了,并且从那以后再也没人见过他。这部短篇小说形象地描绘了人性中的利己主义。

11.《舞姬》(森鸥外)

《舞姬》是日本作家森鸥外创作的短篇小说,亦是其处女作与代表作。《舞姬》描写一个青年官员留学德国,同当地一个贫穷的舞女相爱,但在明治封建官僚制度的压制下,他们的爱情终究酿成悲剧。作品中森鸥外本身的自传性气息十分浓郁,是森鸥外的留德纪念三部小说——《舞姬》《泡沫记》《信使》中最有影响的一篇。

12.《我是猫》(夏目漱石)

夏目漱石,原名夏目金之助,其笔名漱石取自"漱石枕流"(《晋书》孙楚语)。《我是猫》是日本作家夏目漱石创作的长篇小说,写于1904—1906年9月间,1905年1月起在《杜鹃》杂志上连载,后编成上、中、下三册出版。这部作品的主人公是一位穷教师家的猫,小说以这只被拟人化的猫的视角来观察人类的心理。这是一只善于思索、有见识、富有正义感又具有文人气质、但至死也没有学会捕捉老鼠的猫。作品的主人公是猫,以猫的眼睛看世界,这在当时,在创作手法上有一定的突破。夏目漱石为发泄多年郁愤而写成的长篇小说《我是猫》,淋漓尽致地反映了二十世纪初,日本中小资产阶级的思想和生活,尖锐地揭露和批判了明治"文明开化"的资本主义社会。

13.《金阁寺》(三岛由纪夫)

《金阁寺》是日本作家三岛由纪夫创作的长篇小说,亦是其重要代表作。《金阁寺》于1956年连载于文艺杂志《新潮》的一至十期,并于同年由新潮社推出单行本。该作讲述生来为口吃苦恼的生性自卑、性格孤僻的青年沟口从贫穷的乡下来到金阁寺出家以后,终日沉迷于金阁寺之美,幻想在战火中与金阁寺同归于尽的壮美场面,这种虚幻性和悲剧性使金阁寺在他的心中愈加壮美、辉煌;然而战争结束,金阁寺依然完好,沟口的愿望永远化为泡影;绝望之余,沟口毅然付诸一炬。沟口通过烧毁金阁寺,原本被压抑着的人性获得了释放,毁灭成了他重生的路途。《金阁寺》取材于1950年金阁寺僧徒林养贤放火烧掉金阁寺的真实事件,据林养贤说,他的犯罪动机是对金阁寺的美的嫉妒。三岛由纪夫为了创作这部作品做了大量的调查。

14.《挪威的森林》(村上春树)

《挪威的森林》是日本作家村上春树于1987年完成的一部长篇爱情小说,作品讲述主人公渡边纠缠在情绪不稳定且患有精神疾病的直子和开朗活泼的小林绿子之间,展开了自我成长与救赎的旅程。这是一部典型的青春恋爱小说。

15.《追风筝的人》

《追风筝的人》是美籍阿富汗作家卡勒德·胡赛尼的第一部长篇小说,作品围绕阿富汗的两名少年阿米尔与哈桑的成长历程展开,讲述富家少年阿米尔与家中仆人哈桑关于风筝的故事,关于人性的背叛与救赎;风筝是该书的灵魂,虽然只在小说的两个地方出现,却蕴含了丰富的意象,风筝可以是爱情、亲情、友情,更是作者对未来希望的象征。小说的精妙之处在于跳出了一般个人与社会前台背景的关系,跳出了人和社会那种互相影响的从属关系,儿子与父亲、人和祖国就像风筝那样,互相挣脱又互相纠缠,逃不出宿命的天空。这部作品讲述了一个人的心灵成长史,也展示了一个民族的灵魂史,一个国家的苦难史。

16.《少年 PI 的奇幻漂流》

《少年 PI 的奇幻漂流》的作者是加拿大作家扬·马特尔,作品讲述了一个扣人心弦的历险故事,描述一名印度男孩与一只成年孟加拉虎在太平洋上历时两百二十七天的生存历险故事。作品讲述的故事是关于人类在宇宙中的位置的寓言,将奇谈、寓言和道德故事融合在一起。

第三节 诺贝尔文学奖获奖作品选介

1.《你往何处去》(显克维支)

《你往何处去》是波兰作家显克维支 1896 年创作的长篇历史小说。作品通过罗马青年将领维尼兹尤斯和基督徒少女莉吉亚曲折动人的爱情故事,反映了罗马帝国暴君尼禄荒淫骄奢的生活、惨无人道的暴政以及对早期基督徒的无情迫害,同时描写了尼禄焚烧罗马直至最后的灭亡。作者试图以早期基督教运动的悲壮斗争来启示人们,人性必将战胜"兽性","仁爱"定能制服暴政,人类的进步理想和坚定信念定能取得最后胜利。《你往何处去》对人物性格的刻画,同具体背景、气氛的描写有机结合起来,取得很大成功,暴君尼禄残忍多疑、乖戾、疯狂的性格特征尤其给人留下深刻的印象。情节波澜起伏。书中关于罗马大火的描写繁细而不觉冗长,尤见作者的语言功力。《你往何处去》是一部完整再现基督教兴起的史诗巨著,是 100 多年来唯一一部获得诺贝尔文学奖的历史小说。

2.《吉檀迦利》(泰戈尔)

《吉檀迦利》是印度作家泰戈尔获得诺贝尔文学奖的诗集。《吉檀迦利》共收入 103 首诗作,最早以孟加拉文出版于 1910 年,1912 年诗人自译英文版出版。原诗为有韵的,译为英文时,采用了散文诗的形式,韵律更富于变化,更优美。《吉檀迦利》中的诗作主题明确,第 1—11 首,颂神诗,描绘神的基本形象与特征,神理想与光明的化身;第 12—47 首,追寻神踪,表现其中的曲折、迷惘与真诚;第 48—83

首,描述希望的现实与光明的未来,超越时空的"梵";第84—100首,描写别离与死亡,在死亡中寻求不死;最后3首是结语,在神的带领下走向苦难与快乐的神秘之国。泰戈尔曾强调"我的宗教信仰就是诗人的信仰,这不仅是掌握知识的结果,而是内心幻想的产物",《吉檀迦利》是诗人对人生真谛的执着求索和对社会问题的理性沉思,诗中的梵是"生命之神",他从"内在的我"中吸取灵感,这个"内在的我"与无处不在的"最高起源"——"无限"是同体共存的。《奥义书》认为,"梵"是世界的最高主宰和最高实在,万事万物皆出于"梵",亦皆归于"梵"。作为宇宙主宰的"梵"与作为个体灵魂的"我"本质是统一的。这种宗教哲学探求的是人与自然交感,物质与精神相通的"梵我一如"的境界。

3.《约翰·克利斯朵夫》(罗曼·罗兰)

《约翰·克利斯朵夫》是法国作家罗曼·罗兰获得诺贝尔文学奖的作品。作品描写了主人公约翰·克利斯朵夫历经坎坷努力奋斗的一生,约翰·克利斯朵夫具有音乐天赋,孩提时代就被做宫廷乐师的祖父发现、培养,祖父去世后,年幼的约翰·克利斯朵夫承担起养家的重担,开始颠沛流离的一生;作品描写了约翰·克利斯朵夫儿时音乐才能的觉醒,到青年时代对权贵的蔑视和反抗,再到成年后在事业上的追求和成功,以及最后达到精神宁静的崇高境界,表现音乐天才与自身、艺术及社会之间的冲突、斗争与融合的过程。作品对自由生命的向往与追求一直隐藏和贯穿于约翰·克利斯朵夫一生的坎坷经历中,涉及的范围也由个人过渡到整个社会,愈来愈成熟,愈来愈深广。罗曼·罗兰的创作被评论界评为"用音乐写小说"。罗曼·罗兰的名言"世上只有一种英雄,就是在认清生活真相之后依然热爱生活",更是发人深省。

4.《魔山》(托马斯·曼)

《魔山》是德国作家托马斯·曼的代表作品。作品描写大学生汉斯来到高山肺病疗养院探望表兄约阿希姆,不料自己也染上了肺病,只好留下治疗,在疗养院邂逅了各色人等,这些人有普鲁士军官、俄国贵妇人、荷兰殖民者、天主教徒等,他们性格迥异、思想各不相同,但是他们都是寄生虫,整个疗养院弥漫着病态的、垂死的气氛,象征着资本主义文明的没落。汉斯是个有理想的青年,可是同这些人交往后,思想变得混乱,精神变得消沉了;俄国女子克拉芙吉亚更使他神魂颠倒;汉斯忘记了事业和重任,高山成了一座"魔山",他深陷其中不能自拔。转眼七年过去了,表兄病死,克拉芙吉亚离去,那些交往甚密的朋友也各奔东西,生活把汉斯的幻想一个个击得粉碎,使他感到痛苦和孤独。世界大战的炮火把他震醒,回首往事,汉斯觉得自己是在"魔山"上昏睡了七年,于是他毅然决然地踏上了奔赴前线的征途。托马斯·曼在作品中刻画了各色各样的人物,描写了他们颓废腐朽的生活方式和精神面貌,指出这些人不但身体上患有痼疾,而且思想上也病入膏肓;对于某些知识分子,托马斯也写得很有分寸,既指出他们正直、热情、追求光明等积极的一面,也揭露他们的弱点和致命伤;至于那些流行于当时欧洲的各种思潮和社会现象,托马斯也用了相当多的篇幅,通过具体事例栩栩如生地反映出来。托马斯·曼认为这部作品有双重意义,说它既是一部"时代小说",又是一部"教育小说"。

5.《毛猿》(尤金·奥尼尔)

《毛猿》是美国表现主义作家奥尼尔的代表作,也是奥尼尔获得诺贝尔文学奖的作品。作品中的主人公扬克是一艘豪华的远洋邮轮上的司炉,他是个充满职业自豪感和体魄优越感的现代工业制造出来的"英雄",他认为自己了不起、最顶事。但是,扬克的这种盲目的自信心却被百万富翁的漂亮千金小姐米尔德里德一句"肮脏的畜生"的评价完全摧毁。扬克于是从自傲的极端走到了自卑的极端。邮轮泊岸后,他在纽约最繁华的五马路上等待米尔德里德,想找那个"臭婊子算算账",希望得到社会的认可。然而,他失望了。那些衣冠楚楚、道貌岸然的绅士淑女一个个与他擦肩而过,都用彬彬有礼但冷漠无情的腔调回答他的询问。扬克终于明白了,他永远不会被这个社会所接纳。他恼羞成怒,被一位驾汽车的胖绅士撞倒后,他在绅士脸上猛打一拳,这时警察赶来,把扬克关进监牢。他在牢房中听到了关于世界产业工人联盟的报道,出狱后就去产联第五十七地方分会要求入会,以为那里是工人的归宿之处。不料在他和工会秘书的谈话中,他讲到要炸掉钢铁托勒斯——由米尔德里德的父亲担任总经理的道格拉斯工厂,以此作为斗争,秘书误认为他是破坏工会的特务分子,斥责他是"没有脑子的人猿",并将他撵出门外。最后他来到动物园,向铁笼中的大猩猩倾诉自己的苦衷,犹如"沉思者"的猩猩是那么耐心认真地倾听着他的诉说,他觉得终于找到了知音,并且称它为"兄弟",原来他们都是"毛猿俱乐部"的成员。他不顾一切打开笼门,想要和猩猩一起走上马路,进行一场毁灭性的巡礼,跟上层社会"算算账"。大猩猩接受了他,过于热情地接受了他——将他紧紧拥抱,咔嚓咔嚓地抱断了他的肋骨。扬克终于在大猩猩的怀抱里找到了死亡这个唯一的归宿。《毛猿》作为表现主义的代表作之一,其重要特征是注重将人物的心理活动表现于外,使思想感知化;作者还用外界音响来表现人物的内心奥秘,把人的意识外化为声音,诉诸观众的听觉,使观众获得更真切更深刻的体验。

6.《追忆似水年华》(普鲁斯特)

《追忆似水年华》是法国意识流小说作家普鲁斯特获得诺贝尔文学奖的作品,作品通过主人公斯万的人生历程描写了上流社会家道的没落,人们的庸俗迂腐和思想的空虚,抨击了第一次世界大战期间政府的无能,表现了主人公对逝去年华的淡淡的哀愁。《追忆似水年华》共分七部十五卷,融入了作者一生的欢乐、痛苦、体验和感悟,作品的主线是由主人公的回忆和梦想所构成的,但又不拘泥于个人单线的回忆,而是以个人的心灵为中心点,放射开来,枝蔓横生,主题交错,是一种纯粹的意识流动构成的小说。

7.《大地》(赛珍珠)

《大地》是美国作家赛珍珠获得诺贝尔文学奖的作品。赛珍珠在现代中国长大,对中国文化非常熟悉,她的代表作品《大地》描写的即是中国传统文化背景下中国人王龙的故事,记录了王龙从一无所有的贫苦农民到在军阀混战中浑水摸鱼积累财富成为富户的历程,表现了中国人的精明、能干、对土地的热爱,写出了中国人特有的生活方式、文化传统与人性的光辉。

8.《荒原狼》(赫尔曼·黑塞)

《荒原狼》是瑞士籍德裔作家赫尔曼·黑塞获得诺贝尔文学奖的作品。作品的主人公哈勒尔是一位作家,他鄙视现代社会生活方式,常常闭门不出,令人窒息的空气使他陷于精神分裂的境地,一天他偶尔读到一本《评荒原狼》的小书,顿觉大梦初醒,认为自己就是一个"人性"和"狼性"并存的荒原狼;后来他参加聚会,发现与会者都有狭隘的民族主义观点,而他的反战言论遭到斥责,更觉得自己孤独;回家时他遇到酒吧女郎赫尔米娜,获得肉欲欢乐;经赫尔米娜介绍他又结识了音乐人帕布洛和玛丽亚,在音乐和感官享受中忘却了一切烦恼和忧虑。但当他看到赫尔米娜和帕布洛亲近时,便"狼性"大发,出于嫉妒将赫尔米娜杀死。《荒原狼》通过对个人精神疾病的讲述,展示出现代社会中人性遭到分裂的恶果,"荒原狼"的时代是一个信仰缺失的堕落时代。黑塞在作品中充分展现了时代的堕落和罪恶,并在以哈勒尔为代表的荒原狼身上展现了个体灵魂的苦难和困境。

9.《荒原》(艾略特)

《荒原》是象征主义诗人艾略特获得诺贝尔文学奖的作品。"荒原"是指经过了第一次世界大战的整个欧洲,一切都崩溃了,城市里只有猥琐的人在过着无生气的生活,其标志为无爱情的性行为。诗人认为比战争破坏更严重的是整个文明社会的毁灭,尤其是宗教信仰的丧失,荒原最缺的水是人的灵魂里的水。全诗总的框架是欧洲神话中的渔王故事,强调生死循环中衰老和死亡的阶段,运用了 7 种语言和引用 56 种前人著作。《荒原》是一首带有悲剧看法的诗,但它也是一个喜剧,一种讽仿,由于突然的切换,悲剧的色彩变成了插科打诨,既是对文学的嘲弄又是对文学的表现,感情总是服从于智力,抒情总是服从于怀疑,每一章节都在嘲讽和严肃之间构造了它自己的联系,由此产生了第三种风格,那就是妙趣横生的现代诗人的风格。

10.《喧哗与骚动》(福克纳)

《喧哗与骚动》是美国作家福克纳获得诺贝尔文学奖的作品,全书以康普生家族的女儿凯蒂从一个南方淑女堕落为妓女的故事为线索,展示了杰弗逊镇上康普生家族的没落,家族四分五裂的过程,以及家族成员的种种际遇和精神上的病态及危机。在艺术上,作者把意识流发展为复合式意识流,又把复合式意识流发展为"多角度叙述法"。

11.《尤利西斯》(乔伊斯)

《尤利西斯》是爱尔兰作家乔伊斯获得诺贝尔文学奖的作品,也是意识流文学的经典作品。《尤利西斯》借用古希腊《荷马史诗》中奥德修斯航海漂流的故事,叙述了现代"尤利西斯"(奥德修斯的拉丁语译名)的故事。这部长篇小说共 18章,叙述了 1904 年 6 月 16 日这一天都柏林三位普通市民从早上 8 点到次日凌晨2 点 40 分约 19 个小时的生活经历与精神感受,可分为三大部分。第一部分(1—3章)写斯蒂芬的行动和意识,斯蒂芬是个年轻的历史教师、诗人,他由于母亲病危而返回都柏林,母亲临终时要求他跪下祈祷,他出于对宗教的反感没有听从,母亲死后他常常为此事感到内疚,而父亲的整日酗酒又使他离家出走、以教书为生。1904 年 6 月 16 日上午,斯蒂芬上完一节历史课,到校长那儿领了工资,漫步到海滩,面对阵阵袭来的海浪,他的意识在人世的沧桑、造化的奥妙、时空的永恒、艺术的魅力漫无目的地流淌着。第二部分(4—15 章)集中写的是布卢姆一天中的经历和意识流动。布卢姆是个中年的广告推销员,犹太人,他串街走巷,终日奔忙,却常常劳而无获,幼子的夭亡在他心灵上留下了难以消除的创伤,由于失去了性功能,妻子不甘寂寞,这一切均使他蒙受着难言的羞辱。第三部分(16—18 章)写布卢姆和斯蒂芬的相遇、交流以及毛莉的意识流动。《尤利西斯》大量使用内心独白、自由联想、梦境与幻觉等意识流技巧,文体多变,如描写斯蒂芬海滨沉思的文字基本上都是大字、难字、抽象字,而对布罗姆日常生活的描写基本上是具体的、简单的、口语化的词汇,用鲜艳的色彩和大自然的草木来描绘莫莉,写到报馆的各段落前都有大标题,对学校的描写基本上是问答方式。乔伊斯通过用典,为小说精心设计了一个神话模式,布罗姆对应《荷马史诗》中的奥德修斯,莫莉对应的是奥德修斯的妻子佩涅罗佩,斯蒂芬对应的是二人的孩子帖雷马科斯,小说中的神话模式体现了作者的深刻寓意,即古代以盖世的武功征服世界,现代社会则以爱征服世界,《尤利西斯》成为一部现代人道主义爱的史诗作品。

12.《老人与海》(海明威)

《老人与海》是美国作家海明威获得诺贝尔文学奖的作品。作品是根据一位古巴渔夫的真实经历创作的,海明威以摄像机般的写实手法记录了桑提亚哥老人捕鱼的全过程,塑造了一个在重压下仍然保持优雅风度、在精神上永远不可战胜的老人形象。第二次世界大战结束后,美国站在力量与繁荣的峰巅,物质变成了精神的重压、精神空虚,在这种悲观绝望的颓废风气下,海明威通过渔民桑提亚哥的遭遇,歌颂了壮健奋发、顽强不屈的英雄主义精神。桑提亚哥虽然已经上了年纪,连续多日都打不到鱼,但他在精神上极为自信,从不灰心,行动上更是积极进取,顽强拼搏,他独自出海,打到一只巨大的马林鱼,在归途中和鲨鱼群相抗衡,带回了马林鱼的鱼骨架。海明威在《老人与海》中通过桑提亚哥歌颂了人类坚不可摧的精神力量:厄运、失败并不可怕,可怕的是像大多数平庸的人那样被厄运、失败吓倒,自己缴械投降;人生路漫漫,失败不可避免,但不能甘于失败,跌倒了,爬起来,从头做起,"一个人并不是生来要给打败的,你尽可以把他消灭掉,可就是打不败他"。海明威在《老人与海》中把"冰山原则"的创作手法发挥至极致,"冰山"原则就是用简洁的文字塑造出鲜明的形象,并把作者自身的感受和思想最大限度地藏在形象中,使之情感充沛却含而不露,思想深沉却隐而不晦,从而将文学的可感性与可思性巧妙地结合起来,让读者通过对鲜明形象的感受去发掘作品的思想意义。

13.《鼠疫》(加缪)

《鼠疫》是法国存在主义哲学家、作家加缪获得诺贝尔文学奖的作品。作品写的是20世纪40年代某年4月16日清晨,家住阿尔及利亚奥兰城的贝尔纳·里厄医生,在住所的楼梯口发现了一只死老鼠,过去这里从未有过老鼠,这令他吃惊。紧接着当天晚上他又发现一只老鼠在走廊里吐血而死。但里厄医生还顾不上多想,他太忙了。妻子身患重病,这天他到车站送妻子到外地疗养,下午又接待了一名来自巴黎的新闻记者朗贝尔。朗贝尔是被一家大报派来采访有关阿拉伯人的生活和健康状况的。然而,两天后,奥兰城里到处都是死老鼠。里厄医生楼里的人们也病了,发高烧。其他地方也出现了症状类似的病人,里厄医生认定这是鼠疫,经他呼吁,市长于是采取紧急措施。此时,鼠疫已经蔓延,全城宣布封锁隔离,只有生死大事经过批准才能对外联系。医生收到妻子病危的电报,他已无法顾及,他尽一切努力减少死亡人数。朗贝尔被鼠疫吓坏,他要里厄开一纸证明离开奥兰,以赶回巴黎与情人团聚,遭到里厄的拒绝。朗贝尔被医生的言行所感动,他放弃出城的企图,和里厄医生一起抢救病人。第二年春天,鼠疫的势头渐渐减弱,即将结束,里厄医生收到了妻子病逝的电报,朗贝尔和从巴黎赶来的情人在车站上紧紧拥抱。里厄医生感慨万千,他要把自己的所见所闻写下来,因为鼠疫杆菌并没有消灭,威胁始终存在,今后也许还会给一个不幸的城市带来灾难与死亡。

小说描写的是一个虚构的鼠疫流行的故事,但涉及的都是有关道义、政治、哲学等重大问题;其中的人物、情节、内容都具有象征意义:以鼠疫象征法西斯势力对各国的侵略,以鼠疫流行的奥兰城象征受德国法西斯侵略的法国,以市民们的抗鼠斗争象征法国人民的反法西斯斗争,以里厄医生的自我牺牲行为象征法国抵抗战士的斗争精神。作为抗灾斗争的代表,里厄医生是一位舍己救人的人道主义者,是敢向恶势力斗争的为拯救人类命运做出贡献的英雄,他不顾个人的安危,妻子的病危虽使他不安,但他更关心的是大批病人以及不断死去的患者,他不相信什么神对人的惩罚,他认为"应该让人们尽力与死亡做斗争,而不必眼望着听不到天主声音的青天"。从《局外人》到《鼠疫》,加缪的创作与思想开始出现从悲观主义、虚无主义过渡到人道主义,人们既然承认世界、命运和神的"永远的不公正",那么人们能做的就是赋予没有任何意义的世界以一种意义,面对这不公正行事的命运创造一点公正。于是作者笔下的人物不再是冷漠无情的局外人、旁观者,而是一些有着清醒意识的抗争者、奋斗者,加缪的思想也就随着对人类本性认识的变化而发展,并在1951年写成的《反抗者》中找到了自己的哲学公式,即"我反抗故我存在"。

14.《日瓦戈医生》(鲍里斯·帕斯捷尔纳克)

《日瓦戈医生》是苏联作家鲍里斯·帕斯捷尔纳克获得诺贝尔文学奖的作品。作品通过描写日瓦戈医生的人生历程,与妻子冬妮娅、情人拉拉之间的感情纠葛,再现了俄国两次革命和两次战争期间普通人的悲惨生活,表现战争的残酷、毁灭的无情。这部作品也是对20世纪前期俄国历史的总结和回顾。

15.《恶心》(萨特)

《恶心》是法国作家萨特获得诺贝尔文学奖的作品,是一部典型的存在主义小说作品。作品采用日记体形式,描写主人公青年史学家洛根丁为了创作到图书馆去工作的经历。有一天他对图书馆中的所有见闻和周遭的一切突然感到恶心,有了无以名状的恐惧迷惘之感,觉得人们空虚无聊、孤独、人与人之间的关系陌生、世界荒诞无比。洛根丁对世界的厌恶感、恐惧感、陌生感和孤独感正是第二次世界大战前夕欧洲阴云密布的社会形势下知识分子心中的一种特殊感受的反映。萨特没有渲染作品情节的复杂与曲折,而着力于对主人公精神、心理展开哲理性分析和讨论,有着纯粹的哲理性,甚至带有某种抽象性质。主人公洛根丁的日常生活表现出作者本人对社会现实的感受与思考,可以说洛根丁就是萨特哲学思辨的化身,通过他对现实的哲理性认识传达出存在主义哲学的基本观点。小说通过洛根丁的复杂心理及丰富的感情变化阐明了"世界是荒诞的,人生是痛苦的"这一存在主义的论断。

16.《禁闭》(萨特)

《禁闭》是法国诺贝尔文学奖获得者萨特的代表作品。作品是一出独幕剧,分五场,故事发生在地狱中的一个客厅里,客厅陈设呈第二帝国时期风格,人物是一男二女三个灵魂,即加尔森、伊奈司和埃斯泰乐。三个灵魂都是精神扭曲、心理变态的人物,他们生前皆有一段不光彩的经历。加尔森是个文人,当过报纸编辑,政论文作家,他品质恶劣,在家里是个不忠实的丈夫,经常折磨虐待妻子,公然带其他女人回家留宿,行为极端卑鄙无耻;在战争中他是个胆小鬼,不仅在战争期间散布和平主义观点,还在战场上临阵脱逃,背叛祖国,因此被判处枪决而死。伊奈司是一个心理变态、热衷于同性恋的女人,她想尽办法勾引表哥的妻子弗朗洛丝,使她投入自己的怀抱;表哥痛苦身亡,伊奈司却毫不以为然;弗朗洛丝则十分悔恨,打开煤气与伊奈司同归于尽,伊奈司由此被投入地狱。埃司泰乐是一个色情狂,她为了财产而嫁人,婚后又欺骗丈夫另觅新欢;她与情夫生下私生女却又不喜欢孩子,把这个情夫视为生命的孩子从阳台抛入湖中淹死,以至情夫绝望自杀;她后来因病死去,死后被投入了地狱。这三个生前劣迹斑斑的鬼魂在地狱仍恶习不改,各怀私欲,妄图伤害别人满足自己,于是形成了一种特殊的三角关系:伊奈司热恋上了埃司泰乐,因此极力排斥同处一室的加尔森;埃司泰乐却十分厌恶并极力躲避伊奈司,同时又挖空心思勾引加尔森;加尔森对埃司泰勒的淫荡视而不见,只想拼命讨好伊奈司,为的是让他相信自己生前并非胆小鬼。三个灵魂都想通过他人来证明自己的存在或存在的价值,却始终无法办到,他们被禁闭在一起,相互追逐又相互排斥,相互渴望又互相折磨,生活在无休止的孤独与痛苦之中:埃司泰乐只想满足肉欲,对加尔森是否是个贪生怕死的小人毫不在乎,伊奈司明知加尔森急欲证明自己的勇敢却偏偏故意骂他是胆小鬼。最后,加尔森终于领悟:“他人即是地狱。”《禁闭》是一部蕴含着深刻思想意义的剧作,它通过三个灵魂互相牵制,互相倾轧的关系,反映了存在主义对人际关系的看法:人们生活在孤独、隔膜、互相戒备互相折磨的环境中,既没有宽容与理解,也没有支持与帮助,有的只是互相的攻讦、争斗,正如剧中人加尔森最终悟出的“他人即是地狱”。

17.《静静的顿河》(肖洛霍夫)

《静静的顿河》是苏联作家肖洛霍夫获得诺贝尔文学奖的作品。作品以顿河岸边的哥萨特人葛利高里为主人公,描写了1912—1922年,顿河地区哥萨克人在第一次世界大战、二月革命和十月革命以及国内战争中的苦难历程。主人公葛利高里,是生长在顿河岸边的哥萨克,他摇摆于妻子娜塔莉亚与情人阿克西妮亚之间,徘徊于革命与反革命之间,他既是英雄,又是受难者,他有着哥萨克的一切美好品质——勇敢、正直、不畏强暴,而同时,葛利高里身上又带有哥萨克的种种偏见和局限,在历史急变的关头,他徘徊于生活的十字路口,在不到五年内,葛利高里一会儿投入红军,一会儿倒向白军,双手沾满了两方面的鲜血,他的矛盾和痛苦显然与他所属的特定的群体无法切割。作者用悲剧手段,通过葛利高里的成长历程塑造了一个个性鲜明的哥萨克男子汉形象,从葛利高里身上,读者能感觉出作者对人的尊重。作品展现了战争与民族苦难的历程,战争摧毁的不仅是人的肉体,更使大地荒芜、家庭离散、国家衰败,而且它腐蚀人的心灵,异化人性,使人变成"兽";表达了作者热爱土地、歌颂劳动、召唤人性、呼唤和平的思想。

18.《伊豆的舞女》(川端康成)

《伊豆的舞女》是诺贝尔文学奖获得者日本作家川端康成的代表作之一。作品讲述的是一个 20 岁的高中学生,和一位 14 岁的卖艺舞女薰子,在伊豆汤岛邂逅,结伴而行,两个情窦初开的男女之间那种似有似无、若隐若现的爱情。高中学生结束假期漫游,乘船返校,薰子姑娘到码头送行。作品讲述的是爱情故事中的邂逅与告别,告别也就是永别,这中间是一个情窦初开和自持自省的过程,什么都没有开始就结束了。薰子是无拘无束、无邪无欲的纯洁的"孩子",她的纯洁无瑕使高中学生的灵魂得到了一次又一次的洗礼与升华。作者在《伊豆的舞女》的结尾作了浓墨重彩的描述:"这时我的心情是美好的、空虚的。明天我将带着老奶奶到上野站去买前往水户的车票,这也是完全应该做的事。我感到这一切全融为一体了。……我的头脑变成了一泓清澈的水,它一滴一滴溢了出来,最后什么也没留下——我心里快活得甜滋滋的。"引文里出现的"空虚""头脑变成了一泓清澈的水""最后什么也没有留下"等,实际上是在悲哀中人们心灵的相互交流、相互抚慰而产生的和谐、幸福的一种理想境界。这也就是《伊豆的舞女》的主题的深层内涵。

19.《雪国》(川端康成)

《雪国》是日本作家川端康成获得诺贝尔文学奖的作品。作品写的是来自东京的一位坐食祖产的中年男子岛村,三年中先后三次来到北方的"雪国"与名叫驹子的年轻艺妓见面厮混,他一边迷恋于驹子美丽的肉体,一边又陶醉于另一个山村姑娘叶子的超越世俗的美。《雪国》是一个主观感觉的世界,没有连贯、集中的情节,几乎全部由感受性、感觉性描写组成,是"运用新感觉派手法的典型作品",而这种感觉又都是通过男主人公岛村表现出来的。这种"新感觉"与西方现代主义诸流派的作品有许多相同之处:它是非现实主义的,人物和环境都带有很强的主观性、精神性,它的基本情调是消极、虚无和厌世的。当然,《雪国》的感觉更主要的是东方的感觉、禅宗的感觉,这与西方现代主义作品具有更多的不同点:西方现代主义是社会性的,而《雪国》是超社会性的,"雪国"这个环境本身具有游离时代和一般社会的封闭性;西方现代主义是批判性的,而《雪国》继承的是日本文学"哀而不怨"的传统,不仅没有任何的社会批判,甚至不表现冲突与矛盾,从而追求东方传统的和谐之境、中和之美。西方现代主义作品中的人物往往是被社会压垮、挤扁的人,而《雪国》中的人物寻求的是超脱与追逐。西方现代主义的基本情调是虚无主义的,那是一种价值否定的虚无、无所归依的虚无,而《雪国》中的虚无是抛却和远离现实,摆脱世俗的系累,从而发现和追求更高远的美的境界、精神的境界。正如岛村所做的那样,远离家眷,到世外桃源般的"雪国"去体味精神的逍遥、体悟精神的虚空。这种虚空是主体与客体的交融,从而灭我为无。也正是在这个意义上,川端康成才在诺贝尔奖受奖词中郑重声明:"有的评论家说我的作品是虚无的,不过这不等于西方所说的虚无主义。我觉得两者的根本精神是不同的。"

20.《千只鹤》(川端康成)

《千只鹤》是日本作家川端康成的代表作品,写的是父死子承、母死女承式的爱的转移和承续。这是一种反文明、反道德的男女关系,但川端康成却从这种丑恶的背德行为中表现了他的美学观念。川端康成将人物放在道德与非道德的矛盾冲突中,从而表现人物内心的悲哀。菊治一方面想摆脱太田夫人,诅咒自己"简直就是罪人",一方面又为欲望所驱使,觉得过于绝情则于心不安。太田夫人也有类似良知与情感之间的矛盾冲突,这种可调和的内心矛盾只有以死来得到解脱。太田夫人死后,菊治一方面想染指文子,一方面又觉得自己是"中邪"。他们都违背了道德,却又都因此产生了悲哀。而在作者笔下,悲哀和爱情是一回事。正如菊治所说的"悲哀和爱情是相同的",而悲哀就是美。于是,《千只鹤》就形成了其基本的美学公式:背德的爱＝悲哀＝美。反公式亦能成立:美＝悲哀＝背德的爱。虚幻之爱是《千只鹤》中所表现的另一种爱,由虚幻之爱带来了虚幻之美。菊治父亲的旧日情人千花子给菊治介绍漂亮的稻村小姐为妻。稻村小姐颇有意,菊治对稻村也很有好感,但表面上却冷冷淡淡,表示不愿结婚。当稻村小姐走了以后,菊治却又胡思乱想起来,"他觉得小姐的芳泽余香还在茶室里荡漾,甚至半夜三更里还想起身,到茶室去看看"。菊治认为,稻村小姐"永远是可望而不可即的"。菊治不打算与稻村小组结婚,与其说是因为稻村是菊治所讨厌的千花子介绍来的,不如说他认为值得憧憬的爱是不可得到的、虚幻缥缈的。

21.《等待戈多》(贝克特)

《等待戈多》是爱尔兰作家贝克特获得诺贝尔文学奖的作品。《等待戈多》是一出两幕剧,第一幕,两个身份不明的流浪汉戈戈和狄狄(弗拉季米尔和爱斯特拉冈),在黄昏小路旁的枯树下,等待戈多的到来,他们为消磨时间,语无伦次,东拉西扯地试着讲故事、找话题,做着各种无聊的动作;他们错把前来的主仆二人波卓和幸运儿(乐克)当作了戈多。直到天快黑时,来了一个小孩,告诉他们戈多今天不来,明天准来。第二幕,次日黄昏,两人如昨天一样在等待戈多的到来;不同的是枯树长出了四五片叶子,又来的波卓成了盲人,幸运儿(乐克)成了哑巴;天黑时,那孩子又捎来口信,说戈多今天不来了,明天准来。两人大为绝望,想死没有死成,想走却又站着不动。《等待戈多》没有传统的戏剧冲突,没有完整、曲折的故事情节,戏剧中人物性格破碎,个性模糊,大量运用重复手法,从而表现没有意义、没有归宿的精神流浪,人生只是一个痛苦而毫无意义的过程。

22.《古拉格群岛》(亚历山大·索尔仁尼琴)

《古拉格群岛》是苏联作家亚历山大·索尔仁尼琴的代表作品,是一部纪实文学。所谓"古拉格",即"劳动改造营管理总局",原是苏联劳改制度的象征;作者将其比喻为"群岛",意在指出这种制度已经渗透到苏联政治生活的每个领域,变成苏联的"第二领土"。作品分"监狱工业""永恒的运动""劳动消灭营""灵魂与铁丝网""苦役刑""流放""斯大林死后"等7部,以"群岛居民"的经历为线索,集自传、考证、资料于一体,通过作者的劳改、流放生活和许多犯人的证词、回忆录、历史文献等,描写了苏联劳动集中营的残酷生活,反映了十月革命后至20世纪50年代中期这几十年苏联的监狱、劳改营、流放地的全貌。《古拉格群岛》继承了俄罗斯传统文学的苦难意识。

23.《百年孤独》(加西亚·马尔克斯)

《百年孤独》是哥伦比亚作家加西亚·马尔克斯获得诺贝尔文学奖的作品。作品描写布恩蒂亚家族七代人充满神奇色彩的生活和经历以及马孔多镇由开拓、发展到毁灭,马孔多镇又称作"镜子城","镜子城"意味着虚无,就像海市蜃楼,实际是暗指哥伦比亚。作品通过马孔多的创建、发展、消亡反映了哥伦比亚从19世纪到20世纪的沧桑变化,史诗性地"再现拉丁美洲历史社会图景",写出哥伦比亚及整个拉丁美洲愚昧落后、与世隔绝和被殖民入侵的屈辱历史,从而启发人们思考:造成马孔多百年孤独的原因是什么? 怎样才能彻底摆脱这种孤独? 在创作手法上,《百年孤独》大量运用了拉美、印第安、阿拉伯、西方神话传说,将各种神话典故、民间传说中奇幻怪诞的成分,巧妙地穿插在作品中,加强了作品的奇特神秘气氛,广泛采用了象征手法和西方现代派技巧,充分体现了魔幻现实主义"变现实为幻想而不失其真"的艺术原则。《百年孤独》写出了拉丁美洲的"百年孤独",总结了拉丁美洲充满压迫、暴力、痛苦和灾难的历史,愤怒地抨击了独裁统治的残暴和美帝国主义对拉丁美洲的奴役和剥削,寓意哥伦比亚一百年的孤独,一百年的徘徊,一百年的荒废,一百年等于零,零既是个圆圈,圆圈又是这一百年时间轨迹,时间的轮回正是配合了内容和创作意图的需要;通过对"孤独"的描写,传达出作者对人民的深切同情和对拉美历史现实的深重思索。

24.《铁皮鼓》(君特·格拉斯)

《铁皮鼓》是德国作家君特·格拉斯获得诺贝尔文学奖的作品,是《但泽三部曲》中的第一部。作品讲述三岁的儿童奥斯卡无意中发现母亲和表舅布朗斯基偷情,又目睹纳粹势力的猖獗,便决定不再长个儿,宁愿成为侏儒,他整天敲打一只铁皮鼓,以发泄对畸形的社会和人世间的愤慨。谁惹到他,他就会大声尖叫,震得窗玻璃和老师的镜片稀里哗啦地变成碎片;他还以此来"扰乱"社会秩序,给纳粹分子集会造成麻烦。尽管他个子不高,但智力超常,聪明过人。面对他的洞察力,母亲羞愧忧郁去世,父亲成了纳粹军官,表舅在战乱中毙命。邻居女孩玛丽亚来照顾他,两人发生了性爱,怀孕后她却嫁给了父亲,生下了库尔特。奥斯卡随侏儒杂技团赴前线慰问德军,三年后回到家中,苏军攻占了柏林,父亲吞下纳粹党徽身亡。埋葬父亲时奥斯卡丢掉了铁皮鼓,同时亲生儿子库尔特用石子击中了他的后脑勺,使他倒在坟坑中,流血不止;不过他就此开始长个儿,尖叫使玻璃破碎的特异功能也随此消失。瑞典文学院在授予君特·格拉斯诺贝尔文学奖时称"《铁皮鼓》是第二次世界大战之后世界文学最重要的作品之一"。

25.《耻》(约翰·马克斯韦尔·库切)

《耻》是南非作家约翰·马克斯韦尔·库切获得诺贝尔文学奖的作品。作品讲述大学教授卢里因与学生的绯闻而被辞退,到乡间与女儿露茜同住,不得不与自己以前瞧不起的人共事,也不得不去做一些粗鄙的活计;卢里的女儿露茜被三个黑人强奸,却不了了之,最后嫁给一个农场的黑人雇工作小老婆。卢里在人与人之间的交往中是个彻底的失败者,他和学生的关系是性骚扰关系、与同事结仇、失业、与妻子离婚、不理解女儿的同性恋倾向等,卢里和世界沟通的方式只有文学和艺术。这部作品具有鲜明的后殖民主义色彩,"耻"是殖民主义、种族主义给后代白人所带来的耻辱感,也是黑人在南非独立后对白人进行暴力报复带来的羞耻。

参考文献

（兼教学参考资料）

古籍本文及古籍译注译介著作

[1]阮元.十三经注疏[M].北京:中华书局,1980.

[2]杨伯峻.论语译注[M].北京:中华书局,1980.

[3]杨伯峻.春秋左传注[M].北京:中华书局,2016.

[4]司马迁.史记[M].北京:中华书局,1959.

[5]李白.李白全集[M].上海:上海古籍出版社,1996.

[6]杨衒之.洛阳伽蓝记[M].尚荣译注.北京:中华书局,2012.

[7]刘义庆.世说新语[M].沈海波译注.北京:中华书局,2016.

[8]房玄龄等.晋书[M].北京:中华书局,1974.

[9]凌濛初.初刻拍案惊奇[M].张明高校注.北京:中华书局,2014.

[10]兰陵笑笑生.金瓶梅词话[M].北京:人民文学出版社,2008.

[11]吴楚材,吴调侯编选.古文观止[M].北京:中华书局,2008.

[12]刘安.淮南子 上下[M].陈广忠译注.北京:中华书局,2012.

[13]墨子今注今译[M].谭家健等注译.北京:商务印书馆,2009.

[14]宋应星.天工开物[M].潘吉星译注.上海:上海古籍出版社,2016.

[15]陈鼓应等.周易今注今译[M].北京:中华书局,2015.

[16]陈鼓应著.老子注译及评介 [M].北京:中华书局,2017.

[17]陶然,姚逸超.乐章集校笺[M].上海:上海古籍出版社.2016.

[18]王文锦译解.礼记译解 上下[M].北京:中华书局,2014.

[19]陈奇猷编.韩非子集释 增订本 [M].北京:中华书局,1958.

[20]杨伯峻译注.论语译注 [M].北京:中华书局,2015.

[21]杨伯峻译注.孟子译注[M].北京:中华书局,2012.

[22]诸雨辰.梦溪笔谈全注全译[M].北京:中华书局,2016.

[23]郭沫若,胡厚宣.甲骨文合集[C]6057.北京:中华书局,1982.

[24]郭沫若.卜辞通纂·第375片[M].东京:文求堂书店,1933.

[25]徐培均.李清照集笺注[M].上海:上海古籍出版社,2018.

[26]白居易.白居易集1-4册[M].北京:中华书局,1979.

中外现代著作

[27]爱德华·泰勒.原始文化[M].连树声译.桂林:广西师范大学出版社,2005.

[28]马林诺夫斯基.巫术科学宗教与神话[M].李安宅译.上海:上海文艺出版社.1987.

[29]钟敬文.谣俗蠡测[M].巴莫曲布嫫等编.上海:上海文艺出版社,2001.

[30]郑振铎.中国俗文学史[M].北京:作家出版社,1954.

[31]傅佩荣.向善的孟子:傅佩荣《孟子》心得[M].北京:华文出版社,2011.

[32]吴慧.中国古代商业史[M].北京:中国商业出版社,1982.

[33]马金章主编.子贡与中华儒商文明[M].郑州:中州古籍出版社,2011.

[34]劭毅平.中国文学中的商人世界[M].上海:复旦大学出版社,2007.

[35]劭毅平.传统中国商人的文学呈现[M].深圳:海天出版社.1993.

[36]王力,朱光潜等著.怎样写学术论文[M].北京:北京大学出版社.1981.

[37]尉天骄.基础写作教程[M].北京:高等教育出版社.2017.

[38]居新宇.朱载堉[M].北京:中国国际广播出版社,1998.

[39]陈益.顾炎武[M].上海:上海人民出版社.2006.

[40]乔通评释.大学中庸评释[M].北京:中华书局,2015.

[41]赵慧芝.科学家传 上中下[M].海口:海南出版社.1996.

[42]路甬祥.走进殿堂的中国古代科技史[M].上海:上海交通大学出版社,2009.

[43]卢嘉锡.中国科学技术史[M].北京:科学出版社.2017.

[44]杜石然.中国科学技术史 通史卷[M].北京:科学出版社.2003.

[45]席泽宗.中国科学技术史 科学思想卷[M].北京:科学出版社,2001.

[46]许纪霖,陈达凯.中国现代化史[M].上海:学林出版社,2006.

[47]吕书宝.民族特色文化与行为心理定位[M].长春:吉林大学出版社,2006.

[48]吕书宝. 满眼风物入卜书[M]. 北京:民族出版社,2005.

主要期刊论文

[49]吴锐."禹是一条虫"再研究[J]. 文史哲,2007(6).

[50]祝元娜. 英语新闻写作的特点与技巧研究[J]. 新闻与写作,2017(1).

[51]袁鹏. 如何拍摄新闻图片[J]. 数字化用户,2018(21).

[52]刊评. 媒体道德与伦理经典案例评析[J]. 青年记者,2015(13).

[53]石书麒.《人民日报》新德里亚运会报道传播要素分析[J]. 新闻研究导刊,2017(7).

[54]胡翼青等. 重塑新闻价值:基于技术哲学的思考[J]. 青年记者,2017(4).

[55]苏斌. 跨洋直播呈现新闻全景报道[J]. 传媒,2017(4).

[56]刘建明. 新闻的第七要素及新闻见证者[J]. 新闻爱好者,2016(11).

[57]廖永亮. 新闻的第七要素[J]. 中国广播电视学刊,1998(8).

[58]许建生. 台湾乡土诗歌与闽南风情[J]. 台湾研究集刊,1991(3).

[59]王爱军. 20世纪三四十年代小说诗意叙事的悖论镜像[J]. 甘肃社会科学,2018(1).

[60]洪震寰.《淮南万毕术》及其物理知识[J]. 中国科技史料,1983.

[61]曾史.《淮南子》和《春秋考异邮》[J]. 咬文嚼字,2002(10).

[62]康辉 柯资能.《淮南万毕术》夏造冰之新解——兼与厚宇德先生商榷[J]. 广西民族学院学报(自然科学版),2006(3).

[63]王炳仁. 诸葛的立志思想及其意义[J]. 教育研究,1998(6).